Conteúdo em Espanhol

Aplicación de nuevas tecnologías al proceso judicial: proceso electrónico, resolución de controversias online, inteligencia artificial y acceso a información pública

COORDENAÇÃO
**BRUNO FEIGELSON | DANIEL BECKER
MARCO ANTONIO RODRIGUES**

PREFÁCIO: MIN. LUIS FELIPE SALOMÃO

ALINE DIAS • ANA LUIZA MARQUES • BERNARDO LATGÉ • BRUNO FEIGELSON • DANIEL BECKER • DENIZE GALVÃO • EDILSON VITORELLI
EDSON PONTES PINTO • ERIK NAVARRO WOLKART • FRANCISCO DE MESQUITA LAUX • FRANCISCO VERBIC • HUMBERTO CHIESI FILHO
ISABELLA FONSECA ALVES • ISADORA WERNECK • JOÃO PEDRO BRÍGIDO • LEONARDO COSTA DA FONSECA • MARCELO MAZZOLA
MARCÍLIO HENRIQUE GUEDES DRUMMOND • MARCO ANTONIO RODRIGUES • MATHEUS DRUMMOND • MATHEUS NASSER DIAS COUTO
MAURÍCIO TAMER • NATHALIA RIBEIRO • PEDRO CAVALCANTI ROCHA • RENNAN THAMAY • THIAGO DIAS DELFINO CABRAL

LITIGATION 4.0

O futuro da justiça e do processo civil vis-à-vis as novas tecnologias

THOMSON REUTERS
REVISTA DOS TRIBUNAIS™

FUTURE LAW

Diretora de Conteúdo e Operações Editoriais
JULIANA MAYUMI ONO

Gerente de Conteúdo
MILISA CRISTINE ROMERA

Editorial: Aline Marchesi da Silva, Diego Garcia Mendonça, Karolina de Albuquerque Araújo e Quenia Becker

Gerente de Conteúdo Tax: Vanessa Miranda de M. Pereira

Direitos Autorais: Viviane M. C. Carmezim

Assistente de Conteúdo Editorial: Juliana Menezes Drumond

Analista de Projetos: Camilla Dantara Ventura

Estagiários: Alan H. S. Moreira, Ana Amalia Strojnowski, Bárbara Baraldi e Bruna Mestriner

Produção Editorial
Coordenação
ANDRÉIA R. SCHNEIDER NUNES CARVALHAES

Especialistas Editoriais: Gabriele Lais Sant'Anna dos Santos e Maria Angélica Leite

Analista de Projetos: Larissa Gonçalves de Moura

Analistas de Operações Editoriais: Alana Fagundes Valério, Caroline Vieira, Damares Regina Felício, Danielle Castro de Morais, Mariana Plastino Andrade, Mayara Macioni Pinto e Patrícia Melhado Navarra

Analistas de Qualidade Editorial: Ana Paula Cavalcanti, Fernanda Lessa, Thaís Pereira e Victória Menezes Pereira

Designer Editorial: Lucas Kfouri

Estagiárias: Maria Carolina Ferreira, Sofia Mattos e Tainá Luz Carvalho

Capa: Lucas Kfouri

Líder de Inovações de Conteúdo para Print
CAMILLA FUREGATO DA SILVA

Equipe de Conteúdo Digital
Coordenação
MARCELLO ANTONIO MASTROROSA PEDRO

Analistas: Gabriel George Martins, Jonatan Souza, Maria Cristina Lopes Araujo e Rodrigo Araujo

Gerente de Operações e Produção Gráfica
MAURICIO ALVES MONTE

Analistas de Produção Gráfica: Aline Ferrarezi Regis e Jéssica Maria Ferreira Bueno

Estagiária de Produção Gráfica: Ana Paula Evangelista

Dados Internacionais de Catalogação na Publicação (CIP)
(Câmara Brasileira do Livro, SP, Brasil)

Litigation 4.0 : o futuro da justiça e do processo civil vis-à-vis as novas tecnologias /coordenação Bruno Feigelson , Daniel Becker , Marco Antonio Rodrigues. -- 1. ed. -- São Paulo : Thomson Reuters Brasil, 2021.

ISBN 978-65-5614-947-9

1. Direito 2. Justiça 3. Processo civil 4. Tecnologia I. Feigelson, Bruno. II. Becker, Daniel. III. Rodrigues, Marco Antonio.

21-54447 CDU-347.9

Índices para catálogo sistemático:
1. Direito processual civil 347.9
Aline Graziele Benitez - Bibliotecária - CRB 1/3129

Conteúdo em Espanhol

Aplicación de nuevas tecnologías al proceso judicial: proceso electrónico, resolución de controversias online, inteligencia artificial y acceso a información pública

COORDENAÇÃO
**BRUNO FEIGELSON | DANIEL BECKER
MARCO ANTONIO RODRIGUES**

PREFÁCIO: MIN. LUIS FELIPE SALOMÃO

ALINE DIAS • ANA LUIZA MARQUES • BERNARDO LATGÉ • BRUNO FEIGELSON • DANIEL BECKER • DENIZE GALVÃO • EDILSON VITORELLI
EDSON PONTES PINTO • ERIK NAVARRO WOLKART • FRANCISCO DE MESQUITA LAUX • FRANCISCO VERBIC • HUMBERTO CHIESI FILHO
ISABELLA FONSECA ALVES • ISADORA WERNECK • JOÃO PEDRO BRÍGIDO • LEONARDO COSTA DA FONSECA • MARCELO MAZZOLA
MARCÍLIO HENRIQUE GUEDES DRUMMOND • MARCO ANTONIO RODRIGUES • MATHEUS DRUMMOND • MATHEUS NASSER DIAS COUTO
MAURÍCIO TAMER • NATHALIA RIBEIRO • PEDRO CAVALCANTI ROCHA • RENNAN THAMAY • THIAGO DIAS DELFINO CABRAL

LITIGATION 4.0

O futuro da justiça e do processo civil vis-à-vis as novas tecnologias

FUTURE LAW

THOMSON REUTERS
REVISTA DOS TRIBUNAIS™

LITIGATION 4.0
O futuro da justiça e do processo civil vis-à-vis as novas tecnologias

Bruno Feigelson, Daniel Becker e Marco Antonio Rodrigues
Coordenação

© desta edição [2021]

Thomson Reuters Brasil Conteúdo e Tecnologia Ltda.

Juliana Mayumi Ono
Diretora Responsável

Av. Dr. Cardoso de Melo, 1855 – 13º andar – Vila Olímpia
CEP 04548-005, São Paulo, SP, Brasil

TODOS OS DIREITOS RESERVADOS. Proibida a reprodução total ou parcial, por qualquer meio ou processo, especialmente por sistemas gráficos, microfílmicos, fotográficos, reprográficos, fonográficos, videográficos. Vedada a memorização e/ou a recuperação total ou parcial, bem como a inclusão de qualquer parte desta obra em qualquer sistema de processamento de dados. Essas proibições aplicam-se também às características gráficas da obra e à sua editoração. A violação dos direitos autorais é punível como crime (art. 184 e parágrafos, do Código Penal), com pena de prisão e multa, conjuntamente com busca e apreensão e indenizações diversas (arts. 101 a 110 da Lei 9.610, de 19.02.1998, Lei dos Direitos Autorais).

Os autores gozam da mais ampla liberdade de opinião e de crítica, cabendo-lhes a responsabilidade das ideias e dos conceitos emitidos em seus trabalhos.

Central de Relacionamento Thomson Reuters Selo Revista dos Tribunais

(atendimento, em dias úteis, das 09h às 18h)

Tel. 0800-702-2433

e-mail de atendimento ao consumidor: sacrt@thomsonreuters.com

e-mail para submissão dos originais: aval.livro@thomsonreuters.com

Conheça mais sobre Thomson Reuters: www.thomsonreuters.com.br

Acesse o nosso *eComm*

www.livrariart.com.br

Impresso no Brasil [02-2021]

Profissional

Fechamento desta edição [14.12.2020]

ISBN 978-65-5614-947-9

Prefácio

LUIS FELIPE SALOMÃO
MINISTRO DO SUPERIOR TRIBUNAL DE JUSTIÇA

O direito de acesso à justiça recebe contornos de verdadeiro paradigma da dignidade da pessoa humana. Como consequência, o papel do Poder Judiciário se eleva, volvendo os olhos para a composição justa e célere das lides, sem olvidar a segurança jurídica.

Na clássica lição de Mauro Cappelletti e Bryant Garth, o conceito de acesso à justiça perpassa pela paridade integral de armas, caracterizada pela real igualdade entre as partes em um processo.

Não obstante, as inovações disruptivas, advindas das transformações tecnológicas dos novos tempos, desenham um panorama novo, paisagem sublimada do acesso à justiça como direito fundamental, que demanda à concessão da máxima efetividade possível.

Por todo o mundo, fala-se hoje em judicialização da vida: das relações sociais, econômicas e políticas. É um processo iniciado no fim da Segunda Guerra e até hoje sem terminar.

É fácil perceber, nas palavras de Díez-Picazo, a proliferação de conflitos de interesses cada vez mais numerosos e complexos, a exigir a atuação efetiva do direito, como ordenador de interesses, no sentido de promover a pacificação social.

No Brasil, esse processo aconteceu mais acentuadamente por dois motivos: pela ausência de políticas públicas de soluções alternativas à jurisdição e pela existência de uma Constituição absolutamente exaustiva em direitos, canalizando para o Judiciário a afirmação desses princípios fixados na Carta Magna.

Atualmente, há um momento de transição em nosso País com a criação de um microssistema de soluções extrajudiciais de conflito. O ano de 2015 é considerado um marco legal neste tema. Foram editadas a Lei nº 13.129/2015 (Reforma da Lei de Arbitragem), a Lei nº 13.140/2015 (Lei da Mediação) e a Lei nº 13.105/2015 (Código de Processo Civil).

Com efeito, a complexidade sociológica contemporânea caminha com o amparo da tecnologia avançada, sem desvirtuar-se, contudo, da criatividade e do empreendedorismo, de modo a intervir nos processos de descobertas científicas e nas aplicações sociais.

De fato, em um mundo globalizado, emergem a fluidez e a efemeridade das relações. A *modernidade líquida*, expressão cunhada pelo sociólogo polonês Zygmunt Bauman para designar o tempo presente, é veloz, dinâmica, caracterizando-se por um mundo repleto de sinais confusos, propenso a mudar com rapidez e de forma imprevisível.

Por todos esses motivos, a obra "Litigation 4.0: o futuro da justiça e do processo civil vis-à-vis as novas tecnologias", é de fundamental relevância. Nela, vários autores, sob a coordenação dos Professores Marco Antonio Rodrigues, Bruno Feigelson e Daniel Becker, abordam, com profundidade, diversos temas ligados à necessária ruptura de paradigmas, tais como: as novas fronteiras do acesso à justiça, a aplicação de modernas tecnologias para a condução do processo judicial eletrônico, a resolução de disputas *online* e por criptoarbitragem, a utilização de QR Code nas petições judiciais, a inteligência artificial e o uso de algoritmos, o papel do *in house counsel* na gestão do contencioso, entre outras questões interessantíssimas e de relevância inquestionável nos dias atuais.

A presente coletânea de artigos, composta por juristas com ampla visão de futuro, demonstra soluções criativas para a resolução de inúmeros problemas presentes na resolução de conflitos no Brasil, por meio da inserção de novas tecnologias nos processos administrativos e judicial. Busca-se maior celeridade, qualidade e informação aos jurisdicionados, proporcionando, consequentemente, um verdadeiro acesso à justiça.

Endosso a relevância de o direito adaptar-se à novel paisagem que se delineia. Sem dúvida, mantendo o equilíbrio na soluções empregadas, somado ao respeito aos direitos humanos, será possível colher os lauréis da solução justa para o conflito de interesses.

A presente obra – de consulta obrigatória sobre o tema – representa relevante contribuição para as letras jurídicas e, em especial, notável fonte de estudo e de pesquisa para os estudantes e profissionais do direito.

Boa leitura!

Carta de Apresentação
Selo *Future Law*

Queridas e Queridos leitores,

É com grande satisfação que escrevemos a presente carta de apresentação do Selo *Future Law*. A *Future*, é assim que nos chamam os mais íntimos, é uma *EdTech* que tem por PTM[1] preparar os profissionais do Direito para a realidade exponencial. Nascemos para contribuir nesse ambiente de grandes transformações por que passa a sociedade, a economia, e, portanto, o mundo jurídico. Rapidamente fomos abraçados por uma comunidade de carinhosos *future lawyers* que amam nossos cursos, eventos, podcasts, periódicos, livros e projetos especiais.

Assim, esperamos que você tenha uma excelente experiência com a obra que está em suas mãos, ou no seu leitor digital. Cabe mencionar que o selo *Future Law* é a consolidação de uma forte e calorosa parceria com a Editora Thomson Reuters Revista dos Tribunais. Buscamos sempre encantar nossos usuários, e, para tanto, escolhemos os melhores autores e autoras, todos expoentes nos temas mais inovadores, e com uma clara missão: rechear nossas publicações através de trabalhos práticos, teóricos e acadêmicos.

---

1. PTM ou Propósito Transformador Massivo é uma declaração do propósito e objetivo maior da empresa. Representa um fator essencial na alavancagem organizacional, pois é o princípio que norteia as decisões estratégicas e os processos de criação e inovação. O Google, por exemplo, tem como PTM: "Organizar a informação do mundo". Ver: ISMAIL, Salim; VAN GEES, Yuri; MALONE, Michael S. Organizações exponenciais: por que elas são 10 vezes melhores, mais rápidas e mais baratas que a sua (e o que fazer a respeito). Alta Books Editora, 2018.

Do fundo de nossos corações, almejamos que advogadas(os), juízas(es), defensoras(es), membros do MP, procuradoras(es), gestoras(es) públicas(os) e privadas(os), *designers*, analistas de dados, programadoras(es), CEOs, CTOs, *venture capitalists*, estudantes e toda uma classe de profissionais que está nascendo sejam contempladas(os) pelo nosso projeto editorial.

Juntamente com a profusão e complexidade de temas abarcados pelo Direito, a *Future Law* se propõe a compreender como as Novas Tecnologias advindas da Quarta Revolução Industrial impactaram a sociedade e, por consequência, o Direito. Temas como Inteligência Artificial, Ciência de Dados, Justiça Digital, Internet das Coisas, Gestão Ágil, Proteção de Dados, Legal Design, *Visual Law*, *Customer Experience*, *Fintechs*, *Sandbox*, *Open Banking*, *Life Sciences* e *Legal Operations*, estão difundidos ao longo de todas as nossas publicações.

Somos jovens, mas intensos. Entre os anos de 2018 e 2020, serão mais de 10 obras publicadas, paralelamente à publicação trimestral da Revista de Direitos e Novas Tecnologias (RDTec), coordenada pela *Future Law*, já em sua 8ª edição.

Através deste projeto, alcançamos uma fração do nosso intuito, produzindo conteúdo relevante e especializado, a profissionais e estudantes obstinados, que compartilham do nosso propósito e que compreendem que o futuro do Direito será daqueles que, hoje, conseguirem absorver este conhecimento e aplicá-lo em prol da inovação e de um Direito mais acessível, intuitivo, diverso, criativo e humano.

Não vamos gastar mais seu tempo... Passe para as próximas páginas e aproveite a leitura!

Na Nuvem, Outono de 2020.

Bruno Feigelson | CEO | *Future Law*
Tayná Carneiro | CPO | *Future Law*

Saiba mais sobre nossos projetos em:

Sobre os Coordenadores

Bruno Feigelson

Doutor e mestre em Direito pela UERJ. Sócio do Lima Feigelson Advogados. CEO do Sem Processo. Fundador e Membro do Conselho de Administração da AB2L (Associação Brasileira de *Lawtechs* e *Legaltechs*). CEO da Future Law. Fundador da Life Aceleradora. Chairman da Dados Legais e da Lawgile. Professor universitário, palestrante e autor de diversos livros e artigos especializados na temática Direito, Inovação e Tecnologia.

Daniel Becker

Advogado e Diretor de Novas Tecnologias no Centro Brasileiro de Mediação e Arbitragem (CBMA). Professor convidado de diversas instituições, palestrante frequente e autor de diversos artigos publicados em livros e revistas nacionais e internacionais sobre os temas de processo civil, arbitragem, regulação e novas tecnologias. Sócio do Lima Feigelson Advogados.

Marco Antonio Rodrigues

Professor Adjunto de Direito Processual Civil da UERJ. Procurador do Estado do Rio de Janeiro. Sócio de LDCM Advogados. Pós-Doutor pela Universidade de Coimbra (Portugal). Doutor em Direito Processual e Mestre em Direito Público pela Universidade do Estado do Rio de Janeiro (UERJ). LLM. em *International Dispute Resolution* pela *King's College London*. Professor de cursos de pós-graduação pelo Brasil. Membro da *International Association of Procedural Law*, do Instituto Ibero-Americano de Direito Processual e do Instituto Brasileiro de Direito Processual.

Sumário

Prefácio 5
Luis Felipe Salomão

Carta de Apresentação 9

Sobre os Coordenadores 11

Acesso à justiça e suas novas fronteiras no contexto do Processo 4.0 21
Marco Antonio Rodrigues
   1. A evolução e o significado do acesso à justiça 21
      1.1. O acesso à justiça enquanto direito de obtenção de uma solução justa para o conflito de interesses 26
   2. A ascensão dos meios on-line de resolução de conflitos 28
   3. Um novo paradigma para o interesse de agir 29
   4. Conclusões 36
   5. Referências bibliográficas 37

Tecnologia, Covid-19 e uma nova perspectiva para o acesso a uma ordem jurídica justa 39
Humberto Chiesi Filho
   1. Acesso à internet e acesso à justiça 40
   2. O Direito em pé de guerra 43
   3. Uma mudança necessária 46
   4. A tecnologia revolucionando o acesso a uma ordem jurídica justa 49
   5. A desjudicialização em um novo cenário 52
   6. Conclusão 55
   7. Referências bibliográficas 55

Aplicación de nuevas tecnologias al proceso judicial: proceso electrónico, resolución de controversias online, inteligencia artificial y acceso a información pública 59
Francisco Verbic

    I.   Introducción 60
    II.   Primera dimensión: el proceso electrónico y la tendencia al abandono del papel como soporte de comunicación................ 60
    III. Segunda dimensión: resolución de controversias online 64
    IV. Tercera dimensión: inteligencia artificial para la gestión de casos ... 67
    V.   Cuarta dimensión: nuevas tecnologías y acceso ciudadano a la información pública 70
    VI. Ventajas, riesgos y desafíos del uso de nuevas tecnologías en los procesos judiciales 72
    VII. Balance y prospectiva 73

Processo 4.0: o futuro da resolução de disputas 77
Matheus Nasser Dias Couto

    1.   Prevenção de conflitos e tecnologia 77
    2.   Métodos alternativos de solução de conflitos 79
    3.   A tecnologia: resolução de conflitos on-line 80
    4.   ODR e as relações de consumo: como as empresas têm adotado na prática 81
    5.   Reação: estratégias para resolução de conflitos levados ao Poder Judiciário 82
    6.   Prevenção: estratégias para que os conflitos eventualmente gerados possam ser solucionados antes de uma ação judicial 91
    7.   Referências bibliográficas 92

A utilização do *design* jurídico como ferramenta de acesso à justiça 93
Ana Luiza Marques e Isadora Werneck

    1.   Breves considerações sobre o *design* jurídico (*legal design*) 94
    2.   O *design* jurídico como forma de efetivação do acesso à justiça...... 99
    3.   O *design* jurídico no contexto brasileiro: possíveis aplicações 102
    4.   Conclusão 110
    5.   Referências bibliográficas 111

Resolução de disputas por "criptoarbitragem": Caso Kleros, um protocolo para justiça descentralizada 115
Aline Dias

1. A era da descentralização 115
2. O que é o Kleros? 119
3. O Kleros é um método confiável? 126
4. O Kleros observa pilares processuais mínimos? 130
5. As partes são representadas por advogados? 132
6. Sob a ótica do Direito brasileiro, o Kleros pode realmente ser enquadrado como arbitragem? 134
7. Conclusão: caminho para novos modelos de distribuição de justiça 136
8. Referências bibliográficas 137

"Moneyball" e arbitragem: uma análise prática das novas tecnologias de gestão de documentos em disputas complexas 141
Matheus Drummond

1. Introdução 142
2. Gestão de documentos, contencioso e arbitragem 145
3. Aplicações e benefícios de tecnologias de gestão de documentos na prática arbitral 148
   - 3.1. Aplicações 148
     - 3.1.1. Coleta e disponibilização 148
     - 3.1.2. Organização, processamento e monitoramento ... 149
     - 3.1.3. Pesquisa e *Analytics* 151
     - 3.1.4. Produção 157
   - 3.2. Benefícios 157
     - 3.2.1. Assimetria de poder na dinâmica do litígio 157
     - 3.2.2. Eficiência na fase pré-arbitral e em cenários de constrição de tempo 159
     - 3.2.3. Economia de tempo em tarefas acessórias 160
     - 3.2.4. *Insights* e construção do caso 160
     - 3.2.5. *Accountability*, Cibersegurança e *Compliance* de Proteção de Dados 162
4. Outros benefícios da adoção de tecnologias de gestão de documentos no procedimento arbitral 164
   - 4.1. Sinergia com clientes 164
   - 4.2. Colaboradores 165
5. Conclusão 165

Provas digitais: conceito, princípios probatórios e provas digitais em espécie 167
Rennan Thamay e Maurício Tamer

    Introdução 168
    1.   Conceito de prova digital 170
    2.   Pressupostos de validade e utilidade das provas digitais 174
    3.   Princípios processuais que orientam a formatação da prova digital ... 176
    4.   Provas digitais em espécie 181
    5.   Considerações finais 188
    Referências bibliográficas 189

Direito à prova na internet, o julgamento da ADC 51 pelo STF e o alcance do MLAT 191
Francisco de Mesquita Laux

    Introdução 191
    1.   A lógica da estrutura que sustenta a rede 192
    2.   Falsos anonimatos 193
    3.   Busca e acesso a dados 195
    4.   Impossibilidade de acesso à fonte de prova: o aspecto territorial e o alcance do MLAT 197

Open justice! 203
Daniel Becker, Erik Navarro Wolkart e João Pedro Brígido

    1.   Introdução 204
    2.   Fundamentos legais para uma justiça aberta 206
    3.   *Open justice* como desdobramento do acesso à justiça 212
    4.   Desafios pela frente 218
    5.   Conclusão 223

Precedentes e algoritmos: uma abordagem de *law and economics* 225
Edson Pontes Pinto

    1.   Introdução 226
    2.   A necessidade de previsibilidade do sistema jurídico 227
    3.   Precedentes, previsibilidade e eficiência 230
    4.   Decisões algorítmicas e a aplicação de padrões de julgamento 236
    5.   Conclusão 242
    6.   Referências bibliográficas 243

Juízes-robôs? Notas sobre a utilização da inteligência artificial pelo Poder Judiciário 247
Thiago Dias Delfino Cabral

1. Introdução 247
2. A inteligência artificial 249
3. A utilização da inteligência artificial no processo decisório 252
4. Conclusão 258
5. Referências bibliográficas 260

Decisão judicial por métodos estatísticos: novos horizontes para as causas repetitivas? 263
Edilson Vitorelli

1. O problema 264
2. Começando pelo básico: o que são estatísticas e o quão confiáveis elas são? 265
3. Litigância repetitiva faticamente variada: o método tradicional de decisão no Brasil e nos Estados Unidos 267
4. Litigância repetitiva faticamente variada: o método estatístico de decisão 272
    - 4.1. Premissa: o problema metodológico 272
    - 4.2. Julgamentos por amostragem: *bellwether trials* 275
    - 4.3. Julgamento por amostragem: decisão de casos por extrapolação estatística 276
    - 4.4. Julgamento por categorias 277
    - 4.5. Julgamento por participação de mercado 281
5. A decisão por estatísticas acarreta, de fato, redução na precisão do julgamento? 282
6. Julgamentos estatísticos seriam injustos com os autores? E com os réus? 285
7. Julgamentos estatísticos prejudicariam as pessoas que sofreram mais? 288
8. Seria justo que algumas pessoas recebessem mais e outras menos do que merecem? 290
9. Síntese conclusiva 293

Referências bibliográficas 294

Algoritmos no controle: transparência e resolução de disputas 297
Isabella Fonseca Alves e Marcílio Henrique Guedes Drummond

    I. Introdução 298
    II. O desenvolvimento da tomada de decisão algorítmica e a contestabilidade necessária das premissas utilizadas 301
    III. Transparência e responsabilidade algorítmicas 306
        III.1. Critérios para a transparência 308
    IV. A resolução on-line de conflitos 314
    V. Conclusão 318
    Referências bibliográficas 319

A utilização de sistemas preditivos em operações de financiamento de litígios por terceiros 325
Bernardo Latgé

    1. Introdução 326
    2. *Third-party funding*: aproximação conceitual 327
    3. A expansão do financiamento de litígios por terceiros 332
    4. A avaliação do caso a ser financiado 336
    5. O uso de sistemas preditivos como ferramenta para a avaliação do caso pelo financiador 340
    6. Dificuldades de implementação dos sistemas preditivos baseados em algoritmos em operações de *third-party funding* 343
    7. Conclusão 346
    Referências bibliográficas 346

Financiamento de litígios, um oceano a ser explorado pelas novas tecnologias 351
Pedro Cavalcanti Rocha

    1. Surgimento e evolução do financiamento de litígios 351
    2. Financiamento de litígios e o uso da tecnologia 357
    3. Conclusão 360

Execução fiscal e tecnologia 363
Denize Galvão Menezes Sampaio de Almeida

    1. O procedimento de execução fiscal 363
    2. Cenário atual de ineficiência da cobrança da dívida ativa através da execução fiscal 366
    3. Usando a tecnologia a favor de uma cobrança inteligente 369

| 4. | Impactos na atuação da Fisco: como se preparar para o novo cenário? | 373 |
| 5. | Conclusão | 375 |

O papel do *in house counsel* na gestão do contencioso 377
Leonardo Costa da Fonseca

A contribuição da inteligência artificial para a materialização do conceito de "jurisprudência dominante". Considerações sobre o uso de QR Code em processos judiciais e o juízo 100% digital 385
Marcelo Mazzola e Nathalia Ribeiro

	Introdução	386
1.	Contribuição da inteligência artificial no desenvolvimento do "sistema" de precedentes do CPC	388
2.	Uso do QR Code na atividade jurisdicional	393
3.	Benefícios do Juízo 100% Digital	396
4.	Conclusão	399
5.	Referências bibliográficas	399

Posfácio: O futuro do processo é agora 401
Bruno Feigelson

Acesso à justiça e suas novas fronteiras no contexto do Processo 4.0

MARCO ANTONIO RODRIGUES

Professor Adjunto de Direito Processual Civil da UERJ. Procurador do Estado do Rio de Janeiro. Sócio de LDCM Advogados. Pós-Doutor pela Universidade de Coimbra (Portugal). Doutor em Direito Processual e Mestre em Direito Público pela Universidade do Estado do Rio de Janeiro (UERJ). LLM. em *International Dispute Resolution pela King's College London*. Professor de cursos de pós-graduação pelo Brasil. Membro da *International Association of Procedural Law*, do Instituto Ibero-Americano de Direito Processual e do Instituto Brasileiro de Direito Processual.

Sumário: 1. A evolução e o significado do acesso à justiça. 1.1. O acesso à justiça enquanto direito de obtenção de uma solução justa para o conflito de interesses. 2. A ascensão dos meios on-line de resolução de conflitos. 3. Um novo paradigma para o interesse de agir. 4. Conclusões. 5. Referências bibliográficas

1. A EVOLUÇÃO E O SIGNIFICADO DO ACESSO À JUSTIÇA

O artigo 5º, XXXV, da Constituição da República veicula uma norma que desde logo irá informar o estudo da jurisdição: pode-se extrair desse dispositivo o princípio da inafastabilidade da jurisdição[1], que veda que sejam excluídos da apreciação do Poder Judiciário lesão ou ameaça de lesão a direito. Dessa forma, resta claro que qualquer norma infraconstitucional que procure restringir a possibilidade de apreciação de violação ou de mero risco a direito não pode ser admitida, por ofensa ao sistema fundamental de garantias constitucionais.

De tal norma, também se pode extrair o direito de ação, isto é, um direito a uma prestação jurisdicional. Na evolução do Estado, porém, pode-se dizer que o direito de ação não foi revestido da importância que possui na atualidade, tendo variado ao longo do tempo seu significado e sua relevância. Desde o período antigo, podem-se extrair manifestações de acesso à justiça. No Código de Hamurabi, já se procurava, pelo menos no plano teórico, proteger os indivíduos, com a possibilidade de obter uma resposta estatal para resolver uma questão[2]. Em algumas cidades-estado gregas, por sua vez, também se podia vislumbrar um acesso à justiça pelos cidadãos, que lhes era bastante amplo. Apesar de algumas restrições, como a imposição de multas por alegações improcedentes, a Grécia antiga foi o berço da assistência judiciária aos necessitados[3].

No período moderno, com as revoluções liberais, assiste-se ao surgimento de diversas Constituições e de Declarações de Direitos, como a Declaração dos Direitos da Virgínia, nos Estados Unidos, e a Declaração Universal dos Direitos do Homem, na França[4].

---

1. "Com sede constitucional no art. 5º, XXXV, o referido princípio impede que o legislador restrinja o acesso à ordem jurídica ou ao ordenamento justo, bem como impõe ao juiz o dever de prestar a jurisdição, isto é, garantir a tutela efetiva, a quem detenha uma posição jurídica de vantagem" (PINHO, Humberto Dalla Bernardina de. *Teoria geral do processo civil contemporâneo*. Rio de Janeiro: Lumen Juris, 2007. p. 30). Com redação semelhante, tem-se o artigo 3º do Código de Processo Civil de 2015, uma das normas fundamentais do processo civil.
2. É o que se verifica, por exemplo, no seguinte trecho do referido Código: "[...] que o oprimido que tenha um caso com a lei, venha e fique diante desta minha imagem como rei da retidão [...]". CÓDIGO de Hamurabi. Disponível em: <http://www.angelfire.com/me/babiloniabrasil/hamur.html]. Acesso em: 03 mar. 2012.
3. CARNEIRO, Paulo Cezar Pinheiro. *Acesso à justiça*: juizados especiais cíveis e ação civil pública: uma nova sistematização da teoria geral do processo. 2. ed. Rio de Janeiro: Forense, 2000. pp. 5-6.
4. Note-se que a organização judiciária surgida na França com a Revolução Francesa acabou sendo modelo para a estrutura dos tribunais na maior parte dos outros países de direito romanista (GILISSEN, John. *Introdução histórica ao direito*. 2. ed. Lisboa: Fundação Calouste Gulbenkian, 1995. p. 493).

Ocorre, porém, que o Estado liberal, que surgiu em muitos locais nesse período histórico, possuía inspiração claramente burguesa, prezando fortemente pelo valor liberdade, o que era uma decorrência inclusive dos próprios bens que se procurava proteger: a vida, a autonomia e a propriedade. No Estado liberal, então, não se dava destaque à igualdade em sentido material, isto é, a uma efetiva igualdade de condições, mas apenas a uma isonomia perante a lei, de caráter meramente formal.

De outro lado, nesse modelo estatal, verifica-se uma certa desconfiança com os poderes estatais e, nesse estudo, importa especialmente o Poder Judiciário que, por muitas vezes, acabava por ser um instrumento de atuação do monarca nos regimes absolutistas[5]. Assim, pode-se constatar que, apesar de o liberalismo ter buscado consagrar muitos direitos, houve um afastamento do acesso à justiça, diante do contexto histórico que antecedeu as Revoluções Liberais[6].

Vale salientar, igualmente, que, nesse contexto de valorização da liberdade, o Estado liberal não considerava que o direito de ação seria essencial à vida digna do indivíduo; não se tinha em conta que tal direito seria essencial para que fosse possível proteger outros direitos. O direito de ação era apenas um direito formal à propositura de ação[7]. Não havia, pois, uma garantia material de ação, isto é, não se observavam as necessidades fáticas que tinham os indivíduos para ir a juízo.

---

5. António Hespanha afirma que, no Estado Liberal, a justiça era uma atividade subalterna, incluída no conjunto de outras atividades destinadas a fazer observar as leis (HESPANHA, António. *Justiça e litigiosidade*: história e prospectiva. Lisboa: Fundação Calouste Gulbenkian, 1993. p. 384).
6. Vale conferir as lições de CARNEIRO, Paulo Cezar Pinheiro. *Acesso à justiça* – Juizados Especiais Cíveis e Ação Civil Pública: uma nova sistematização da teoria geral do processo. 2. ed. Rio de Janeiro: Forense, 2000. pp. 17-18): "Surge então uma situação paradoxal. Ao mesmo tempo em que a Constituição do Estado (o novo modelo de organização social) assegura, ao menos formalmente e em tese, a igualdade entre os indivíduos, o que deveria, também em tese, assegurar um igual acesso à justiça, a realidade era bastante diversa. Deveras, a minimização do Judiciário conduz a uma ausência de preocupação com a questão do acesso. Em uma palavra: se a instância judiciária não é importante, por que se preocupar com o acesso?" (*sic*)
7. "Nos estados liberais 'burgueses' dos séculos dezoito e dezenove, os procedimentos adotados para solução dos litígios civis refletiam a filosofia essencialmente individualista dos direitos, então vigorante. Direito ao acesso à proteção judicial significava essencialmente o direito formal do indivíduo agravado de propor ou contestar uma ação" (tradução livre) (CAPPELLETTI, Mauro; GARTH, Bryant. *Access to justice*. A world survey. Milano: Giuffrè, 1978. l. 1, v. I, p. 6). No mesmo sentido: MARINONI, Luiz Guilherme. *Teoria geral do processo*. 2. ed. São Paulo: Revista dos Tribunais, 2007. p. 187.

No entanto, o século XX assistiu a uma transformação na análise dos direitos fundamentais, com a ascensão de direitos sociais e o aumento das pressões pela proteção a estes últimos – como é o caso da busca de direitos dos trabalhadores –, bem assim, conforme se discorreu no item anterior, verificou-se um novo constitucionalismo, o neoconstitucionalismo, com o rompimento definitivo com a mera tutela formal a direitos, buscando-se a sua efetiva proteção, bem como dos valores protegidos pelo constituinte.

Nesse pano de fundo, o direito de ação foi ganhando gradativamente um novo enfoque, pois não pode ser indiferente à realidade social em que se aplica[8], especialmente em países que possuem uma grande desigualdade no seio da sociedade, como é o caso do Brasil. Assim sendo, o direito de ação, mais do que uma possibilidade de propositura de ação, deve significar um direito de acesso à justiça, garantia essencial à dignidade da pessoa humana.

Atualmente, o direito de acesso à justiça tem tamanha importância, que é considerado parte integrante da dignidade da pessoa humana. Para que um indivíduo possa gozar de direitos mínimos que lhe são consagrados, não basta apenas a sua mera previsão, por maior que seja sua importância para a vida digna. Sem a possibilidade de buscar a tutela judicial dos direitos, fica comprometida a possibilidade de gozo destes últimos[9].

Pode-se afirmar, portanto, que o acesso à justiça, enquanto um direito fundamental integrante do mínimo necessário à existência do indivíduo, vem conferir ao Poder Judiciário um papel de enorme destaque: cabe a esse poder estatal cuidar de eventuais pretensões que busquem assegurar direitos em geral, e os direitos fundamentais em especial. Como salienta Leonardo Greco, o acesso à justiça será um instrumento sancionatório, acionável em razão de lesão ou ameaça a um direito[10].

---

8. MARINONI, Luiz Guilherme. *Teoria geral do processo*. 2. ed. São Paulo: Revista dos Tribunais, 2007. p. 189.

9. "Em um Estado de direito, como já se referiu, não basta a mera consagração normativa: é preciso existir uma autoridade que seja capaz de impor coativamente a obediência aos comandos jurídicos. Dizer que o acesso à Justiça é um dos componentes do núcleo da dignidade humana significa dizer que todas as pessoas devem ter acesso a tal autoridade: o Judiciário" (BARCELLOS, Ana Paula de. *A eficácia jurídica dos princípios constitucionais: o princípio da dignidade da pessoa humana*. Rio de Janeiro: Renovar, 2002. p. 293).

10. Leonardo Greco (GRECO, Leonardo. Acesso ao direito e à justiça. In: GRECO, Leonardo. *Estudos de direito processual*. Campos dos Goytacazes: Ed. Faculdade de Direito de Campos, 2005. p. 197), destaca: "A Constituição Portuguesa, com muita razão,

Nas clássicas lições de Mauro Cappelletti e Bryant Garth, o conceito de acesso à justiça poderia ser exprimido como uma completa paridade de armas, isto é, uma perfeita igualdade entre as partes, demonstrando a ligação desse direito ao valor igualdade. Confiram-se suas palavras:

> A efetividade perfeita, no contexto de um dado direito substantivo, poderia ser expressa como a completa 'igualdade de armas' – a garantia de que a conclusão final depende apenas dos méritos jurídicos relativos das partes antagônicas, sem relação com diferenças que sejam estranhas ao Direito e que, no entanto, afetam a afirmação e reivindicação dos direitos. Essa perfeita igualdade, naturalmente, é utópica. As diferenças entre as partes não podem jamais ser completamente erradicadas. A questão é saber até onde avançar na direção do objetivo utópico e a que custo. [...][11]

Nesse sentido, ainda que esses autores tenham razão e não seja possível chegar à perfeita igualdade de armas no processo, o direito de acesso à justiça, enquanto direito fundamental, demanda lhe seja concedida a máxima efetividade possível.

À luz da evolução do significado do acesso à justiça, este passou a ser não apenas o ingresso de uma pretensão no Judiciário, mas um direito a uma prestação jurisdicional justa.

---

associa no artigo 20 o acesso à justiça ao acesso ao direito, como a indicar que, antes de assegurar o acesso à proteção judiciária dos direitos fundamentais, deve o Estado investir o cidadão diretamente no gozo dos seus direitos, ficando a proteção judiciária através dos tribunais, como instrumento sancionatório, no segundo plano, acionável apenas quando ocorrer alguma lesão ou ameaça a algum desses direitos".

11. "Optimal effectiveness in the context of a given substantive law could be expressed as complete 'equality of arms' – the assurance that the ultimate result depends only on the relative legal merits of the opposing positions, unrelated to differences which are extraneous to legal strength and yet, as a practical matter, affect the assertion and vindication of legal rigths. This perfect equality, of course, is utopian, as we have already implied; the differences between parties can never be completely eradicated. The question is how far to push toward the utopian goal, and at what cost. [...]". (CAPPELLETTI, Mauro; GARTH, Bryant. *Access to justice*. A world survey. Milano: Giuffrè, 1978. l. I, v. I, p. 10.) A tradução do original ora transcrita foi extraída da elaborada por Ellen Gracie Northfleet (CAPPELLETTI, Mauro; GARTH, Bryant. *Acesso à justiça*. Trad. de Ellen Gracie Northfleet. Reimpressão. Porto Alegre: Sérgio Antônio Fabris, 2002. p. 15).

1.1. O acesso à justiça enquanto direito de obtenção de uma solução justa para o conflito de interesses

Nos últimos anos, assistiu-se, porém, a mais uma transformação do sentido do acesso à justiça. Será que pode a justiça ser prestada unicamente pelo Poder Judiciário?

A Resolução n. 125/2010 do Conselho Nacional de Justiça estabeleceu a política pública nacional de tratamento adequado dos conflitos de interesses, da qual se pode observar que o tratamento adequado de um conflito não passa necessariamente pela solução imposta pelo Poder Judiciário. Para cada conflito, deve ser buscada a solução que se mostre mais adequada e eficiente, visto que a referida Resolução impõe, inclusive, ao Judiciário que promova a busca dos meios consensuais para a solução dos conflitos[12].

Assim é que, por exemplo, existem situações em que uma das partes sabidamente está errada, e postergar a solução da controvérsia com anos perante o Poder Judiciário somente irá atrasar uma solução justa. Note-se que isso inclusive pode ser menos econômico, diante da incidência de juros e atualização monetária[13].

Portanto, nem sempre o Poder Judiciário será o meio mais adequado para a obtenção de uma solução justa[14]. Isso porque os órgãos jurisdicionais possuem atualmente uma quantidade enorme de processos, que os impede

---

12. Art. 1º Fica instituída a Política Judiciária Nacional de Tratamento Adequado dos Conflitos de Interesses, tendente a assegurar a todos o direito à solução dos conflitos por meios adequados à sua natureza e peculiaridade.
    Parágrafo único. Aos órgãos judiciários incumbe, nos termos do art. 334 do Código de Processo Civil de 2015, combinado com o art. 27 da Lei 13.140, de 26 de junho de 2015 (Lei de Mediação), antes da solução adjudicada mediante sentença, oferecer outros mecanismos de soluções de controvérsias, em especial os chamados meios consensuais, como a mediação e a conciliação, bem assim prestar atendimento e orientação ao cidadão.
13. A regra geral em termos de juros moratórios consta no artigo 406 do Código Civil, prevendo que, à falta de estipulação das partes, aplicar-se-á a taxa em vigor para o pagamento dos impostos devidos à Fazenda Nacional. Essa taxa, atualmente, é a SELIC, conforme disposto no artigo 13 da Lei nº 9.065/95, que engloba juros e correção monetária.
14. Analisando criticamente a utilização do Poder Judiciário enquanto meio principal para a solução dos conflitos, *Acesso à Justiça – Condicionantes legítimas e ilegítimas*. Rio de Janeiro: Editora Revista dos Tribunais, 2011.

frequentemente de proferir uma decisão final em prazo razoável[15]. Ademais, por vezes, a demanda em jogo envolve questões técnicas que os órgãos jurisdicionais não possuem conhecimento suficiente para resolver da maneira mais adequada, o que põe em risco a própria pacificação do conflito.

Nessa esteira, o Código de Processo Civil de 2015 também conferiu enorme importância aos diferentes meios de solução de conflitos: o que se pode vislumbrar desde logo no artigo 3º, constante do capítulo de normas fundamentais do processo civil. Tal dispositivo legal, no seu *caput*, traz a inafastabilidade do controle jurisdicional, ao prever que não se excluirá do Poder Judiciário a apreciação de lesão ou ameaça de lesão a direito. Ademais, nos seus parágrafos, há a expressa consagração de outros meios de solução de controvérsias. O § 1º consagra a possibilidade de uso da arbitragem, nos casos previstos em lei. O §2º estabelece um dever estatal de solução consensual dos conflitos. Já o § 3º, por sua vez, prevê um dever a advogados, juízes, defensores e membros do Ministério Público de promover os métodos de solução consensual de controvérsias, inclusive no curso de processo judicial.

A nosso ver, o artigo 3º do Código de Processo Civil acaba por trazer um novo sentido ao direito fundamental de acesso à justiça. São normas fundamentais, previstas no mesmo dispositivo legal, não apenas o acesso ao Judiciário, mas também o uso da arbitragem e dos meios consensuais de solução de controvérsias. Pode-se afirmar que o legislador trouxe todos esses meios de resolução de conflitos no mesmo artigo do Código, como forma de demonstrar sua igual dignidade enquanto mecanismos de pacificação social. De fato, esta não depende apenas do Poder Judiciário, podendo ser obtida pelos jurisdicionados de outras formas, por vezes, mais rápidas e mais econômicas.

Assim, pode-se afirmar que o direito de acesso à justiça, a partir da Resolução n. 125/10 do Conselho Nacional de Justiça e do Código de Processo Civil de 2015, passa a ser um direito de acesso à solução justa para o conflito de interesses, que não necessariamente é aquela oriunda de imposição pelo Judiciário, mas que pode ser promovida dentro do próprio Poder Judiciário, em razão do uso dos meios consensuais dentro desse Poder[16].

---

15. No Brasil, de acordo com relatório Justiça em Números 2019, do Conselho Nacional de Justiça, mais uma vez, o tempo médio de tramitação de um processo na Justiça é de 4 anos e 10 meses (aproximadamente 1760 dias). Fonte: https://www.cnj.jus.br/julgamento-dos-processos-mais-antigos-reduz-tempo-medio-do-acervo/.
16. Assim já nos posicionamos em RODRIGUES, Marco Antonio. *A Fazenda Pública no Processo Civil*. Rio de Janeiro: Atlas, 2016. p. 366.

O Código de Processo Civil adotou o sistema de Tribunais multiportas, oriundo das ideias de Frank Sander na década de 70[17]. Por conseguinte, a solução adequada por meios consensuais não precisa ser extrajudicial, já que é possível a sua adoção no âmbito do próprio Judiciário.

2. A ASCENSÃO DOS MEIOS ON-LINE DE RESOLUÇÃO DE CONFLITOS

O uso de meios consensuais para a solução dos conflitos levou ao longo do tempo à criação dos mecanismos mais adequados para o tratamento das controvérsias, o que é chamado de *design* de sistemas de disputa[18]. A lógica do *design* de sistemas levou, outrossim, ao surgimento de uma série de mecanismos de resolução on-line de conflitos, tanto no âmbito do Poder Judiciário como fora dele.

Como exemplos de mecanismos de resolução on-line de conflitos nos Tribunais, pode-se exemplificar com o Tribunal de Resolução de Disputas Civis da Colúmbia Britânica, no Canadá, com competência para a resolução de algumas disputas cíveis, como acidentes de veículo e condominiais; e o sistema de cobrança de dívidas de menor valor do Reino Unido.

Ademais, em matéria de resolução on-line de conflitos fora dos tribunais, importante destacar o sistema relativo a conflitos de consumo da

---

17. "O Sistema de Múltiplas Portas (*Multidoor Courthouse System*) pode ser definido como um mecanismo de aplicação de métodos alternativos de resolução de conflitos no qual, a partir do conflito apresentado pelas partes interessadas em negociar, é disponibilizada uma variedade de meios ou "portas", a fim de que se possa identificar qual a mais adequada para a propositura de um acordo eficaz e que seja cumprido e satisfatório por ambos os indivíduos. Tal sistema é amplamente utilizado nos Estados Unidos, especialmente em Estados como Flórida, Washington e Nova York. A ideia de se criar um mecanismo tal como o Sistema de Multiportas surgiu a partir de uma conferência (*Pound Conference*), realizada em 1976 que discutiu acerca da insuficiência do Poder Judiciário para atender a todas as demandas com justiça. Foi apresentada pelo professor da faculdade de Direito de Harvard Frank Sander e, a partir daí, tem se aprimorado e, atendendo a demanda da complexidade dos conflitos, vem apresentando novos métodos (ou portas) ao passo que novas formas de conflitos surgem" (SALES, Lilia Maia de Moraes; SOUSA, Mariana Almeida de. O Sistema de Múltiplas Portas e o Judiciário brasileiro. *Revista Direitos Fundamentais & Justiça*, Porto Alegre, ano 5, n. 16. p. 204-220, jul.-set. 2011, p. 204.)

18. Sobre o *design* de sistemas de disputa, destaca-se URY, William; BRETT, Jeanne M.; GOLDBERG, Stephen B. *Getting Disputes Resolved: Designing systems to cut the costs of conflict*. Jossey-Bass, 1988.

União Europeia, regulamentado pela Diretiva 2013/11/UE e pelo Regulamento EU n. 524/13, de 21 de maio de 2013[19].

No Brasil, importante marco na resolução adequada de conflitos on-line foi a instituição da plataforma *consumidor.gov.br*, que atualmente é uma plataforma para negociação entre fornecedores cadastrados e consumidores. Em operação desde 2014, a plataforma obteve resultados muito positivos, tendo como média de resolutividade 80% das reclamações registradas, com um prazo médio de resposta de 7 dias[20]. A plataforma já registrou mais de 2 milhões de reclamações e conta com uma base de mais 1 milhão de usuários cadastrados e mais de 500 empresas credenciadas[21].

Os mecanismos de resolução on-line de conflitos possuem importantes benefícios em relação aos meios físicos de solução de controvérsias. Em primeiro lugar, trata-se de mecanismos mais baratos ou gratuitos – esse último caso é o da plataforma consumidor.gov.br, uma vez que na Europa muitos desses meios ou têm seu custeio a cargo do fornecedor ou são de baixo custo. Ademais, ainda quanto ao custo, cabe lembrar que esses meios on-line não reclamam a ida dos envolvidos a uma localidade específica para audiências ou outros atos presenciais. Destaque-se, também, que o fato de serem on-line amplia sua eficiência, já que muitas vezes sequer possuem intervenção humana de mediadores, dado que podem comportar centenas ou milhares de negociações, mediações ou arbitragem simultaneamente.

3. Um novo paradigma para o interesse de agir

O interesse de agir se encontra consagrado no artigo 485, inciso VI, do Código de Processo Civil. Em que pese para parcela da doutrina seja um pressuposto processual[22], entendemos ainda tratar-se de uma condição para o regular exercício da ação, não importando o fato de o diploma processual de 2015

---

19. Discutindo diversos assuntos relacionadas à resolucão de disputas *on-line*, Michael Stürner, Fernando Gascón Inchausti e Remo Caponi, *The Role of Consumer ADR in the Administration of Justice: New Trends in Access to Justice Under EU Directive 2013/11* (SELP, Sellier European Law Publishers 2015).
20. https://www.tjce.jus.br/noticias-nupemec/consumidor-gov-atinge-marca-de-2-milhoes--de-reclamacoes-registradas/.
21. https://www.consumidor.gov.br/pages/indicador/infografico/abrir.
22. DIDIER JUNIOR, Fredie. *Curso de Direito Processual Civil*. Vol. 1. 19 ed. Salvador: JusPodivm, 2017. p. 430.

não ter mencionado expressamente o termo "condições da ação" ou expressão análoga[23].

O interesse de agir é composto pelo binômio necessidade-adequação[24]. A necessidade representa a imprescindibilidade da tutela jurisdicional. Assim, se existe meio legítimo para obtenção do resultado sem o uso do Judiciário, a ação se mostra desnecessária. Por isso, caso proposta uma demanda para a cobrança de dívida vincenda, fato é que aquela se mostra desnecessária, já que o débito ainda não é exigível e pode ser pago até seu termo amigavelmente.

Ademais, a adequação significa que a ação proposta deve ser adequada à finalidade pretendida. À vista disso, se impetrado um mandado de segurança para a defesa de suposto direito cujos fatos constitutivos dependem de prova documental, foi escolhida via inadequada, diante da limitação do mandado de segurança às provas documentais[25].

A prévia utilização de mecanismos para a solução extrajudicial de conflitos tradicionalmente não é considerada um requisito para o interesse de agir em demandas. Isso porque a inafastabilidade do Poder Judiciário traria consigo um direito de acesso ao Poder Judiciário pelos jurisdicionados, buscando a análise de suas pretensões. Nesse sentido:

---

23. "O fato de serem os pressupostos processuais e as 'condições da ação' requisitos necessários à emissão de um provimento de mérito não retira desta categoria a heterogeneidade que sempre se lhes reconheceu. E isto porque, embora ligados ambos à admissibilidade do provimento de mérito, dizem eles respeito a distintos institutos da teoria do direito processual. Com todas as vênias, pretender incorporar aos pressupostos processuais a categoria das "condições da ação" só poderá ser admitido a partir do momento em que se parar de distinguir os próprios fenômenos da ação e do processo." (CÂMARA, Alexandre Freitas. Será o fim da categoria "condição da ação"? Uma resposta a Fredie Didier Junior. In: *Revista de Processo*, vol. 197, p. 261-269, jul./2011).

24. Não há consenso doutrinário a respeito. Alguns autores, como Leonardo Greco, entendem ser o interesse de agir constituído apenas pela necessidade do provimento jurisdicional. Em suas palavras: "o interesse-utilidade nada mais é do que o próprio interesse-necessidade e o interesse de agir é a necessidade de recorrer à jurisdição para alcançar o bem jurídico com base numa pretensão jurídica suficientemente fundamentada em fatos verossímeis, cuja prova pré-constituída disponível seja desde logo apresentada." (GRECO, Leonardo. *A teoria da ação no Processo Civil*. São Paulo: Dialética, 2003, p. 40). Entendendo que o interesse de agir é constituído pelo binômio necessidade-utilidade, DIDIER JUNIOR, Fredie. *Curso de Direito Processual Civil*. 19. ed. Salvador: JusPodivm, 2017. p. 430.

25. RODRIGUES, Marco Antonio. *A Fazenda Pública no Processo Civil*. Rio de Janeiro: Forense, 2017, 2a ed. p. 192-193.

> PROCESSUAL CIVIL E ADMINISTRATIVO. COMPETÊNCIA DA JUSTIÇA FEDERAL PARA JULGAR O FEITO. SENTENÇA DE MÉRITO ANTERIOR À EC 45/2004. INEXIGIBILIDADE DE RECURSO ADMINISTRATIVO PRÉVIO À IMPETRAÇÃO DE MANDADO DE SEGURANÇA. OFENSA AO ART. 535 DO CPC NÃO CONFIGURADA. ATO DE INTERDIÇÃO DE ESTABELECIMENTO. COMPETÊNCIA DO DELEGADO REGIONAL DO TRABALHO. POSSIBILIDADE DE DELEGAÇÃO AOS AUDITORES-FISCAIS DO TRABALHO. REGULARIDADE DO ATO DE INFRAÇÃO. RESPONSABILIDADE DA EMPRESA TOMADORA DE SERVIÇOS PELOS EMPREGADOS TERCEIRIZADOS. [...] 3. O art. 5°, I, da Lei 1.533/1951 somente veda a impetração de Mandado de Segurança quando ainda se encontrar pendente recurso administrativo com efeito suspensivo. A regra legal não impõe prévio recurso administrativo como condição para ajuizamento de Mandado de Segurança (STJ, REsp 916.334/RS, Rel. Min. Herman Benjamin, Segunda Turma, julgado em 25/08/2009, DJe 31/08/2009).

Ocorre que os meios on-line de resolução de controvérsias promovem uma mudança fundamental na análise da necessidade das demandas: se tais mecanismos possuem elevadas taxas de êxito e rápida resposta, deve ser uma mera opção o seu uso ou isso se torna um requisito para a busca da prestação jurisdicional?

Parece-nos que, no contexto atual, a existência de um meio de resolução on-line de controvérsias que se mostre mais rápido, econômico e eficiente gera um requisito para a caracterização do interesse de agir: a submissão prévia da pretensão a esse mecanismo se faz necessária para a configuração da necessidade da prestação jurisdicional.

Dessa forma, caso ajuizada uma ação que veicule pretensão que pode ser submetida a algum desses mecanismos, como é o caso das relações de consumo, deve o autor demonstrar que buscou a plataforma consumidor.gov.br e não teve êxito em prazo razoável, para que fique caracterizado seu interesse de agir.

Registre-se que a busca do meio on-line que seja mais econômico, rápido e eficiente demonstra, outrossim, a própria boa-fé do demandante, que não está se valendo do direito de acesso ao Judiciário abusivamente. Nessa linha, cabe lembrar que o abuso do direito é uma das condutas que caracterizam a ausência de boa-fé[26].

---

26. TARUFFO, Michele. Abuso dos direitos processuais: padrões comparativos de lealdade processual (relatório geral). *Revista de Processo*, São Paulo, v. 34, n. 177, p. 153-183, nov. 2009, p. 165.

Assim sendo, caso a ação seja proposta sem a prévia tentativa de solução on-line, a medida judicial mais adequada à hipótese será a suspensão do processo, para que a parte comprove que já foi à plataforma, ou caso ainda não o tenha feito, para que vá até tal sistema.

Nas relações de consumo, importante salientar que há Tribunais que regulamentaram a necessidade de acesso prévio à plataforma consumidor.gov.br, como é o caso do Tribunal de Justiça do Maranhão[27]. De outro lado, houve decisões de juízos pelo país que entenderam pela extinção do processo sem resolução de mérito, em virtude da falta de interesse decorrente da ausência de uso prévio da plataforma.

Embora entendamos que o acesso prévio à plataforma é condição para a configuração do interesse de agir, em nome da economia processual e da primazia do mérito[28], inferimos que devem ser aplicados à hipótese os artigos 4º e 317 do Código de Processo Civil. Tendo as partes, na forma do artigo 4º, um direito a, sempre que possível, obterem a solução integral do mérito, o artigo 317 impõe que haja a correção de vícios sanáveis, visto que a tentativa de acesso à plataforma on-line é plenamente sanável. Se houver um acordo no âmbito da plataforma, poderão as partes até mesmo aproveitar a ação proposta para uma homologação judicial de tal composição.

O reconhecimento de que outras esferas extrajudiciais podem ser mais adequadas à solução dos conflitos não é nova no nosso Direito. Em matéria previdenciária, o Supremo Tribunal Federal já reconheceu que, como regra, a prévia tentativa de solução administrativa é requisito para o interesse de agir da ação em face da instituição previdenciária, salvo se houver uma demora injustificada na resposta ao requerente ou se já houver entendimento consolidado do ente em sentido contrário ao administrado:

---

27. O referido Tribunal regulamentou a questão por meio da Resolução GP – 432017, que recomenda a suspensão do processo por trinta dias, para que seja submetida a reclamação administrativa ao fornecedor por meio da plataforma consumidor.gov.br.
28. Como decorrência da utilidade e da efetividade da prestação jurisdicional, o direito de acesso à justiça impõe que, sempre que possível, a decisão final do processo seja de mérito. Uma decisão que encerre o processo sem a análise do seu mérito não cumpre o papel pacificador da jurisdição. Registre-se que, embora para alguns autores o Código de Processo Civil tenha trazido uma regra de primazia de mérito, a nosso ver, isso sempre se tratou de uma exigência do acesso à justiça e das finalidades da atividade jurisdicional.

RECURSO EXTRAORDINÁRIO. REPERCUSSÃO GERAL. PRÉVIO REQUERIMENTO ADMINISTRATIVO E INTERESSE EM AGIR. 1. A instituição de condições para o regular exercício do direito de ação é compatível com o art. 5º, XXXV, da Constituição. Para se caracterizar a presença de interesse em agir, é preciso haver necessidade de ir a juízo. 2. A concessão de benefícios previdenciários depende de requerimento do interessado, não se caracterizando ameaça ou lesão a direito antes de sua apreciação e indeferimento pelo INSS, ou se excedido o prazo legal para sua análise. É bem de ver, no entanto, que a exigência de prévio requerimento não se confunde com o exaurimento das vias administrativas. 3. A exigência de prévio requerimento administrativo não deve prevalecer quando o entendimento da Administração for notória e reiteradamente contrário à postulação do segurado. 4. Na hipótese de pretensão de revisão, restabelecimento ou manutenção de benefício anteriormente concedido, considerando que o INSS tem o dever legal de conceder a prestação mais vantajosa possível, o pedido poderá ser formulado diretamente em juízo – salvo se depender da análise de matéria de fato ainda não levada ao conhecimento da Administração –, uma vez que, nesses casos, a conduta do INSS já configura o não acolhimento ao menos tácito da pretensão. 5. Tendo em vista a prolongada oscilação jurisprudencial na matéria, inclusive no Supremo Tribunal Federal, deve-se estabelecer uma fórmula de transição para lidar com as ações em curso, nos termos a seguir expostos. 6. Quanto às ações ajuizadas até a conclusão do presente julgamento (03.09.2014), sem que tenha havido prévio requerimento administrativo nas hipóteses em que exigível, será observado o seguinte: (i) caso a ação tenha sido ajuizada no âmbito de Juizado Itinerante, a ausência de anterior pedido administrativo não deverá implicar a extinção do feito; (ii) caso o INSS já tenha apresentado contestação de mérito, está caracterizado o interesse em agir pela resistência à pretensão; (iii) as demais ações que não se enquadrem nos itens (i) e (ii) ficarão sobrestadas, observando-se a sistemática a seguir. 7. Nas ações sobrestadas, o autor será intimado a dar entrada no pedido administrativo em 30 dias, sob pena de extinção do processo. Comprovada a postulação administrativa, o INSS será intimado a se manifestar acerca do pedido em até 90 dias, prazo dentro do qual a Autarquia deverá colher todas as provas eventualmente necessárias e proferir decisão. Se o pedido for acolhido administrativamente ou não puder ter o seu mérito analisado devido a razões imputáveis ao próprio requerente, extingue-se a ação. Do contrário, estará caracterizado o interesse em agir e o feito deverá prosseguir. 8. Em todos os casos acima – itens (i), (ii) e (iii) –, tanto a análise administrativa quanto a judicial deverão levar em conta a data do início da ação como data de entrada do requerimento, para todos os efeitos legais. 9. Recurso extraordinário a que se dá parcial provimento, reformando-se o acórdão recorrido para determinar a baixa dos autos ao juiz de primeiro grau, o qual deverá intimar a autora – que alega ser trabalhadora rural informal – a dar entrada no pedido administrativo em 30 dias, sob pena de extinção. Comprovada a postulação administrativa, o INSS será intimado para que, em 90 dias, colha as provas necessárias e profira decisão administrativa, considerando como data de entrada do requerimento a data do início da ação, para todos os efeitos legais. O resultado será comunicado ao juiz, que apreciará a subsistência ou não do interesse em agir. (RE 631240, Relator(a): Min. ROBERTO BARROSO, Tribunal Pleno, julgado em 03/09/2014, ACÓRDÃO ELETRÔNICO REPERCUSSÃO GERAL – MÉRITO DJe-220 DIVULG 07-11-2014 PUBLIC 10-11-2014.)

Nesse sentido, a existência de mecanismo extrajudicial eficiente e célere impõe a sua utilização, como forma de resolução adequada do conflito, como uma decorrência da eficácia ao direito fundamental de acesso à justiça.

Conforme anteriormente mencionado, o acesso à justiça assume *status* de direito fundamental e, por isso, possui uma perspectiva lógica, configurando um dos valores objetivos básicos da atuação estatal. Ademais, goza das possibilidades de eficácia próprias dessa espécie de direito, entre as quais, se destacam a dirigente e a irradiante, gerando, respectivamente, um dever de que haja sua permanente concretização e efetivação, bem como sendo um norte para a aplicação das normas infraconstitucionais[29].

Na concretização pelo Judiciário do direito de acesso à justiça, em primeiro lugar, caberá ao juiz dar às normas processuais já estabelecidas pelo legislador uma interpretação que confira a maior efetividade aos direitos fundamentais previstos na Lei Maior, o que, como se viu, se insere no fenômeno da constitucionalização do processo.

Deve o juiz, portanto, aplicar o direito processual buscando dar ao processo e aos direitos em jogo a maior efetividade possível, pois, caso contrário, haverá um risco à própria utilidade da atividade jurisdicional[30]. Diante disso,

---

29. SARLET, Ingo Wolfgang. *A eficácia dos direitos fundamentais*. 3. ed. Porto Alegre: Livraria do Advogado, 2003. pp. 151-152.

30. "Tem o julgador o dever-poder de conformar a norma processual e buscar coibir o excesso de defesa, ou, mesmo, eliminar, em determinadas situações, os limites ao direito de defesa. Em todos os casos passíveis de desigualdades e formas inadequadas ao exercício

o Judiciário deve adotar uma técnica hermenêutica de *interpretação conforme à efetividade*, sem que, porém, isso signifique aniquilar a segurança jurídica ou a proteção às outras garantias constitucionais do processo[31].

Ademais, o juiz também terá relevante papel na eficácia positiva do direito de acesso à justiça, na ausência de norma processual definida para reger o caso concreto. Em tal momento, caberá ao magistrado buscar resolver a hipótese em jogo valendo-se diretamente do direito insculpido no artigo 5º, XXXV, da Constituição da República, interpretando-o conforme à efetividade, a fim de dar a melhor solução ao caso[32], mas observando também as outras garantias constitucionais do processo. Dessa forma, verifica-se que o juiz possui importante papel na configuração das tutelas jurisdicionais, uma vez que nem sempre encontrará um respaldo expresso na lei, e terá de se utilizar dessa interpretação, a fim de conceder uma resposta aos jurisdicionados[33].

---

da jurisdição, os juízes deverão aplicar de pronto, os princípios constitucionais, com o fito de diminuir as diferenças entre as partes, ou, ainda, ampliar tais distinções em favor de decisão conseqüente de procedimento adequado, eficaz e justo" (HENRIQUES FILHO, Ruy Alves. *Direitos fundamentais e processo*. Rio de Janeiro: Renovar, 2008. pp. 154-155).

31. RODRIGUES, Marco Antonio dos Santos. *A modificação do pedido e da causa de pedir no processo civil*. Rio de Janeiro: GZ, 2014. p. 132.

32. Vale salientar que Juarez Freitas, em trabalho específico sobre interpretação, vislumbra a garantia do acesso à justiça como uma das diretrizes da interpretação constitucional sistemática: "Oportuno aduzir, como terceira diretriz ilustrativa em matéria de interpretação constitucional sistemática, que o intérprete precisa considerar, ampliativamente, o inafastável poder-dever de prestar a tutela jurisdicional, de sorte a garantir, ao máximo, o acesso legítimo à sua prestação. Em outras palavras, trata-se de extrair os maiores e melhores efeitos da adoção, entre nós, da cláusula pétrea da jurisdição única, donde segue a intangibilidade do disposto no art. 5º, XXXV, da Constituição Federal. Tal monopólio do exercício da jurisdição em sentido próprio não comporta flexibilização ablativa. Se ameaçado ou violado o núcleo deste direito fundamental, estar-se-á perante clara e insofismável ofensa aos incisos III e IV do § 4º do art. 60 da Constituição" (FREITAS, Juarez. *A interpretação sistemática do direito*. 4. ed. São Paulo: Malheiros, 2004. p. 196).

33. "Ahora bien, el postulado de la configuración normativa de las modalidades de tutela jurisdiccional no puede entenderse en la forma simplista de exigir que aquéllas tengan respaldo en textos legales que las regulen con exacta previsión literal y de modo sistemático. Todo ello facilita el proceso de determinación de la norma jurídica reguladora de la materia y puede considerarse como índice de la perfección técnica de una determinada legislación. Pero cuando esto falta, no puede afirmarse sin más la inexistencia de la norma: ésta aún puede extraerse aplicando los criterios de la interpretación y los métodos de investigación integradora al material normativo de toda clase (disposiciones

A interpretação de acordo com a efetividade ganha importância ao se recordar que as normas jurídicas em geral – e as normas processuais em especial – possuem diferentes graus de determinação. Assim, quanto maior a indeterminação da norma processual, maior será a atividade interpretativa judicial, definindo os contornos da norma no caso concreto.

Por isso, diante da ausência de regulamentação legislativa acerca do papel dos mecanismos de *online dispute resolution* com eficácia já comprovada, a eficácia do direito de acesso à justiça impõe que seja adotada pelo magistrado a solução que propicie o acesso a uma solução justa. Assim, uma solução adequada ao acesso à justiça é a suspensão do processo por prazo razoável, devendo a parte apresentar em tal prazo a resposta obtida em tal mecanismo de resolução on-line de conflitos, para que o processo venha a prosseguir.

4. Conclusões

Nos últimos anos, especialmente a partir da edição da Resolução n. 125/2010 do Conselho Nacional de Justiça e da entrada em vigor do Código de Processo Civil de 2015, o acesso à justiça não pode mais ser visto como um direito de acesso à prestação jurisdicional justa, mas, sim, um direito à solução justa para o conflito de interesses, que não necessariamente será imposta pelo Poder Judiciário.

Nesse contexto, o uso de plataformas on-line de resolução extrajudicial de conflitos que permitam uma resposta rápida e sem custo para o demandante, como é o caso da consumidor.gov.br, cria um paradigma sobre o interesse de agir: a necessidade da tutela jurisdicional somente se verifica se não obtida uma solução na plataforma. Isso permite, ademais, que o Poder Judiciário se debruce sobre as demandas que realmente exigem sua intervenção.

Caso proposta uma ação sobre conflito que seja passível de resolução por uma plataforma de ampla utilização, como é o caso das relações de consumo, o direito de acesso à justiça determina que haja a suspensão do processo por prazo razoável, para que a parte submeta o conflito à plataforma e, caso não haja uma solução, o processo então prossiga.

legales, principios jurídicos) que el ordenamiento ofrece al jurista. Tampoco en esto se diferencia la regulación de las modalidades de tutela jurisdiccional de la de otras materias jurídicas" (ORTELLS RAMOS, Manuel. *Derecho procesal civil*. 9. ed. Navarra: Aranzadi, 2009. pp. 45-46).

5. REFERÊNCIAS BIBLIOGRÁFICAS

BARCELLOS, Ana Paula de. *A eficácia jurídica dos princípios constitucionais*: o princípio da dignidade da pessoa humana. Rio de Janeiro: Renovar, 2002.

CÂMARA, Alexandre Freitas. Será o fim da categoria "condição da ação"? Uma resposta a Fredie Didier Junior. In: *Revista de Processo*, São Paulo, v. 197, p. 261-269, jul. 2011.

CAPPELLETTI, Mauro; GARTH, Bryant. *Acesso à justiça*. Trad. de Ellen Gracie Northfleet. reimpr. Porto Alegre: Sérgio Antônio Fabris, 2002.

CAPPELLETTI, Mauro; GARTH, Bryant. *Access to justice*. A world survey. Milano: Giuffrè, 1978. l. 1, v. I.

CARNEIRO, Paulo Cezar Pinheiro. *Acesso à justiça* – Juizados Especiais Cíveis e Ação Civil Pública: uma nova sistematização da teoria geral do processo. 2. ed. Rio de Janeiro: Forense, 2000.

DIDIER JUNIOR, Fredie. *Curso de Direito Processual Civil*. 19. ed. Salvador: JusPodivm, 2017. v. 1.

FREITAS, Juarez. *A interpretação sistemática do direito*. 4. ed. São Paulo: Malheiros, 2004.

GILISSEN, John. *Introdução histórica ao direito*. 2. ed. Lisboa: Fundação Calouste Gulbenkian, 1995.

GRECO, Leonardo. Acesso ao direito e à justiça. In: GRECO, Leonardo. *Estudos de direito processual*. Campos dos Goytacazes: Editora Faculdade de Direito de Campos, 2005.

GRECO, Leonardo. *A teoria da ação no Processo Civil*. São Paulo: Dialética, 2003.

HENRIQUES FILHO, Ruy Alves. *Direitos fundamentais e processo*. Rio de Janeiro: Renovar, 2008.

HESPANHA, António. *Justiça e litigiosidade*: história e prospectiva. Lisboa: Fundação Calouste Gulbenkian, 1993.

MARINONI, Luiz Guilherme. *Teoria geral do processo*. 2. ed. São Paulo: Ed. RT, 2007.

ORTELLS RAMOS, Manuel. *Derecho procesal civil*. 9. ed. Navarra: Aranzadi, 2009.

PINHO, Humberto Dalla Bernardina de. *Teoria geral do processo civil contemporâneo*. Rio de Janeiro: Lumen Juris, 2007.

RODRIGUES, Marco Antonio. *A Fazenda Pública no Processo Civil*. Rio de Janeiro: Forense, 2017.

RODRIGUES, Marco Antonio dos Santos. *A modificação do pedido e da causa de pedir no processo civil*. Rio de Janeiro: GZ, 2014.

SALES, Lilia Maia de Moraes; SOUSA, Mariana Almeida de. O Sistema de Múltiplas Portas e o Judiciário brasileiro. *Revista Direitos Fundamentais & Justiça*, Porto Alegre, ano 5, n. 16. p. 204-220, jul.-set. 2011.

SARLET, Ingo Wolfgang. *A eficácia dos direitos fundamentais*. 3. ed. Porto Alegre: Livraria do Advogado, 2003.

TARUFFO, Michele. Abuso dos direitos processuais: padrões comparativos de lealdade processual (relatório geral). *Revista de Processo*, São Paulo, v. 34, n. 177, p. 153-183, nov. 2009.

URY, William; BRETT, Jeanne M.; GOLDBERG, Stephen B. *Getting Disputes Resolved: Designing systems to cut the costs of conflict*. 1. ed. Hoboken: Jossey-Bass, 1988.

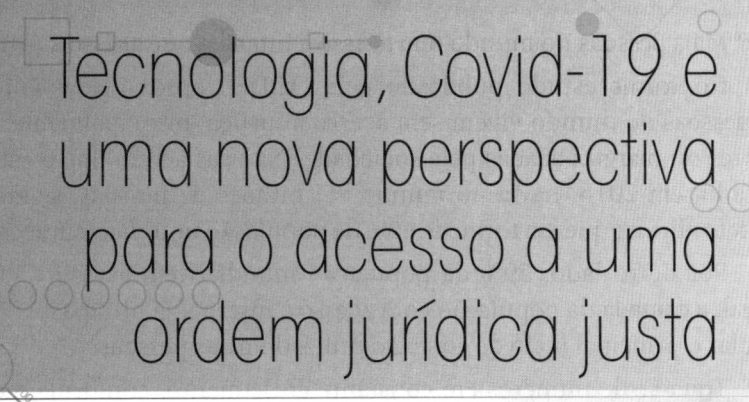

Tecnologia, Covid-19 e uma nova perspectiva para o acesso a uma ordem jurídica justa

HUMBERTO CHIESI FILHO

Advogado, mestre em Direito pela Escola Paulista de Direito, doutorando pela Universidade Presbiteriana Mackenzie, extensão em contratos de consumo pela FGV/SP e democracia e desenvolvimento pela Universidade de Siena, trabalhou em escritório de advocacia, no departamento jurídico da SKY Brasil, do Universo *Online* (UOL) e atualmente é Diretor Jurídico de *Dispute Resolution* e *Legal Operations* no Mercado Livre.

Sumário: 1. Acesso à internet e acesso à justiça. 2. O Direito em pé de guerra. 3. Uma mudança necessária. 4. A tecnologia revolucionando o acesso a uma ordem jurídica justa. 5. A desjudicialização em um novo cenário. 6. Conclusão. 7. Referências bibliográficas.

1. Acesso à internet e acesso à justiça

Mais pessoas no mundo têm acesso à internet que acesso à justiça.

Conforme estudo publicado pela OCDE[1], aproximadamente 4 bilhões de pessoas no mundo vivem sem acesso à justiça, principalmente, porque são pobres ou marginalizadas pela sociedade. Na ocasião em que o estudo foi publicado, em 2016, havia no mundo 7,4 bilhões de pessoas, sendo, portanto, correto afirmar que em torno de 46% da população mundial têm acesso à justiça.

Por outro lado, 59% da população mundial têm acesso à internet[2]. No Brasil, a camada da população com acesso à internet já ultrapassa 70%, sendo o celular o principal meio de conexão utilizado pelas pessoas[3].

Trata-se de números em constante crescimento, conforme mostra a evolução histórica representada no gráfico a seguir[4]:

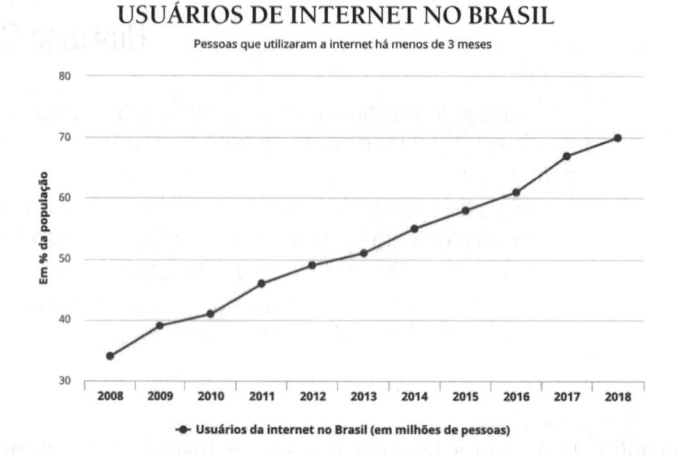

USUÁRIOS DE INTERNET NO BRASIL
Pessoas que utilizaram a internet há menos de 3 meses

Ano	Em % da população
2008	34
2009	39
2010	41
2011	46
2012	49
2013	51
2014	55
2015	58
2016	61
2017	67
2018	70

Usuários da internet no Brasil (em milhões de pessoas)

Fonte: TIC domicilios.

---

1. OCDE. Leveraging the SDGs for Inclusive Growth: Delivering Access to Justice for All. *Disponível em:* <https://www.oecd.org/gov/delivering-access-to-justice-for-all.pdf>. Acesso em: 10 maio 2020.
2. INTERNET WORLD STATS. *Disponível em:* <https://www.internetworldstats.com/stats4.htm>. Acesso em: 10 maio 2020.
3. cetic.br. TIC Domicílios. Disponível em: <https://www.cetic.br/pesquisa/domicilios/>. Acesso em: 10 maio 2020.
4. Gráfico divulgado em matéria de Thiago Lavado, G1 em 28.08.2019. Disponível em: <https://g1.globo.com/economia/tecnologia/noticia/2019/08/28/uso-da-internet-no-brasil-cresce-e-70percent-da-populacao-esta-conectada.ghtml>. Acesso em: 10 maio 2020.

A análise do acesso à justiça, entre outros aspectos, deve levar em conta uma realidade na qual o acesso à internet é cada vez maior e que vem sendo transformada radicalmente com o uso de meios eletrônicos em todas as áreas da sociedade. A evolução em práticas e conceitos é algo inevitável e que seguramente pode trazer bons frutos para a população, sobretudo se concretizada com a participação efetiva de todos os setores, entre os quais, o poder público, as empresas, a academia e a sociedade civil como um todo.

Nesse contexto, o uso da tecnologia pode ser um fator decisivo para a solução do problema da exorbitante quantidade de ações judiciais tramitando no Poder Judiciário brasileiro, conforme será explorado mais adiante.

O alto índice de judicialização existente no Brasil não significa necessariamente um melhor ou mais amplo acesso à justiça, pois temos uma grande concentração de demandas envolvendo o Estado, uma vez que em muitas delas os entes da administração pública figuram no polo ativo das ações, ou seja, mesmo com uma quantidade expressiva de processos, não há como garantir que a população tenha à disposição um serviço de fácil acesso, célere e com um custo razoável para o erário. Há que se ponderar que não existe uma equação cuja fórmula seja: quanto mais processos, mais acesso à justiça.

Importante fazer referência à lição do professor Kazuo Watanabe que em diversas oportunidades já afirmou que o conceito a ser buscado é o de acesso a uma ordem jurídica justa como real acesso à justiça. Em sua obra sobre acesso à ordem jurídica justa (conceito atualizado de acesso à justiça), o professor Watanabe inicia o trabalho com um esclarecimento prévio sobre o conteúdo abordado, quando afirma que "O tema central deste livro é o 'acesso à justiça' (escrevo 'justiça' com 'j' minúsculo para significar que não se trata de acessar apenas os órgãos judiciários)"[5].

Cândido Rangel Dinamarco, nessa mesma linha, afirma que "Na realidade, a tutela jurisdicional tradicional não é o único meio de conduzir as pessoas à ordem jurídica justa, eliminando conflitos e satisfazendo pretensões justas"[6].

Ada Pellegrini Grinover se posicionou no mesmo sentido ao afirmar que "A ideia de acesso à Justiça não mais se limita ao mero acesso aos tribunais. Nas palavras lapidares de KAZUO WATANABE, não se trata apenas de possibilitar o

---

5. WATANABE, Kazuo. Acesso à ordem jurídica justa: conceito atualizado de acesso à justiça, processos coletivos e outros estudos. Belo Horizonte: Del Rey, 2019, p. XIII.
6. DINAMARCO, Cândido Rangel. Instituições de direito processual civil. 8. ed. rev. e atual. segundo o Novo Código de Processo Civil. São Paulo: Malheiros, 2016, p. 210.

acesso à Justiça enquanto instituição estatal, e sim de viabilizar o acesso à ordem jurídica justa"[7].

A melhor acepção da garantia constitucional de acesso à justiça é, portanto, de acesso a uma ordem jurídica justa que não implica necessariamente acesso aos autos de uma ação judicial para todos os casos e em todas as situações. Isso porque o conceito de acesso à justiça não pode ser mais interpretado com base nos preceitos dos estados liberais burgueses dos séculos XVIII e XIX, ou seja, pautado em uma filosofia essencialmente individualista dos direitos que vigia à época. Tal interpretação levava em consideração o direito de propor ou contestar uma ação, mas acabava por contemplar somente "o acesso formal, mas não efetivo à justiça, correspondia à igualdade apenas formal, mas não efetiva"[8].

Importante raciocínio nos apresenta também Rodolfo de Camargo Mancuso ao afirmar que:

> O conceito de acesso à justiça não pode mais se manter atrelado a antigas e defasadas acepções – que hoje se podem dizer ufanistas e irrealistas – atreladas à vetusta ideia de monopólio da justiça estatal, à sua vez assentado numa perspectiva excessivamente elástica de "universalidade/ubiquidade da jurisdição" e, também, aderente a uma leitura desmesurada da "facilitação do acesso", dando como resultado que o direito de ação acabasse praticamente convertido em ... dever de ação, assim insuflando a contenciosidade ao interno da sociedade e desestimulando a busca por outros meios, auto ou heterocompositivos.[9]

Por um lado, o franco aumento no acesso à internet e todo o desenvolvimento tecnológico correlato trazem um novo horizonte de possibilidades que já está sendo explorado, inclusive no que se refere à resolução de controvérsias on-line, mais conhecido pela sigla em inglês ODR (*Online Dispute Resolution*); por outro, tem-se um questionável conceito de acesso à justiça que merece ser aprimorado.

---

7. GRINOVER, Ada Pellegrini. O processo em evolução. Rio de Janeiro: Forense Universitária, 1998, p. 31.
8. CAPPELLETTI, Mauro; GARTH, Bryant. Acesso à justiça. Tradução de Ellen Gracie Northfleet. Porto Alegre: Sérgio Antônio Fabris, 1988, p. 9.
9. MANCUSO, Rodolfo de Camargo. Acesso à justiça: condicionantes legítimas e ilegítimas. 2. ed. rev., atual. e ampl. São Paulo: Revista dos Tribunais, 2015, p. 28.

2. O Direito em pé de guerra

Conforme o relatório Justiça em Números do CNJ, publicado em 2020 com ano-base de 2019, a quantidade de processos em tramitação no final de 2019 era de 77,1 milhões de processos[10]; contudo, durante o mesmo ano-base, foram baixados 35,4 milhões de processos[11], sendo, portanto, correto afirmar que o número oficial é de 112,5 milhões de processos que tramitaram perante a justiça em um ano (2019).

A mera alusão ao estoque final de processos em andamento no término do ano não se afigura como a melhor maneira de analisar a situação, principalmente, pelo fato de existirem muitos processos cuja duração é menor que um ano. Por exemplo, existem casos nos Juizados Especiais Cíveis resolvidos em menos de um ano, com sentenças ou acordos transitados em julgado sem interposição de recurso, os quais não podem ser desconsiderados, razão pela qual, em vez do simples estoque ativo no final do ano, a quantidade de processos que tramitaram na justiça durante o período de um ano se apresenta como a melhor maneira de analisar o impacto da litigiosidade no Poder Judiciário e, consequentemente, na sociedade de maneira geral.

Outro dado que impressiona é que, em 1988, o Judiciário brasileiro recebia 350 mil processos novos por ano[12], ao passo que, em 2019, foram recebidos 30,2 milhões de processos novos na justiça do país[13].

Vale lembrar que em 1988 a população do Brasil era de 144 milhões de habitantes e em 2019 atingiu 210 milhões de pessoas[14].

---

10. BRASIL. Conselho Nacional de Justiça (CNJ). Justiça em Números 2020, p. 93. Disponível em: <https://www.cnj.jus.br/pesquisas-judiciarias/justica-em-numeros/>. Acesso em: 10 dezembro 2020.
11. BRASIL. Conselho Nacional de Justiça (CNJ). Justiça em Números 2020, p. 94. Disponível em: <https://www.cnj.jus.br/pesquisas-judiciarias/justica-em-numeros/>. Acesso em: 10 dezembro 2020.
12. BAYMA, Fátima (Org.). Desafios da gestão pública da segurança. Rio de Janeiro: FGV, 2009, p. 84.
13. BRASIL. Conselho Nacional de Justiça (CNJ). Justiça em Números 2020, p. 94. Disponível em: <https://www.cnj.jus.br/pesquisas-judiciarias/justica-em-numeros/>. Acesso em: 10 dezembro 2020.
14. BRASIL. IBGE. Disponível em: <https://www.ibge.gov.br/>. Acesso em: 10 dezembro 2020.

Constata-se, pois, que, em um intervalo de aproximadamente 30 anos, a população do país aumentou cerca de 46% e a quantidade anual de novos processos aumentou mais de 8.500%.

A quantidade de novas ações não pode ser medida somente com base na população do país, sendo certo que durante o mesmo período ocorreram importantes transformações no Brasil, as quais passaram pelo importante processo de redemocratização do país com uma nova Constituição Federal, novos institutos e estruturas legais, tais como o Código de Defesa do Consumidor, a criação dos Juizados Especiais Cíveis, a Lei da Arbitragem, um pouco antes a Lei da Ação Civil Pública e o fortalecimento de diversas garantias aos cidadãos. Também há que se notar a ampliação do acesso à educação, o crescimento econômico e diversos outros aspectos que têm influência no acesso e uso da justiça pelos cidadãos.

De qualquer maneira, ainda que ponderados diversos outros aspectos, a discrepância entre o crescimento da população e o aumento na quantidade de novas ações judiciais por ano no país demonstra que há um desproporcional crescimento no índice de judicialização.

Muito embora aqui se faça uma análise do índice alarmante de judicialização no Brasil, não há uma crítica à ampliação do acesso à justiça.

Conforme já explorado em outra obra[15], o Estado Democrático de Direito deve garantir às pessoas o acesso a uma ordem jurídica justa para apreciação de lesão ou ameaça a direito, já que a regra geral é de proibição do uso da própria força para a defesa de direitos.

Tendo em vista que o poder coercitivo e sancionatório é privativo do Estado, deve ele propiciar toda a estrutura legal e normativa, editada dentro de um processo democrático consoante mandamentos constitucionais vigentes, assim como prover os meios para solução de conflitos que venham a surgir entre pessoas e os mecanismos para garantir a efetividade das decisões construídas pelas partes ou proferidas por um terceiro, que pode ser o próprio Estado (juiz).

Tal estrutura é voltada para viabilizar a vida em sociedade, evitando-se a autotutela como regra geral e a aceitando somente em situações excepcionais, tais como, no Direito Civil, nos casos de direito de retenção de bagagem pelo

---

15. CHIESI FILHO, Humberto. Um novo paradigma de acesso à justiça. Autocomposição como método de solução de controvérsias e caracterização do interesse processual. Belo Horizonte: D'Plácido, 2019, p. 73.

transportador na hipótese de não pagamento pelo passageiro (art. 742, CC[16]) ou como um dos efeitos da posse com relação às benfeitorias (art. 1.219, CC[17]), podendo-se até usar a própria força para manter-se ou restituir-se na posse, desde que dentro dos limites legais (art. 1.210, § 1 , CC[18]) e no Direito Penal na hipótese de legítima defesa (art. 23, II[19], c.c. 25, CP[20]).

Considerando que o particular, como regra geral, renuncia ao direito de usar a própria força para fazer valer seus direitos em respeito a um poder estatal soberano capaz de viabilizar o equilíbrio e a paz social, sem dúvida, o Poder Judiciário exerce um papel essencial para a realização de tal objetivo, já que é a face do estado responsável por aplicar a lei aos casos concretos.

O acesso ao poder estatal que possa garantir o exercício de direitos e obrigar terceiros a cumprir deveres e obrigações, quando necessário, é, portanto, fundamental para que o convívio pacífico possa ser mantido em uma sociedade.

Com base nessas e em outras premissas verdadeiras, foi concebida uma ideia no Brasil segundo a qual o inciso XXXV do artigo 5 da CF, que diz literalmente: "a lei não excluirá da apreciação do Poder Judiciário lesão ou ameaça a direito"[21], estabeleceria um princípio de acesso incondicionado aos autos de uma ação judicial para qualquer situação em que uma pessoa se sinta lesada. Isso, na prática, de maneira irrestrita e, muitas vezes, sem a presença dos requisitos legais mínimos para o exercício do direito de ação.

---

16. Art. 742. O transportador, uma vez executado o transporte, tem direito de retenção sobre a bagagem de passageiro e outros objetos pessoais deste, para garantir-se do pagamento do valor da passagem que não tiver sido feito no início ou durante o percurso.
17. Art. 1.219. O possuidor de boa-fé tem direito à indenização das benfeitorias necessárias e úteis, bem como, quanto às voluptuárias, se não lhe forem pagas, a levantá-las, quando o puder sem detrimento da coisa, e poderá exercer o direito de retenção pelo valor das benfeitorias necessárias e úteis.
18. Art. 1.210. O possuidor tem direito a ser mantido na posse em caso de turbação, restituído no de esbulho, e segurado de violência iminente, se tiver justo receio de ser molestado.
    § 1º O possuidor turbado, ou esbulhado, poderá manter-se ou restituir-se por sua própria força, contanto que o faça logo; os atos de defesa, ou de desforço, não podem ir além do indispensável à manutenção, ou restituição da posse.
19. Art. 23. Não há crime quando o agente pratica o fato: [...] II – em legítima defesa.
20. Art. 25. Entende-se em legítima defesa quem, usando moderadamente dos meios necessários, repele injusta agressão, atual ou iminente, a direito seu ou de outrem.
21. BRASIL. Presidência da República do Brasil. Constituição da República do Brasil de 1988. Disponível em: <http://www.planalto.gov.br/ccivil_03/Constituicao/Constituicao.htm>. Acesso em: 30 abr. 2016.

Partindo dessa importante garantia constitucional, foi estabelecido um paradigma, que constitui um tópos[22] com características de um verdadeiro dogma, pelo qual se extrai do enunciado mais do que nele na verdade se contém. Extrai-se, indevidamente, que o direito de ação deve ser invocado com proposições (ufanistas) de judiciabilidade plena, geral e difusa, de tal modo que contribui para uma percepção adversarial do processo, tal como afirma Rodolfo Mancuso, sendo a ação como o direito em pé de guerra desestimulando a busca por outros meios auto e heterocompositivos. Isso ocorre em um cenário de estímulo a uma contenciosidade social exacerbada, do que veio resultar a cultura demandista disseminada pelo país, projetada na crise numérica de processos[23]. Isso porque muitas situações que seriam mais bem resolvidas fora do Poder Judiciário são levadas à justiça para que a jurisdição do Estado se ocupe do tema e decida o caso.

3. UMA MUDANÇA NECESSÁRIA

As transformações são inexoráveis e a história nos mostra que a evolução ocorre por meio de ciclos disruptivos que geram mudanças (revoluções) irresistíveis na sociedade, ainda que existam forças em sentido contrário, caracterizadas pelo esforço na manutenção do *status quo* vigente, pelo temor à mudança, pela defesa de interesses corporativos, pela resistência e pelas crenças em postulados cujos pilares começam a ser falseados pela realidade.

Há inúmeros exemplos de mudanças que representaram verdadeiras revoluções na história, mas que, em um primeiro momento, foram fortemente resistidas. Pode-se mencionar como exemplo a revolução copernicana, na qual Nicolau Copérnico desenvolveu a teoria heliocêntrica, substituindo a teoria geocêntrica e que implicou profundas mudanças teóricas na astronomia, na cosmologia, na física, na filosofia e na religião. Thomas Kuhn resumiu bem o que representou a revolução copernicana, definindo-a como uma revolução no campo das ideias, uma transformação do conceito de universo que tinha o

---

22. Theodor Viehweg define *topoi* (plural de *tópos*) como "pontos de vista utilizáveis e aceitáveis em toda parte, que se empregam a favor ou contra o que é conforme a opinião aceita e que podem conduzir à verdade" em: VIEHWEG, Theodor. Tópica e Jurisprudência: uma contribuição à investigação dos fundamentos jurídico-científicos. Tradução de Kelly Suane Alflen da Silva. Porto Alegre: Sérgio Antônio Fabris Editor, 2008, p. 80.
23. MANCUSO, Rodolfo de Camargo. Acesso à Justiça: condicionantes legítimas e ilegítimas. 2. ed. rev., atual. e ampl. São Paulo: Revista dos Tribunais, 2015, p. 226.

homem até aquele momento, enfim, o ponto alto de uma mudança de perspectiva irreversível no desenvolvimento intelectual do homem ocidental[24].

Mesmo sendo uma descoberta científica de grande importância, tal teoria foi fortemente resistida e combatida, principalmente por motivos religiosos, todavia, a evolução histórica mostrou que não há como sustentar de maneira indefinida, nem mesmo com o uso do poder e da força, argumentos que são falseados pela realidade.

Em 1996, temos outro exemplo interessante, no qual Richard Susskind, em seu livro *The Future of Law*, afirmou àquela época, quando a internet comercial ainda estava nascendo, que o *e-mail* poderia se tornar a principal forma de comunicação entre clientes e advogados. Hoje isso pode parecer algo óbvio e simples, contudo, em 1996, os representantes da *Law Society of England and Wales* afirmavam que Susskind não deveria ser autorizado a falar em público, uma vez que ele estaria levando a profissão jurídica ao descrédito[25].

Alguns anos antes, em 1990, Susskind havia afirmado que a internet (antes mesmo de seu lançamento comercial) poderia se tornar a primeira porta para qualquer um realizar uma pesquisa jurídica. Isso fez com que advogados e juízes se unissem para denunciar essa sugestão, dizendo que ele não entendia o significado prático e cultural das bibliotecas de direito[26]. Constata-se hoje que a previsão estava correta e se torna difícil imaginar no mundo atual uma pesquisa jurídica, sobretudo aquela inicial, sem o uso da internet.

Tais exemplos mostram que frequentemente há uma reação instintiva e, por vezes, irracional (no sentido de não aplicação de um raciocínio lógico diante de uma proposição) de rejeição ao novo e àquilo que ainda não faz parte dos usos e costumes; entretanto, esses mesmos exemplos mostram que, depois que os novos conceitos são estabelecidos e passam a integrar a realidade cotidiana, quando se olha para o passado, reiteradamente, a rejeição inicial causa estranheza e por vezes é difícil entender como uma resistência de tal natureza e intensidade pode ter ocorrido.

---

24. KUHN, Thomas S. La Revolución Copernicana. La astronomía planetaria en el desarrollo del pensamiento occidental. Barcelona: Orbis, 1985, p. 14. "La revolución copernicana fue una revolución en el campo de las ideas, una transformación del concepto del universo que tenía el hombre hasta aquel momento y de su propia relación con el mismo."
25. SUSSKIND, Richard. Online Courts and the Future of Justice (p. 2). OUP Oxford. Edição do Kindle.
26. SUSSKIND, Richard. Online Courts and the Future of Justice (p. 3). OUP Oxford. Edição do Kindle.

Trata-se de um processo natural que deve ser encarado com tranquilidade, pois aquilo que tira as pessoas da zona de conforto gera, quase sempre, uma reação em sentido contrário ao novo, mas, sendo administrado com sabedoria, flexibilidade e abertura para as possibilidades que são descortinadas, tal processo pode conduzir a sociedade à evolução.

Atualmente, a humanidade vive um importante momento nesse processo de transição, sob a perspectiva de uma revolução científica nos moldes da estrutura explicada por Thomas Kuhn[27], na qual um novo paradigma pode ser estabelecido, tendo em vista que antigos postulados já não são capazes de resolver os problemas da modernidade gerando uma crise que desencadeia uma revolução paradigmática.

Tal lógica é perfeitamente aplicável ao direito, quando considerado como ciência, mas uma ciência social que não tem por base a epistemologia das ciências da natureza, vez que admite mais de uma resposta para a mesma pergunta, diferentemente das ciências naturais, tais como a física, a astronomia e a química[28].

Há uma oportunidade, que é apresentada já há alguns anos, de utilização de uma abordagem de não judicialização de conflitos como via regular de resolução, garantindo o acesso à justiça, porém, sem a necessidade de distribuição de mais de 30 milhões de novas ações judiciais por ano.

Com base em uma concepção mais aberta, racional e direcionada para a solução consensual das controvérsias, a tecnologia se apresenta como meio rápido, acessível e menos oneroso para o Estado e para as partes envolvidas. Isso sobretudo quando aos próprios envolvidos é dada a oportunidade de construir a melhor decisão para o próprio caso, sem a necessidade de imposição de uma sentença judicial pelo Estado para solucionar a controvérsia.

A tecnologia não só representa um facilitador nesse processo, como também um elemento intrínseco à própria revolução que pode ocorrer na concepção de acesso a uma ordem jurídica justa.

---

27. KUHN, Thomas S. A estrutura das revoluções científicas. Tradução de Beatriz Vianna Boeira e Nelson Boeira. 13. ed. São Paulo: Perspectiva, 2017.
28. SIQUEIRA, Ricardo Lagreca; CHIESI FILHO, Humberto. O empoderamento do usuário da internet e o desestímulo à judicialização. In: RODAS, João Grandino et al. (Coords.). Visão multidisciplinar das soluções de conflitos no Brasil. Curitiba: Prismas, 2018, p. 477.

4. A TECNOLOGIA REVOLUCIONANDO O ACESSO A UMA ORDEM JURÍDICA JUSTA

A tecnologia vem mudando substancialmente a maneira como as pessoas trabalham, estudam, compram e vendem bens, enfim, o modo como se inter-relacionam. A comunicação, o acesso à informação e as interações aumentam de forma exponencial, fazendo com que a quantidade de conflitos naturalmente também se expanda.

Considerando que as pessoas estão permanentemente interconectadas pelo uso cada vez mais presente de aplicações de internet no cotidiano e com as transações e as interações tendo seu custo reduzido pelo efeito escala, a possibilidade de algo sair mal, com a quebra de alguma expectativa, aumenta e o número de conflitos aumenta na mesma medida[29].

Felizmente, além de possibilitar um acréscimo na quantidade de conflitos de interesses, a tecnologia pode constituir, ao mesmo tempo, um elemento importante na prevenção e na resolução de disputas.

A humanidade se deparou com uma situação totalmente atípica causada pela Covid-19 que, além da lamentável crise mundial de saúde, forçosamente conduziu todos a uma mudança abrupta e radical de hábitos em decorrência de um afastamento social que se impôs.

Por tal motivo, grande parte da sociedade passou a fazer parte de um coercitivo e gigantesco projeto-piloto de teletrabalho (*home office*), de estudo remoto (*homeschooling*/EAD – ensino a distância) e, entre diversas outras atividades, de provimento de serviços jurídicos e prestação jurisdicional de modo remoto.

Muitos profissionais do direito – integrantes de departamentos jurídicos, de escritórios de advocacia e do judiciário – foram catapultados para fora de suas respectivas zonas de conforto sem aviso-prévio e, querendo ou não, foram obrigados a exercer sua atividade de uma maneira diferente. Aquilo que até então era apresentado como oportunidade de ganho de eficiência, redução de custos, simplificação, agilização e universalização passou a constituir a única alternativa para a continuidade de diversas atividades.

---

29. BECKER, Daniel; WOLKART, Erik Navarro. Da discórdia analógica para a concórdia digital. In: O Advogado do amanhã: estudos em homenagem ao professor Richard Susskind. Bruno Feigelson, Daniel Becker e Giovani Ravagnani, coordenação. São Paulo: Thomson Reuters Brasil, 2019, p. 115.

Alguns mais habituados e afetos ao uso da tecnologia no dia a dia, mais desapegados das estruturas tradicionais e do contato presencial para a realização de atos inerentes às suas atividades profissionais tiveram mais facilidade diante do novo cenário. Outros foram remetidos compulsoriamente a uma curva de aprendizado forçada e acelerada.

De uma maneira ou de outra, a mudança chegou de modo imperativo, superando receios, preconceitos, temores, críticas e toda espécie de resistência, já que em muitos casos não havia outra opção.

As previsões que Richard Susskind fez em diversas obras vêm sendo confirmadas. Especificamente em seu livro – *Online courts and the future of justice* – referido autor havia afirmado que grandes transformações na justiça ocorreriam na próxima década[30], mas, em recentes webinários, já vem asseverando que, em razão da pandemia da Covid-19, as mudanças estão chegando de maneira muito mais rápida.

Já há indícios de que também tal predição está correta.

No início da pandemia, mês de março de 2020, o Conselho Nacional de Justiça (CNJ) editou a Resolução nº 313 para uniformizar o funcionamento do Poder Judiciário no cenário excepcional. Tal norma indicou que juízes, servidores e demais colaboradores da justiça deveriam suspender ou diminuir drasticamente o atendimento presencial, sem que isso implicasse paralisação das atividades judiciais, devendo os trabalhos ser realizados prioritariamente de modo remoto.

Outra norma do CNJ é a Portaria nº 61, de 31/03/2020, que instituiu a plataforma emergencial de videoconferência para realização de audiências e sessões de julgamento nos órgãos do Poder Judiciário. Com isso, diversos tribunais estabeleceram regras e procedimentos para o uso da tecnologia com o intuito de viabilizar a prática de atos processuais, inclusive sessões de julgamento, sem que as partes, os julgadores e os servidores tenham que sair de suas respectivas residências.

Nessa esteira, o Tribunal de Justiça do Rio de Janeiro (TJRJ) criou o Regime Diferenciado de Atendimento de Urgência (RDAU), por meio do qual os juízes puderam fazer o uso do teletrabalho, da videoconferência e das escalas de plantão. Com apoio dos servidores do tribunal. Com isso, no mês de março de 2020 (início da pandemia Covid-19), foi superada a produtividade do mesmo mês do ano anterior[31].

---

30. SUSSKIND, Richard. Online Courts and the Future of Justice (p. 165). OUP Oxford. Edição do Kindle.
31. TRIBUNAL DE JUSTIÇA DO RIO DE JANEIRO. Ritmo de trabalho em RDAU supera o de março de 2019.

Somente em primeira instância, foram registradas 195.293 sentenças em março de 2020 contra 146.247 em março de 2019, o que representa um aumento da ordem de 33,5%, sendo importante ressaltar que, nos relatórios Justiça em Números do CNJ, o Judiciário do Rio de Janeiro frequentemente já era considerado aquele que apresentava o nível mais alto de produtividade no país[32].

Isso demonstra que, mesmo em uma situação imprevisível, com a sociedade abalada por uma doença ainda não totalmente conhecida e em um regime emergencial, os juízes e os servidores do Judiciário alcançaram uma produtividade 33,5% superior àquela do período no qual os serviços foram prestados dentro da normalidade.

O Judiciário do Estado de São Paulo também agiu rapidamente e, mesmo com uma estrutura que contempla quase 60 mil pessoas (40 mil servidores, 3 mil juízes e 15 mil terceirizados), manteve a máquina ativa garantindo a prestação jurisdicional à sociedade e demonstrando que a tecnologia pode ser um importante elemento para que seja evitada a morosidade na justiça[33].

Certamente, mudanças advirão dessa experiência[34] e muitas barreiras serão rompidas com a superação de (pre)conceitos, pois a experiência provou que é possível a implantação de uma nova forma de prestação jurisdicional, ainda que sem o planejamento necessário, mas com resultados altamente positivos.

Diversas outras práticas foram rapidamente adotadas com êxito, tais como audiências e sessões de julgamento de modo remoto, inclusive nas cortes superiores.

Tratam-se de experiências que servirão como fatores de aceleração na transformação da forma como a prestação jurisdicional será oferecida à sociedade, mas muito há ainda que ser feito para a quebra da ideia de acesso à justiça como sendo acesso aos autos de um processo judicial tradicional.

Disponível em: <http://portaltj.tjrj.jus.br/web/guest/noticias/noticia/-/visualizar-conteudo/5111210/7133754>. Acesso em: 10 maio 2020.

32. TRIBUNAL DE JUSTIÇA DO RIO DE JANEIRO. Justiça em Números: TJRJ é o mais produtivo do país pelo décimo ano seguido. Disponível em: <http://www.tjrj.jus.br/noticias/noticia/-/visualizar-conteudo/5111210/6647017>. Acesso em: 10 maio 2020.
33. FRANCO, Geraldo Francisco Pinheiro. A Pandemia e A Imaginária Lentidão da Justiça. Disponível em: <http://www.tjsp.jus.br/Noticias/Noticia?codigoNoticia=60695&pagina=1>. Acesso em: 10 maio 2020.
34. CHIESI FILHO, Humberto. Jurídico em transformação: dinâmicas de trabalho pós--pandemia ganham forma hoje. Análise Editorial. Disponível em: <https://analise.com/opiniao/home-office-e-as-formas-de-trabalho-pos-pandemia>. Acesso em: 10 maio 2020.

5. A DESJUDICIALIZAÇÃO EM UM NOVO CENÁRIO

Em razão da pandemia Covid-19 e da crise econômica dela decorrente, haverá seguramente uma forte pressão para a redução de custos, ganho de eficiência e uso racional dos recursos.

O custo do Judiciário brasileiro para os cofres públicos em 2019 foi de R$100.157.648.446,00, o que corresponde a 1,5% do Produto Interno Bruto (PIB) nacional, ou a 2,7% dos gastos totais da União, dos estados, do Distrito Federal e dos municípios. Em 2018, o custo pelo serviço de Justiça foi de R$ 479,16 por habitante[35].

O pesquisador Luciano Da Ros, em estudo realizado na Universidade Federal do Paraná em 2015, mostrou que o orçamento destinado ao Poder Judiciário brasileiro (quando ainda representava 1,3% do PIB) já era muito provavelmente o mais alto por habitante entre todos os países federais do hemisfério ocidental[36] e apresentou o seguinte gráfico:

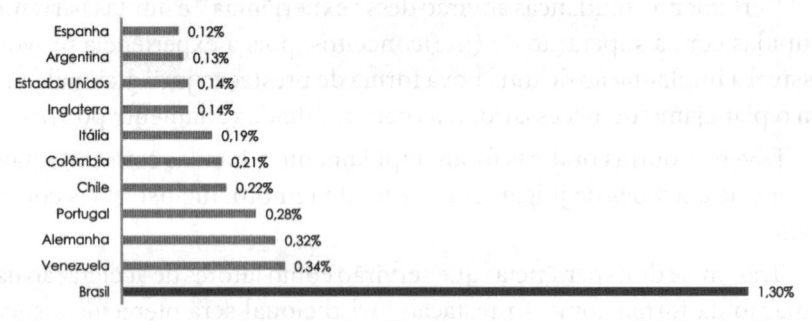

País	%
Espanha	0,12%
Argentina	0,13%
Estados Unidos	0,14%
Inglaterra	0,14%
Itália	0,19%
Colômbia	0,21%
Chile	0,22%
Portugal	0,28%
Alemanha	0,32%
Venezuela	0,34%
Brasil	1,30%

Fonte: CNJ 2014; European Commission for the Efficiency of Justice (CEPEJ) 2014, 32; Centro de Estudios de Justicia de las Américas (CEJA) 2007; National Center for State Courts (NCSC) 2012; Supreme Court of the United Strates (SCOUTUS) 2012.

Uma das medidas para mudar tal cenário certamente pode ser o uso da estrutura estatal de justiça com mais critério e racionalidade, fazendo com que as pessoas, físicas e jurídicas, busquem, como primeiro meio para a solução de controvérsias, os métodos extrajudiciais.

---

35. BRASIL. Conselho Nacional de Justiça (CNJ). Justiça em Números 2019, p. 62. Disponível em: <https://www.cnj.jus.br/pesquisas-judiciarias/justica-em-numeros/>. Acesso em: 10 maio 2020.
36. DA ROS, Luciano. O custo da Justiça no Brasil: uma análise comparativa exploratória. Disponível em: <http://observatory-elites.org/wp-content/uploads/2012/06/newsletter--Observatorio-v.-2-n.-9.pdf>. Acesso em: 10 maio 2020.

Métodos autocompositivos como a negociação, a conciliação e a mediação podem mitigar em grande medida a judicialização das discussões e, além de evitar custos desnecessários, pode ajudar em um processo de pacificação, no qual as pessoas possam perceber o conflito de forma positiva, como um fenômeno natural na relação de quaisquer seres vivos[37] e sendo passível de resolução de maneira amistosa.

Simultaneamente, mesmo quando não resultem em um acordo de vontades, os métodos autocompositivos podem servir para que reste configurado o interesse processual, preenchendo, portanto, uma das condições da ação, dando origem a uma verdadeira lide[38] e levando ao Judiciário somente aquilo que for realmente necessário.

E, neste contexto, se apresenta a tecnologia, que pode, mais que simplesmente automatizar procedimentos já existentes, em verdade, revolucionar a maneira como os serviços jurídicos e o acesso a uma ordem jurídica justa são oferecidos à sociedade.

Já existem diversas ferramentas tecnológicas a fim de que as partes busquem uma solução consensual para uma controvérsia antes de iniciarem uma contenda judicial, as quais trazem resultados muito satisfatórios, além de viabilizar o uso da criatividade nos métodos utilizados[39].

---

37. AZEVEDO, André Gomma (Org.). Manual de Mediação Judicial. Brasília: Ministério da Justiça e Programa das Nações Unidas para o Desenvolvimento – PNUD, 2013, p. 39.
38. CARNELUTTI, Francesco. Teoria Geral do Direito. Tradução de Antônio Carlos Ferreira. São Paulo: LEJUS, 1999, p. 108: "Quer dizer que o conflito atual supõe a prática de um ato por cada um dos sujeitos, os quais, ao praticá-lo, se tornam dois contenedores: um deles pretende, e o outro resiste à pretensão. A ciência do direito processual submeteu este fenômeno a uma análise senão definitiva, pelo menos muito adiantada, e elaborou os conceitos da pretensão e da resistência, respectivamente como exigência da prevalência de um interesse próprio sobre um interesse alheio, e como oposição a tal exigência.
Ao conflito de interesses, quando se efetiva com a pretensão ou com a resistência, poderia dar-se o nome de contenda, ou mesmo de controvérsia. Pareceu-me mais conveniente e adequado aos usos da linguagem o de lide."
39. CHIESI FILHO, Humberto. Estudo de caso: programa action – Mercado Livre. A mediação na solução de controvérsias entre usuários da internet. In: MEDINA, Javier Garcia; ISHIKAWA, Lauro; REPRESA, Marcos Sacristán; MATSUSHITA, Thiago Lopes [Coords.]. VELLOZO, Julio César de Oliveira; ISHIKAWA, Lauro; FILHO, Marco Aurélio Florêncio [Orgs.]. Direitos humanos. Diálogos ibero-americanos. Belo Horizonte: Editora D'Plácido, 2019, p. 655.

Considerando plataformas mantidas pelo poder público, pode-se mencionar na América Latina alguns exemplos de iniciativas bem-sucedidas. No México, existe o Concilianet[40], mantido pela PROFECO (Procuraduría Federal del Consumidor), na Colômbia, existe o SIC FACILITA[41], mantido pela SIC (Superintendencia de Industria y Comercio) e, no Brasil, há o Consumidor.gov.br (consumidor.gov.br) que é um serviço público oferecido pela SENACON (Secretaria Nacional do Consumidor), órgão que integra o Ministério da Justiça.

As três ferramentas têm como características comuns a gratuidade, o fácil acesso e a possibilidade de rápida solução para um problema de consumo, sendo todas instâncias de negociação direta entre consumidor e fornecedor, nas quais a tecnologia é um fator diferencial.

São exemplos de *Online Dispute Resolution* (ODR) que demonstram grande efetividade na solução de disputas.

Especificamente no caso do Brasil, em 2019, passaram pelo Consumidor.gov.br 780.179 reclamações, entre as quais, 99% foram respondidas em um prazo médio de resposta de 6,5 dias. O índice de solução atingiu 81% dos casos[42].

Isso demonstra que, mesmo sem sair da esfera dos serviços públicos, com o uso da tecnologia, há como oferecer à sociedade meios de acesso a uma ordem jurídica justa sem a necessidade do uso de mecanismos judiciais, assim como é aberto o espaço para que as pessoas possam agir como protagonistas na solução dos próprios conflitos, sem que obrigatoriamente seus interesses tenham que ser tutelados pelo Estado juiz.

---

40. "Este es un módulo de solución de controversias en línea, en el que se desahogan las audiencias de conciliación vía Internet con aquellos proveedores de bienes y servicios que tienen celebrado un convenio de colaboración con la Procuraduría para tal fin. Las ventajas para la y el consumidor son: No requiere acudir a una Delegación, Subdelegación o Unidad de Servicio. La entrega de los documentos es través de Internet y en formato electrónico. Menor tiempo para la solución de la reclamación. Podrás registrarte en la parte superior derecha, señalando un usuario (correo electrónico) y contraseña." Disponível em: <https://concilianet.profeco.gob.mx/Concilianet/comoconciliar.jsp>. Acesso em: 10 maio 2020.

41. "Se trata de una herramienta virtual en donde la SIC actúa como facilitadora para que consumidores y proveedores alcancen acuerdos sobre reclamaciones relacionados con derechos del consumidor. [...] Beneficios: [...] Evitar al máximo los riesgos derivados de la solución judicial de los conflictos sobre derecho del consumidor (duración de los procesos, sanciones pecuniarias, insatisfacción del cliente). Disponível em: <http://sicfacilita.sic.gov.co/SICFacilita/>. Acesso em: 10 maio 2020.

42. Disponível em: <https://www.novo.justica.gov.br/news/senacon-lanca-consumidor-em-numeros-2019>. Acesso em: 10 maio 2020.

6. Conclusão

É vivido um momento de grande transformação, impulsionado por uma dura situação enfrentada pela humanidade, mas que pode trazer bons frutos. A reflexão a respeito da maneira como a sociedade vem se portando, em diversos aspectos, proporciona uma oportunidade de aprimoramento, passando pela maneira como as pessoas se relacionam e pela forma como os recursos são utilizados.

No que se refere ao acesso à justiça, além da revisão da forma como a prestação jurisdicional é oferecida aos jurisdicionados, com o uso da tecnologia e com a reavaliação de antigos procedimentos e postulados, há também a possibilidade de um uso mais efetivo dos métodos autocompositivos extrajudiciais, sobretudo por meio on-line (ODR), uma vez que, na grande maioria dos casos, é mais acessível, barato, rápido e resolutivo que o Judiciário.

Da mesma maneira que muitos foram catapultados para fora de suas respectivas zonas de conforto e passaram a fazer parte de um gigantesco projeto-piloto de trabalho remoto, muitos serão compelidos a buscar novas formas para realizar atividades profissionais e pessoais com um uso mais racional e eficiente de recursos, sobretudo os públicos. O uso de 1,5% do PIB nacional para manutenção do Poder Judiciário certamente terá que ser revisitado, sobretudo, em uma realidade na qual o ODR oferece uma comprovada solução menos custosa, mais rápida e mais eficiente para grande parte dos mais de 112 milhões de processos que passam pela justiça brasileira anualmente.

7. Referências bibliográficas

AZEVEDO, André Gomma de (Org.). *Manual de Mediação Judicial*. Brasília: Ministério da Justiça e Programa das Nações Unidas para o Desenvolvimento – PNUD, 2013.

BAYMA, Fátima (Org.). *Desafios da gestão pública da segurança*. Rio de Janeiro: FGV, 2009.

BECKER, Daniel; WOLKART, Erik Navarro. Da discórdia analógica para a concórdia digital. In: FEIGELSON, Bruno; BECKER, Daniel; RAVAGNANI, Giovani. *O advogado do amanhã*: estudos em homenagem ao professor Richard Susskind. São Paulo: Thomson Reuters Brasil, 2019.

BRASIL. Conselho Nacional de Justiça (CNJ). *Justiça em Números* 2020. Disponível em: [www.cnj.jus.br/pesquisas-judiciarias/justica-em-numeros/]. Acesso em: 10.12.2020.

BRASIL. IBGE. Disponível em: [https://www.ibge.gov.br/]. Acesso em: 10.12.2020.

BRASIL. Presidência da República do Brasil. Constituição da República do Brasil de 1988. Disponível em: [www.planalto.gov.br/ccivil_03/Constituicao/Constituicao.htm]. Acesso em: 10.05.2020.

CAPPELLETTI, Mauro; GARTH, Bryant. *Acesso à justiça*. Trad. Ellen Gracie Northfleet. Porto Alegre: Sérgio Antônio Fabris, 1988.

CARNELUTTI, Francesco. *Teoria Geral do Direito*. Trad. Antônio Carlos Ferreira. São Paulo: LEJUS, 1999.

CHIESI FILHO, Humberto. Estudo de caso: programa action – Mercado Livre. A mediação na solução de controvérsias entre usuários da internet. In: MEDINA, Javier Garcia; ISHIKAWA, Lauro; REPRESA, Marcos Sacristán; MATSUSHITA, Thiago Lopes (Coords.). VELLOZO, Julio César de Oliveira; ISHIKAWA, Lauro; FILHO, Marco Aurélio Florêncio (Orgs.). *Direitos humanos. Diálogos ibero-americanos*. Belo Horizonte: Editora D'Plácido, 2019.

CHIESI FILHO, Humberto. *Jurídico em transformação: dinâmicas de trabalho pós-pandemia ganham forma hoje*. Disponível em: [https://analise.com/opiniao/home-office-e-as-formas-de-trabalho-pos-pandemia]. Acesso em: 10.05.2020.

CHIESI FILHO, Humberto. *Um novo paradigma de acesso à justiça*. Autocomposição como método de solução de controvérsias e caracterização do interesse processual. Belo Horizonte: D'Plácido, 2019.

DA ROS, Luciano. *O custo da Justiça no Brasil: uma análise comparativa exploratória*. Disponível em: [http://observatory-elites.org/wp-content/uploads/2012/06/newsletter-Observatorio-v.-2-n.-9.pdf]. Acesso em: 10.05.2020.

DINAMARCO, Cândido Rangel. *Instituições de direito processual civil*. 8. ed. rev. e atual. segundo o Novo Código de Processo Civil. São Paulo: Malheiros, 2016.

FRANCO, Geraldo Francisco Pinheiro. *A pandemia e a imaginária lentidão da justiça*. Disponível em: [www.tjsp.jus.br/Noticias/Noticia?codigoNoticia=60695&pagina=1]. Acesso em: 10.05.2020.

GRINOVER, Ada Pellegrini. *O processo em evolução*. Rio de Janeiro: Forense Universitária, 1998.

INTERNET WORLD STATS. Disponível em: [www.internetworldstats.com/stats4.htm]. Acesso em: 10.05.2020.

KUHN, Thomas S. *A estrutura das revoluções científicas*. Trad. Beatriz Vianna Boeira e Nelson Boeira. 13. ed. São Paulo: Perspectiva, 2017.

KUHN, Thomas S. *La Revolución Copernicana*. La astronomía planetaria en el desarrollo del pensamiento occidental. Barcelona: Orbis, 1985.

MANCUSO, Rodolfo de Camargo. *Acesso à justiça*: condicionantes legítimas e ilegítimas. 2. ed. rev., atual. e ampl. São Paulo: Ed. RT, 2015.

cetic.br. *TIC Domicílios*. Disponível em: [www.cetic.br/pesquisa/domicilios/]. Acesso em: 10.05.2020.

OCDE. *Leveraging the SDGs for Inclusive Growth: Delivering Access to Justice for All.* Disponível em: [www.oecd.org/gov/delivering-access-to-justice-for-all.pdf]. Acesso em: 10.05.2020.

SIQUEIRA, Ricardo Lagreca; CHIESI FILHO, Humberto. O empoderamento do usuário da internet e o desestímulo à judicialização. In: RODAS, João Grandino et al. (Coords.). *Visão multidisciplinar das soluções de conflitos no Brasil.* Curitiba: Prismas, 2018.

SUSSKIND, Richard. *Online Courts and the Future of Justice.* OUP Oxford. Edição do Kindle.

TRIBUNAL DE JUSTIÇA DO RIO DE JANEIRO. *Justiça em Números: TJRJ é o mais produtivo do país pelo décimo ano seguido.* Disponível em: [www.tjrj.jus.br/noticias/noticia/-/visualizar-conteudo/5111210/6647017]. Acesso em: 10.05.2020.

TRIBUNAL DE JUSTIÇA DO RIO DE JANEIRO. *Ritmo de trabalho em RDAU supera o de março de 2019.* Disponível em: [http://portaltj.tjrj.jus.br/web/guest/noticias/noticia/-/visualizar-conteudo/5111210/7133754]. Acesso em: 10.05.2020.

VIEHWEG, Theodor. *Tópica e Jurisprudência*: uma contribuição à investigação dos fundamentos jurídico-científicos. Trad. Kelly Susane Alflen Da Silva. Porto Alegre: Sérgio Antônio Fabris, 2008.

WATANABE, Kazuo. *Acesso à ordem jurídica justa*: conceito atualizado de acesso à justiça, processos coletivos e outros estudos. Belo Horizonte: Del Rey, 2019.

Aplicación de nuevas tecnologías al proceso judicial: proceso electrónico, resolución de controversias online, inteligencia artificial y acceso a información pública

Francisco Verbic

Universidad Nacional de La Plata – Argentina.

Sumário: I. Introducción. II. Primera dimensión: el proceso electrónico y la tendencia al abandono del papel como soporte de comunicación. III. Segunda dimensión: resolución de controversias online. IV. Tercera dimensión: inteligencia artificial para la gestión de casos. V. Cuarta dimensión: nuevas tecnologías y acceso ciudadano a la información pública. VI. Ventajas, riesgos y desafíos del uso de nuevas tecnologías en los procesos judiciales. VII. Balance y prospectiva.

I. Introducción

Este trabajo se encuentra dividido en 6 partes.

La primera (apartado II) aborda el proceso electrónico y la tendencia generalizada al abandono del papel como soporte de comunicación, pasando revista sobre el proceso de escasa cuantía y el monitorio europeo.

La segunda parte (apartado III) se dedica al análisis de los mecanismos de resolución de controversias online, trabajando especialmente sobre la reciente experiencia del Reino Unido con la "Corte online".

La tercera parte (apartado IV) se enfoca en los alcances y desafíos de la inteligencia artificial como instrumento para la gestión de casos y resolución de cuestiones, señalando ejemplos de su utilización en el marco de las Cortes Constitucionales de Brasil y Colombia.

La cuarta parte (apartado V) está dedicada a las implicancias de estas nuevas tecnologías en términos de acceso ciudadano a la información pública, ofreciendo como ejemplo la experiencia del Centro de Estudios de Justicia de las Américas y su Índice de Accesibilidad a la Información Judicial en Internet.

La quinta parte (apartado VI) comprende una suerte de repaso de algunas de las ventajas, riesgos y desafíos que presenta la implementación de nuevas tecnologías en el proceso judicial.

Finalmente, la sexta parte (apartado VII) tiene por objeto presentar ciertas reflexiones en términos de balance y prospectiva.[1]

II. Primera dimensión: el proceso electrónico y la tendencia al abandono del papel como soporte de comunicación

Tal como explicaba Talmadge a comienzos del año 2000 con relación a los tribunales de apelación en los Estados Unidos, el trabajo realizado por entonces se desarrollaba generalmente de un modo similar a lo que ocurría a finales del

---

1. Hay diversas cuestiones que, aun cuando podrían considerarse encuadradas en el marco del tema que me fue asignado, no son abordadas en este trabajo. Entre ellas se destacan las problemáticas vinculadas con el e-discovery, la gestión de prueba por las partes en instancias prejudiciales, el uso de información adquirida a través de cámaras ubicadas dentro de automóviles y dispositivos similares, y la evaluación de prueba a través de inteligencia artificial. El motivo de no trabajar sobre estas cuestiones es que se encuentran comprendidas en la sección 7 del Congreso bajo el título "Current Situations and Problems regarding New Types of Evidence".

siglo XX: *"procesan escritos presentados en papel (...) Los jueces de apelación y sus equipos de trabajo leen memoriales en papel. Luego de publicarse una sentencia escrita, el papel es registrado en un repositorio físico. Muy a menudo, debido a la resistencia de abogados, equipos de trabajo y los propios jueces, y debido a que los recursos necesarios no se encontraban disponibles para moverse hacia un ambiente electrónico, los tribunales de apelación no utilizaban nuevas tecnologías que podían facilitar su trabajo"*.[2]

En particular, en ese entonces Talmadge identificaba 4 aspectos en los cuales el uso de nuevas tecnologías podía mejorar el trabajo de estos tribunales de apelación. Entendemos que estos aspectos aplican a todos los tribunales en general. Ellos son:

(i) Presentaciones, mociones y alegatos electrónicos: utilización de email, fax y archivos compartidos para transmisión de documentos que contienen las posiciones de las partes, así como también la utilización de videoconferencias y comunicaciones telefónicas para desarrollar los alegatos y defensas orales.[3]

(ii) Expedientes digitales: sea mediante documentos en papel escaneados o directamente en formato de documentos electrónicos. Se destaca en esta cuestión la facilidad de transmisión del expediente, la posibilidad de consulta y análisis simultáneo, la posibilidad de búsqueda mediante palabras clave para facilitar el análisis y, por supuesto, el ahorro de recursos económicos vinculados con el almacenamiento y traslado del expediente.[4]

(iii) Difusión de las sentencias: tradicionalmente realizada en libros impresos en soporte papel, con evidentes limitaciones en términos de distribución

---

2. Philip A. Talmadge "Briefing and Oral Argument: New Technologies and Appellate Practice", 2 J. App. Prac. & Process 363.

3. Sobre la situación en Costa Rica, ver Kattia Morales Navarro "La inclusión de las tecnologías en la gestión judicial. Poder Judicial de República de Costa Rica", Revista Sistemas Judiciales, Centro de Estudios de Justicia de las Américas – CEJA, Año 9, Nº 16, pp. 48-55 (explicando que *"A la fecha, el 100% de los despachos judiciales a nivel nacional han sido interconectados a la red institucional. Además, la totalidad de los operadores jurídicos cuentan con computadoras. Aproximadamente el 80% de la tramitación de las causas judiciales se realiza utilizando el Sistema Costarricense de Gestión de Despachos Judiciales, y se ha logrado implementar nuevas formas de tramitación apoyadas en la oralidad y en el concepto de tribunales electrónicos "cero papel", en despachos piloto en materias constitucional, cobratoria, pensiones alimentarias, laboral, penal, agrario y disciplinaria"*).

4. Sobre la situación en Paraguay, ver Alberto Martínez "Reporte de la situación del expediente electrónico judicial en el Paraguay", Revista Sistemas Judiciales, Centro de Estudios de Justicia de las Américas – CEJA, Año 9, Nº 16, pp. 70-72.

y alcance hacia el público en general, comenzaron a ser difundidas en los sitios web de cada tribunal. Esto generó algunos problemas con relación al modo de citar las sentencias, pero se trata claramente de una cuestión menor si la comparamos con las enormes ventajas en términos de transparencia y publicidad generadas por la difusión online.

(iv) Archivo de los expedientes digitales: nuevamente, una clara forma de enfrentar el problema de los costos de almacenamiento.

La situación ha cambiado en gran medida desde comienzos del milenio, tanto en lo que hace a la disponibilidad de recursos tecnológicos como en lo que respecta a la visión de las políticas públicas en este campo y a la actitud de los operadores del sistema frente a las nuevas posibilidades y ventajas que aportan esos recursos tecnológicos.

Las posibilidades actuales para avanzar en esos cuatro aspectos son evidentes, así como la necesidad de hacerlo en un contexto de austeridad general en lo que respecta a los sistemas de administración de justicia a lo largo y ancho del mundo.

Además, como adelantamos, es claro que estos campos de trabajo no sólo aplican para tribunales de apelación, sino que también pueden predicarse para el modo de abordar la tarea de todo el Poder Judicial.

Un ejemplo interesante de avance de políticas públicas en este sentido puede encontrarse en el Reino Unido, donde se ha lanzado un ambicioso programa de reforma que propone entre sus objetivos centrales digitalizar el sistema de justicia civil y modernizar el modo en que operan los tribunales.[5]

Este programa, que tiene como meta encontrarse finalizado para el año 2023, involucra la inversión de 1 billón de libras esterlinas, de las cuales más de 700 millones ya fueron destinadas a las señaladas finalidades.[6]

---

5. HMCTS, Guidance: The HMCTS Reform Programme, (2018), disponible en https://www.gov.uk/guidance/the-hmcts-reform-programme.

6. Pablo Cortés and Toru Takagi "The Civil Money Claims Online: The Flagship Project of Court Digitalization in England and Wales", (2019) vol 25 issue 8 Computer and Telecommunications Law Review (forthcoming) (los autores explican que el programa de modernización va más allá de la justicia civil, involucrando la justicia penal, de familia y la estructura orgánica de los tribunales. Entre los más de 50 proyectos individuales, aunque relacionados, que componen el programa, se encuentran iniciativas vinculadas con presentaciones judiciales online, gestión de casos online, audiencias online y la creación de nuevos centros de servicio sobre el tema).

El escenario de la Unión Europea nos presenta ejemplos concretos en este sentido, ya con años de práctica e implementación efectiva que demuestran sus ventajas. Me refiero especialmente al "proceso europeo de escasa cuantía", establecido para tramitar pretensiones transfronterizas cuya cuantía sea menor a 5.000 euros.[7]

Este proceso se inicia mediante el uso de un formulario estándar al cual deben adjuntarse todos los documentos pertinentes para sostener la pretensión, y no requiere de patrocinio letrado para la vista de la causa. Según informa sobre este tema el Portal Europeo de e-Justicia *"El formulario A (formulario de demanda) debe enviarse al órgano jurisdiccional competente. Éste, una vez recibido el formulario de demanda, debe rellenar la parte que le corresponde del formulario de contestación. En un plazo de 14 días a partir de la recepción del formulario de demanda, el órgano jurisdiccional debe remitir al demandado una copia de dicho formulario y del formulario de contestación. El demandado dispone de un plazo de 30 días para responder, para lo cual debe cumplimentar la parte que le corresponde del formulario de contestación. El órgano jurisdiccional debe enviar al demandante una copia de la contestación, si la hubiere, en un plazo de 14 días. En un plazo de 30 días a partir de la recepción de la contestación del demandado (si la hubiere), el órgano jurisdiccional debe bien dictar sentencia sobre la demanda de escasa cuantía, bien solicitar información complementaria por escrito a las partes, bien citar a las partes a una vista oral. No es necesario que las partes estén representadas por un abogado en la vista oral y, si el órgano jurisdiccional cuenta con el equipo adecuado, la vista deberá llevarse a cabo mediante videoconferencia o teleconferencia".*[8]

Puede advertirse que se trata de un proceso que, sin llegar a calificar como un método de resolución online, se encuentra casi totalmente digitalizado. Su creación tuvo por expresa finalidad abaratar costos y agilizar este tipo de reclamos en la región.

---

7. Reglamento (CE) n° 861/2007 del Parlamento Europeo y del Consejo, de 11 de julio de 2007 (última versión: texto consolidado del 14 de junio de 2017). En general sobre el tema, ver Xandra Kramer "The European Small Claims Procedure: Striking the Balance between Simplicity and Fairness in European Litigation", Zeitschrift für Europäisches Privatrecht, Vol. 2, pp. 355-373, 2008, también disponible en Kramer, Xandra E., The European Small Claims Procedure: Striking the Balance between Simplicity and SSRN: https://ssrn.com/abstract=1129746.

8. Ver en https://e-justice.europa.eu/content_small_claims-42-es.do?

Sin embargo, sobre todo en los primeros años que siguieron a su implementación se ha señalado la necesidad de tener en cuenta ciertos factores que concurren *"en contra de esta agilización procesal"*.[9]

En la misma línea se encuentra el procedimiento monitorio europeo (European Payment Order).[10] Tal como explica Pérez Ragone, su regulación *"es sencilla y de fácil acceso, no se precisa asistencia letrada o de cualquier otro profesional, y un conjunto de formularios normalizados adjuntos como anexos del reglamento así lo garantizan. Facilidad o sencillez que además permite un uniforme y automático procesamiento de datos"*.[11]

III. Segunda dimensión: resolución de controversias online

Otra de las cuestiones más relevantes de la actualidad en el campo de la aplicación de nuevas tecnologías al proceso judicial se vincula con la posibilidad de resolver conflictos de forma virtual, exclusivamente a través de Internet.

Dentro de las diversas definiciones que aporta la doctrina, una aproximación general en términos conceptuales hacia la idea de "sistemas de resolución de controversias online" nos exige pensar en *"plataformas de Internet que permiten a las partes de una disputa resolver de manera completa el conflicto, desde su planteo hasta la adjudicación final, en un ambiente online"*.[12]

De acuerdo con Rabinovich y Katsh, el primer contacto de la Internet con el mundo de la resolución de conflictos tuvo lugar a comienzos de la década

---

9. Nancy Vernengo Pellejero "Algunas reflexiones acerca del proceso europeo de escasa cuantía", Revista Chilena de Derecho y Ciencia Política, Vol. 2, N° 2, 2011, pp. 65-80 (entre ellas, la autora señala las lagunas legales que exigen acudir al derecho interno de cada Estado Miembro, así como también la necesidad de que el procedimiento respete los derechos humanos de las partes, consagrados en términos de garantías judiciales en el art. 6 de la Convención Europea de Derechos Humanos).
10. Reglamento (CE) no 1896/2006, modificado por el Reglamento (UE) 2015/2421.
11. Álvaro Pérez Ragone "Un monitorio para la Argentina desde la experiencia comparada", Ponencia presentada en las "Jornadas de Profesores de la Asociación Argentina de Derecho Procesal" celebradas el 7 y 8 de septiembre de 2018 en Mendoza. Ver también del mismo autor "En torno al procedimiento monitorio desde el derecho procesal comparado europeo: caracterización, elementos esenciales y accidentales", Revista de Derecho (Valdivia) 19, N° 1, pp. 205-235 (2006).
12. Ayelet Sela "Can Computers Be Fair? How Automated and Human-Powered Online Dispute Resolution Affect Procedural Justice in Mediation and Arbitration", 33 Ohio State Journal on Dispute Resolution, 91 (2018).

de 1990.[13] Lo que luego dio en llamarse "resolución de controversias online" (*online dispute resolution*) fue una respuesta inicial a problemas que se manifestaban con evidencia en lo que por entonces era un ambiente novedoso como el ciberespacio.[14]

En este contexto, nos dicen dichos autores, mientras más personas utilizaban las redes para interactuar y comerciar, era inevitable que también comenzaran a tener conflictos entre ellas. Y esto generó una pregunta interesante: ¿deberían las redes por sí mismas promover nuevas y mejores formas de resolver controversias vinculadas con el uso de esas mismas redes?

Los primeros ejemplos de mecanismos de este tipo nacieron en las principales plataformas de comercio online. El caso de eBay es el más citado de todos en términos de éxito y volumen de controversias resueltas desde su implementación.[15]

En un principio, el enfoque del sistema se centró en utilizar los tradicionales medios alternativos de resolución de controversias: un mediador humano que se comunicaba con las partes. La innovación, por tanto, era limitada al modo en que esa comunicación se producía. Las partes ya no se encontraban cara a cara con el mediador, sino que los intercambios se producían por email. Esta prueba piloto logró resolver 200 casos en 2 semanas, alcanzando un alto grado de satisfacción entre quienes participaron de la experiencia.[16]

Luego el sistema fue escalando, y si bien mantuvo la posibilidad de acudir en grado de revisión a un mediador humano, comenzó a exigir como primer paso obligatorio el sometimiento a un proceso informático que podía llevar a un acuerdo sin intervención de persona alguna.

No es por casualidad que el origen de este tipo de mecanismos de resolución de controversias puede encontrarse en conflictos de consumo. El desarrollo posterior ha sido especialmente profundo en este campo del derecho sustantivo.[17]

---

13. En el año 1994 el comercio electrónico era algo totalmente incipiente: no existían todavía en el conocimiento público eBay, Amazon y ni siquiera Google.
14. Orna Rabinovich-Einy & Ethan Katsh "Technology and the Future of Dispute Systems Design", 17 Harv. Negotiation L. Rev. 151.
15. https://resolutioncenter.ebay.com/.
16. Ethan Katsh y otros "E-Commerce, E-Disputes and E-Resolution: In the Shadow of 'eBay Law'", 15 Ohio St. J. on Disp. Resol. 705, 708 (2000).
17. Ver Colin Rule & Amy J. Schmidtz "The New Handshake: Online Dispute Resolution and the Future of Consumer Protection" (2018), Faculty Book Gallery, 406, https://

Del otro lado del océano, encontramos en el Reino Unido una de las experiencias más interesantes que se están desarrollando en la actualidad en este campo, la cual forma parte del programa de modernización general a que nos referimos en el apartado II de este trabajo. Me refiero al sistema de reclamo de sumas de dinero online (*civil money claims online*), también denominado informalmente como "Corte online".[18]

La iniciativa involucra un procedimiento simplificado para resolver pretensiones de baja o media cuantía mediante el uso de tecnología como principal medio de comunicación. El límite actual es de 10 mil libras y se excluyen de su ámbito de aplicación ciertos casos más complejos como daños personales y recupero de la posesión de inmuebles.[19]

Según explican Cortés y Takagi, el sistema es mucho más que la digitalización del proceso ya existente toda vez que trae consigo importantes cambios estructurales. En este orden, señalan que la Corte Online se encuentra dividida en 3 etapas.

En la primera estas etapas, la plataforma web asiste a los litigantes para realizar sus pretensiones y defensas, además de incentivar a las partes para avanzar en la negociación de un acuerdo mediante el intercambio de ofertas no vinculantes. En una segunda etapa, se asigna un asistente legal para ayudar a los litigantes a realizar el acuerdo, en caso de arribarse a uno, o bien para ayudarlos en la gestión de todo lo necesario como etapa preliminar de la etapa de adjudicación del caso. Finalmente, los casos que transcurren estas dos etapas sin acuerdo son procesados y resueltos por un juez de distrito.[20]

En opinión de Cortés, mudar de jueces "cara a cara" hacia jueces online "abre la oportunidad de imaginar la justicia de otra manera". En el contexto de la Corte Online, sostiene dicho profesor, se generan mejores condiciones de posibilidad para la especialización de los jueces y desaparece la necesidad de tener jueces generalistas para servir en sus comunidades, con el consiguiente impacto en términos de resolución de controversias de modo más eficiente y consistente.[21]

---

scholarcommons.scu.edu/faculty_books/406; Amy J. Schmitz & Colin Rule "Online Dispute Resolution for Smart Contracts", 2019 Journal of Dispute Resolution, 103.

18. Actualmente en plan piloto, funcionando con una versión beta de la plataforma: https://www.gov.uk/make-money-claim.
19. Id.
20. Id.
21. Pablo Cortés "Using Technology and ADR Methods to Enhance Access to Justice", (2019) 5(1) International Journal of Online Dispute Resolution 103-121.

IV. Tercera dimensión: inteligencia artificial para la gestión de casos

En términos generales, la inteligencia artificial ha sido calificada como *"la tecnología más disruptiva de la era moderna"*.[22] Sin embargo, quienes afirman eso también advierten que, en contra de lo que muchos puedan pensar, la tecnología no es objetiva. Ello obedece a que los algoritmos y los procesos de decisión construidos en base a ellos son diseñados por quienes los construyen, lo cual tiene una especial incidencia a la hora del análisis de su aplicación al proceso judicial.

Sucede que ese diseño supone elecciones discrecionales (en ocasiones, lisa y llanamente arbitrarias) sobre el código empleado y la información utilizada para "entrenar" a la máquina. A través de estas elecciones, los autores del programa trasladan sus *"valores, sesgos y defectos humanos"*,[23] con directo impacto en los eventuales resultados de tales procesos lógicos.

En los tribunales penales, por ejemplo, usualmente se justifica el uso de la inteligencia artificial como un medio para producir resultados más consistentes y también para obtener grandes ahorros de recursos.[24]

Sin embargo, su utilización también ha producido resultados discriminatorios que ya han sido probados.

Un estudio de Pro Publica demostró este problema en el Estado de Florida (Estados Unidos de América) y afirmó polémicamente que sus resultados eran "apenas más certeros que tirar una moneda".[25] ¿En qué sentido se producían las fallas del sistema? De acuerdo con dicho estudio, principalmente hacia personas de raza negra. ¿Por qué motivo ocurre esto? Por los señalados sesgos en la construcción y desarrollo de los algoritmos responsables de proponer las decisiones.

Es que la inteligencia artificial funciona reconociendo patrones que provienen de los datos que le son proveídos por quienes construyen sus algoritmos, o bien datos que ella misma adquiere o genera de manera autónoma, en ciertos supuestos, a partir de aquellos que le son dados.

---

22. Karl Manheim & Lyric Kaplan "Artificial Intelligence: Risks to Privacy and Democracy", 21 Yale Journal of Law and Technology 106 (2019).
23. Id.
24. Sam Levin "Imprisoned by algorithms: the dark side of California ending cash bail", THE GUARDIAN, 7 de septiembre de 2018.
25. Julia Angwin y otros "Machine Bias", disponible en https://www.propublica.org/article/machinebias-risk-assessments-in-criminal-sentencing.

Corvalán presenta la vinculación entre proceso judicial e inteligencia artificial sobre la base de una premisa básica de nuestra disciplina: *"Los procesos judiciales se conciben como sistemas que aspiran a ser un 'todo ordenado, coherente, completo e integrado por elementos relacionados entre sí'. El proceso es un sistema que se presenta como un conjunto finito de operaciones establecidas en la normativa procesal, que permite dar soluciones jurídicas a problemas, mediante la aplicación de reglas y principios. En estos términos, si se trata de un sistema de reglas y órdenes concatenadas y coherentes para lograr un fin, entonces operan con una lógica muy similar a los algoritmos. Es decir, instrucciones a seguir basadas en reglas para lograr un objetivo. Aquí es donde surge el punto de conexión entre la inteligencia artificial (en adelante, "IA") y el derecho procesal: diseñar y entrenar a los algoritmos para que aprendan y ejecuten las reglas procesales, en la medida en que se den diversas condiciones vinculadas a los datos y al ecosistema digital que se presente en determinado proceso".*[26]

En este contexto, las limitaciones de la inteligencia artificial en el campo del proceso judicial se muestran con claridad cuando los casos para cuya solución se la utiliza, o bien las cuestiones puntuales dentro de tales casos (como los requisitos de admisibilidad en recursos extraordinarios para acceder a las máximas instancias constitucionales, por ejemplo), exigen una ponderación de principios y no la aplicación de determinada regla de derecho (aun cuando tal regla se desprenda de precedentes relativamente consolidados y convertidos en una suerte de derecho positivo vinculante, como sucede en Brasil con las *súmulas*).[27]

Nieva Fenoll es claro en su posición al respecto cuando marca ciertos límites del instrumento: *"la inteligencia artificial es humana, porque la han hecho humanos, incluso aunque sea capaz de 'aprender' de los datos que va recopilando. Pero la inteligencia artificial no dicta sentencias, al menos no habitualmente. Solo ayuda a dictarlas".*[28]

---

26. Juan Gustavo Corvalán "Inteligencia artificial y proceso judicial. Desafíos concretos de aplicación", Diario DPI – Diario Civil y Obligaciones N° 201 – 30.09.2019.
27. Darci Guimares Ribeiro "Las reformas procesales en Brasil: hacia un nuevo código procesal civil", en Eduardo Oteiza (Coord.) "Sendas para la reforma de la justicia a principios del siglo XXI", Ed. Marcial Pons, Madrid – Barcelona – Buenos Aires – San Pablo, 2018, pp. 115-133.
28. Jordi Nieva Fenoll "Inteligencia artificial y proceso judicial", Ed. Marcial Pons, Madrid – Barcelona – Buenos Aires – San Pablo, 2018, Introducción.

En ese sentido Corvalán sostiene que *"no es conveniente entrenar a los sistemas de IA para que interpreten y ponderen principios, a partir de árboles de decisión. Esto quiere decir que la automatización, en este sentido, no es conducente para resolver casos en los cuales existe una tensión entre principios"*. Sin embargo, según el autor sí sería posible utilizar la inteligencia artificial para *"establecer predicciones o previsiones, en torno a casos en los cuales existen múltiples principios que están en juego"*.[29]

El desarrollo del tema en Argentina encuentra uno de sus principales actores institucionales en el Laboratorio de Innovación e Inteligencia Artificial, una iniciativa conjunta de la Universidad de Buenos Aires y el Ministerio Público Fiscal de la Ciudad de Buenos Aires.[30]

Desde este espacio se ha construido y desarrollado el sistema "Prometea", actualmente en aplicación en la Corte Constitucional de Colombia para la detección y selección inteligente de casos de forma urgente y prioritaria, así como también para brindar asistencia inteligente en la elaboración de informes, automatización de documentos y sistematización avanzada de jurisprudencia.[31]

Esta Corte Constitucional recibe alrededor de 2.700 acciones de tutela por día, de las cuales el 51% están vinculadas a derechos fundamentales como la salud. El uso de Prometea ha permitido leer, analizar, detectar y sugerir los 32 casos más urgentes a tratar de un total de 2016 sentencias.

En esta tarea, en pocos minutos y sin intervención humana, el sistema de inteligencia artificial *"Elaboró informes detallados con estadísticas, detectó y seleccionó*

---

29. Juan Gustavo Corvalán "Inteligencia artificial y proceso judicial. Desafíos concretos de aplicación", Diario DPI – Diario Civil y Obligaciones N° 201 – 30.09.2019.
30. Sitio web oficial: https://ialab.com.ar/. El trabajo del laboratorio se enfoca en 4 ejes estratégicos: (i) Inteligencia artificial para mejorar la relación del ciudadano con la administración y la justicia; (ii) automatización; (iii) inteligencia artificial predictiva; y (iv) investigación aplicada.
31. Interrogado sobre el impacto del uso de este modelo de inteligencia artificial sobre la descongestión del trabajo de la Corte, el Director del Grupo de Investigación de Derecho Público de la Universidad del Rosario y de la especialización en Derecho Administrativo, Dr. Grenfieth Sierra Cadena, señaló que *"Con Prometea ya comprobamos que la Corte mejora en un 900 % en materia de gestión de tutelas sobre salud, significaría que se pueda responder en tiempo real a las solicitudes. Los cambios estarían también en que los jueces contarían con mayor capacidad de análisis, de tiempo y de investigación en las decisiones de fondo. Estos cambios, vuelvo y lo repito, no modifican la decisión del togado, simplemente lo apoya en términos de precisión jurídica"* ("Prometea, inteligencia artificial para la revisión de tutelas en la Corte Constitucional", https://www.ambitojuridico.com/noticias/informe/constitucional-y-derechos-humanos/prometea-inteligencia-artificial-para-la).

un grupo de casos prioritarios; extrajo de las sentencias los párrafos más relevantes de donde surge la situación especial de vulnerabilidad de las personas; subió automáticamente en 2 minutos 46 segundos, 38 sentencias a Blockchain, algo que a una persona le llevaría 43 minutos en total; y creó de forma automática 14 documentos en 16 minutos, algo que de manera manual requiere 2 horas 40 minutos de trabajo humano".[32]

Otro ejemplo de este tipo puede verse en Brasil, donde el Superior Tribunal Federal está utilizando un sistema de inteligencia artificial al cual denominaron "Víctor" y que ha sido calificado por algunos como el primer proyecto de inteligencia artificial implementado en cortes supremas a nivel mundial.

Su principal aplicación se encuentra en el análisis y detección de casos de "repercusión general", elemento habilitante de la competencia de dicho tribunal constitucional para entender en ciertos recursos extraordinarios.[33]

La relevancia de esta herramienta en el contexto brasileño es evidente a la luz de los números que se manejan en términos de litigiosidad y congestionamiento: aproximadamente 100 millones de procesos en trámite y el inicio de alrededor de 30 millones de nuevos procesos por año.[34] En el ámbito del Superior Tribunal Federal las estadísticas muestran que sus 11 miembros resolvieron en el año 2016 cerca de 140 mil casos, lo que equivale a una media de poco más de 12 mil casos por año para cada uno de ellos.[35]

V. Cuarta dimensión: nuevas tecnologías y acceso ciudadano a la información pública

En muchos países del mundo el Poder Judicial es uno de los espacios gubernamentales más alejados de la ciudadanía en términos de acceso a información

---

32. "¿Analizar 2016 sentencias en 2 minutos? Prometea en la Corte Constitucional de Colombia", https://ialab.com.ar/prometeacolombia/.
33. Nilton Correia da Silva "Notas iniciais sobre a evolução dos algoritmos do VICTOR: o primeiro projeto de inteligência artificial em supremas cortes do mundo", publicado en Ricardo Vieira de Carvalho Fernandes y Angelo Gamba Prata de Carvalho (Coord.) "Tecnologia jurídica & direito digital: II Congresso Internacional de Direito, Governo e tecnologia", Ed. Fórum, Belo Horizonte, 2018, pp 89-94.
34. Justiça em Números 2018: ano-base 2017/Conselho Nacional de Justiça – Brasília: CNJ, 2018, disponible en https://www.cnj.jus.br/wp-content/uploads/conteudo/arquivo/2018/08/44b7368ec6f888b383f6c3de40c32167.pdf.
35. Supremo em ação 2017: ano-base 2016/Conselho Nacional de Justiça – Brasília: CNJ, 2017, disponible en https://www.conjur.com.br/dl/relatorio-supremo-acao.pdf.

pública, lo cual provoca serias deficiencias en términos de control social y de rendición de cuenta de parte de los operadores del sistema.[36]

Distintos factores confluyen para ello, entre los cuales se destacan especialmente la complejidad del lenguaje utilizado en su trabajo cotidiano y la no utilización de nuevas tecnologías para facilitar el acceso de la ciudadanía a información relevante sobre lo que sucede al interior del sistema de administración de justicia.

Una experiencia que merece ser destacada, por innovadora y necesaria en la región Latinoamericana, es el Índice de Accesibilidad a la Información Judicial en Internet elaborado por el CEJA (el cual ha publicado ya su 11º versión).

Este Índice mide los Poderes Judiciales y Ministerios Públicos de los 34 países que conforman la Organización de Estados Americanos (OEA) en base a estándares de transparencia activa.[37]

Los indicadores y variables utilizados para esa medición son los siguientes:

(i) La existencia de un sitio web institucional que agregue información de la institución y que tenga algunas características mínimas, por ejemplo, lista de directorio, contacto, entre otros.

(ii) La publicación y actualización de sentencias judiciales, clasificado según materias, según jurisdicción y la jerarquía del tribunal que las dictó (sólo para Poderes Judiciales).

(iii) La publicación y actualización de acuerdos, instructivos, reglamentos internos de la institución.

(iv) De estadísticas de causas ingresadas, resueltas y pendientes.

(v) Del agendamiento de audiencias, ya sea por la jerarquía del tribunal que va a tomar la audiencia como por el territorio donde se encuentra (sólo para Poderes Judiciales).

---

36. El índice de confianza de Latinobarómetro correspondiente al año 2018 arrojó como resultado un promedio de 24% para el poder judicial en la región Latinoamericana. En la desagregación de los datos, señala que *"hay que países de la región donde el poder judicial no alcanza a tener la confianza ni de un tercio de la población. Los países que menos confían son, El Salvador 14%, Nicaragua 15% y Perú 16%, le sigue Venezuela con 18%. Los países que más confían en el poder judicial son Costa Rica 49%, Uruguay 39% y Brasil 33%"* (estudio disponible completo en http://www.latinobarometro.org/latdocs/INFORME_2018_LATINOBAROMETRO.pdf).
37. El informe de la 11º edición (agosto 2019) puede consultarse acá: http://biblioteca.cejamericas.org/handle/2015/5633.

(vi) Recursos físicos y materiales con que cuentan estas instituciones.

(vii) Presupuestos.

(viii) Aspectos relevantes como salarios, antecedentes curriculares, patrimoniales, temas disciplinarios y de funcionarios relevantes.

(ix) La publicación de concursos, licitaciones para contrataciones, tanto de personal como de infraestructura.

(x) El régimen de acceso, es decir, si para acceder a los servicios que presta el sitio web es gratuito y es universal o si por el contrario se requiere ser cierto tipo de usuario en específico.

El análisis de todas estas variables deriva en la conformación de un ranking que permite evaluar transparencia y accesibilidad de estos espacios institucionales de manera objetiva, así como también promover políticas públicas adecuadas para mejorar la situación.

VI. Ventajas, riesgos y desafíos del uso de nuevas tecnologías en los procesos judiciales

En términos generales, es posible encontrar una serie de puntos de convergencia respecto de ciertas ventajas que trae consigo la utilización de nuevas tecnologías en el proceso judicial.

Entre ellas cabe señalar las siguientes:

(i) La mayor celeridad en la resolución de cuestiones incidentales o de fondo.

(ii) La disminución de costos de tramitación y, por tanto, una mayor eficiencia económica, derivada del impacto que produce el ahorro de recursos tanto humanos como materiales para los distintos sistemas de administración de justicia.

(iii) El avance de un mayor grado de seguridad jurídica, certidumbre e igualdad en las decisiones, principalmente favorecido por el uso de sistemas de inteligencia artificial que permiten contextualizar, analizar y ponderar, de manera cada vez más precisa, las características, implicancias y consecuencias de las cuestiones a resolver.

(iv) El fortalecimiento del derecho humano de acceso a la justicia, especialmente para personas carentes de recursos en casos de escasa cuantía, así como también para quienes se domicilian a grandes distancias de los centros urbanos donde se encuentran localizados los principales tribunales.

(v) La visibilización de información pública online sobre el funcionamiento de los Poderes Judiciales y sobre asuntos relevantes para la ciudadanía que se discuten en los tribunales, lo cual genera mayor transparencia y mejores condiciones de posibilidad para efectivizar mecanismos de rendición de cuentas de los operadores del sistema.

(vi) El impacto ambiental favorable, si bien menor en términos relativos, que produce la eliminación del papel.

Como contracara de estas ventajas de las nuevas tecnologías aplicadas al proceso judicial, cabe señalar también, a modo de contrapeso, algunos de los riesgos y desafíos que pueden identificarse en torno a la temática.

Entre ellos podemos mencionar:

(i) La "renuncia a una justicia humana", confiando en la inteligencia artificial como instrumento de decisión a pesar de los sesgos cognitivos y demás limitaciones que hemos señalado en este trabajo.

(ii) La desigualdad estructural que padecen muchos Estados Nacionales en términos de acceso a Internet y a otros recursos informáticos por parte de sus ciudadanos, con el impacto que ello puede producir en un discurso generalizado que presenta la simplificación y abaratamiento del acceso a la justicia por vía digital como una de sus banderas centrales.

(iii) Las limitaciones que estos nuevos instrumentos presentan en términos de acceso y entendimiento para las personas mayores de edad.

(iv) Específicamente en materia de inteligencia artificial, la confianza casi ciega de ciertos sectores en torno a la fiabilidad del instrumento, dejando de lado -o bien minimizando- los riegos que subyacen en la construcción de los sistemas y sus algoritmos.

(v) Las deficiencias presupuestarias, especialmente en países no desarrollados, para enfrentar los costos de infraestructura que suponen los insumos necesarios para la implementación de las nuevas tecnologías y la seguridad informática necesarias para garantizar su inviolabilidad, autoría, autenticidad e inalterabilidad.

(vi) La protección de los datos personales que son incorporados en los sistemas de gestión y resolución de controversias online.

VII. BALANCE Y PROSPECTIVA

En el año 2002 Ortells Ramos sostenía que el uso de nuevas tecnologías en el proceso judicial podía verse de tres maneras diferentes. En primer lugar, nuevas tecnologías como un medio auxiliar para el desarrollo de determinados actos procesales (por ejemplo, la videograbación de audiencias). En segundo lugar, pueden ser un medio para posibilitar nuevas formas de realización de actos procesales (notificaciones electrónicas, presentación de escritos en ese formato, videoconferencias, etc.). En tercer lugar, pueden dar paso a un verdadero proceso puramente digital u online.[38]

La decisión sobre el alcance y profundidad con que las nuevas tecnologías son utilizadas para enfrentar la resolución de controversias depende en primer lugar, por supuesto, de una elección de política pública.

Durante muchos años, aun advirtiendo las ventajas que aporta a este campo del derecho, el empleo de las nuevas tecnologías estuvo restringido en su implementación debido al escaso y progresivo desarrollo tecnológico (con el impacto que ello tenía en el costo de su adquisición, mantenimiento y actualización), y a la también limitada capacidad de los mecanismos de transmisión de información online.

Estas limitaciones ya no existen en la actualidad. Sin embargo, asistimos a un punto de inflexión en términos históricos donde, más allá de las decisiones de política pública, también el factor cultural jugará un rol determinante a la hora del éxito de su implementación.

En este sentido, por ejemplo en Latinoamérica, uno de los hallazgos que el Centro de Estudios de Justicia para las Américas ha podido realizar a través de su trabajo en la región es que *"si bien se ha dado un proceso de discusión y cambio normativo intenso y profundo, los procesos de implementación de las normas, los cambios culturales o las prácticas de los actores y el conocimiento, participación y confianza de la ciudadanía respecto de estos han sido más bien débiles y escasos de planificación"*.[39]

También Piché se refiere a esta cuestión desde su análisis de la situación en Canadá, señalando que para mejorar la implementación de nuevas tecnologías en el campo del derecho procesal *"es necesario que las actitudes de jueces y abogados evolucionen y que tales actores se persuadan de confiar en la tecnología de manera tal de poder verla como un vehículo de cambio ya que, junto con ella, podrá*

---

38. Manuel Ortells Ramos "Incidencia de las nuevas tecnologías en el proceso jurisdiccional", XVIII Jornadas Iberoamericanas y XI Uruguayas de Derecho procesal, Uruguay, septiembre de 2002.
39. Ricardo Lillo L. "Indicadores de CEJA: El rol de las TIC en una justicia para ciudadanos", Revista Sistemas Judiciales, Centro de Estudios de Justicia de las Américas – CEJA, Año 9, Nº 16, pp. 6-17.

avanzarse una mayor eficiencia y una resolución más justa de los conflictos tanto dentro como fuera de los tribunales".[40]

Comparto su opinión en cuanto a que *"la clave principal"* para cambiar nuestros sistemas de administración de justicia descansa en un mayor uso de nuevas tecnologías en tribunales y en la provisión de otros servicios de justicia. En este sentido, Piché sostiene que la tecnología sirve para *"desafiar y transformar la prestación de servicios legales, así como también para producir mayor eficiencia en la gestión de los sistemas de resolución de conflictos"*, todo lo cual redundará, además, en el fortalecimiento del derecho humano de acceso a la justicia.[41]

Es indiscutible que el uso de nuevas tecnologías en general, y en especial de la inteligencia artificial, configura una herramienta de absoluta trascendencia para mejorar la gestión de casos en cualquier sistema procesal del mundo.[42] Esto permitirá ahorrar enormes cantidades de recursos humanos y materiales, así como también avanzar en la toma de decisiones que puedan dictarse en plazos razonables.

Lo que no parece tan claro es en qué medida estamos dispuestos a entregar el poder de decisión a manos de sistemas informáticos.

Esto no quiere significar, de ninguna manera, que las nuevas tecnologías, en especial la inteligencia artificial, no sean instrumentos relevantes para la toma de decisiones. Las experiencias de la Corte Constitucional de Colombia y del Tribunal Superior Federal brasileño a que nos hemos referido en este trabajo dan muestra en cierta medida de ello.

---

40. Catherine Piché "Administering Justice and Serving the People. The Tension between the Objective of Judicial Efficiency and Informal Justice in Canadian Access to Justice Initiatives", doi: 10.5553/ELR.000078 – ELR December 2017 | No. 3.
41. Catherine Piché "Administering Justice and Serving the People. The Tension between the Objective of Judicial Efficiency and Informal Justice in Canadian Access to Justice Initiatives", doi: 10.5553/ELR.000078 – ELR December 2017 | No. 3 (la autora sostiene que, si bien se advierte en Canadá un creciente uso de presentaciones online, registros digitales, sistemas de gestión de información centralizados, uso de equipos de registro digital y videoconferencias, todavía queda mucho por hacer).
42. En general sobre case management, aunque sin analizar la inteligencia artificial como instrumento de trabajo en este contexto, ver el exhaustivo trabajo de Antonio Cabral (2018) "New trends and perspectives on case management: Proposals on contract procedure and case assignment management", Peking University Law Journal, 6:1, 5-54, DOI: 10.1080/20517483.2018.1603636.

Uno de los desafíos parece estar en encontrar el modo de desarrollar poderes judiciales que utilicen las nuevas tecnologías y aprovechen todo su potencial, pero no disocien la jurisdicción, el acto de hacer justicia (o al menos intentarlo), de su esencia social, histórica y antropológica.

Processo 4.0: o futuro da resolução de disputas

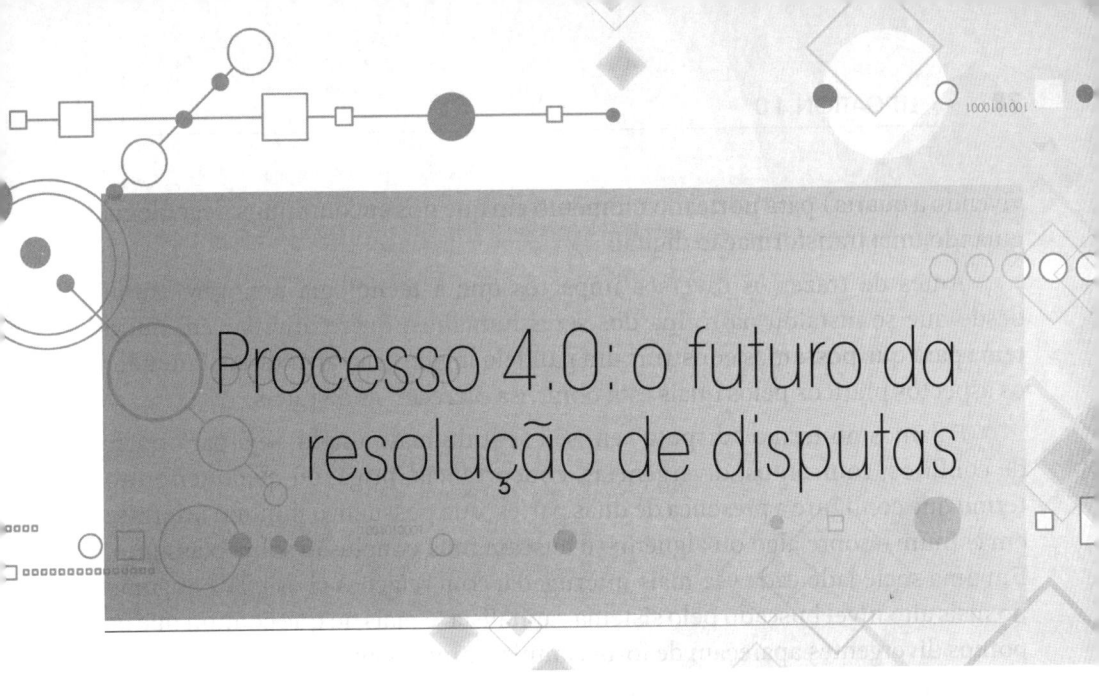

MATHEUS NASSER DIAS COUTO

Graduado em Direito pela PUC Minas, com especialização em Gestão Jurídica e de Contencioso pelo IBMEC; e Liderança e Gestão de Pessoas pela Escola Conquer. Atua como gestor jurídico corporativo e relações institucionais, com mais de 10 anos de experiencia no mercado jurídico.

Sumário: 1. Prevenção de conflitos e tecnologia. 2. Métodos alternativos de solução de conflitos. 3. A tecnologia: resolução de conflitos on-line. 4. ODR e as relações de consumo: como as empresas têm adotado na prática. 5. Reação: estratégias para resolução de conflitos levados ao Poder Judiciário. 6. Prevenção: estratégias para que os conflitos eventualmente gerados possam ser solucionados antes de uma ação judicial. 7. Referências bibliográficas.

1. PREVENÇÃO DE CONFLITOS E TECNOLOGIA

Vivemos e convivemos em uma sociedade civil, amparada pelas previsões de direitos e deveres apresentados pelo Estado e dividindo o espaço comum. Na evolução do mundo, tivemos diversos fatores importantes e históricos a serem lembrados, mas aqui consideraremos as revoluções industriais (estamos vivendo a quarta) para nortear o momento em que nos encontramos: tecnologia guiando uma transformação digital.

Antes de trazer os diversos impactos que a tecnologia nos apresentou desde que se instalou na rotina dos seres humanos, quero afunilar em outro tema para que possamos construir um paralelo lógico e, a partir disso, entender os aspectos práticos pelos quais esta obra visa oferecer: as disputas.

Falamos no termo "disputa" em seu sentido mais amplo, seja para tratar de conflitos, confrontos, divergências, concorrência, briga, ou qualquer outro termo que configure a presença de duas partes, que possuem o mínimo interesse em comum – sobre algo ou alguém – e buscam uma conclusão sobre o assunto. Em uma sociedade cada vez mais interligada, com relações civis e de consumo no mais alto nível buscado pelo sistema capitalista, é mais do que comum que os pontos divergentes apareçam de forma ampla e progressiva.

Permitam-me um paralelo aqui para diferenciar dois conceitos que, a meu ver, são extremamente importantes para se compreender, de fato, os desfechos de qualquer assunto relacionado a possíveis resoluções: conflito e confronto. A diferença é sutil, mas definidora sobre a possibilidade de eficácia em qualquer método que se venha a buscar para encontrar uma solução.

No conflito, as partes que se depararam com determinado ponto de divergência estão dispostas a defender seus pontos de vista, todavia, conscientes da intenção em preservar a continuidade da relação e o consenso final. Portanto, entendem que o conflito é positivo e que precisam ajustar arestas a fim de alcançar o entendimento ideal. No confronto, há um componente hostil, onde as partes se opõem em plano pessoal, ou seja, estão mais engajadas em competir para "ganhar" com seu ponto de vista, do que chegar a um consenso. Sendo assim, tratemos durante todo este artigo da resolução de conflitos, pois, caso haja um confronto, antes de se falar em resolução, as partes precisam chegar a um entendimento mínimo para tratarmos como conflito.

Na mesma evolução de mundo mencionada anteriormente, fomos orientados e aculturados a enxergar que, nos casos em que um conflito ou confronto surgissem, a solução mais justa e adequada sempre seria aquela oferecida pelo Estado, por meio de sua jurisdição e nas vias dos processos judiciais. O que não pensavam, à época em que decidiram direcionar este pensamento, é que teríamos uma quantidade exponencial de disputas, nos mais diversos níveis de complexidade, a serem avaliadas e solucionadas por um limitado Poder Judiciário, fator este que, nos últimos anos, gerou a insatisfação coletiva de uma sociedade ansiosa por soluções ágeis e práticas para seus problemas e divergências.

Toda insatisfação gera um incômodo positivo, na medida em que nos estimula a buscar novas formas de resolver ou agir diante do mesmo problema. É clichê, mas é verdade. Como seriam as soluções se não houvesse a necessidade de nos submetermos ao Estado? Conseguiríamos resultados justos sem que o Estado intervisse? Seria possível fazer com que duas partes com divergências chegassem a uma conclusão razoável sozinhas? Foi a partir de questionamentos como estes que começaram a surgir as novas formas de resolução de conflitos.

Importante dizer que, ao menos no âmbito teórico, a doutrina jurídica sempre trouxe à tona a possibilidade de se resolver conflitos por métodos que não fossem o processo judicial, por si só. Vejamos o trecho a seguir do livro "Teoria Geral do Processo":

> *"a eliminação dos conflitos ocorrentes na vida em sociedade pode-se verificar por obra de um ou de ambos os sujeitos dos interesses conflitantes, ou por ato de terceiro. Na primeira hipótese, um dos sujeitos (ou cada um deles) consente no sacrifício total ou parcial do próprio interesse (autocomposição) ou impõe o sacrifício do interesse alheio (autodefesa ou autotutela). Na segunda hipótese, enquadram-se a defesa de terceiro, a mediação e o processo"* (CINTRA, GRINOVER e DINAMARCO, 1998, p. 20.)

2. Métodos alternativos de solução de conflitos

Pois bem. A jornada relatada até aqui fez com que surgissem outras formas de se resolver os conflitos existentes na sociedade por meio dos chamados Métodos Alternativos de Solução de Conflitos (MASC). Estes métodos trazem opções que não envolvem o julgamento natural de um juiz no processo judicial, mas que, ao final, trazem igual ou semelhante efeito entre as partes: a resolução de uma divergência entre elas.

Temos diversos exemplos envolvidos por esses métodos, como a arbitragem, a mediação, a conciliação, a negociação, entre outras, que foram se disseminando e apresentando particularidades que as diferenciam. Não vou entrar agora no conceito de cada uma, mas ficam as menções para conhecimento.

Os métodos alternativos foram tão bem aceitos pela sociedade, gerando bons resultados, de forma ágil e segura, que o próprio Estado, que antes resguardava o monopólio do poder para tais resoluções, passou a reconhecer os métodos e dispor sobre eles, como a Lei nº 9.307, de 23 de setembro de 1996 (Lei da Arbitragem), e a Lei nº 13.140, de 26 de junho de 2015 (Lei de Mediação).

3. A TECNOLOGIA: RESOLUÇÃO DE CONFLITOS ON-LINE

No início deste artigo, falei sobre a quarta revolução industrial que é a chegada avassaladora da tecnologia, e aqui retomo o assunto. Como enxergar a tecnologia influenciando e participando dos métodos de solução de conflitos?

A sigla ODR *(Online Dispute Resolution)* já está bem disseminada no meio jurídico e é exatamente a resposta para a pergunta.

Ao tempo em que as pessoas mostraram suas insatisfações com o Poder Judiciário na solução de conflitos e os métodos alternativos surgiram, um componente essencial apareceu para deixar as coisas ainda mais práticas, rápidas e eficazes: a tecnologia. E aqui ainda não falo do futuro, mas da realidade atual sobre as formas de resolvermos conflitos.

Existem algumas divergências sobre quando surgiu, pela primeira vez, uma abordagem sobre o tema de resolução de conflitos na forma virtual. Grande parte dos estudiosos e atuantes na área remetem ao pesquisador norte-americano Ethan Katsh que, ainda na década de 1990, falava sobre o surgimento da internet e, consequentemente, de uma série de situações que apresentariam disputas entre pessoas, uma vez que estariam mais conectadas e com maior interação. Pontuou também que, da mesma forma como os conflitos surgiriam no âmbito virtual, não faria sentido que as partes tivessem que se encontrar pessoalmente para que solucionassem os problemas decorridos dessa interação. O mais sensato seria resolver os problemas desta natureza na mesma forma que surgiram, ou seja, virtualmente.

Em suma, uma plataforma de ODR visa conectar duas partes que possuem qualquer relação conflituosa, de forma que, por meio virtual, possam interagir e solucionar o conflito, seja com a participação de um terceiro ou não. Por analogia, é como uma simples ferramenta de interação como o *WhatsApp*, porém, com um fim específico de se resolver um conflito de forma organizada, segura e com validade jurídica.

Temos, no Brasil e no mundo, várias plataformas consolidadas fornecendo os serviços de resolução de conflitos on-line, nas mais diversas modalidades para pessoas físicas ou jurídicas, com ou sem advogados, em diversos níveis de complexidade e formas de atuação. Segundo a AB2L (Associação Brasileira de Lawtechs e Legaltechs), em seu radar de empresas associadas, já contamos com mais de 15 filiadas, fora as que estão em fase inicial de atuação:

Fonte: Associação Brasileira de Lawtechs & Legaltechs (AB2L)

4. ODR E AS RELAÇÕES DE CONSUMO: COMO AS EMPRESAS TÊM ADOTADO NA PRÁTICA

Até aqui falamos apenas de conceitos e teorias sobre as resoluções de disputas e suas formas no tempo. Chegou a hora, então, de referirmos sobre como isso tudo funciona na prática.

Estou em uma grande empresa do ramo financeiro e, nos últimos 5 anos, pude vivenciar como as coisas evoluíram no tema de resolução de conflitos, tanto na forma reativa como na preventiva, e é com essa vivência que passaremos os próximos tópicos daqui em diante.

Toda empresa que deseja se consolidar e se perpetuar no mercado pensa sempre em satisfazer seus clientes com os melhores produtos e/ou serviços possíveis, de forma a rentabilizar o seu negócio e crescer de forma orgânica. Ao menos é isso que se espera, certo?

No entanto, é certo e previsível que, nas formas como as relações se constroem hoje e com as legislações vigentes, todo empreendimento precisa se planejar para eventuais conflitos e divergências com seus clientes. Dependendo do porte da empresa e da complexidade do seu negócio, os conflitos podem variar muito em valores envolvidos e frentes legais, devendo ser observadas suas particularidades para definir a melhor forma de resolver o conflito. Vou tratar aqui, de forma mais profunda, os processos que envolvem relações de consumo e compõem, no nosso meio de atuação, os chamados "contenciosos" dentro das empresas.

Antes de mais nada, precisamos compreender que toda empresa passa, ou deveria passar, pelo processo de planejamento estratégico do negócio. Isso significa dizer, em curtas palavras, sobre traçar o plano de curto, médio e longo prazo, a fim de estabelecer a rota a ser seguida pelos Executivos e seus respectivos times na busca por um objetivo comum. Exemplo: a empresa quer produzir mais nos próximos meses/anos ou irá focar em manter sua carteira de clientes rentável? A empresa irá investir em tecnologia e pessoas ou passará por geração de eficiência em seus processos internos? A empresa quer abrir novos produtos e ramos de negócios ou irá se especializar e focar em um único produto? Essas são apenas algumas diretrizes, entre várias importantes, na definição do plano estratégico.

Estabelecido o plano e com os líderes executivos alinhados quanto aos objetivos da empresa, cabe a cada um desdobrar, dentro dos seus times, quais os indicadores (KPI's) necessários para acompanhamento e garantia de que os objetivos serão, de fato, alcançados. Especificamente, nos Departamentos Jurídicos, os indicadores são essenciais, na maioria das vezes, para garantir a aderência ao orçamento proposto para essa área, bem como aos negócios que deverão gerar junto à empresa, potencializando suas frentes de atuação e garantindo a segurança no rumo dos objetivos. Alguns exemplos comuns de indicadores dos Departamentos Jurídicos que tratam de contencioso são: Taxa de Encerramentos x Entradas; Taxa de Processos com êxito total; *Ticket* de pagamento; *Performance* em instâncias superiores; Taxa de acordos etc.

Para cada um dos indicadores estabelecidos como fundamentais ao alcance dos objetivos da empresa, deve existir, por consequência, uma meta, que será definida com base no orçamento disponível e nos objetivos traçados inicialmente.

A partir daqui, entram as estratégias que o Departamento Jurídico terá de criar para alcançar as metas propostas. Sem dúvidas, em determinado ponto, elas envolverão a realização de acordos em processos judiciais e a prevenção de conflitos na última instância de atrito dos clientes, qual seja, o Judiciário.

5. Reação: estratégias para resolução de conflitos levados ao Poder Judiciário

Uma vez que um conflito se transforma em ação judicial, a empresa já carrega uma série de custos diretos e indiretos para tratá-la. Para que a gestão dessas ações judiciais seja eficiente, existem dois direcionadores fundamentais: fortalecer os subsídios e defesa nas ações infundadas –onde o autor e/ou seu advogado se aventuram na justiça– e ter uma boa esteira de acordos para os processos em que, em algum momento, a empresa se fragilizou e tem chance provável de perder aquela ação.

Trago aqui alguns pontos importantes para que os resultados sejam obtidos:

1. Criar Política de Acordos
    a. Definir os processos que possuem perfil para acordo, ou seja, que, em alguma análise das áreas de negócio ou do próprio jurídico, identificou-se algum deslize ou fragilidade nos processos da empresa (e isso vai acontecer, acreditem).
    b. Criar escala progressiva de propostas adequadas para cada tipo de processo, a fim de nortear os colaboradores ou escritórios responsáveis pelas negociações.
    c. Definir um limite de alçadas, tanto de valores quanto de complexidade.
    d. Definir as vedações e as exceções a serem observadas nos processos indicados com perfil de acordo.
    e. Definir as responsabilidades do jurídico interno e dos escritórios na condução das negociações.

2. Aprovação pelo Comitê Executivo
    a. Quantificar os ganhos esperados com a Política de Acordos elaborada. É fundamental que o alto escalão da empresa entenda que, ao fazer acordos, os benefícios econômicos serão maiores do que as perdas.
    b. Demonstrar hipóteses reais de situações em que o perfil do acordo pode surgir dentro dos processos adotados pela empresa.
    c. Dar exemplos práticos, usando ações já em curso em que os perfis foram identificados, para que consigam tornar tangível a teoria.
    d. Criar e demonstrar as formas de controle que o jurídico terá para que tudo siga conforme o planejado na Política.
    e. Importante: preparar-se para o "não". É comum que, antes de aprovar uma Política dessa natureza, haja vários "nãos" antes do "sim".

3. Treinamento/Capacitação da equipe e escritórios
    a. Alinhar os objetivos pelos quais a Política foi criada, tanto com a equipe interna quanto com os escritórios parceiros.
    b. Esclarecer indicadores e formas de apuração dos resultados.

c. Treinar todos os envolvidos de forma prática, simulando situações de negociações e avaliando *performance* antes de seguir para as situações reais.

d. Definir e capacitar com técnicas de negociações os envolvidos no processo.

e. Identificar o perfil do cliente/advogado para que seja aplicada a técnica de negociação mais adequada.

f. Enfatizar a importância das análises subjetivas pelos advogados em cada processo. Nem sempre a Política conseguirá prever todas as situações possíveis.

g. Definir os incentivos para que a equipe e os escritórios se motivem a buscar o resultado esperado.

4. **Itens de Controle: Visão Operacional e Econômica**

    a. Garantir que as informações constantes em sistema de gestão sejam condizentes com a realidade dos fatos.

    b. Cumprir o procedimento padrão definido é fundamental para que haja uma boa execução do planejamento.

    c. Fazer alinhamentos constantes com a equipe, colhendo *feedbacks* e redirecionando rotas.

    d. Monitorar a utilização correta das técnicas de negociação.

    e. Comparar as *performances* dos diferentes colaboradores que estão atuando nos acordos.

    f. Avaliar, constantemente, as causas e os ofensores dos acordos não firmados, a fim de identificar melhorias na Política de Acordos ou no processo.

    g. Monitorar se o valor dos acordos está condizente com a média de condenações do local, conforme perfil do processo, ou se houve alguma mudança de entendimento do Judiciário que o possibilite vislumbrar êxitos.

Temos aqui um "quase" Plano de Ação, com o passo a passo para que se construa um cenário eficaz de bons resultados nos processos judiciais de uma empresa. Mas agora eu pergunto: onde a tecnologia entra nisso? Por que optar pela ODR?

Pois bem. Como falamos anteriormente, temos diversas opções no mercado de *Lawtechs* de plataformas de resolução de conflitos on-line, cada uma com suas características e pontos fortes. Por isso, antes de definir qual a melhor plataforma aplicável ao seu negócio, é importante refletir sobre todos os pontos já elencados. Não basta usar a tecnologia apenas por usar ou para estar inserido na "moda". Ela precisa gerar valor efetivo ao seu negócio, à sua empresa e ao seu Departamento Jurídico.

A tecnologia aplicada por meio de uma plataforma de acordos on-line traz uma série de benefícios e desafios, em caráter geral, e aqui vou compartilhar a experiência prática que vivi nos últimos 3 anos adotando uma plataforma dessas dentro do Departamento Jurídico que faço a gestão.

Implantar uma plataforma, por si só, não é complicado. Normalmente, são tecnologias avançadas, que integram com outros sistemas e aparentam estar prontas para que os resultados venham apenas com o tempo. O "pulo do gato" aqui é entender, de fato, como a sua estrutura e os objetivos podem explorar ao máximo as funcionalidades desta ferramenta. Falando especificamente de um contencioso, por exemplo, onde existe uma gama de processos enorme, com diversos temas, localidades, partes envolvidas, é primordial que haja uma base de dados estruturada, íntegra e confiável, para que a plataforma seja um meio de facilitar as negociações em grande escala, gerando resultados efetivos e mensuráveis.

Quais foram os principais ganhos perceptíveis na implantação do ODR?

- **Segurança nos controles**

Fazer a gestão de milhares de processos, com vários escritórios parceiros distribuídos em âmbito nacional, cada um deles com suas dezenas de colaboradores, é um grande desafio. Isso porque a rotina de acompanhamento dos processos judiciais exige diversas atenções que, muitas vezes, tiram o foco do advogado na busca pelo melhor acordo, com toda a negociação adequada e os passos que indicamos supra. Nossos aproveitamentos de acordos realizados nos processos indicados com perfil eram baixos antes da implantação da plataforma. Chegamos a ter situações em que os retornos recebidos no sistema de gestão pelos advogados parceiros eram, em grande maioria, informando que não foi possível o contato com o advogado da parte adversa. Quando fazíamos as mesmas tentativas de contato pelos colaboradores do jurídico interno, obtínhamos êxito e o acordo era firmado com sucesso. A situação apresentava duas possibilidades: ou a empresa concluía que todos os escritórios não apresentavam boa *performance*, pois não estavam comprometidos com os objetivos traçados na Política de Acordos – e aí teríamos uma jornada difícil para substituí-los por novos parceiros, que passariam pela curva de aprendizado natural e poderiam apresentar os mesmos problemas –, ou a empresa entendia que, em um contencioso com milhares de processos, precisamos auxiliar os nossos escritórios parceiros para que façam a boa gestão da carteira, oferecendo ferramentas que facilitem a busca pelos resultados esperados. Optamos pela segunda opção.

Quando a plataforma foi implantada, tornamos obrigatória a inclusão de todos os processos com perfil de acordo para que fossem negociados por meio dela. Isso permitiu com que tivéssemos a certeza de que todos os processos estavam, de fato, sendo negociados, e, além disso, acompanhar se as negociações estavam sendo feitas conforme orientado na Política de Acordos. Temos, portanto, uma situação de controle positivo, em que podemos ajudar os escritórios a alcançarem os resultados que foram propostos.

- Agilidade nas negociações

A evolução da tecnologia e a quarta revolução industrial que vivemos, como dito anteriormente, trouxe não só boas ferramentas e novas formas de fazer as coisas, mas uma conectividade entre as pessoas jamais vista. A globalização se tornou, de fato, uma realidade. Qualquer ser humano no mundo se comunica com outro em qualquer lugar, em um espaço de segundos. O que antes era guiado por mensagens demoradas, telefonemas, cartas, agora se resolve com mensagens instantâneas, permitindo um completo diálogo pelos meios virtuais. Ninguém mais quer pedir uma pizza ligando para o estabelecimento, ou sair à rua para solicitar um táxi na esquina, ou ir a uma locadora escolher o filme que quer ver no fim de semana. As pessoas estão conectadas e conseguem fazer tudo sem se mover. O que isso causa? A necessidade de os negócios serem práticos, ágeis e dinâmicos, a ponto de se assemelharem às diversas rotinas virtuais a que todos já se acostumaram.

Quero dizer com isso que, se antes uma negociação durava dias, onde o advogado precisava se encontrar com seu cliente para apresentar a proposta feita e discutir valores, hoje esse procedimento não é mais necessário. Tudo se resolve com o mesmo aparelho tecnológico e na mesma velocidade com que as coisas acontecem, sendo necessário nos adequarmos à nova realidade de negociar acordos pela plataforma. Na medida em que enviamos a pergunta para o advogado contrário sobre seu interesse em negociar, já temos de estar preparados com as possíveis respostas (positivas ou negativas), para que, de forma rápida, possamos dar sequência ao diálogo. Ao mesmo tempo que enviamos uma proposta do lado de cá, o advogado já replica instantaneamente para seu cliente que, da mesma forma, retorna dizendo se aceita ou não, e por aí vai. Temos acordos sendo firmados em menos de 5 minutos, seguindo todas as etapas de negociação, o que não era imaginável há pouco tempo.

Negociações ágeis, resultados mais ainda. Estabelecer um acordo nesse curto intervalo gera uma série de outras implicações positivas como a possibilidade de encerrar um processo em menos de um mês depois de sua entrada na base da empresa.

- Comparativo de *performances*

Por meio de uma plataforma on-line, todos os colaboradores e escritórios parceiros atuam dentro de um mesmo espaço, sendo possível avaliar, quantitativa e qualitativamente, a *performance* de cada um. Isso permite que a empresa e o gestor do Departamento Jurídico tenham visibilidade dos pontos fortes, bem como dos pontos frágeis de cada parceiro, direcionando seus esforços para oferecer um *feedback* construtivo ou um novo treinamento adequado às suas necessidades.

Quando falamos em *performance*, é importante que todos sejam avaliados dentro de critérios objetivos e preestabelecidos. Se a empresa coloca parâmetros diferentes em sua Política de Acordos para determinadas regiões do país, por exemplo, é importante que os escritórios sejam avaliados e comparados dentro desses mesmos parâmetros (técnicas de negociação; escalonamento de propostas; valor médio negociado; tempo de resposta etc.).

- Viés tecnológico como atrativo

Este foi um ponto que gerou surpresas positivas, em grande parte. Tivemos experiências com advogados que, historicamente, não se mostravam abertos a negociações com a empresa. Sempre deixavam que os processos seguissem para julgamento. Depois de implantada a plataforma, esses advogados recebem um convite para negociar (seja por *e-mail*, seja pelo celular, a depender da forma como ele esteja cadastrado na OAB local). Esse convite chega personalizado com o logo da empresa, os dados do processo e em um tom amigável predefinido, tornando-se um atrativo para que ele queira encarar aquela experiência.

Esses advogados que antes se mostravam resistentes começaram a ingressar na plataforma e elogiaram muito sua utilização. Recebemos vários elogios pela iniciativa e, em consequência, tivemos uma abertura muito maior para negociar bons acordos. Conclusão? Além da tecnologia oportunizar ferramentas que facilitam os nossos processos, ela também criou empatia com as partes adversas e, de fato, gerou mais negócios.

- Economia

Em linhas gerais, este é um dos ganhos mais importantes e mais buscados na implantação de qualquer projeto dentro de uma empresa: economia e/ou redução de gastos. Para implantarmos a plataforma, tivemos uma jornada conduzida pelo Departamento Jurídico a fim de demonstrar que não seria mais um custo para empresa, pois a plataforma cobra um valor específico para cada acordo firmado dentro dela. Nossa projeção foi que, com a plataforma, aumentaríamos em 10% o volume de acordos firmados que, por sua vez, possuem um *ticket* médio de pagamento 50% menor que o *ticket* de uma condenação. Estimando essa diferença no tempo e agregando o custo dos acordos firmados pela plataforma, demonstramos que a linha final seria, e muito, beneficiada. E foi exatamente isso que aconteceu.

Além de gerarmos uma excelente experiência para os nossos colaboradores, escritórios e advogados adversos, conseguimos gerar resultados econômicos efetivos e auxiliar o crescimento do nosso negócio.

Creio que estes foram os maiores ganhos a serem relatados nessa experiência de uso da tecnologia para resolução de conflitos. Em contrapartida, é importante que também saibamos os desafios que o uso da plataforma nos proporcionou.

- Desconfiança dos advogados adversos

Da mesma forma que tivemos advogados com bons relatos sobre o uso da plataforma, também encontramos aqueles que desconfiaram dessa funcionalidade tecnológica. Em menor proporção, de fato.

Recebemos retornos questionando se era verdade, se aquele convite por *e-mail* não seria um vírus e, até mesmo, que a empresa estava querendo gerar evidências contra o cliente. Para todos estes clientes, tentamos fazer contato pessoal, explicando esse novo modelo. Para alguns, conseguimos esclarecer e convertê-los ao uso da plataforma. Outros mantiveram o posicionamento de que só fariam negociações pessoais e não estavam dispostos a negociar nada por computador. Um caso curioso foi de um experiente advogado que, ao receber nosso contato, disse: "Olha, agradeço sua ligação, mas não vou negociar nenhum processo de cliente meu sem olhar nos olhos do meu colega de profissão. E digo mais! De preferência, tomando um cafezinho". Demos risadas, mas foi uma reflexão importante. Dificilmente, a plataforma irá capturar, dentro de um curto espaço de tempo, a totalidade dos processos da empresa. Isso precisa ser considerado, pois a jornada tradicional tem que continuar firme para esses que não se dispuserem a utilizá-la. As negociações não podem deixar de ser feitas.

- Redução do tempo médio de resposta (acompanhamento on-line)

Como mencionei anteriormente, quando ingressamos no uso da plataforma, também encaramos uma experiência nova, em todos os sentidos. Um deles foi rapidamente percebido: o tempo com o qual estávamos acostumados a negociar, a responder ao advogado adverso, a avaliar as propostas, não poderia ser o mesmo. A exigência por retornos rápidos, em muitas vezes imediatos, foi algo mandatório para que pudéssemos alcançar os resultados esperados. Sendo assim, as rotinas precisaram ser adaptadas para que, todos os dias, e até mesmo dentro de um mesmo dia, as negociações fossem acessadas e os retornos fossem dados a tempo.

- Integração das informações (plataforma ODR x sistema de gestão)

Normalmente, cada Departamento Jurídico possui um sistema de gestão dos processos judiciais, onde reúne todas as informações e os andamentos sobre eles e gera sua base de dados estruturada. Ao aderir a uma plataforma ODR, que é também um sistema de gestão, vem o desafio de integrar as informações de ambos os sistemas. Como fazer com que as negociações da plataforma, ou mesmo os resultados de cada acordo, sejam vinculados aos andamentos do processo no sistema de gestão?

Se o sistema de gestão adotado for aberto a integrações, será possível que, com o apoio da área de T.I., as informações sejam enviadas automaticamente da plataforma para o sistema de gestão, eliminando a necessidade de qualquer tratamento manual. Porém, caso não seja aberto a integrações, será essencial uma adequação de rotina para que os próprios colaboradores e escritórios parceiros abasteçam o sistema de gestão, dentro dos padrões definidos, refletindo, portanto, o que aconteceu na plataforma dentro dos andamentos do processo. Isso é o que permitirá manter a gestão unificada, dentro de uma base de dados estruturada e completa.

- Dar o tom "pessoal" a uma negociação on-line

Um contraponto interessante de ser colocado é a dificuldade que temos, muitas vezes, de nos expressar por mensagens escritas como nos expressaríamos pessoalmente, em um diálogo ou negociação. As palavras e a forma como são colocadas podem gerar interpretações diferentes sobre o que queremos dizer e como o interlocutor vai interpretá-las. Por isso, a dica que apresento depois de viver essa experiência é: crie uma mensagem inicial que seja objetiva, amigável e clara. Quando receber a resposta do advogado adverso, você perceberá que tipo de linguagem e de abordagem ele apresenta. Se é alguém extremamente curto, direto e de poucas palavras; ou se é alguém que escreve bastante, é cordial e exemplificativo. Essa é a chave para que as negociações sigam de acordo com o seu interlocutor: responda da mesma forma como ele lhe respondeu. Isso cria laços de confiança e facilita a geração de empatia entre as partes por trás da plataforma.

- **Mapeamento de causas e estudo de contrapropostas**

Este é um desafio que pode ser encarado como o principal motor de evolução do Departamento Jurídico com o uso da plataforma. Isso porque será por meio do mapeamento de causas e estudo das contrapropostas que as rotas de atuação poderão ser constantemente ajustadas, a ponto de aproximar os resultados sempre do máximo desejado.

No entanto, como fazer isso? Mapear causas quer dizer dar padrões para as diversas possibilidades de retornos que os advogados possam dar, sejam negativos ou positivos. Claramente, o que mais importa no estudo inicial é mapear os retornos negativos, pois as negociações que de insucesso são aquelas que podem gerar uma perda maior à empresa. Para que o mapeamento seja possível em um volume tão grande de negociações, é indicado que a própria empresa crie padrões que permitam unificar os retornos pelos advogados adversos. Como exemplo, existem inúmeras formas de um advogado recusar o acordo por não concordar com o valor apresentado. Ele pode simplesmente não responder à proposta, pode encerrar a negociação, pode dizer que não quer mais negociar. Porém, todos esses retornos não permitem que o Departamento Jurídico saiba, de forma conclusiva, o motivo pelo qual aquele advogado não seguiu com o acordo. Portanto, colocamos algumas opções-padrão para que, sempre que um advogado quiser encerrar a negociação, ele preencha entre as opções qual é a que melhor explica sua decisão: contraproposta inviável (se esta for a opção, abrimos um campo na plataforma para que ele insira qual seria o valor desejado); não há interesse da parte em negociar; prefere aguardar a decisão judicial; houve decisão proferida no processo etc.

Além do mapeamento, quando pedimos para que o advogado insira o valor da proposta desejada, conseguimos fazer uma avaliação da proximidade ou não desses valores ao nosso valor de alçada. Como exemplo, tivemos uma experiência nos acordos de determinado perfil da nossa carteira em que os valores que os advogados estavam inserindo como desejado ao encerrar as negociações na plataforma eram, em média, 8% maior que nosso valor de alçada. Isso quer dizer que estávamos perdendo muitas oportunidades por uma diferença de valor que não compensaria aguardar uma decisão judicial condenatória.

6. Prevenção: estratégias para que os conflitos eventualmente gerados possam ser solucionados antes de uma ação judicial

Falamos, até aqui, de várias estratégias que envolvem o uso da tecnologia na melhor *performance* para resolução de conflitos já judicializados. O mais importante, a meu ver, é que existam boas estratégias que consigam resolver conflitos antes que se tornem uma ação judicial.

Neste ponto, de forma ainda mais incisiva, a tecnologia é um fator importante.

Hoje, temos vários canais de atendimento onde os clientes podem buscar uma solução para eventuais problemas. As empresas possuem centrais prontas para atendê-los; o governo criou a plataforma on-line do consumidor.gov; o *site* "Reclame Aqui"; os canais de ouvidoria. Esses são apenas alguns exemplos entre vários outros existentes.

Agora, pergunto: basta ter todos esses canais disponíveis para que um conflito seja solucionado? Sem a menor dúvida, não.

Além de ter bons processos internos para que qualquer situação apresentada pelo cliente seja rapidamente analisada, a empresa precisa estar bem preparada para retornar aos clientes e com um objetivo em mente: deixá-lo satisfeito com o retorno. Entenda-se aqui que, nem sempre, a solução desejada pelo cliente vai ser possível, mas será sempre possível dar o retorno mais completo, amigável e acolhedor para alguém que se dispôs a procurar a empresa para expor a sua dor. Digo isso pois, em quase todas as empresas, existe um indicador comum que é o tempo médio de atendimento. A busca é sempre por um tempo menor de atendimento, que reduz o custo e aumenta a capacidade de novos atendimentos pela mesma equipe. Porém, aqui fica o alerta: de nada adianta ter um tempo médio de atendimento baixo, tendo clientes cada vez mais insatisfeitos. Naturalmente, um cliente atritado custará bem mais para a empresa quando tentar resolver seus conflitos nas vias judiciais e não nas vias administrativas.

O uso da tecnologia pode auxiliar bastante em todas essas hipóteses que tratamos neste tópico. Criar ferramentas inteligentes e integradas, que possam conectar as informações de um cliente e gerar conclusões sobre suas reclamações no menor tempo possível; manter os clientes constantemente informados sobre o *status* da sua manifestação ou reclamação dentro da empresa.

De forma um pouco mais profunda, a tecnologia também pode ser usada para criar perfis de clientes que se apresentam com conflitos a serem solucionados, de forma a identificar, com base em comportamentos padrões, tom de voz, histórico, entre outros dados, qual a propensão daquele cliente ficar satisfeito com o retorno; a probabilidade de ele voltar a reclamar; e, mais importante, a possibilidade de ele acionar a justiça. Com todas essas informações em tempo real, a empresa consegue direcionar o atendimento daquele cliente em diversos níveis de alçada, com retornos adaptados ao nível de atrito, de forma a tratar cada cliente na medida certa, gerando a satisfação esperada e evitando que o conflito transborde para instâncias posteriores.

O que vemos, portanto, é que não há limites para que a empresa evolua em busca de alcançar o melhor atendimento e experiência possíveis aos seus clientes. Fazer com que ele se sinta acolhido, sentindo que a empresa está dando a devida importância ao seu problema e, mais que isso, aberta a ouvi-lo, aumenta muito as chances de conquistar aquele cliente mesmo em um cenário adverso.

7. REFERÊNCIAS BIBLIOGRÁFICAS

ALVES DA SILVA, Paulo Eduardo. *Gerenciamento de processos judiciais*. São Paulo: Saraiva, 2010.

ALVES DA SILVA, Paulo Eduardo. *Acesso à justiça, litigiosidade e o modelo processual civil brasileiro*. Tese (Livre-docência em Direito Privado e Direito Civil) – Universidade de São Paulo, Faculdade de Direito de Ribeirão Preto, 2018.

ASSOCIAÇÃO BRASILEIRA DE *LAWTECHS* E *LEGALTECHS*, AB2L. Disponível em: [www.ab2l.org.br/radar-lawtechs/].

CINTRA, Antonio Carlos de Araújo; GRINOVER, Ada Pellegrini; DINAMARCO, Cândido Rangel. *Teoria Geral do Processo*. São Paulo: Malheiros, 1998.

FEIGELSON, Bruno; BECKER, Daniel; RAVAGNANI, Giovani. *O advogado do amanhã*: estudos em homenagem ao professor Richard Susskind. São Paulo: Ed. RT, 2019.

SUSSKIND, Richard. *Tomorrow's Lawyers*: An Introduction to Your Future. OUP Oxford. Edição do Kindle.

A utilização do *design* jurídico como ferramenta de acesso à justiça

ANA LUIZA MARQUES

Mestranda em Direito pela Universidade Federal de Minas Gerais. Membro do grupo de pesquisa PROC: Processualismo Constitucional Democrático e Reformas Processuais. Membro do grupo de estudos em Direito, Inovação e Tecnologia da Universidade Federal de Minas Gerais (DTI/UFMG). Advogada.
ana@cron.adv.br

ISADORA WERNECK

Mestranda em Direito, Mídia, Tecnologia e Telecomunicações pela Queen Mary University of London, com bolsa de estudos do Governo Britânico (Chevening Scholarship). Graduada em Direito pela Universidade Federal de Minas Gerais (UFMG), com período de graduação-sanduíche como pesquisadora convidada na Universidade de Hamburgo, Alemanha.
isadoratwerneck@gmail.com

Sumário: 1. Breves considerações sobre o *design* jurídico (*legal design*). 2. O *design* jurídico como forma de efetivação do acesso à justiça. 3. O *design* jurídico no contexto brasileiro: possíveis aplicações. 4. Conclusão. 5. Referências bibliográficas.

1. Breves considerações sobre o *design* jurídico (*legal design*)

Em um contexto de acelerado desenvolvimento tecnológico, em especial, das Tecnologias da Informação e Comunicação (TIC's), e de inserção destas ferramentas no âmbito do direito, discussões sobre o *design* jurídico (*legal design*) têm ganhado força na doutrina. Para a adequada compreensão do tema, faz-se necessária uma breve digressão por alguns conceitos-chave, entre eles *design*, *design thinking* e *design* jurídico (*legal design*).

Em sua acepção mais ampla, o termo "*design*" significa agir para melhorar uma situação, a partir de um pensamento inovador e criativo[1]. Trata-se, portanto, de uma "prática localizada no plano sociomaterial", no sentido de um comportamento rotinizado, "formado de configurações dinâmicas de mentes, corpos, objetos, discursos, conhecimento, estruturas/processos e ação"[2]. Nesse contexto, o *design* pode ser percebido desde os primórdios da humanidade, com a atividade de manufatura de ferramentas, por exemplo, e se manifesta, na atualidade, em todos os bens e serviços, desenvolvidos a partir da necessidade humana, abrangendo as mais diversas áreas, como, o *design* gráfico, o *design* de produtos, o *design* de moda, o *design* de interiores, entre outros.

Os profissionais da área (*designers*) reúnem uma série de habilidades e forma de pensamento orientada para a busca de soluções inovadoras e criativas para os mais distintos problemas, e, por esta razão, "têm aprendido ao longo de várias décadas [a] estabelecer correspondência entre as necessidades humanas com os recursos técnicos disponíveis considerando as restrições práticas dos negócios". Paralelamente, mediante a integração desejável "do ponto de vista humano ao tecnológico e economicamente viável, os designers têm conseguido criar os produtos que usufruímos hoje"[3].

A aplicação dos postulados do *design* a outras áreas do conhecimento, como a administração pública, a gestão de empresas, a comunicação e a

---

1. BINDER, Thomas; MICHELIS, Giorgio De; EHN, Pelle; JACUCCI, Giulio; LINDE, Per; WAGNER, Ina. Design things. Cambridge Massachusetts: The MIT Press, 2011.
2. PERRY-KESSARIS, Amanda. Legal Design for Practice, Activism, Policy, and Research. Journal of law and society, v. 46, ed. 2, 2019, p. 188.
3. BROWN, Tim. Change by design: how design thinking transforms organizations and inspires innovation. New York: HarperCollins, 2009, p. 5.

educação[4], ensejou a formulação do conceito de *design thinking*[5], que é um "processo de pensamento crítico e criativo, que permite organizar as informações e ideias, tomar decisões, aprimorar situações e adquirir conhecimento"[6]. É, em outras palavras, um "agir fora da caixa" que tem sido apontado como caminho de excelência a ser observado nos serviços públicos, conforme relatório do Programa das Nações Unidas para o Desenvolvimento (PNUD)[7].

Saliente-se, contudo, que não se trata de uma orientação puramente estética, mas de uma abordagem estratégica, prática e criativa[8] que visa a resolução de problemas de forma funcional, a partir da identificação das necessidades dos usuários ou destinatários, para melhoria da experiência individual[9].

Apesar de ser uma forma de pensamento inovadora e criativa, não dotada de uma metodologia una de aproximação, três grandes ferramentas podem ser identificadas como forma de abordagem de um problema, da perspectiva do *design thinking*:

---

4. Segundo Margaret Hagan, "o design aplicado a outras áreas – como direito, educação, o governo, administração, saúde e mais – foi denominado como 'design thinking'. É um modo de utilizar os processos de profissionais do design, em seus pensamentos e mecanismos, mas adaptá-los para utilização por não-designers em seus próprios domínios. (...) O design thinking ajuda profissionais a tirar proveito de sua própria expertise, estruturando-a de acordo com o que a inovação poderia ser. A inovação não é um processo mágico. É algo para que os profissionais podem ser treinados, e o design thinking oferece o caminho para fazê-lo" HAGAN, Margaret. Law by design. Disponível em: <https://www.lawbydesign.co/>. Data de acesso: 12.06.2020. n.p. (tradução livre).

5. Optamos por não traduzir o termo *design thinking*, pois, na mesma linha da majoritária literatura específica sobre o tema, entendemos que a sua tradução livre esvazia parte de seu conceito, em virtude de sua amplitude, e, por esta razão, este texto utilizará o termo em inglês.

6. BURNETTE, Charles. What is design thinking? IDesign. Disponível em: <https://www.idesignthinking.com/01whyteach/01whyteach.html>. Data de acesso: 13 de jun. 2020.

7. ALLIO, Lorenzo (Coord.). *Design thinking for Public Service Excellence*. 2014. Disponível em: <https://issuu.com/undppublicserv/docs/gpcse_design_thinking/16>. Acesso em: 14 de jun. 2020.

8. *Ibid*.

9. HAGAN, Margaret. *Op. cit*.

a imersão, ideação e prototipação. A imersão se caracteriza pela aproximação ao contexto do problema (...). Esse é o ponto de empatia. É pensar no cliente/usuário/destinatário e na sua necessidade e descobrir os problemas que podem ser resolvidos. A ideação trata-se das soluções propostas para o problema, almejando a sua efetividade. Já a prototipação é a aplicação dessas soluções para análise pelo cliente/usuário final/destinatário, que fornecerá críticas construtivas para ser possível melhorar ainda mais a ideia proposta. Caso seja necessário, outros protótipos de soluções devem ser criados até que a melhor seja alcançada.[10]

O *design thinking* aplicado à área do direito dá origem ao denominado *design* jurídico (*legal design*)[11] que, em linhas gerais, pode ser definido como uma área de estudo interdisciplinar, caracterizada pela utilização de métodos do *design* centrados nos seres humanos[12], com o intuito de melhorar a comunicação jurídica e a própria vivência do direito.

Assim, tem-se que, diferentemente do que pode ser percebido em outros âmbitos de confluência do *design* – que visam a emoção, o lucro ou o consumo, por exemplo –, o *design* jurídico é orientado pela razão e busca uma maior compreensão para todos os envolvidos na atividade jurisdicional, sejam advogados, julgadores ou partes litigantes, em consonância com os pressupostos do devido processo constitucional.

---

10. NUNES, Dierle; RODRIGUES, Larissa Holanda Andrade. O contraditório e sua implementação pelo design: design thinking, legal design e visual law como abordagens de implementação efetiva da influência. In: NUNES, Dierle; LUCON, Paulo Henrique dos Santos; WOLKART, Erik Navarro (Coord.). Inteligência artificial e Direito Processual: os impactos da virada tecnológica no direito processual. Salvador: JusPodivm, 2020, p. 235-236.

11. No ambiente acadêmico, a Faculdade de Direito da Universidade de Stanford foi pioneira no estudo dessa corrente, tendo iniciado um laboratório de legal design (Legal Design Lab), no ano de 2013. A exemplo da iniciativa privada, o poder público também tem desenvolvido iniciativas no mesmo sentido. Prova disso é o "Good Law Project", de iniciativa do Parlamento do Reino Unido, que incorpora ideias do legal design na redação e publicação legislativa (cf. https://www.gov.uk/guidance/good-law).

12. CORRALES COMPAGNUCCI, Marcelo; FENWICK, Mark; HAAPIO, Helena; VERMEULEN, Erik P. M. Tomorrow's Lawyer Today? Platform-Driven LegalTech, Smart Contracts & the New World of Legal Design. In: Journal of Internet Law. 2019; vol. 22, no. 10, pp. 3-12.

Figura 1 - Significado de *design*, *design thinking* e *design jurídico*, a partir da plataforma Canva[13]

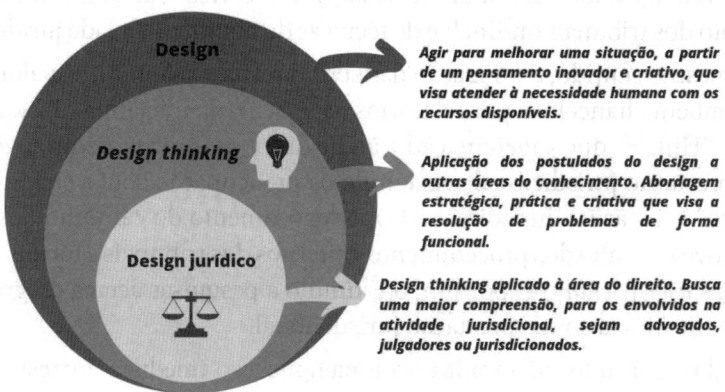

Design: Agir para melhorar uma situação, a partir de um pensamento inovador e criativo, que visa atender à necessidade humana com os recursos disponíveis.

Design thinking: Aplicação dos postulados do design a outras áreas do conhecimento. Abordagem estratégica, prática e criativa que visa a resolução de problemas de forma funcional.

Design jurídico: Design thinking aplicado à área do direito. Busca uma maior compreensão, para os envolvidos na atividade jurisdicional, sejam advogados, julgadores ou jurisdicionados.

Fonte: elaborada pelas autoras.

Ressalte-se que, malgrado se trate de conceito relativamente recente, o *design* é aplicado ao direito, de forma intuitiva ou intencional, há muito tempo[14], manifestando-se, por exemplo, na arquitetura das cortes[15] e no *layout* dos *sites* dos tribunais. O que normalmente se aponta como inovador, na atualidade, vincula-se menos ao

---

13. Cf. https://www.canva.com/.
14. A este respeito: "O design é por natureza, uma atividade intuitiva. É recorrente que alguns profissionais, das mais diversas áreas, apliquem técnicas do design ou design thinking sem que saibam que as estão aplicando. (...) Nesse sentido, alguns procedimentos no Direito podem, muito bem, terem sido pensados sob o viés do legal design, como a implementação do sistema PJe, as páginas online e aplicativos de correspondentes jurídicos, bibliotecas públicas online de doutrina, páginas de pesquisas de jurisprudência, dentre outros" (*sic*). NUNES, Dierle; RODRIGUES, Larissa Holanda Andrade. *Op. cit.*, p. 254.
15. Acerca da construção de cortes com base em modelos de Legal Design, *cf.*: <https://bit.ly/2Yyth9f>. "Em alguns casos, o legal design vai mudar a forma como clientes e advogados interagem; em outros, pode significar um auxílio na simplificação de questões legais dotadas de grande complexidade. Em Shepparton, acabou por alterar a própria personificação física da justiça e da lei [...] Tornou-se muito claro que o design da corte e a maneira como os sujeitos nela se movimentam são fundamentais para que as pessoas sintam que aquele local é um lugar onde elas podem acessar a justiça. O desenvolvimento de um desenho centrado no usuário dos tribunais é tão importante quanto outras reformas no âmbito do acesso à justiça (Em: MAY, Catriona. How better design can improve the law. *MLS News*, Australia, 22 nov. 2019. Disponível em: <https://bit.ly/2LQyO8r>. Acesso em: 14 jun. 2020, tradução nossa).

design thinking e mais às novas ferramentas, principalmente as tecnológicas, que possibilitam a exploração de soluções criativas presentes desde as trocas de informação entre os magistrados, servidores e usuários do serviço[16], até o desenho e desenvolvimento dos tribunais on-line[17] e de técnicas de hipermodalidade jurídica[18].

Nesse mesmo sentido, a utilização das suas diretrizes, além de respaldo empírico[19], é também chancelada por relatórios da OECD, da iniciativa "Task Force on Justice" e "HiiL"[20], que sugerem a adoção de diversos tópicos afetos ao *design* jurídico na prestação jurisdicional, a exemplo da preocupação com a experiência dos "usuários" (no caso, o jurisdicionado), o mapeamento do caminho dos processos, um novo desenho dos procedimentos internos dos tribunais e fóruns (para torná-los mais *user-friendly*) e, por fim, o estímulo à pesquisas acerca do grau de satisfação dos destinatários da prestação jurisdicional.

Tais dados, contudo, não traduzem uma aplicação imediata e irrestrita do *design* jurídico. Ao contrário, mostra-se crucial a compreensão detida do tema,

---

16. Vale destacar que, por comportar teoria própria, a decisão judicial não se submete, na nossa visão, aos postulados do legal design, que deve ser aplicado às outras formas de comunicação judicial, tais como em manuais, comunicados, trocas de informações entre servidores e usuários, entre outros, como se verá no decorrer deste pequeno estudo. Isso não impede, contudo, que estratégias sejam adotadas, desde que dentro dos parâmetros da legalidade, para permitir a compreensão adequada do comando decisório por sujeitos vulneráveis, como o caso que ocorreu em Madrid, com uma inédita leitura e diferenciada da sentença a uma vítima deficiente. *Cf.*: HERNÁNDEZ, José Antonio. Un tribunal dicta una sentencia para que la entienda un discapacitado al que estafó su 'amiga': "El juez es quien decide si se pone un castigo o no a la persona que ha hecho daño a alguien", se explica a la víctima en una inédita resolución de lectura fácil. El País, [S. l.], p. Online, 21 out. 2018. Disponível em: https://bityli.com/2fmPF. Acesso em: 14 jun. 2020.
17. Cf. SUSSKIND, Richard. Online Courts and the Future of Justice. Oxford University Press: Londres, 2020.
18. NUNES, Dierle; RODRIGUES, Larissa Holanda Andrade. *Op. cit.*
19. XIAOYU, Ji. Where design and law meet: An empirical study for understanding legal design and its implication for research and practice. [S. l.: s. n.], 2019. Disponível em: http://urn.fi/URN:NBN:fi:aalto-202001261755. Acesso em: 16 jun. 2020 e SILVA, G. H. T.; OLIVEIRA, P. R.; BUVINICH, P. R. Design Thinking para Redesenho do Modelo de Atendimento ao Cidadão na Anvisa: Foco na Experiência do Usuário. In: Pedro Cavalcante. (Org.). Inovação e Políticas Públicas: superando o mito da ideia. 1. ed. Brasília: IPEA, 2019, v. 1, p. 97-111.
20. *Cf.*, respectivamente: https://bit.ly/37srOFJ; https://www.justice.sdg16.plus/; e https://bit.ly/3fhohwC.

tendo em vista que o *design* não é neutro[21], por ser uma prática fundamentalmente social marcada por escolhas, intencionais ou não, e capaz de influenciar – positiva ou negativamente – as relações humanas, em diversos âmbitos.

Pensar o *design* jurídico de forma intencional e orientada para a concretização dos pressupostos do Estado Democrático de Direito, em especial, de um processo constitucional e democrático[22], mostra-se essencial, como forma de se assegurar o papel da jurisdição e os direitos fundamentais dos litigantes. Sobretudo em um cenário de inserção crescente de tecnologias do direito, muitas vezes, com respaldo em critérios puramente quantitativos[23], o desenvolvimento de estudos consistentes sobre o tema torna-se premente, para que sejam alcançadas soluções que beneficiem verdadeiramente os cidadãos – e não somente grandes empresas ou litigantes habituais, questão que será melhor abordada a seguir.

2. O *DESIGN* JURÍDICO COMO FORMA DE EFETIVAÇÃO DO ACESSO À JUSTIÇA

A partir da conceituação do *design* jurídico, é possível verificar as suas potencialidades transformadoras[24], com enfoque nos cidadãos e nas suas neces-

---

21. Nesse sentido: "(...) o design, como o direito, é fundamentalmente social, e não um campo prático puramente técnico ou abstrato. Ambos são originados, adquirem significado, e causam impactos recursivos em atores humanos, incluindo suas ações, interações e racionalidades. Eles implicam escolhas. Então nem o design nem o direito são neutros, política, econômica, culturalmente ou de outra forma. O legal design deve, portanto, ser abordado de forma crítica, isto é, pensado e utilizado de acordo com os compromissos jurídicos-normativos de evitar, expor, e buscar soluções, para vieses e desigualdades, sejam estes derivados do direito, do design ou do design jurídico em si". PERRY-KESSARIS, Amanda. *Op. cit.*, p. 193.
22. *Cf.* NUNES, Dierle. Processo jurisdicional democrático. 1ª ed. Curitiba: Juruá, 2012.
23. *Cf.* NUNES, Dierle; BAHIA, Alexandre; PEDRON, Flávio. Teoria Geral do Processo: com comentários da virada tecnológica do direito processual. Salvador: JusPodivm, 2020. Ver também: NUNES, Dierle. MARQUES, Ana Luiza Pinto Coelho. Decisão judicial e inteligência artificial: é possível a automação da fundamentação? In: NUNES, Dierle; *et al.* (Coord.). Inteligência artificial e Direito Processual: os impactos da virada tecnológica no direito processual. Salvador: JusPodivm, 2020.
24. De forma semelhante, veja-se: "Como se observa, a implementação do legal design (design jurídico) permite uma vasta gama de melhorias no sistema jurídico, que se estende às relações e aos ambientes nas suas mais variadas modalidades: permite solucionar problemas na dinâmica entre julgadores e jurisdicionados/cidadãos; julgadores e servidores lotados nas secretarias; servidores públicos e advogados; escritórios

sidades, de forma a tornar o direito mais amigável, aprimorar a comunicação jurídica, a qualidade da atividade jurisdicional e, consequentemente, do acesso à justiça.

Neste ponto, importante destacar que o *design* aplicado ao direito não deve visar apenas objetivos quantitativos, com fulcro em uma concepção de processo puramente pragmática. Ao contrário, enquanto processo de pensamento crítico e criativo que visa melhorias na esfera jurídica, deve atender a critérios qualitativos, sob pena de, no intuito de modernização, serem realizadas inovações despropositadas ou, pior, que violem ou cerceiem garantias fundamentais das partes, pois, repise-se, o *design* não é neutro e nem sempre produz consequências positivas[25].

Assim, antes que discorramos sobre algumas propostas de utilização de técnicas de *design* jurídico para melhoria do sistema judicial brasileiro, necessário pontuar o que se compreende por acesso à justiça, conceito que alicerça todas as reflexões que serão posteriormente desenvolvidas no presente trabalho.

Em primeiro lugar, cumpre pontuar que a evolução doutrinária no âmbito da teoria do direito e da teoria do processo[26] superou o conceito clássico de jurisdição construído na primeira metade do século XX, no sentido de que o juiz apenas revelaria a intenção legislativa e a aplicaria ao caso concreto[27].

Com efeito, no paradigma do Estado Democrático de Direito, a partir da compreensão do Direito como prática social interpretativa[28], a jurisdição se des-

---

e funcionários; advogados e clientes; advogados e julgadores, etc.". NUNES, Dierle; RODRIGUES, Larissa Holanda Andrade. *Op. cit.*, p. 231.

25. Como alerta Amanda Perry-Kessaris, o design não é inerentemente bom: "da suástica à bomba atômica, o design facilitou muitas mudanças ruins; e, frequentemente, o bem e o mal são intrinsecamente entrelaçados". PERRY-KESSARIS, Amanda. *Op. cit.*, p. 198.
26. Sobre a evolução do conceito de jurisdição: NUNES, Dierle. *Op. cit.*
27. CHIOVENDA, Giuseppe. Instituições de direito processual civil. Vol. II. São Paulo: Saraiva, 1969. p. 37.
28. Segundo Marcelo Andrade Cattoni de Oliveira, o direito é uma prática social interpretativa em "um processo capaz de corrigir a si mesmo e que se dá ao longo de uma história institucional, reconstruída de forma reflexiva à luz dos princípios jurídicos de moralidade política, que dão sentido a essa história". CATTONI DE OLIVEIRA, Marcelo Andrade. Dworkin: de que maneira o Direito se assemelha à literatura? Rev. Fac. Direito UFMG, Belo Horizonte, n. 54, p. 91-118, jan./jun. 2009, p. 95. Esta é a concepção adotada por autores como Ronald Dworkin e Jürgen Habermas, apesar das distinções teóricas entre ambos. A propósito ver: DWORKIN, Ronald. Uma Questão de Princípio. Trad. Luís Carlos Borges. 2. ed. São Paulo: Martins Fontes, 2001; HABERMAS, Jürgen. Facticidad

vinculou de um significado meramente formal e passou a ser entendida como como *locus* democrático de reflexão sobre o significado do Direito e de garantia de correção e legitimidade das decisões estatais.

Nesse contexto, o acesso à justiça não pode representar apenas a possibilidade de ingresso em juízo e de desenvolvimento, quase automático, do processo até o provimento final. Em seu sentido substantivo, o acesso à justiça:

> (...) refere-se à consideração com que o jurisdicionado tem suas reivindicações recebidas nas esferas oficiais de poder (input), a profundidade do diálogo (respeito aos direitos fundamentais processuais), ao poder de influência que ele exerce sobre as decisões que lhe submetem (contraditório como direito de influência e não surpresa), e não só à eficiência quantitativa e a produtividade do sistema como um todo. (...) Nestes termos, o acesso à justiça democrático postula a garantia de uma estrutura procedimental/institucional que permita o acesso à argumentação, à imparcialidade, à fundamentação, à certeza de que as decisões tomadas em favor ou prejuízo do jurisdicionado só se legitimarão se forem tomadas discursivamente, e não segundo critérios pessoais, corporativos, obscuros.[29]

Desta forma, a compreensão do conceito de acesso à justiça perpassa pela observância às garantias do contraditório, do devido processo legal, da fundamentação das decisões e da isonomia entre os litigantes, sem as quais ele se torna um conceito vazio.

A partir desta perspectiva, é possível compreender as potencialidades de melhoria do sistema de justiça proporcionadas pelo *design*. Estas potencialidades manifestam-se em diversos aspectos, entre eles, i) a implementação do contraditório substancial, por meio de ferramentas audiovisuais do direito hipermodal[30]; ii) a facilitação da transmissão de informação entre advogados e

---

y validez: sobre el derecho y el Estado democrático de derecho en términos de teoría del discurso. Trad. Manuel Jimenez Redondo. 4ª ed. Madrid: Trotta, 2005.

29. NUNES, Dierle; TEIXEIRA, Ludmila. Acesso à justiça democrático. 1ª ed. Brasília, DF: Gazeta Jurídica, 2013, p. 60-67.

30. Sobre os impactos do design jurídico na efetivação do contraditório: "O direito hipermodal atualmente possui duas grandes vantagens: i) simplificar a linguagem jurídica para os clientes/jurisdicionados e ii) garantir a efetivação do contraditório, na medida em que possibilita a influência da manifestação das partes nos pronunciamentos judiciais. A implementação do contraditório substancial ocorre porque a utilização das ferramentas audiovisuais garante um aprimoramento na argumentação jurídica, uma

clientes (*v.g.* via *design* de contratos), cortes e advogados, tribunais e jurisdicionados; iii) na estruturação físicas dos tribunais e na disposição dos *sites*; etc..

Neste trabalho, optamos por abordar algumas das aplicações do *design* jurídico no contexto do sistema de justiça brasileiro, a partir da identificação de alguns problemas que consideramos de grande relevância (imersão) e, posteriormente, elaboração de propostas (ideação) e protótipos (prototipação) na busca por uma efetiva melhoria, partindo da perspectiva do acesso à justiça.

3. O *DESIGN* JURÍDICO NO CONTEXTO BRASILEIRO: POSSÍVEIS APLICAÇÕES

Partindo da delineada noção de acesso à justiça, aliada aos conceitos de *design* jurídico, neste tópico, examinaremos alguns dos contornos práticos desse mencionado conjunto com foco no âmbito judicial.

Antes, contudo, cabe-nos fazer uma breve introdução acerca do baixo nível de confiança da população brasileira no Poder Judiciário. Esse introito é relevante a uma, pois o *design* jurídico, se bem utilizado, é uma potente ferramenta de construção de um elo de confiança[31]; e, a duas, porquanto como se verá, uma das justificativas para o nível observado no país é a existência de um déficit informacional dos jurisdicionados, o que também pode ser mitigado pelo *design* jurídico. A compreensão é um pressuposto da confiança, que exige um nível adequado de informação, de modo que as sugestões se voltarão a esse fim, de forma complementar e suplementar a outras práticas já consagradas.

Tratando propriamente da anunciada crise de confiança no sistema de justiça, apura-se, com base em pesquisa da Fundação Getulio Vargas, que apenas

---

vez que imagens ampliam a capacidade de memorização e o uso de infográficos, áudios e vídeos, além de destacarem e organizarem as informações, fomentam uma melhor compreensão do assunto (...) O contraditório também se implementa com a redução das peças processuais por meio da hipermodalidade, garantindo que sejam analisadas e levadas em consideração pelo julgador em todos os seus aspectos. Não é novidade que em razão do abarrotamento do judiciário as peças longas causam um desconforto e prejudicam a completude de sua análise". NUNES, Dierle; RODRIGUES, Larissa Holanda Andrade. *Op. cit.*, p. 257.

31. HAGAN, Margaret. A Human-Centered Design Approach to Access to Justice: generating new prototypes and hypotheses for intervention to make courts user-friendly. Indiana Journal of Law and Social Equality: Indiana, v. 6, n. 2, p. 218, 22 maio 2018. Disponível em: https://bit.ly/2AFITQj. Acesso em: 14 jun. 2020 e ADMINISTRATIVE OFFICE OF THE COURTS. Trust and Confidence in the California Courts: A Survey of the Public and Attorneys. [S. l.], 1 jul. 2005. Disponível em: https://www.courts.ca.gov/documents/4_37pubtrust1.pdf. Acesso em: 16 jun. 2020.

24% da população brasileira confia no Poder Judiciário[32], índice considerado alarmante para nações democráticas. Comparativamente, tal valor é inferior, por exemplo, aos percentuais de confiança em instituições como as Forças Armadas (56%) e a Igreja Católica (53%), consoante apurado pelo mesmo estudo, o que reforça a preocupação em relação ao cenário.

Várias são as razões para esse nível de desconfiança[33], sendo, sem dúvidas, um problema multifatorial. Contudo, o propósito deste texto, por causa das limitações de escopo e espaço, permitirá a análise de apenas algumas delas, quais sejam: a *complexidade do sistema de justiça* e a *falta de compreensão dos jurisdicionados a seu respeito*[34]. Esse recorte não é em vão. O formalismo exacerbado e o linguajar hermético e erudito comuns ao sistema da justiça são problemas antigos. Entretanto, recentemente, o direito tem se expandido e buscado soluções novas e externas para a correção dos desvios[35] verificados entre a sua linguagem e a dos que a ele se socorrem. Essas respostas, notadamente aquelas originadas

---

32. CUNHA, L. (Coord.). Índice de Confiança na Justiça – ICJBrasil. São Paulo: Direito FGV, 2017. Disponível em: <https://bit.ly/2MYaAq5> Acesso em: 14 jun. 2020. Na mesma linha, conforme apurado pelo IBOPE, o Índice de Confiança Social (ICS) no Poder Judiciário, cujo índice varia de 0 a 100, caiu de 52 para 43 entre os anos 2009 e 2018 (cf. https://bit.ly/3e3LD8C).

33. Podem-se mencionar, com base no estudo supracitado, razões como a lentidão do sistema; o excesso de burocracia; percepções de que o Judiciário só favorece quem tem dinheiro e poder; ineficiência, entre outras. Em perspectiva semelhante, aponta-se também a notória desigualdade social; os altos custos para obtenção de informação e a heterogeneidade acentuada entre as unidades federadas e regiões. (SADEK, Maria Tereza Aina. Acesso à justiça: visão da sociedade. Justitia, São Paulo, n. 65, n. 198, p. 274, jun. 2008).

34. AMERICAN BAR ASSOCIATION (USA). 2016. *Report on the Future of Legal Services*, [S. l.], 1 ago. 2016. Disponível em: <https://bit.ly/3huxGTA> Acesso em: 14 jun. 2020. Ainda que em sede de observação, essa foi a mesma percepção ressaltada, não sem razão, por Barbosa Moreira, que apontou que o discurso rebuscado exclui o interlocutor não versado na área jurídica e leva à falta de confiança. (Em: MOREIRA, José Carlos Barbosa. A linguagem forense. Disponível em <https://bit.ly/2UHlftu>. Acesso em 14 jun. 2020).

35. Sobre a possibilidade dessa abordagem tomar forma, observa-se que, conforme lição de Niklas Luhmann, "o sistema jurídico é um sistema normativamente fechado, mas cognitivamente aberto" (LUHMANN, Niklas. "The self-reproduction of law and its limits". In: TEUBNER, Gunther (ed.). Dilemmas of law in the Welfare State. Berlin/Nova York, Walter de Gruyter, p. 114, 1986). Comentando o postulado teórico em questão, Celso Fernandes Campilongo registra que "fechamento operacional não é sinônimo de irrelevância do ambiente ou de isolamento causal. Por isso, paradoxalmente, o fechamento operativo de um sistema é condição para sua própria abertura"

do *design* jurídico, serão aqui exploradas, sendo justificada a seleção dos dois fatores apontados.

Volvendo ao problema da linguagem jurídica[36], uma das suas principais consequências negativas é a ocorrência de assimetria informacional[37], conforme já adiantado no início deste tópico. Os destinatários da prestação, sobretudo os mais vulneráveis, acabam não compreendendo as mensagens transmitidas e, com isso, experimentam falhas de comunicação, percepções distintas sobre o mesmo objeto, entre outros, surgindo daí a necessidade de imprimir mais clareza à linguagem jurídica (novamente, aqui entendida em sentido amplo). Nesse sentido, essenciais as antigas, porém, sempre atuais, lições de José Carlos Barbosa Moreira:

> Seria mais prudente, na maioria dos casos, aderir aos modos corriqueiros de dizer; e sobretudo, na falta de melhor, buscar a clareza, que não é qualidade desprezível. [...] Linguagem forense não precisa ser, não pode ser sinônimo de linguagem cifrada. Algum esforço para aumentar a inteligibilidade do que se escreve e se diz no foro decerto contribuiria para aumentar também a credibilidade dos mecanismos da Justiça. Já seria um passo aparentemente modesto, mas na realidade importante, no sentido de introduzir certa dose de harmonia no tormentoso universo da convivência humana.[38]

(CAMPILONGO, Celso Fernandes. Política, Sistema Jurídico e Decisão Judicial. São Paulo: Ed. Max Limonad, 2002, p. 67).

36. Quando se fala em "linguagem" com base na análise proposta, entenda-se toda a comunicação experimentada dentro da estrutura do Poder Judiciário.

37. A assimetria informacional dentro das organizações, conforme observado pela teoria da agência, "cria condições para a ocorrência de problemas sistemáticos de credibilidade das informações trocadas entre principal e agente." (OLIVEIRA, Clara Brando de; FONTES FILHO, Joaquim Rubens. Problemas de agência no setor público: o papel dos intermediadores da relação entre poder central e unidades executoras. Rev. Adm. Pública, Rio de Janeiro, v. 51, n. 4, p. 598, ago. 2017. Available from <https://bit.ly/3fA1o7V>. Acesso em 14 jun. 2020). Em razão da alta especialização da atividade da magistratura, o exame da sua qualidade pelo restante da população, mormente os destinatários da prestação jurisdicional, resta prejudicado. O intercâmbio de informações entre o agente (magistrados) e o principal (usuários) garante uma maior compreensão dos resultados e das limitações dos serviços prestados. Uma abordagem adequada nesse sentido tenderia a reduzir esta incerteza dos principais em relação aos agentes. (EISENHARDT, K. M. Agency theory: an assessment and review. Academy of Management Review, v. 14, n. 1, p. 57, 1989.)

38. MOREIRA, José Carlos Barbosa. *Op. cit.*

Assim, pensar em formas de simplificar a linguagem é, mais que um desejo, uma via de conexão com o jurisdicionado, para que este atinja o máximo entendimento sem juízos desvirtuados. Além disso, é uma garantia de acesso à justiça; afinal, dentro da sua noção mais ampla[39], encontra-se o "direito à informação e perfeito conhecimento do direito substancial"[40], devendo o mencionado déficit informacional ser superado em defesa desse paradigma.

Com base nas considerações trazidas e na busca de uma solução para esses entraves, a primeira sugestão a ser apresentada é, justamente, a aplicação de conceitos do *legal design* à transmissão de informações na seara judicial, tendo em vista um emprego de maior clareza e assertividade na comunicação dos sujeitos dessa comunidade jurídica.

Com efeito, trataremos, nesse ponto, a título de exemplo, especificamente dos Juizados Especiais Cíveis. Nesse microssistema, como sabido, vigora o *jus postulandi*, não sendo as partes obrigatoriamente representadas por advogados (arts. 9°, 14 e 55 da Lei 9.099/95). Esse regramento pressupõe, por evidência, a existência de um procedimento mais simples e acessível. Todavia, na prática, nem sempre isso se verifica. Em verdade, se o demandante assistido por advogado já experimenta dificuldades, o cenário é ainda mais preocupante em relação aos sujeitos que não contam com auxílio profissional.

O desafio começa, para os últimos, antes mesmo da propositura da demanda. Conforme dispõe o art. 14 da Lei n. 9.099/95, o autor pode apresentar o seu pleito por escrito ou oralmente. Optando pela forma oral, ele deverá ser reduzido a termo (§ 3°). Essa redução, também chamada de atermação, normalmente é feita por um servidor, que segue o fluxo da narrativa apresentada pelo demandante. Acontece que, com frequência, essa atividade não recebe o devido

---

39. Citam-se, a título exemplificativo, os seguintes estudos: ROCHA, Cármen Lúcia Antunes. Direito constitucional à jurisdição. In: TEIXEIRA, Sálvio de Figueiredo Teixeira (Coord.). As garantias do cidadão na justiça. São Paulo: Saraiva, 1993; MORELLO, Augusto Mario. El conocimiento de los derechos como presupuesto de la participación (el derecho a la información y la realidad social). In: GRINOVER, Ada Pellegrini et al. (Coord.). Participação e processo. São Paulo: Ed. Revista dos Tribunais, 1988. p. 167; e como bem destaca Mauro Cappelletti, "as dificuldades de informação constituem, em particular, obstáculo ao pleno acesso ao direito, em todos os sistemas jurídicos, o que se mostra especialmente verdadeiro para os indivíduos e grupos menos privilegiados" (Em: CAPPELLETTI, Mauro. Juízes legisladores? Tradução Carlos Alberto Álvaro de Oliveira. Porto Alegre: Sérgio Antônio Fabris, 1999. p. 84.).

40. WATANABE, Kazuo. Acesso à justiça e sociedade moderna. In: GRINOVER, Ada Pellegrini; DINAMARCO, Cândido Rangel; WATANABE, Kazuo (Org.). Participação e Processo. São Paulo: Revista dos Tribunais, 1988, p. 135.

cuidado, não sendo o resultado capaz de representar as expectativas do postulante. Vê-se, não raras vezes, a mera "tradução" do linguajar informal, para aquele comum à seara judicial. Consequentemente, o demandante, desde o início, permanece alheio ao procedimento, como um mero espectador, sem receber com precisão informações sobre o potencial conflito em jogo, de modo a reduzir a sua já significativa assimetria informacional. Resta prejudicado, na mesma medida, o próprio exercício adequado da prestação jurisdicional, a uma, pelo já esperado desconhecimento do técnico do direito; a duas, pela passividade em relação ao seu exercício. Em outra ótica, perde-se, também, a oportunidade de interrupção da eclosão da controvérsia, eis que comprovada a hipótese de que a assimetria informacional, somada ao viés do otimismo, são fatores que impulsionam e alimentam a escala do conflito[41].

Imagine-se, contudo, se, mais que simplesmente constar no formulário as informações repassadas, o procedimento em comento fosse realizado de forma mais dinâmica. Se, à luz dos postulados do *design* jurídico e com foco nas fases de *imersão* e *ideação* aqui já tratadas, os servidores e magistrados tomassem como primeiro passo a compreensão das reais necessidades dos jurisdicionados quando buscam a atermação e descobrissem como as eventuais barreiras podem ser superadas. Se, em seguida, fossem aplicadas as demais etapas do *design thinking*, como a *observação* e *pesquisa* (os sujeitos envolvidos seriam escutados, o que possibilitaria a convergência de interesses), passando para fase de "prototipação", na qual tradicionalmente haveria a concretização do plano, com formulação de protótipos e, por fim, o teste ou validação, com *feedbacks* (até etapas de testes) e eventual adaptação do modelo para encontrar a melhor solução. Certamente, seria um sistema que ajudaria as pessoas a se orientarem de forma melhor, como já demonstrado em estudos dedicados ao tema[42].

Outro caminho, desta feita tendo em vista alcançar os vulneráveis não infoexcluídos[43], seria a *possibilidade*, perante os Juizados Especiais, de apresentação do pleito pelo Serviço de "Atermação *Online*", sobretudo agora no

---

41. BALAKRISHNAN, Srinivasa; KOZA, Mitchell P. Information Asymmetry, Adverse Selection and Joint Ventures. Journal of Economic Behaviour and Organization, v. 20, p. 99, 1993.
42. Para saber mais, conferir: LUPICA, Lois *et al*. The Apps for Justice Project: Employing Design Thinking to Narrow the Access to Justice Gap. Fordham Urban Law School, v. 44, 2017. Disponível em: https://bityli.com/WjXeP. Acesso em 14 jun. 2020.
43. O Brasil possui significativa parcela de sua população qualificada como infoexcluída, expressão vinculada à ausência de instrução e conhecimento dos meios eletrônicos.

contexto de pandemia. Apesar de a opção encontrar limitações, não sendo amplamente disponibilizada[44], acreditamos que a medida, desde que construída de forma clara, visual e acessível, permitirá ao cidadão o encaminhamento de pedidos e documentos de forma mais célere e simples[45]. Uma das abordagens possíveis, com base nas ideias de Margaret Hagan[46], seria, por exemplo, o direito ilustrado ("*illustrative law*"), que significa, literalmente, a utilização de desenhos a fim de transformar informações jurídicas complexas em fluxogramas e apresentações gráficas de fácil assimilação. Outra opção seria a criação de cartilhas de orientação acerca das etapas procedimentais, com uma complementar interface adequada do sítio eletrônico do respectivo tribunal. Paralelamente, análises e diagnósticos quantitativos, mormente em atenção às etapas do *design* jurídico, atualmente facilitadas pelas novas ferramentas tecnológicas (*big data*, inteligência artificial etc.), são também ótimas ferramentas, desde que observados os cuidados já mencionados.

Em uma ótica mais abrangente, importante pensar também um empoderamento dos jurisdicionados, em geral, acerca das fases do *iter* procedimental – e quais são as garantias que eles possuem. A propósito, novamente valiosas as

---

44. Conforme disposto no art. 18 da Lei 11.419/2006, cabe aos órgãos do Poder Judiciário a regulamentação da implantação do processo eletrônico no âmbito das suas competências. Portanto, possuem os tribunais autonomia para determinar as regras relativas ao processo eletrônico de acordo com suas infraestruturas de tecnologia da informação, incluindo a possibilidade de atermação virtual. Nos juizados em que já foi aplicada, a medida tem obtido bastante êxito no intuito de aproximar os juizados dos cidadãos que procuram esse serviço. Quanto ao particular, confira-se o informado pelo TRF3: "o Serviço de Atermação Online foi utilizado para a propositura de 2.267 ações entre 01.12.2015 e 31.01.2016. Destas, 1.461 utilizaram o SAO em computadores disponibilizados aos jurisdicionados pelos próprios Juizados, nos setores de Atendimento dos JEFs, e 806 em equipamentos externos. Vale dizer: 36% das ações distribuídas sem representação de advogado ou defensor público são protocolizadas pelos próprios interessados, utilizando o SAO via computadores de suas casas, escritórios, etc. [...] esta Coordenadoria tem recebido frequentes elogios do público externo, pela iniciativa inédita e facilidade de uso. Ademais, mesmo com o volume acima informado, não há qualquer outro registro de queixa referente ao alegado pelo reclamante." (*Cf.*: https://bityli.com/BGibk).

45. A propósito, confira-se um exemplo de como os tribunais têm utilizado a inovação e design na prestação jurisdicional envolvendo litigantes sem assistência jurídica: Pro Bono Ontario, "Going to Court", Law Help Ontario initiative, online: <https://www.probonoontario.org/lawsuits-and-disputes/>. Acesso em 16 jun. 2020.

46. Ver: Open Law Lab, "Visual Law" (undated), online: <http://www.openlawlab.com/project-topics/illustrated-lawvisualizations/>. Acesso em 15 jun. 2020.

contribuições do *Legal Design Lab* da Universidade de Stanford[47]. Com base em pesquisas realizadas, os responsáveis tornaram públicos modelos de mapas a serem utilizados por cortes ao redor do mundo. Por exemplo, os desenhos de pôsteres e folhetos reproduzindo os cenários processuais em determinadas demandas encontram-se disponíveis no *hall* de vários tribunais, como a Alameda County, na Califórnia, como medida de ampliação do acesso à justiça. Confira-se:

Figura 2 – *"Traffic Court Visual Guides"*

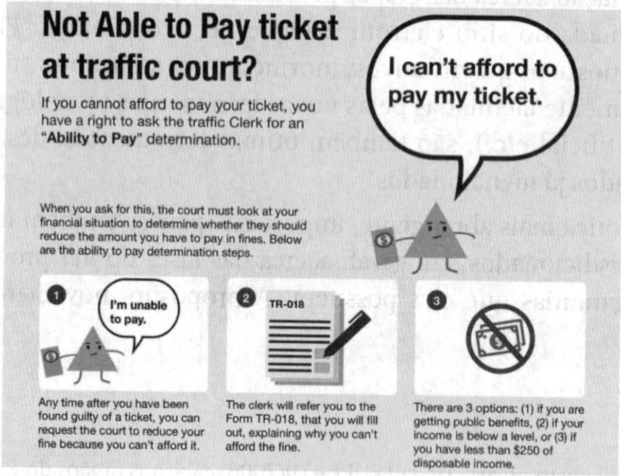

Fonte: Stanford Law School & d. school Legal Design Lab[48].

Com efeito, os litigantes, além de serem informados sobre seus direitos materiais e processuais, também conhecem a trilha procedimental e compreendem em quais oportunidades terão que comparecer fisicamente ou participar de alguma sessão virtual.

Essa abordagem guarda um direto elo com o ônus informacional que recai sobre o Poder Judiciário no atual cenário de pandemia enfrentado. Como cediço, diante das necessárias mudanças impostas[49], houve a migração do

---

47. *Cf.*: https://stanford.io/3eaZQAM.
48. Disponível em: <https://stanford.io/2N5VYoR>. Acesso em: 16 jun. 2020.
49. Cf. NUNES, Dierle. MARQUES, Ana Luiza Pinto Coelho. RODRIGUES, Larissa Holanda Andrade. Regime de Plantão extraordinário e tribunais online em tempos de coronavírus e seus efeitos no direito processual: presente e futuro. In: CRUZ, Álvaro Ricardo de Souza; PEREIRA, Maria Fernanda Pires de Carvalho (Org.). A pandemia e seus reflexos jurídicos. Belo Horizonte: Arraes Editores, 2020.

ambiente físico para o virtual. As conhecidas audiências foram substituídas pelas teleaudiências[50]; as perícias tornaram-se "teleperícias"[51]; os tradicionais plenários foram transformados em salas virtuais[52]; os despachos ganharam o reforço tecnológico; e o Superior Tribunal de Justiça (STJ) já realizou mais de 31 mil decisões e despachos em regime de teletrabalho[53].

Ocorre que, a despeito do reconhecido esforço do Poder Judiciário para uma rápida apresentação de soluções para os problemas inerentes ao isolamento, somados à continuidade do seu funcionamento, certo é que, no tocante à informação do jurisdicionado acerca dos procedimentos adotados, existem pontos passíveis de melhora[54].

Já foram observadas falhas procedimentais na prática virtual desses atos processuais e destacadas as necessárias cautelas, uma vez que muitas delas podem ser imputadas ao processo solitário de escolha e organização das sessões pelos órgãos julgadores, sem o efetivo empoderamento dos sujeitos vulneráveis e padronização de procedimentos, o que é extremamente prejudicial, especialmente considerando a existência de ônus processuais pela não realização de determinados atos[55].

Com isso, se faz necessário, também à luz dos conceitos aqui já tratados, a adoção de guias informativos, relacionados a cada ato (despachos, audiências, sustentações orais e demais atos virtualmente praticados). Pensar em comunicações visuais que sejam estratégicas do ponto de vista jurídico (isso é, que contenham a informação necessária), mas, também, que sejam *user-friendly*, é

---

50. *Cf.*: https://bit.ly/3hDjNT4.
51. *Cf.*: https://bit.ly/3fvrKI9.
52. *Cf.*: https://bit.ly/2N0lImw.
53. *Cf.*: https://bit.ly/2C2DvqN.
54. Considerando a adoção de estratégias distintas por tribunal, o que se observa é que, apesar de uma tentativa de unificação por parte do CNJ (em relação ao sistema Cisco Webex, por exemplo), cada corte estadual adotou uma postura, o que acaba por prejudicar o jurisdicionado, principalmente por tratar de medida que exige conhecimento técnico específico (manejo de ferramentas virtuais).
55. A título de exemplo, merecem destaque os artigos 22, § 2º, e 23 da Lei 9.099/95, incluídos pela nova Lei 13.994/2020, que dispõem sobre consequência para a recusa de participação da tentativa de conciliação não presencial, oportunidade na qual será proferida sentença. Para uma visão crítica da alteração legislativa, conferir: WERNECK, Isadora; LOSSO, Lívia. Resolução online de disputas em tempos de COVID-19: considerações sobre a Lei nº. 13.994/20. *Processualistas*, [S. l.], p. Online, 18 maio 2020. Disponível em: https://cutt.ly/eubtW1I. Acesso em: 16 jun. 2020.

essencial. As imagens, comprovadamente, auxiliam na fixação dos conteúdos, reduzem o esforço mental para a compreensão, entre outras vantagens, sendo adequadas para transmissão de conteúdos mais complexos, sobretudo para evitar diversos dos problemas que a doutrina já tem apontado[56].

O que se conclui, portanto, por todos os ângulos analisados e à luz do *design thinking,* é que, quando um determinado ato (por exemplo, a atermação) é pensado sem entender as necessidades do seu "destinatário" (*personas*, na linguagem do design), ele já nasce defeituoso. Ainda que a prestação jurisdicional seja algo muito mais complexo e amplo que um serviço, não sendo a ela aplicadas as mesmas métricas, nada impede que, dentro de um Modelo Constitucional de Processo, iniciativas como as propostas sejam aplicadas para assegurar a melhor realização dos atos processuais.

4. Conclusão

Buscou-se, no presente trabalho, refletir sobre formas de aplicação do design jurídico com a finalidade de melhorar o sistema de justiça brasileiro, a partir da noção de acesso à justiça na perspectiva do processo constitucional democrático.

Para isso, inicialmente, discorremos sobre o significado de conceitos-chave que se relacionam: design; design thinking; e design jurídico. Viu-se que o design jurídico é uma especificação do design thinking e pode ser conceituado como a aplicação de métodos do design, enfocados nos seres humanos, com o intuito de solucionar problemas e, por conseguinte, aprimorar a vivência do direito em seus mais variados aspectos.

A seguir, destacamos a importância de que a reflexão sobre o *design thinking* seja alicerçada em uma concepção substantiva de acesso à justiça, que vise não só o atendimento de pressupostos formais e quantitativos – a possibilidade de ingresso em juízo e obtenção de um provimento final em um tempo razoável –, mas também de pressupostos qualitativos, inerentes à atividade jurisdicional. Entre eles, destacaram-se as garantias do contraditório, do devido processo legal e da isonomia entre os litigantes, sem as quais o acesso à justiça se

---

56. NUNES, Dierle; LAGE, Guilherme Henrique; PEDRON, Flavio Quinaud. Hiperoralidade em tempos de Covid-19. Conjur: Consultor Jurídico, jun./2020. Disponível em: https://bit.ly/3rlu2QH. Acesso em: 16 jun. 2020 e PEREIRA, Luiz Fernando Casagrande; SCHINEMANN, Caio César Bueno. Audiência de instrução virtual em tempos de epidemia. Conjur: Consultor Jurídico, jun./2020. Disponível https://cutt.ly/TuvMwWF. Acesso em: 16 jun. 2020.

torna um conceito vazio. Ressaltou-se, ainda, que este pressuposto conceitual deve nortear a reflexão das formas de aplicação do *design* no âmbito do direito, sob pena de, no intuito modernizador, realizarem-se alterações inúteis ou até mesmo prejudiciais aos jurisdicionados.

Estabelecidas as premissas para a análise, orientadas pelo *design*, do sistema de justiça brasileiro, passamos a refletir sobre propostas efetivas de melhoria da atividade jurisdicional, com enfoque, em virtude das limitações de escopo e espaço, no déficit comunicacional existente, oriundo, entre outros fatores, da complexidade do sistema de justiça e da falta de compreensão dos jurisdicionados a seu respeito.

Destacou-se que, embora o acesso à jurisdição não se resuma a um mero serviço, isso não significa que o formato da prestação jurisdicional, em determinados momentos, não possa ser direcionado à satisfação do seu destinatário. Nesse sentido, concluímos que a aplicação do *design thinking*, em uma ótica colaborativa e democrática, é um poderoso canal de participação e troca de informações, principalmente no campo dos Juizados Especiais Cíveis em procedimentos iniciais, como é o caso da atermação e durante todo o *iter* procedimental, que deve ser de conhecimento dos litigantes, sobretudo aqueles que não contam com auxílio jurídico profissional.

No mesmo sentido, considerando as mudanças paradigmáticas provocadas pela pandemia do novo coronavírus, tratamos de algumas reflexões sobre o ônus informativo que recai sobre o Poder Judiciário, que deve, aplicando noções de *design* jurídico, informar adequadamente os atores processuais acerca das novas sistemáticas de virtualização dos atos processuais, para que estes possam ser atendidos pelos sujeitos processuais.

Concluímos, por fim, que imaginar que essas soluções são capazes de resolver integralmente os antigos problemas de acesso à justiça é, no mínimo, ingenuidade. Contudo, se forem observadas as diretrizes apontadas, certamente será possível mitigar as assimetrias oriundas da desigual construção social e, ainda, aproximar os sujeitos do processo por meio da sugerida transformação da linguagem, utilizando-se, para tanto, das inúmeras ferramentas oferecidas pelo *design* jurídico.

5. Referências bibliográficas

ADMINISTRATIVE OFFICE OF THE COURTS. *Trust and Confidence in the California Courts: A Survey of the Public and Attorneys*. 2005. Disponível em: [https://bit.ly/3d-8jigf]. Acesso em: 16.06.2020.

AMERICAN BAR ASSOCIATION (USA). 2016. *Report on the Future of Legal Services*, [S. l.], 1 ago. 2016. Disponível em: [https://bit.ly/3huxGTA]. Acesso em: 14.06.2020.

BALAKRISHNAN, Srinivasa; KOZA, Mitchell P. Information Asymmetry, Adverse Selection and Joint Ventures. *Journal of Economic Behaviour and Organization*, v. 20, p. 99, 1993.

BINDER, Thomas; MICHELIS, Giorgio De; EHN, Pelle; JACUCCI, Giulio; LINDE, Per; WAGNER, Ina. *Design things*. Cambridge Massachusetts: The MIT Press, 2011.

BRANDALISE, Isabela et al. Políticas públicas e *design thinking*: interações para enfrentar desafios contemporâneos. In: CAVALCANTE, Pedro. *Inovações e políticas públicas*: superando o mito da ideia. 1. ed. Brasília: IPEA, 2019.

BROWN, Tim. *Change by design*: how design thinking transforms organizations and inspires innovation. New York: HarperCollins, 2009.

BURNETTE, Charles. *What is design thinking?* IDesign. Disponível em: [www.idesignthinking.com/01whyteach/01whyteach.html]. Acesso em: 13.06.2020.

CAMPILONGO, Celso Fernandes. *Política, Sistema Jurídico e Decisão Judicial*. São Paulo: Max Limonad, 2002.

CAPPELLETTI, Mauro. *Juízes legisladores?* Trad. Carlos Alberto Álvaro de Oliveira. Porto Alegre: Sérgio Antônio Fabris, 1999.

PEREIRA, Luiz Fernando Casagrande; SCHINEMANN, Caio César Bueno. Audiência de instrução virtual em tempos de epidemia. *Conjur*: Consultor Jurídico, jun./2020. Disponível em: [https://cutt.ly/TuvMwWF]. Acesso em: 16.06.2020.

CATTONI DE OLIVEIRA, Marcelo Andrade. Dworkin: de que maneira o Direito se assemelha à literatura? *Revista da Faculdade de Direito da UFMG*, Belo Horizonte, n. 54, p. 91-118, jan.-jun. 2009.

CHIOVENDA, Giuseppe. *Instituições de direito processual civil*. São Paulo: Saraiva, 1969. v. II.

CORRALES COMPAGNUCCI, Marcelo; et. al. Tomorrow's Lawyer Today? Platform-Driven LegalTech, Smart Contracts & the New World of Legal Design. In: *Journal of Internet Law*, v. 22, n. 10, p. 3-12, 2019.

CUNHA, L. (Coord.). *Índice de Confiança na Justiça* – ICJBrasil. São Paulo: Direito FGV, 2017. Disponível em: [https://bit.ly/2MYaAq5]. Acesso em: 14.06.2020.

DWORKIN, Ronald. *Uma Questão de Princípio*. Trad. Luís Carlos Borges. 2. ed. São Paulo: Martins Fontes, 2001.

EISENHARDT, Kathleen M. Agency theory: an assessment and review. *Academy of Management Review*, v. 14, n. 1, 1989.

HABERMAS, Jürgen. *Facticidad y validez*: sobre el derecho y el Estado democrático de derecho en términos de teoría del discurso. Trad. Manuel Jimenez Redondo. 4. ed. Madrid: Trotta, 2005.

HAGAN, Margaret. A Human-Centered Design Approach to Access to Justice: generating new prototypes and hypotheses for intervention to make courts user-friendly. *Indiana Journal of Law and Social Equality*, Indiana, v. 6, n. 2, p. 218, 22 maio 2018. Disponível em: https://bit.ly/2AFITQj. Acesso em: 14.06.2020.

HAGAN, Margaret. *Law by design.* Disponível em: [www.lawbydesign.co/]. Acesso: 12.06.2020.

LUHMANN, Niklas. The self-reproduction of law and its limits. In: TEUBNER, Gunther (Ed.). *Dilemmas of law in the Welfare State.* Berlin/Nova York: Walter de Gruyter, 1986.

MAY, Catriona. How better design can improve the law. *MLS News*, Austrália, 22 nov. 2019. Disponível em: [encurtador.com.br/csHZ8]. Acesso em: 14.06.2020.

MOREIRA, José Carlos Barbosa. *A linguagem forense.* Disponível em: [https://bit.ly/2UHlftu]. Acesso em: 14.06. 2020.

MORELLO, Augusto Mario. El conocimiento de los derechos como presupuesto de la participación (el derecho a la información y la realidad social). In: GRINOVER, Ada Pellegrini et al. (Coords.). *Participação e processo.* São Paulo: Ed. RT, 1988.

NUNES, Dierle. *Processo jurisdicional democrático.* 1. ed. Curitiba: Juruá, 2012.

NUNES, Dierle; BAHIA, Alexandre; PEDRON, Flávio. *Teoria Geral do Processo*: com comentários da virada tecnológica do direito processual. Salvador: JusPodivm, 2020.

NUNES, Dierle; LAGE, Guilherme Henrique; PEDRON, Flavio Quinaud. Hiperoralidade em tempos de Covid-19. *Conjur*: Consultor Jurídico, jun. 2020. Disponível em: [https://bit.ly/3rlu2QH]. Acesso em: 16.06.2020.

NUNES, Dierle; MARQUES, Ana Luiza Pinto Coelho. Decisão judicial e inteligência artificial: é possível a automação da fundamentação? In: NUNES, Dierle; LUCON, Paulo Henrique dos Santos; WOLKART, Erik Navarro (Coords.). *Inteligência artificial e Direito Processual*: os impactos da virada tecnológica no direito processual. Salvador: JusPodivm, 2020.

NUNES, Dierle; MARQUES, Ana Luiza Pinto Coelho; RODRIGUES, Larissa Holanda Andrade. Regime de Plantão extraordinário e tribunais *online* em tempos de coronavírus e seus efeitos no direito processual: presente e futuro. In: CRUZ, Álvaro Ricardo de Souza; PEREIRA, Maria Fernanda Pires de Carvalho (Orgs.). *A pandemia e seus reflexos jurídicos.* Belo Horizonte: Arraes Editores, 2020.

NUNES, Dierle; RODRIGUES, Larissa Holanda Andrade. O contraditório e sua implementação pelo *design*: *design thinking, legal design* e *visual law* como abordagens de implementação efetiva da influência. In: NUNES, Dierle; LUCON, Paulo Henrique dos Santos; WOLKART, Erik Navarro (Coords.). *Inteligência artificial e Direito Processual*: os impactos da virada tecnológica no direito processual. Salvador: JusPodivm, 2020.

NUNES, Dierle; TEIXEIRA, Ludmila. *Acesso à justiça democrático*. 1. ed. Brasília: Gazeta Jurídica, 2013.

OLIVEIRA, Clara Brando de; FONTES FILHO, Joaquim Rubens. Problemas de agência no setor público: o papel dos intermediadores da relação entre poder central e unidades executoras. *Revista de Administração Pública*, Rio de Janeiro, v. 51, n. 4, p. 598, ago. 2017.

PERRY-KESSARIS, Amanda. Legal Design for Practice, Activism, Policy, and Research. *Journal of law and society*, v. 46, n. 2, p. 188, jun. 2019.

ROCHA, Cármen Lúcia Antunes. Direito constitucional à jurisdição. In: TEIXEIRA, Sálvio de Figueiredo (Coord.). *As garantias do cidadão na justiça*. São Paulo: Saraiva, 1993.

SADEK, Maria Tereza. Acesso à justiça: visão da sociedade. *Justitia*, São Paulo, n. 65, n. 198, p. 274, jun. 2008.

SILVA, Gustavo Henrique Trindade da; OLIVEIRA, Petter Ricardo de; BUVNICH, Danitza Passamai Rojas. *Design Thinking para Redesenho do Modelo de Atendimento ao Cidadão na Anvisa: Foco na Experiência do Usuário*. In: Pedro Cavalcante (Org.). *Inovação e Políticas Públicas*: superando o mito da ideia. 1. ed. Brasília: IPEA, 2019. v. 1, p. 97-111.

SUSSKIND, Richard. *Online Courts and the Future of Justice*. Londres: Oxford University Press, 2020.

WATANABE, Kazuo. Acesso à justiça e sociedade moderna. In: GRINOVER, Ada Pellegrini; DINAMARCO, Cândido Rangel; WATANABE, Kazuo (Orgs.). *Participação e Processo*. São Paulo: Ed. RT, 1988.

WERNECK, Isadora; LOSSO, Lívia. Resolução online de disputas em tempos de COVID-19: considerações sobre a Lei n. 13.994/20. *Processualistas*, [S. l.], p. Online, 18 maio 2020. Disponível em: [https://cutt.ly/eubtW1I]. Acesso em: 16.06.2020.

XIAOYU, Ji. *Where design and law meet*: An empirical study for understanding legal design and its implication for research and practice. [S. l.: s. n.], 2019. Disponível em: [http://urn.fi/URN:NBN]. Acesso em: 16.06.2020.

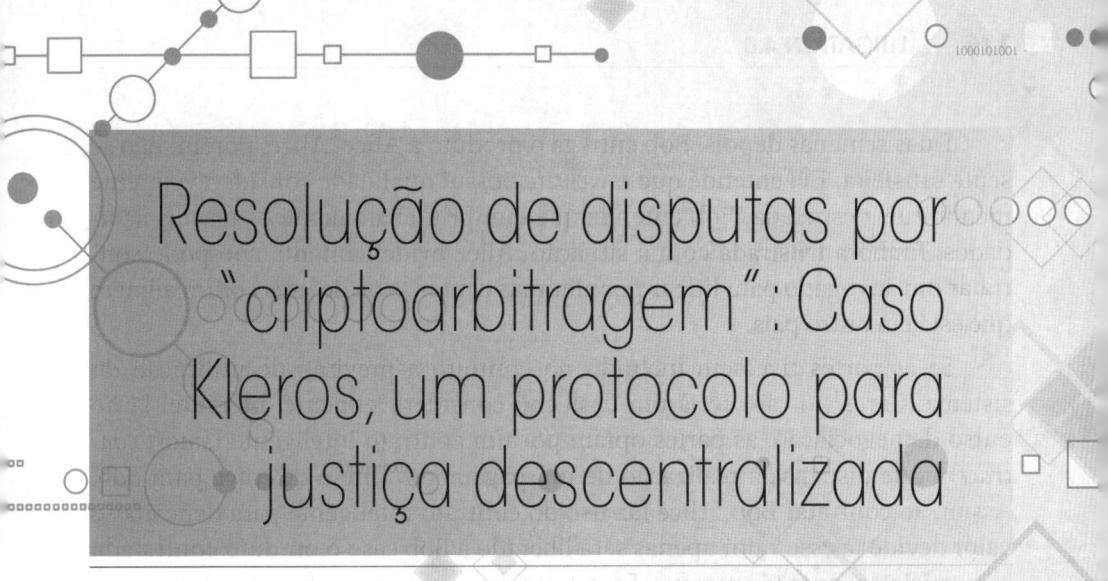

Resolução de disputas por "criptoarbitragem": Caso Kleros, um protocolo para justiça descentralizada

ALINE DIAS

Advogada especializada em Resolução de Disputas. Mestre em Processo Civil pela Universidade de São Paulo. Coordenadora do Comitê Brasileiro de Arbitragem – CBAr em São Paulo.

Sumário: 1. A era da descentralização. 2. O que é o Kleros? 3. O Kleros é um método confiável? 4. O Kleros observa pilares processuais mínimos? 5. As partes são representadas por advogados? 6. Sob a ótica do Direito brasileiro, o Kleros pode realmente ser enquadrado como arbitragem? 7. Conclusão: caminho para novos modelos de distribuição de justiça. 8. Referências bibliográficas.

1. A ERA DA DESCENTRALIZAÇÃO

Alice é uma empreendedora residente na França que deseja divulgar os seus produtos e serviços em um *website*. Baseada apenas em avaliações de terceiros, Alice faz uso de uma plataforma de *freelancers* especializados para contratar Bob, um programador residente na Guatemala. Os dois então acordam o preço, o prazo e os demais termos relevantes da avença. Com isso, Bob começa a trabalhar.

Duas semanas depois, Bob entrega o produto à Alice. Alice, porém, não se sente satisfeita. Ela entende que o *website* possui qualidade consideravelmente menor que a esperada. Bob entende que cumpriu exatamente os termos acordados. Embora frustrada com a situação, Alice evidentemente não pode contratar um advogado para litigar por algumas centenas de dólares contra alguém que está em outro país.

Se as partes tivessem incluído no contrato a previsão de utilização do sistema Kleros[1], o caso teria um desfecho consideravelmente diferente. Já no curso da negociação, as partes optam por um contrato inteligente (*smart contract*)[2], que dispensa a realização de um pagamento direto de Alice para Bob. Assim, ao contratar Bob, Alice faz uso do contrato inteligente para depositar o valor devido, e esse valor apenas será liberado a Bob caso o produto contratado seja satisfatoriamente entregue. Se, porém, houver alguma disputa, ela seria resolvida por "criptoarbitragem", mediante a formação de um Tribunal da plataforma Kleros.

Nessas condições, basta que Alice aperte o botão "*Enviar ao Kleros*" e preencha um breve formulário com o relato do ocorrido. Não mais que uma

---

1. Plataforma de resolução de conflitos disponível no *website* https://kleros.io, acessado em 31 jan. 2020.
2. "Smart contracts ou contratos inteligentes nada mais são do que um meio alternativo para formalizar relações jurídicas. Ao invés de redigir regras de um acordo bilateral de vontades em um pedaço de papel assinado pelos contratantes, transforma-se esse acordo em um código computacional gravado na tecnologia blockchain. (...) Em tese, qualquer tipo de regra pode ser programada para ser autoexecutada no blockchain, dadas determinadas circunstâncias. (...). (...) os smart contracts performam papel de um terceiro imparcial confiável que verifica a ocorrência das condições de cumprimento do contrato, implementando-o juntamente com eventuais sanções previamente programadas, quando for o caso. Com isso, evita-se o recurso ao Poder Judiciário para a obtenção da tutela executiva (...)." WOLKART, Erik Navarro. Análise econômica do processo: como a economia, o direito e a psicologia podem vencer a tragédia da justiça. São Paulo: Thomson Reuters Brasil, 2019. p. 746.
"Smart contracts are not legal contracts, and in many cases may not be a good replacement for legal contracts. However, they are a valuable new tool in our limited toolbox. They allow us to make commitments — even with strangers — without government enforcement, something many, for hundreds of years, have assumed was impossible. In the next few decades, smart contracts will give people around the world the power to make agreements with each other despite corrupt and broken institutions, and so transform the lives of millions." SILLS, Kate. "The Promise of Smart Contracts". Publicado em 16 fev. 2018. Disponível em https://fee.org/articles/the-promise-of-smart-contracts/, acesso em 31 jan. 2020.

hora depois, Chief, um desenvolvedor de *software* situado em Nairóbi, está no ônibus a caminho de seu trabalho e recebe um *e-mail* com o seguinte conteúdo: "*Você foi selecionado como jurado em uma disputa de qualidade de* website. *Baixe a evidência aqui. Você tem três dias para enviar sua decisão.*"

E-mails similares são recebidos por Benito e Alexandru, situados respectivamente no Peru e na Romênia. Chief, Benito e Alexandru talvez nunca cheguem a se conhecer, mas reduzem-se a uma característica comum: entre milhares de outros candidatos, os três são especialistas aleatoriamente selecionados pelo Kleros para resolver a disputa de Alice e Bob.

No seu tempo ocioso, cada um dos selecionados (denominados de "jurados" ou, em conjunto, "júri") analisa o caso, as evidências submetidas pelas partes e profere seu voto. Em dois dias, Alice recebe o seguinte *e-mail*: "*O júri decidiu por Alice. O site não foi entregue de acordo com os termos e condições acordados pelas partes. O* smart contract *transferiu os fundos para Alice.*"

Com isso, o *smart contract* implementa a instrução do Kleros para transferir o dinheiro depositado de volta à Alice, depois de descontar o valor devido a cada um dos jurados. Os jurados são remunerados e o caso é encerrado.

O caso de Alice e Bob é o maior exemplo divulgado pelos representantes da empresa Kleros para demonstrar a relevância da "criptoarbitragem". Em maior ou menor escala, são inúmeras as pessoas que passam por situações similares à de Alice e Bob, seja ao deixar de realizar um negócio com pessoas desconhecidas sem a presença de um intermediário de confiança (descentralização), seja ao abandonar a possibilidade de resolução da disputa em função dos custos envolvidos (litigância contida).

O Kleros representa a queda drástica desses custos, a eliminação desse intermediário, o desenvolvimento de novos negócios e, em última análise, a efetivação de uma justiça descentralizada. Conforme Stuart James, Chefe de Comunicações da Kleros, "*Kleros can provide the low-cost dispute resolution necessary to allow decentralized freelance platforms to flourish. In doing so, they can offer the same level of security and efficiency their centralized peers do*"[3].

Apenas para continuar no exemplo de Alice e Bob, vale destacar que, ainda em agosto de 2016, o Brasil já era o sexto país com o maior número de *freelancers*

---

3. JAMES, Stuart. "Kleros, the Missing Link to Decentralized Freelancing". Disponível em https://medium.com/kleros/kleros-the-missing-link-to-decentralised-freelancing-f5f7d2872766, publicado em 1.5.2018, acesso em 31 jan. 2020.

no mundo[4]. No mesmo ano, o *freelancing* já correspondia a 35% de toda a força de trabalho dos Estados Unidos da América[5].

Boa parte desses trabalhos é efetuada on-line, e a tendência é que cada vez mais pessoas possam se conectar para firmar parcerias profissionais em todo o mundo. Quanto mais conexões, mais negócios, mais disputas. Nas palavras de Katsh & Rabinovich-Einy:

> As the online/offline boundary vanishes, everyone's digital life will acquire more and more detail. All of these innovations are relying on increasingly complex systems that are designed to collect and process data; that data will, over time, help us with some problems y solving them before or as they arise. But they will also certainly generate disputes. If we do not figure out how to exercise some control over this dispute generation engine with effective resolution and preventive strategies, we can expect to become, even more than we are now, a disputing generation.[6]

Nos mais diversos fóruns, é comum encontrar referências à célebre frase atribuída a Henry Ford: *"if I had asked people what they wanted, they would have said faster horses"*[7]. No caso Kleros, essa reflexão nos parece apropriada para que se repense o modelo tradicional de distribuição de justiça – ao invés de não apenas seguir com a estratégia de implementar medidas destinadas a amenizar problemas já existentes no sistema posto. Em outros termos, estamos próximos da lição de Erik Navarro Wolkart, no sentido de que a tecnologia deve ser considerada "(...) *capaz não só de melhorar procedimentos que já existem, mas também de alterar substancialmente a forma como funciona o sistema*"[8].

---

4. SANTOS, Nathan. "Brasil é o 6º país com maior número de freelancers". Disponível em https://www.leiaja.com/carreiras/2016/08/10/brasil-e-o-6o-pais-com-maior-numero-de-freelancers/, publicado em 10.8.2016, acesso em 31 jan. 2020.
5. POFELDT, Elaine. "Freelancers Now Make Up 35% of U.S. Workforce". Revista Forbes. Disponível em https://www.forbes.com/sites/elainepofeldt/2016/10/06/new-survey-freelance-economy-shows-rapid-growth/, publicado em 6.10.2016, acesso em 31 jan. 2020.
6. KATSH, Ethan. RABINOVICH-EINY, Orna. "Digital Justice. Technology and the Internet of Disputes". Nova Iorque: Oxford University Press, 2017, p. 13.
7. Existem controvérsias a respeito da origem da frase: VLASKOVITS, Patrick. "Henry Ford, Innovation, and That 'Faster Horse' Quote". Harvard Business Review. Disponível em https://hbr.org/2011/08/henry-ford-never-said-the-fast, publicado em 29.8.2011, acesso em 31 jan. 2020.
8. WOLKART, Erik Navarro. Análise econômica do processo: como a economia, o direito e a psicologia podem vencer a tragédia da justiça. São Paulo: Thomson Reuters Brasil, 2019. p. 724.

Academicamente, ainda há poucos estudos sobre o Kleros e sobre todo esse novo protocolo de justiça descentralizada. De todo modo, vamos às perguntas – e, se possível, a algumas respostas.

2. O QUE É O KLEROS?

O Kleros é uma plataforma privada e automatizada de resolução de disputas, que pode ser escolhida pelas partes para resolver conflitos que normalmente poderiam ser redirecionados ao método da arbitragem tradicional. Os julgamentos são realizados por pessoas reais, aleatoriamente selecionadas, de acordo com os seus declarados perfis de expertise.

Trata-se de sistema apresentado como capaz de resolver os mais diversos tipos de litígios, de forma rápida, transparente, confiável e descentralizada, com base em comando de *smart contracts* em Ethereum[9]:

> Smart contracts are smart enough to automatically execute as programmed, but not to render subjective judgments or to include elements from outside the blockchain. Existing dispute resolution technologies are too slow, too expensive and too unreliable for a decentralized global economy operating in real time. A fast, inexpensive, transparent, reliable and decentralized dispute resolution mechanism that renders ultimate judgments about the enforceability of smart contracts is a key institution for the blockchain era. Kleros is a decision protocol for a multipurpose court system able to solve every kind of dispute. It is an Ethereum autonomous organization that works as a decentralized third party to arbitrate disputes in every kind of contract, from very simple to highly complex ones. Every step of the arbitration process (securing evidence, selecting jurors, etc.) is fully automated. Kleros does not rely on the honesty of a few individuals but on game-theoretical economic incentives.[10]

De acordo com o Laboratório de Estudos sobre a Cidade Antiga, situado no Museu de Arqueologia e Etnologia da Universidade de São Paulo (MAE-USP), kleros significa "*lote de terra que era distribuído muitas vezes por sorteio aos*

---

9. Para saber mais sobre Ethereum, ver https://ethereum.org/pt-br/what-is-ethereum/. Acesso em 31 jan. 2020.
10. LESAEGE, Clément. AST, Federico. GEORGE, William. "Kleros". Short Paper v. 1.0.7. Setembro de 2019. Disponível em https://kleros.io/whitepaper_en.pdf, acesso em 31 jan. 2020, p. 1.

cidadãos de uma nova fundação, uma apoikia ou uma cleruquia. O que cabe em sorte"[11]. Muitos estudos também associam kleros ao vocábulo kleroterion, pedra utilizada em processos democráticos na Grécia antiga como dispositivo para seleção de julgadores de disputas.

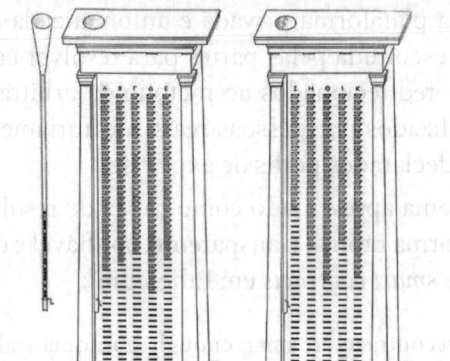

Figura 1 - Desenho de S. Dow baseado em um *Kleroterion* real

Fonte: autoria própria

Número 2008.19.0035. *American School of Classical Studies at Athens* (ASCSA)

Como se vê na Figura 1, o *kleroterion* era formado por fendas, cortadas em várias linhas verticais. Cada fenda recebia os *tokens* detidos por cada juiz em potencial. Os *tokens* eram chamados de *pinakion* (ou *pinakia*, no plural – guarde este termo para o próximo capítulo). Um tubo de madeira era mantido ao lado da pedra, e uma série de bolas brancas e pretas era colocada em um funil que se acoplava ao topo do tubo de madeira. Ao fundo do funil, as bolas brancas e pretas eram dispensadas conforme a rotação de uma manivela. A cada giro da manivela, uma bola caía. Se a bola fosse preta, a primeira linha de *pinakia* era removida e os respectivos titulares eram desqualificados do sorteio. Se a bola fosse branca, a primeira linha de *pinakia* permanecia no lugar, e seus respectivos titulares eram selecionados como os juízes para as disputas que deveriam ser

---

11. LABECA – Laboratório de Estudos sobre a Cidade Antiga. Glossário. Disponível em http://labeca.mae.usp.br/pt-br/glossary/, acesso em 31 jan. 2020.

resolvidas no dia; a cada bola lançada, uma fila de candidatos desqualificados ou aceitos, e assim por diante[12].

Essa explicação é relevante porque a aleatoriedade e a acessibilidade do *kleroterion* compõem justamente um dos pilares da plataforma Kleros, inspirada no sistema de democracia da Grécia antiga. Como explica Federico Ast, "*atenienses do período clássico acreditavam que todos os cidadãos tinham o direito de participar no processo de legislação e como jurados em julgamentos populares*"[13].

Em termos práticos, isso significa que, atualmente, qualquer pessoa pode se candidatar ao cargo de jurado do Kleros, e que a seleção dos jurados será feita de forma aleatória. Maiores especificidades sobre essa seleção serão exploradas no Capítulo 3.

O segundo pilar do Kleros está na aplicação dos pontos focais de Thomas Schelling[14]. Afinal, ainda que se esteja diante de termos como *smart contracts*, *blockchain* e outros avanços tecnológicos, a base de todo o sistema continua sendo o comportamento humano.

Como sistema confiável e descentralizado, o Kleros não possui a pretensão de confiar na honestidade de alguns indivíduos específicos, mas sim em incentivos econômicos baseados na teoria dos jogos. Dentro dessa teoria, estão os pontos focais ou pontos de Schelling.

Para explicar o que são os pontos focais, Thomas Schelling fornece o seguinte exemplo: você precisa encontrar alguém na cidade de Nova Iorque. Você não foi instruído sobre o local do encontro e não há como se comunicar com esse alguém. Você apenas recebeu a informação de que deve adivinhar onde e a que horas o encontro ocorrerá. Schelling identificou que o palpite mais frequente entre diferentes pessoas seria o de comparecer ao *Grand Terminal Center*, ao meio-dia.

Em São Paulo, seria como se o palpite mais frequente correspondesse ao vão livre do Museu de Arte de São Paulo (o famoso "vão do MASP") ao meio-dia. Embora

---

12. ALAMANOU, Marina. "Kleroterion – The Athenian's Solution to Corruption". Publicado em 25.7.2019. Disponível em https://www.datadriveninvestor.com/2019/07/25/kleroterion-the-athenians-solution-to-corruption/, acesso em 31 jan. 2020.
13. AST, Federico. "Criptoeconomia: O blockchain pode reinventar o sistema jurídico?" Thomson Reuters. Publicado em 18 dez. 2018. Disponível em https://www.thomsonreuters.com.br/pt/juridico/blog/criptoeconomia-o-blockchain-pode-reinventar-o-sistema-juridico.html, acesso em 31 jan. 2020.
14. SCHELLING, Thomas C. "The strategy of conflict". Cambridge: Harvard University Press, 1960.

não haja uma instrução prévia sobre o local, seria razoável esperar que o encontro ocorresse em um dos pontos de encontro mais famosos da cidade. Para cada agente, aplica-se como critério "a expectativa do que o outro espera que ele espere fazer"[15].

Outro exemplo famoso de aplicação da teoria dos pontos focais está na situação em que duas bicicletas estão a colidir. Nenhum dos dois condutores possui a intenção de bater, mas nenhum deles sabe qual será a decisão do outro (seguir reto, virar à esquerda ou virar à direita). Com base nos pontos focais de Schelling, uma boa escolha pode ser virar à direita: se ambos viram à respectiva direita, nenhum dos dois bate (êxito); além disso, a direita é uma escolha natural em países que utilizam a circulação pela direita, em contraposição à mão inglesa. O quadro a seguir ilustra a situação:

Figura 2 - Esquema de Colisão para ilustração de exemplo de aplicação dos Pontos Focais de Thomas Schelling

		Jogador 2		
		Reto	Esquerda	Direita
Jogador 1	Reto	Colisão	Êxito	Êxito
	Esquerda	Êxito	Êxito	Colisão
	Direita	Êxito	Colisão	Êxito

Fonte: autoria própria

Um terceiro exemplo está no apresentador de um espetáculo, que oferece à plateia um prêmio de R$ 500,00 caso todos escolham exatamente o mesmo retângulo na seguinte imagem:

---

15. Tradução livre. AST, Federico. "Kleros, a Protocol for a Decentralized Justice System". Medium. 11 set. 2017. Disponível em https://medium.com/kleros/kleros-a-decentralized-justice-protocol-for-the-internet-38d596a6300d, acesso em 31 jan. 2020.

Figura 3 - Encontro de linhas diagonais para ilustração de exemplo de aplicação dos Pontos Focais de Thomas Schelling

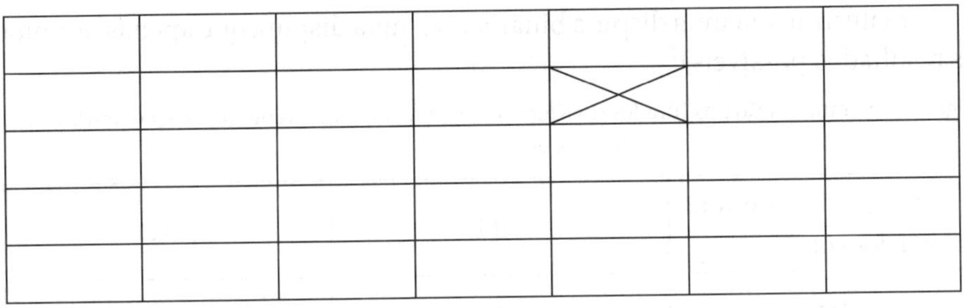

Fonte: autoria própria

Embora existam 35 possibilidades de escolha, e as pessoas não possam se comunicar, todas escolhem o retângulo destacado com a linha diagonal, porque contam com a expectativa do que os outros esperam que elas esperem fazer.

No Kleros, a aplicação da teoria dos pontos focais se traduz no incentivo ao que os jurados devem tender a proferir votos coerentes (proferir o mesmo julgamento), mesmo sem manter qualquer contato prévio. Assim, ao proferir uma decisão, espera-se que o jurado resolva a disputa sempre de acordo com a expectativa do que os outros jurados esperam que ele (o jurado em questão) espere fazer. Em outras palavras, *"we expect agents to vote the true answer because they expect others to vote the true answer, because they expect others to vote for the true answer... In this simple case, the Schelling Point is honesty"*[16].

Assim, o Kleros remunera melhor os jurados que votem de forma coerente. O objetivo está em demonstrar que a votação coerente representa um comportamento desejável e que merece ser incentivado[17]. Sobretudo, o voto coerente (ou incoerente) funciona como um verdadeiro termômetro ao Sistema Kleros: *"jurors who voted incoherently with the rest were not properly qualified (they*

---

16. LESAEGE, Clément. AST, Federico. GEORGE, William. "Kleros". Short Paper v1.0.7. Setembro de 2019. Disponível em https://kleros.io/whitepaper_en.pdf, acesso em 31 jan. 2020.

17. "A juror who chooses the wrong cases, who does not analyze the evidence carefully or who does not vote honestly is more likely to vote incoherently with others and, as a result, will suffer an economic loss." AST, Federico. "Kleros, a Protocol for a Decentralized Justice System". Medium. 11 set. 2017. Disponível em https://medium.com/kleros/kleros-a-decentralized-justice-protocol-for-the-internet-38d596a6300d, acesso em 31 jan. 2020.

self-selected into a wrong sub court), that they did not conduct a proper analysis (...) or that their goal was not discovering the truth (they were bribed)".[18]

Para ilustrar, em uma disputa binária (*i.e.*, uma disputa que apenas permita dois resultados possíveis):

Figura 4 - Remuneração dos Jurados do Kleros conforme o voto coerente (aplicação prática da teoria dos pontos focais)

Maioria dos votos \ Seu voto	SIM	NÃO
SIM	+0.1	-0.1
NÃO	-0.1	+0.1

Fonte: autoria própria

Assim, o voto incoerente funciona como um importante alerta ao Sistema Kleros: *"jurors who voted incoherently with the rest were not properly qualified (they self-selected into a wrong sub court), that they did not conduct a proper analysis (...) or that their goal was not discovering the truth (they were bribed)"*.[19]

Evidentemente, todo esse raciocínio é muito mais fácil de ser evidenciado (e aplicado) em disputas binárias. Embora o Kleros se apresente como um sistema apto a resolver uma série de tipos de disputas, é importante ressalvar desde logo a ideia de que os sistemas de *Online Dispute Resolution*, tal como o Kleros, ainda não são vistos como plenamente aptos à resolução de conflitos de alta complexidade:

> Embora a ODR esteja se expandindo a todo o vapor no mundo, os seus métodos ainda estão restritos a controvérsias mais simples e que se adéquam a parâmetros pré-definidos. No estágio atual das coisas, ainda é praticamente inimaginável cogitar-se da sua utilização em causas

---

18. AST, Federico. "Kleros, a Protocol for a Decentralized Justice System". Medium. 11 set. 2017. Disponível em https://medium.com/kleros/kleros-a-decentralized-justice--protocol-for-the-internet-38d596a6300d, acesso em 31 jan. 2020.
19. AST, Federico. "Kleros, a Protocol for a Decentralized Justice System". Medium. 11 set. 2017. Disponível em https://medium.com/kleros/kleros-a-decentralized-justice--protocol-for-the-internet-38d596a6300d, acesso em 31 jan. 2020.

complexas, com valores vultosos em jogo, e que demandem a produção de provas volumosas ou complexas.[20] (*sic*)

A constatação acerca da complexidade das disputas submetidas ao Kleros não merece de forma alguma diminuir a iniciativa. Muito ao contrário, aliás: em tempos de expansão em massa de relações negociais via internet, o desenvolvimento de plataformas descentralizadas de resolução de disputas em ODR merece ser celebrada[21].

Sob esse aspecto, a criação do Kleros é particularmente relevante, pois interessa não só às próprias partes da disputa. Em uma análise mais ampla, é possível identificar que o Kleros também interessa aos jurados (que podem se dedicar ao serviço de colaborar para a pacificação de conflitos em qualquer lugar do mundo, sem renunciarem a seus postos profissionais atuais ou outros compromissos relevantes) e a outras plataformas eletrônicas de conexão de pessoas (que passam a contar com uma nova forma de resolução das disputas, o que por si só fomenta o desenvolvimento de novos negócios)[22].

---

20. BECKER, Daniel. LAMEIRÃO, Pedro. "Online Dispute Resolution (ODR) e a ruptura no ecossistema da resolução de disputa". 27 ago. 2017. Disponível em https://www.ab2l.org.br/online-dispute-resolution-odr-e-ruptura-no-ecossistema-da-resolucao-de-disputas/, acesso em 31 jan. 2020.
21. "Em um panorama em que a tecnologia permeia cada vez mais nossas vidas, em especial os hábitos de compra e venda e outras relações desenvolvidas no ambiente on-line, já era tempo de se facilitar, também por meio de tecnologia, a prevenção e a resolução de disputas, algo que já tem sido implementado por organizações internacionais, entidades de proteção e defesa do consumidor, e entes governamentais e empresariais nos Estados Unidos, na Europa, e também no Brasil, como veremos – todos com o objetivo de ampliar o acesso à justiça em setores em que historicamente se observou como de ingresso limitado. E, como se apontou, em especial nos cenários B2B (business to business) e B2C (business to consumer), o ODR tem sido continuamente mencionado como uma das bases para a construção da confiança do consumidor no comércio eletrônico de uma forma geral (o que inclui conflitos relacionados a propriedade intelectual, seguros, dentre outros temas civis e comerciais dos mais diversos). De nada adianta a ágil movimentação de produtos e serviços se as soluções legais não as acompanham e não ajudam as pessoas que usam a tecnologia para comprar algo a utilizar essas mesmas ferramentas para lhes ajudar quando há algo dá errado." (sic) DALMASO MARQUES, Ricardo. "A resolução de disputas online (ODR): do comércio eletrônico ao seu efeito transformador sobre o conceito e a prática do acesso à justiça". Revista de Direito e as Novas Tecnologias, vol. 5, out.-dez. 2019.
22. AST, Federico. "Kleros, a Protocol for a Decentralized Justice System". Medium, 11 set. 2017. Disponível em https://medium.com/kleros/kleros-a-decentralized-justice-protocol-for-the-internet-38d596a6300d, acesso em 31 jan. 2020.

Sem Kleros, seria incomum encontrar uma situação em que a francesa Alice optasse pela contratação do guatemalense Bob para a construção de seu *website*. O esperado seria que Alice buscasse recomendações com amigos e desse preferência a pessoas próximas de seu convívio, justamente para evitar (e/ou facilitar a resolução de) possíveis conflitos[23].

Desde o ano de 2018, o Kleros é parte das iniciativas membro do prestigiado Thomson Reuters Incubator,[24] destinado a *fintechs*, *legaltechs* e outras *startups* reconhecidas por seu futuro promissor no mercado.

3. O Kleros é um método confiável?

A resposta a esta pergunta envolve uma série de aspectos.

Por se tratar de uma plataforma automatizada baseada em criptografia e *blockchain*, a princípio, é possível afirmar que o Kleros é confiável em fatores como manutenção da privacidade dos usuários e efetivação do veredicto final. Remanesce, especialmente, a questão sobre a confiabilidade do próprio processo decisório.

O Kleros é classificado como um sistema que vai ainda mais longe que outros métodos de ODR. Nas palavras de Daniel Dimov, o Kleros representa verdadeiro CODR (*Crowdsourced Online Dispute Resolution*), à medida que conta com a seleção aleatória de jurados oriundos de uma multidão de pessoas[25].

A expectativa é que o Kleros possa alcançar uma revolução similar àquela causada pela Wikipédia no início do século XXI. Na origem, poucas pessoas acreditavam que um conjunto de anônimos pudesse realmente constituir uma fonte de informação tão forte quanto as enciclopédias tradicionais. Hoje, já não há mais dúvida: seja pela facilidade de acesso, seja pela facilidade de atualização imediata, a Wikipédia é a maior enciclopédia do mundo.

---

23. "No campo internacional, a ODR é fundamental porque as distâncias geográficas se combinam às linguísticas e culturais: imagine-se um consumidor brasileiro que compre um bem de um vendedor argelino participante da plataforma chinesa Alibaba, utilizando como meio de pagamento uma conta da empresa estadunidense PayPal. Na ausência de tecnologias de resolução de disputas inteligentes, mercados on-line como o deste exemplo confrontam obstáculos de desconfiança e insatisfação, de consumidores e vendedores, onde quer que estejam e em qualquer idioma." ARBIX, Daniel. MAIA, Andreia. "Uma introdução à Resolução Online de Disputas", Revista de Direito e as Novas Tecnologias, vol. 3, abr.-jun. 2019.
24. Para saber mais sobre o programa, ver: https://innovation.thomsonreuters.com/en/labs/incubator.html, acessado em 31 jan. 2020.
25. Para saber mais sobre CODR, ver: DIMOV, Daniel. "Crowdsourced Online Dispute Resolution". Leiden University Center for Law and Digital Technologies, 2017.

No entanto, embora ambos os sistemas façam uso de *crowdsourcing*, há uma diferença relevante entre os protagonistas ocultos da Wikipédia e os jurados do Kleros: enquanto o abastecimento da Wikipédia é gratuito, a atuação como jurado do Kleros depende de contribuição financeira. Qualquer pessoa interessada em atuar como jurado pode se cadastrar no *site*, confirmar os seus campos de expertise[26] e, *lastly but not least*, adquirir *pinakion* (PNK)[27].

A lógica por trás dessa aquisição está, justamente, na percepção de confiança do sistema. O *pinakion* (mesmo nome do *token* usado na Grécia antiga para operacionalização do *Kleroterion*) funciona como uma moeda criada pelo Kleros para proteção contra ataques Sybil[28].

Explica-se: a princípio, apenas três jurados são suficientes para a resolução de uma disputa no Kleros. Cada jurado adquire previamente um número específico de PNK. Quanto maior o número de PNK, maior a probabilidade de esse jurado ser escolhido. Com isso, eventual ataque Sybil sofre imediato desestímulo financeiro, por três principais razões:

> (i) a criação de múltiplas identidades a ponto de dominar o sistema exigiria a aquisição de uma imensa quantidade de PNK; o invasor precisaria deter mais de 51% do total de PNK para atacar o sistema para passar a ser selecionado mais de uma vez como jurado da disputa – e poder, portanto, efetivamente influenciar no resultado do caso, mediante a prolação de uma decisão por maioria[29];

---

26. Afinal, a disputa apenas será direcionada aos jurados que tiverem experiência relevante sobre a matéria em discussão.
27. Para saber sobre o método de precificação do PNK, ver: GEORGE, William. "Why Kleros Needs a Native Token: Security and Incentives in Decentralized Justice", subchapter "Some Notions about PNK Valuation", Dispute Revolution, The Kleros Handbook of Decentralized Justice. 2019. Disponível em https://ipfs.kleros.io/ipfs/QmZeV32S-2VoyUnqJsRRCh75F1fP2AeomVq2Ury2fTt9V4z/Dispute-Resolution-Kleros.pdf, acesso em 31 jan. 2020.
28. O ataque Sybil é todo aquele em que um invasor cria múltiplas contas (ou múltiplas identidades) para prejudicar ou comprometer as bases de redes *peer-to-peer*.
29. A esse respeito: "First and foremost, PNK is a protection against sybil attacks35. In order for an attacker to flood the juror pool, it would need to buy enough PNK so that it is selected enough times to be a juror for the same case in order to change the outcome. Generally, this means that the attacker would need more than 51% of the total staked tokens in the court under attack. In rare circumstances, an attacker may get lucky and be selected for two of three juror spots with only a minority of the PNK. However, in order to maintain the attack through the appeal process, it would need to be selected for the majority of the juror spots on larger and larger juries. This will only be possible if the

(ii) pela lógica do sistema, pode não haver disponibilidade imediata para compra de 51% de PNK, e eventual compra arrojada fará com que os preços subam ainda mais, em razão da menor disponibilidade de PNK à venda[30];

(iii) com a aquisição de um número gigantesco de PNK, os recursos financeiros do invasor são convertidos em uma moeda não comercializável com terceiros, e que serve apenas e tão somente para a utilização dentro do sistema Kleros.

O esquema infra ajuda a entender o fundamento do PNK, com uma comparação entre o cenário em que o Kleros fizesse uso de moeda circulável (USD) *versus* o cenário atual (PNK):

Tabela 1 - Representação de algumas das razões pelas quais o PNK foi eleito para reger o sistema de seleção de jurados da plataforma Kleros

USD	PNK
Invasor compra, arrecada ou já possui muitos USD para atacar 51% (custo estável)	Invasor compra muitos PNK para atacar 51% (custo progressivamente maior)

---

attacker actually has a majority of the PNK that is staked. Hence, substantial economic resources are required to perform a 51% attack. So far, this would still be true if we had potential jurors stake ETH instead of PNK. However, using a native token offers several key advantages for minimizing the risk of 51% attacks versus using an external cryptocurrency." GEORGE, William. "Why Kleros Needs a Native Token: Security and Incentives in Decentralized Justice". Dispute Revolution, The Kleros Handbook of Decentralized Justice. 2019. Disponível em https://ipfs.kleros.io/ipfs/QmZeV32S2VoyUnqJsRRCh75F-1fP2AeomVq2Ury2fTt9V4z/Dispute-Resolution-Kleros.pdf, acesso em 31 jan. 2020.

30. "As the attacker keeps buying PNK, the token will become scarcer and each additional PNK will cost more and more. The attacker may not even be able to find 51% of PNK for sale on the open market at any given time." GEORGE, William. "Why Kleros Needs a Native Token: Security and Incentives in Decentralized Justice". Dispute Revolution, The Kleros Handbook of Decentralized Justice. 2019. Disponível em https://ipfs.kleros.io/ipfs/QmZeV32S2VoyUnqJsRR-Ch75F1fP2AeomVq2Ury2fTt9 V4z/Dispute-Resolution-Kleros.pdf, acesso em 31 jan. 2020.

USD	PNK
Invasor controla 51%, ataca o sistema e ainda possui valiosa quantia de USD	Invasor controla 51%, ataca o sistema, mas possui uma imensa quantia de PNK que não serve para qualquer outra finalidade[31]
$$$$$$$$	?????????

Outra relevante base de confiabilidade do sistema está na prevenção de corrupção, por meio do esquema de recursos. O Kleros foca na ideia de que qualquer disputa pode ser resolvida por um julgamento que reflita a opinião de um grande número aleatório de pessoas. Assim, seja pela aleatoriedade, seja pela variedade de pessoas, qualquer tentativa de corrupção se torna muito mais complicada.

Embora o julgamento originalmente se dê por um painel de três jurados, o Kleros permite que as decisões sejam objeto de recursos uma série de vezes. Em cada uma dessas vezes, o painel será formado pelo dobro de jurados da primeira mais um. Assim, um primeiro recurso seria destinado a 7 jurados ([3 x 2] + 1). O segundo, a 15 ([7 x 2] + 1). O terceiro, a 31 ([15 x 2] + 1), e assim por diante.

Além de reconhecer que qualquer julgamento pode merecer passar por revisão, o Kleros ainda buscou desenvolver um sistema que prejudica tentativas

---

[31]. Há também outras razões relevantes para a utilização do PNK, como a possibilidade de migração para uma nova versão: "In the extreme case of a successful 51% attack, by having a native token, it is still possible to perform a last-ditch defense of forking the system to remove the attackers' holdings. Then the market would sort out which version of PNK should be used going forward. This would of course be highly disruptive as any pre-existing contracts designating Kleros as their arbitrator would continue to use the old version of PNK by default. Still, it would offer the community a path forward out of disaster that would not be available without a native token." GEORGE, William. "Why Kleros Needs a Native Token: Security and Incentives in Decentralized Justice". Dispute Revolution, The Kleros Handbook of Decentralized Justice. 2019. Disponível em https://ipfs.kleros.io/ipfs/QmZeV32S2VoyUnqJsRRCh75F1fP2AeomVq2Ury2fTt9V4z/Dispute-Resolution-Kleros.pdf, acesso em 31 jan. 2020.

de corrupção – desde, é claro, que a parte prejudicada esteja disposta a recorrer e pagar os custos decorrentes. Com efeito, *"bribing a small jury is relatively easy. But since the victim always has the right to appeal, the attacker would have to keep bribing larger and larger juries at a steeply rising cost"*[32].

Até podem existir dúvidas sobre se o Kleros é efetivamente confiável. O que não se pode negar, porém, é que uma das principais bases do Kleros se traduz na tentativa de criação de um sistema confiável, a partir da concepção de mecanismos destinados a garantir a qualidade dos julgamentos, inclusive mediante prevenção de intervenção maliciosa de agentes externos.

4. O KLEROS OBSERVA PILARES PROCESSUAIS MÍNIMOS?

Consoante os raciocínios desenvolvidos no capítulo 3, já é possível notar que pilares processuais elementares a qualquer sistema de resolução de disputas não são desconsiderados pelo Kleros.

Com base nos estudos de Daniel Dimov[33], a tabela a seguir sumariza os principais esforços adotados pelo Kleros nesse sentido, entre padrões internacionalmente reconhecidos para sistemas de ODR[34].

---

32. AST, Federico. "Kleros, a Protocol for a Decentralized Justice System". Medium. 11 set. 2017. Disponível em https://medium.com/kleros/kleros-a-decentralized-justice--protocol-for-the-internet-38d596a6300d, acesso em 31 jan. 2020.

33. DIMOV, Daniel. "Crowdsourced Online Dispute Resolution". Leiden University Center for Law and Digital Technologies, 2017. DIMOV, Daniel. AST, Federico. "Is Kleros Fair?" Dispute Revolution, The Kleros Handbook of Decentralized Justice. 2019. Disponível em https://ipfs.kleros.io/ipfs/QmZeV32S2VoyUnqJsRRCh75F1fP2AeomVq2Ury2fTt9V4z/Dispute-Resolution-Kleros.pdf, acesso em 31 jan. 2020.

34. "(...) são necessários o consentimento das partes, o devido processo legal mínimo e as garantias de transparência. Também é crucial, para qualquer forma de ODR, que as tecnologias empregadas respeitem a dignidade da pessoa humana, abstendo-se de perpetuar preconceitos ou de fomentar vieses cognitivos problemáticos; que impeçam o uso iníquo da resolução de controvérsias, por exemplo, com uma alocação inadequada dos custos ou com prejuízos a terceiros alheios aos acordos e às decisões gestados; e que garantam procedimentos justos, na medida do possível mitigando assimetrias informacionais. Estes são pontos de atenção, em consequência, para os desenvolvedores, os usuários e os agentes públicos envolvidos com a ODR." ARBIX, Daniel. MAIA, Andreia. "Uma introdução à Resolução Online de Disputas", Revista de Direito e as Novas Tecnologias, vol. 3, abr.-jun. 2019.

Tabela 2 - Principais esforços adotados pelo Kleros para atender a pilares processuais mínimos

Julgador	Independência	Anonimato, seleção aleatória de jurados, *crowdsourcing* contribuem para a independência. Incentivos a votos coerentes podem ser vistos como algo que compromete a independência. Trata-se de ponderar a justiça de sistema que permita freios e contrapesos.
	Imparcialidade	Embora não seja possível garantir um julgamento livre de pré-conceitos, atributos como anonimato, seleção aleatória de jurados e *crowdsourcing* contribuem para a imparcialidade.
	Expertise	Antes de serem selecionados, os jurados são convidados a selecionar áreas de expertise (as chamadas "*sub courts*"). Embora a expertise não seja medida por currículo (como formação acadêmica ou experiência profissional), o atributo é almejado e avaliado pelo Kleros, com base nos julgamentos coerentes e nos incentivos econômicos. Um julgador que emita votos contrários aos de seus pares receberá remuneração menor e será tido como desprovido de expertise.
Processo	Transparência	Kleros apresenta-se como sistema integralmente documentado, de modo que pessoas com habilidade técnica em *blockchain* possam replicar uma versão idêntica e funcional do Kleros em poucos minutos.
	Igualdade	Por se tratar de sistema simples, com etapas predefinidas e descentralizado, busca-se diminuir as vantagens de litigantes habituais ou providos de maiores recursos[35].
	Contraditório e Ampla Defesa	As partes recebem notícia de instauração do processo e têm a oportunidade de apresentar seus casos, evidências relevantes e respectivos argumentos de defesa.
	Duração Razoável	O resultado da disputa deve ser disponibilizado às partes em até 90 dias corridos contados do dia em que o jurado recebeu os arquivos completos da disputa.

---

35. Para mais estudos sobre as vantagens dos litigantes habituais, ver: GALANTER, Marc. Why the Haves Come Out Ahead: Speculations on the Limits of Legal Change. Law

Decisão	Vinculação	A vinculação é rápida e dispensa intervenção estatal, em função dos comandos de *smart contract*[36].
	Fundamentação	Kleros exige que os jurados apresentem um breve texto que explique os fundamentos do voto.
	Recursos	Recursos são permitidos. O fato de se permitir recursos subsequentes pode prejudicar a duração do processo – porém, recursos frívolos são desincentivados em função dos de altos custos envolvidos.

5. AS PARTES SÃO REPRESENTADAS POR ADVOGADOS?

Não. No exemplo prático dado no início deste estudo, Alice precisa apenas apertar um botão e preencher um formulário com a descrição da disputa. Ambas as partes podem submeter evidências, mas não há necessidade de (e nem parece haver espaço para a) contratação de profissionais.

Na grande maioria das vezes, a disputa será pouco complexa, e não necessariamente envolverá grandes interpretações jurídicas. Além disso, o sistema espera que os jurados sejam especializados na matéria e, sobretudo, julguem conforme o senso do razoável para a comunidade (algo como uma moral comum).

Nesse contexto, não há como deixar de se lembrar das palavras de Richard Susskind: "*I foresee new law jobs emerging which may be highly rewarding, even if different from those of today*"[37]. Por mais resistência que possa haver, a resolução

---

and *Society Review*, 1997, n. 9; e MENKEL-MEADOW, Carrie. "Do the Haves Come Out Ahead in Alternative Justice Systems? Repeat Players in ADR", 1999. Disponível em https://scholarship.law.georgetown.edu/cgi/viewcontent .cgi?article=2779&context=facpub, acesso em 31 de jan. 2020.

36. "Kleros is a self-enforceable arbitration method. Thus, what we have to discuss isn't recognition and enforcement (because smart contracts would be enforced anyway), but rather subsequent judicial review of an already executed ruling, made on the grounds of The New York Convention." NAROZHNY, Dmitry. "Is Kleros Legally Valid as Arbitration?" Publicado em 12 jun. 2019. Disponível em https://blog.kleros.io/is-kleros-legally-valid-as-arbitration/, acesso em 31 jan. 2020.

37. "I argue that the market is increasingly unlikely to tolerate expensive lawyers for tasks (guiding, advising, drafting, researching, problem-solving, and more) that can equally or better be discharged by less expert people, supported by sophisticated systems and processes. It follows, I say, that the jobs of many traditional lawyers will be substantially eroded and often eliminated. At the same time, I foresee new law jobs emerging which may be highly rewarding, even if different from those of today". SUSSKIND, Richard.

de disputas nem sempre depende da presença de advogados. Consoante a valiosa lição de Daniel Becker e Erik Navarro Wolkart:

> O desenvolvimento tecnológico não vai parar, porque não há uma única pessoa no controle. Lamentar a perda de postos de trabalho é tão eficiente quanto reclamar que antibióticos diminuíram as vagas para coveiro. Entre gritos e sussurros, a tecnologia gira implacável e irreversivelmente e, se os advogados não quiserem soar como neoludistas, deverão ter em mente que a automatização de determinadas rotinas não é só uma questão de eficiência, mas também de permitir que as atividades privativas da advocacia sejam elevadas ao nível das habilidades desenvolvidas pelos anos de estudo nos bancos das faculdades de Direito. Ao menos a médio prazo, o avanço tecnológico realocará o advogado para atividades reflexivas ou que requerem intensa interação humana, uma vez que trabalhos repetitivos, tediosos e que não exigem maiores qualificações serão realizados por máquinas simples a baixíssimos custos. Mesmo os algoritmos mais avançados são apenas ferramentas para a expansão das nossas habilidades e conhecimento.[38]

Permitir que as próprias pessoas possam expor os seus casos representa exercício de cidadania e de conscientização de direitos. Antevemos, porém, alguma resistência de classe, à medida que o sistema Kleros sequer permite que as partes *optem* pelo engajamento de advogados ou outros representantes de qualquer sorte.

Aos que defendem a possibilidade de contratação de serviços advocatícios, está o argumento de que nenhum sistema de resolução de disputas poderia simplesmente suprimir o direito da parte de postular seu direito por intermédio de um advogado. Por outro lado, seria possível também argumentar que a parte não teve a supressão de um direito, mas apenas exerceu a autonomia de sua vontade para eleger a adoção de um sistema que dispensa a atuação de representantes externos.

No Brasil, pode-se antever uma discussão similar à mantida em torno da solução de conflitos pela plataforma consumidor.gov. Posteriormente à solicitação da Comissão Especial de Defesa do Consumidor da Ordem dos Advogados do

---

The End of Lawyers? Rethinking the Nature of Legal Services. Londres: Oxford Press, 2010, p. 2.

38. BECKER, Daniel. WOLKHART, Erik Navarro. "Entre gritos e sussurros." Publicado em 28 mar. 2018. Disponível em https://www.jota.info/opiniao-e-analise/artigos/entre-gritos-e-sussurros-28032018, acesso em 31 jan. 2020.

Brasil (OAB) Nacional, em 2 de fevereiro de 2020, a Secretaria Nacional do Consumidor autorizou a participação de advogados nas reclamações cadastradas no sistema. Consoante a argumentação da OAB, "*o cidadão tem garantido o direito de acompanhamento de seu processo por parte de um profissional da advocacia*"[39].

6. Sob a ótica do Direito brasileiro, o Kleros pode realmente ser enquadrado como arbitragem?

Nos estudos publicados sobre o mecanismo, é comum encontrar trechos em que representantes do Kleros justificam as razões pelas quais o mecanismo poderia ser efetivamente considerado uma arbitragem.

Como destaca Federico Ast, fundador do Kleros, "*blockchains are the new evolution of this idea of international arbitration as they provide decentralized automatic enforcement as an alternative to judicial enforcement*"[40]. Nessa linha, Dmitry Narozhky, especialista em resolução de disputas por *blockchain*, assevera: "*Kleros (...) provides arbitration by means of information and communication technology. This clearly matches valid legal terms of alternative and online dispute resolution*"[41].

De acordo com o raciocínio de Dmitry Narozhky, considerando que os princípios da UNCITRAL permitem expressamente que as partes exerçam sua autonomia da vontade para determinar as regras de procedimento na arbitragem, o Kleros deveria sim ser considerado uma arbitragem válida e regular[42].

---

39. ORDEM DOS ADVOGADOS DO BRASIL. "OAB é atendida e advocacia poderá atuar em reclamações consumeristas de plataforma do governo". Publicado em 2 fev. 2020. Disponível em https://www.oab.org.br/noticia/57892/oab-e-atendida-e-advocacia-podera-atuar-em-reclamacoes-consumeristas-de-plataforma-do-governo, acesso em 2 fev. 2020.
40. AST, Federico. "Dispute Revolution. A New Justice Paradigm in an Old World". *In* Dispute Revolution, The Kleros Handbook of Decentralized Justice. 2019. Disponível em https://ipfs.kleros.io/ipfs/QmZeV32S2VoyUnqJsRRCh75F1fP2AeomVq2Ury2fTt9V4z/Dispute-Resolution-Kleros.pdf, acesso em 31 jan. 2020.
41. NAROZHNY, Dmitry. "Is Kleros Legal?" *In* Dispute Revolution, The Kleros Handbook of Decentralized Justice. 2019. Disponível em https://ipfs.kleros.io/ipfs/QmZeV32S-2VoyUnqJsRRCh75F1fP2AeomVq2Ury2fTt9V4z/Dispute-Resolution-Kleros.pdf, acesso em 31 jan. 2020.
42. "Some could argue that, in its traditional understanding, arbitration has little to do with Kleros' random choice of crowdsourced jurors, cryptoeconomics incentives and the fact that the procedure is conducted in a completely hands-off approach by an automated blockchain protocol. However, these arguments fail to exclude Kleros from

Sob o enfoque da Lei Brasileira de Arbitragem (Lei nº 9.307/1996), o Kleros de fato atende a algumas das mais relevantes características atribuídas a qualquer procedimento arbitral: as disputas envolvem direitos patrimoniais disponíveis (art. 1º, *caput*, segunda parte); o sistema é eleito mediante vontade comum das partes (art. 1º, *caput*, primeira parte), as disputas podem ser julgadas com base em equidade, princípios gerais de direito, usos e costumes ou regras internacionais do comércio (lógica da moral comum esperada de acordo com a Teoria dos Pontos Focais – art. 2º, *caput*, §§ 1º e 2º); o sistema busca respeitar princípios processuais (art. 21, § 2º).

No entanto, outras controvérsias podem surgir: não há livre escolha do julgador (art. 13, §§ 1º e 3º), não há espaço para exercício de dever de revelação pelos julgadores (art. 14, *caput*, § 1º, e art. 15); não parece haver liberdade para que o julgador adote e determine todas as provas que entender necessárias à resolução da disputa (art. 22, *caput*); não há obrigatoriedade para que a decisão contenha todos os mesmos requisitos previstos na Lei de Arbitragem, mas apenas brevíssima fundamentação e resultado final[43] (art. 26); não há razão para sujeição das decisões do Kleros ao regime de reconhecimento e execução de sentenças estrangeiras (arts. 34-40).

Poder-se-ia, portanto, realizar um verdadeiro parecer jurídico acerca do enquadramento (ou não) do Kleros como uma arbitragem à luz da Lei Brasileira. Cada artigo de lei geraria questionamentos e análises, perguntas e (se possível) respostas.

Preferimos, porém, realizar uma provocação: o Kleros não precisa ser qualificado um tipo de arbitragem. E isso está diretamente relacionado à conclusão deste brevíssimo estudo.

---

an arbitration avenue. Kleros specific details may differ from arbitration methods that were tried before, but its general framework it's still recognizable as alternative dispute resolution. This is absolutely evident since UNCITRAL principles explicitly preserve parties' full freedom to determine the rules of arbitration procedure on their own. Building on this, it is evident that Kleros conforms to the law. But this isn't yet enough to conclude that Kleros is capable of producing a lawful and internationally recognizable ruling." NAROZHNY, Dmitry. "Is Kleros Legally Valid as Arbitration?". Publicado em 12 jun. 2019. Disponível em https://blog.kleros.io/is-kleros-legally-valid-as-arbitration/, acesso em 31 jan. 2020.

43. "Jurors must give parties a statement of the grounds on which the decision is based. In Kleros, jurors are required to provide a short text explaining their vote." NAROZHNY, Dmitry. "Is Kleros Legal?" *In* Dispute Revolution, The Kleros Handbook of Decentralized Justice. 2019. Disponível em https://ipfs.kleros.io/ipfs/QmZeV32S2VoyUnqJsRRCh75F-1fP2AeomVq2Ury2fTt9V4z/Dispute-Resolution-Kleros.pdf, acesso em 31 jan. 2020.

7. Conclusão: caminho para novos modelos de distribuição de justiça

> "In the decades to come, our children may see early 21st Century justice systems as we see medieval ordeal trials today: as bizarre proceedings causing extreme and unnecessary pain. (...).
>
> The coming of AI and smart contracts marks the beginning of a new wave of changes with the potential to transform law and democratize access to justice."[44]

O sistema multiportas compreende uma série de diferentes métodos adequados à resolução de distintos conflitos[45]. Por isso, em primeiro lugar, é preciso que se tenha em mente que tais métodos não se resumem ao processo estatal, mediação, conciliação ou arbitragem. Há muitos outros métodos híbridos (isto é, que congregam diferentes características de cada sistema) e que podem, muitas vezes, apresentar-se como mais adequados que os tradicionalmente concebidos.

Entre tantos métodos possíveis, a arbitragem é costumeiramente invocada como o método de maior eficácia, já que se consagra como a única forma privada de criar um título executivo judicial, para fins do regime de sanções, coerções e expropriações previstos para os processos estatais. Internacionalmente, diz-se que a sentença arbitral é *"enforceable"*. Outros métodos como conciliação e mediação também podem gerar um comando *"enforceable"*, mas apenas se houver completo consenso entre as partes acerca dos termos da transação. No caso do Kleros, essa discussão sequer possui lugar.

A eficácia do método desenvolvido pelo Kleros independe do uso de força do Estado. Todas as decisões dos jurados do Kleros são objeto de comandos automáticos em *smart contracts*. Não há nem mesmo relevante espaço de tempo entre a prolação da decisão e o seu cumprimento, já que a execução do comando no *smart contract* independe da vontade de qualquer intermediário e representa consequência imediata do conteúdo decisório.

---

44. AST, Federico. "Dispute Revolution, The Kleros Handbook of Decentralized Justice". Conclusion. 2019. Disponível em https://ipfs.kleros.io/ipfs/QmZeV32S2VoyUnq-JsRRCh75F1fP2AeomVq2Ury2fTt9V4z/Dispute-Resolution-Kleros.pdf, acesso em 31 jan. 2020.
45. Para saber mais sobre o sistema multiportas, ver: GUERREIRO, Luis Fernando. "Os métodos de solução de conflitos e o processo civil". São Paulo: Ed. Atlas, 2015.

Assim, seja porque o sistema multiportas não se resume aos mantras dos métodos tradicionais de resolução de disputas (processo estatal, conciliação, mediação ou arbitragem), seja porque o Kleros dispensa a principal vantagem da arbitragem em relação aos demais métodos, atualmente, não se vê razão para insistir na discussão sobre se Kleros constituiria, ou não, um procedimento arbitral.

Mesmo se chamado de "criptoarbitragem", o Kleros é um sistema híbrido, e não há problema nisso. Muito ao contrário: a hibridez do Kleros aponta justamente para o fato de que, na célebre frase atribuída à Henry Ford, talvez estejamos diante de carros, e não apenas *"faster horses"*.

8. REFERÊNCIAS BIBLIOGRÁFICAS

ALAMANOU, Marina. *Kleroterion – The Athenian's Solution to Corruption*. Publicado em 25.07.2019. Disponível em: [www.datadriveninvestor.com/2019/07/25/kleroterion-the-athenians-solution-to-corruption/]. Acesso em: 31.01.2020.

ARBIX, Daniel; MAIA, Andreia. Uma introdução à Resolução *Online* de Disputas. *Revista de Direito e as Novas Tecnologias*, v. 3, abr.-jun. 2019.

AST, Federico. *"Criptoeconomia – O blockchain pode reinventar o sistema jurídico?* Thomson Reuters. Publicado em 18 dez. 2018. Disponível em: [www.thomsonreuters.com.br/pt/juridico/blog/criptoeconomia-o-blockchain-pode-reinventar-o-sistema-juridico.html]. Acesso em: 31.01.2020.

AST, Federico. Kleros, a Protocol for a Decentralized Justice System. *Medium*. 11 set. 2017. Disponível em: [https://medium.com/kleros/kleros-a-decentralized-justice-protocol-for-the-internet-38d596a6300d]. Acesso em: 31.01,2020.

AST, Federico. Dispute Revolution. A New Justice Paradigm in an Old World. In: *Dispute Revolution – The Kleros Handbook of Decentralized Justice*. 2019. Disponível em: [https://ipfs.kleros.io/ipfs/QmZeV32S2VoyUnqJsRRCh75F1fP2AeomVq2Ury2fTt-9V4z/Dispute-Resolution-Kleros.pdf]. Acesso em: 31.01.2020.

BECKER, Daniel; LAMEIRÃO, Pedro. *Online Dispute Resolution (ODR) e a ruptura no ecossistema da resolução de disputa*. 27 ago. 2017. Disponível em: [www.ab2l.org.br/online-dispute-resolution-odr-e-ruptura-no-ecossistema-da-resolucao-de-disputas/]. Acesso em: 31.01.2020.

BECKER, Daniel; WOLKHART, Erik Navarro. *Entre gritos e sussurros*. Publicado em 28.03.2018. Disponível em: [www.jota.info/opiniao-e-analise/artigos/entre-gritos-e-sussurros-28032018]. Acesso em: 31.01.2020.

MARQUES, Ricardo Dalmaso. A resolução de disputas *online* (ODR): do comércio eletrônico ao seu efeito transformador sobre o conceito e a prática do acesso à justiça. *Revista de Direito e as Novas Tecnologias*, v. 5, out.-dez. 2019.

DIMOV, Daniel. Crowdsourced Online Dispute Resolution. *Leiden University Center for Law and Digital Technologies*, 2017.

DIMOV, Daniel; AST, Federico. Is Kleros Fair? In: *Dispute Revolution – The Kleros Handbook of Decentralized Justice*. 2019. Disponível em: [https://ipfs.kleros.io/ipfs/QmZeV32S2VoyUnqJsRRCh75F1fP2AeomVq2Ury2fTt9V4z/Dispute-Resolution-Kleros.pdf]. Acesso em: 31.01.2020.

GALANTER, Marc. Why the Haves Come Out Ahead: Speculations on the Limits of Legal Change. *Law and Society Review*, 1997, n. 9.

GEORGE, William. Why Kleros Needs a Native Token: Security and Incentives in Decentralized Justice. In: *Dispute Revolution – The Kleros Handbook of Decentralized Justice*. 2019. Disponível em: [https://ipfs.kleros.io/ipfs/QmZeV32S2VoyUnqJsRRCh75F1fP2AeomVq2Ury2fTt9V4z/Dispute-Resolution-Kleros.pdf]. Acesso em: 31.01.2020.

GUERREIRO, Luis Fernando. *Os métodos de solução de conflitos e o processo civil*. São Paulo: Atlas, 2015.

JAMES, Stuart. *Kleros, the Missing Link to Decentralized Freelancing*. Disponível em: [https://medium.com/kleros/kleros-the-missing-link-to-decentralised-freelancing-f5f7d2872766, publicado em 1.5.2018]. Acesso em: 31.01.2020.

KATSH, Ethan; RABINOVICH-EINY, Orna. *Digital Justice*. Technology and the Internet of Disputes. Nova Iorque: Oxford University Press, 2017.

LABECA – Laboratório de Estudos sobre a Cidade Antiga. *Glossário*. Disponível em [http://labeca.mae.usp.br/pt-br/glossary/]. Acesso em: 31.01.2020.

LESAEGE, Clément; AST, Federico; GEORGE, William. "Kleros". Short Paper v1.0.7. setembro de 2019. Disponível em: [https://kleros.io/whitepaper_en.pdf]. Acesso em: 31.01.2020.

MENKEL-MEADOW, Carrie. *Do the Haves Come Out Ahead in Alternative Justice Systems?* Repeat Players in ADR. 1999. Disponível em: [https://scholarship.law.georgetown.edu/cgi/viewcontent .cgi?article=2779&context=facpub], Acesso em: 31.01.2020.

NAROZHNY, Dmitry. *Is Kleros Legally Valid as Arbitration?* Publicado em 12.06.2019. Disponível em: [https://blog.kleros.io/is-kleros-legally-valid-as-arbitration/]. Acesso em: 31.01.2020.

ORDEM DOS ADVOGADOS DO BRASIL. *OAB é atendida e advocacia poderá atuar em reclamações consumeristas de plataforma do governo*. Publicado em 02.02.2020. Disponível em: [www.oab.org.br/noticia/57892/oab-e-atendida-e-advocacia-podera-atuar-em-reclamacoes-consumeristas-de-plataforma-do-governo]. Acesso em: 02.02.2020.

POFELDT, Elaine. Freelancers Now Make Up 35% Of U.S. Workforce. *Revista Forbes*. Disponível em: [www.forbes.com/sites/elainepofeldt/2016/10/06/

new-survey-freelance-economy-shows-rapid-growth/]. Publicado em 06.10.2016. Acesso em: 31.01.2020.

SANTOS, Nathan. *Brasil é o 6º país com maior número de freelancers*. Disponível em: [www.leiaja.com/carreiras/2016/08/10/brasil-e-o-6o-pais-com-maior-numero-de--freelancers/, publicado em 10.8.2016]. Acesso em: 31.01.2020.

SCHELLING, Thomas C. *The strategy of conflict*. Cambridge: Harvard University Press, 1960.

SILLS, Kate. "The Promise of Smart Contracts". Publicado em 16.02.2018. Disponível em: [https://fee.org/articles/the-promise-of-smart-contracts/]. Acesso em: 31.01.2020.

SUSSKIND, Richard. *The End of Lawyers?* Rethinking the Nature of Legal Services. Londres: Oxford Press, 2010.

VLASKOVITS, Patrick. Henry Ford, Innovation, and That "Faster Horse" Quote. *Harvard Business Review*. Disponível em: [https://hbr.org/2011/08/henry-ford-never--said-the-fast, publicado em 29.8.2011]. Acesso em: 31.01.2020.

WOLKART, Erik Navarro. *Análise econômica do processo*: como a economia, o direito e a psicologia podem vencer a tragédia da justiça. São Paulo: Thomson Reuters Brasil, 2019.

"Moneyball" e arbitragem: uma análise prática das novas tecnologias de gestão de documentos em disputas complexas

MATHEUS DRUMMOND

Advogado.

As opiniões contidas neste artigo são exclusivas do autor e não representam o entendimento de nenhuma instituição à qual o autor porventura esteja vinculado profissional ou academicamente.

Este é um artigo de opinião.

Sumário: 1. Introdução. 2. Gestão de documentos, contencioso e arbitragem. 3. Aplicações e benefícios de tecnologias de gestão de documentos na prática arbitral. 3.1. Aplicações. 3.1.1. Coleta e disponibilização. 3.1.2. Organização, processamento e monitoramento. 3.1.3. Pesquisa e *Analytics*. 3.1.4. Produção. 3.2. Benefícios. 3.2.1. Assimetria de poder na dinâmica do litígio. 3.2.2. Eficiência na fase pré-arbitral e em cenários de constrição de tempo. 3.2.3. Economia de tempo em tarefas acessórias. 3.2.4. Insights e construção do caso. 3.2.5. *Accountability*, Cibersegurança e *Compliance* de Proteção de Dados. 4. Outros benefícios da adoção de tecnologias de gestão de documentos no procedimento arbitral. 4.1. Sinergia com clientes. 4.2. Colaboradores. 5. Conclusão.

1. Introdução

Em 2002, o Oakland Athletics atingiu um feito histórico ao se tornar o primeiro time da Liga de Beisebol norte-americana, em mais de 100 anos, a vencer 20 jogos consecutivos. O mais surpreendente é que o time tinha um dos menores orçamentos da liga, num esporte cuja magnitude da folha salarial servia como parâmetro de qualidade.

"Moneyball" (2011), adaptado para o cinema a partir da obra de Michael Lewis "*Moneyball: The Art of Winning an Unfair Game*" (2003)[1], mostra que aquela conquista aparentemente inusitada representava a ponta do iceberg de uma revolução profunda, que redefiniria os rumos do esporte profissional no mundo.

No filme, Billy Beane (Brad Pitt), *general manager*, e Peter Brand (Jonah Hill), um economista formado por Yale[2], decidem abandonar os métodos tradicionais de avaliação e precificação de jogadores (focados na relação humana e na intuição dos especialistas) para formar um time a partir da ciência de dados. Tratava-se da única maneira de montar uma equipe competitiva com poucos recursos.

A narrativa enfatiza todos os entraves decorrentes da "inovação". O time foi taxado de *excêntrico*, pois unia jogadores subvalorizados e alocados em posições distintas das que estavam acostumados a jogar; e a proposta sofreu resistência da administração "tradicional", que repetia como um mantra que beisebol e ciência eram incompatíveis. O pior foi que, no início, faltou *product fit*: o time chegou à última posição do campeonato, e Billy Beane foi ameaçado de demissão.

Eis que, após alguns ajustes na parte de interação humana com o técnico e os jogadores (produtos da ciência de dados), o time ganhou tração e fez História.

Os impactos daquela temporada se proliferaram no beisebol, que passou a incorporar métodos matemáticos nos processos de contratação e precificação

---

1. Michael Lewis é um escritor e jornalista norte-americano, autor das obras Liar's Poker (1989, no português "O Jogo da Mentira"), e The Big Short (2010, no português "A Grande Aposta"), ambos bestsellers *adaptados para o cinema*.
2. Na realidade, Peter Brand *é o personagem fictício de Paul DePodesta, economista formado por Harvard, que não autorizou a divulgação de seu nome no filme.*

de atletas, e posteriormente se alastraram para outros esportes, como o basquetebol norte-americano[3] e o futebol europeu[4].

A proposta deste artigo é mostrar que os operadores do Direito que trabalham com disputas complexas (tão competitivas quanto qualquer esporte de alto rendimento) devem inspirar-se na ousadia e visão de *Moneyball* para incorporar novas tecnologias a fim de diminuir os custos – de tempo e de capital – e melhorar a eficiência da advocacia contenciosa estratégica. Para tanto, este trabalho focou a análise dos benefícios de adoção de novas tecnologias por advogados de arbitragem na assessoria de seus clientes, especificamente no que tange à gestão de documentos (*document management* e *document review*), devido à relevância da prova documental à avaliação e sucesso da pretensão.[5]

Em nível de contexto, conquanto novas tecnologias da informação sejam vistas como o próximo passo em termos de boas práticas na arbitragem e tenham tido maior adoção em determinadas áreas durante a pandemia da Covid-19 (v.g., videoconferência e realidade aumentada), apenas uma parcela diminuta dos profissionais, em nível mundial, utiliza com frequência tecnologias de gestão de documentos. É o que indica a *2018 International Arbitration Survey: The Evolution of International Arbitration*, elaborada pela Universidade de Queen Mary em parceria com o escritório White & Case LLP[6], veja em QR code:

---

3. "Houston Rockets and 'Moreyball'". Harvard Business Review. 9 de abril de 2018. Disponível em: https://digital.hbs.edu/platform-digit/submission/houston-rockets-and-moreyball/; e "Como o 'nerd' fã do 'Moneyball' fez Houston virar máquina de pontuar e encantar NBA. ESPN. 12 de março de 2017. Disponível em: http://www.espn.com.br/noticia/677865_como-nerd-fa-do-moneyball-fez-houston-virar-maquina-de-pontuar-e-encantar-nba, *ambos acessados em 03.12.20.*

4. "Moneyball, Liverpool's reason behind Jürgen Klopp's Hiring". Diario AS. 3 de junho de 2019. Disponível em: https://en.as.com/en/2019/06/03/football/1559596265_282692.html; e "The unknown Liverpool backroom analyst who convinced Jurgen Klopp to commission transfers of Salah and Keita. Echo. 24 de maio de 2019. Disponível em: https://www.liverpoolecho.co.uk/sport/football/transfer-news/unknown-liverpool-backroom-analyst-who-16320524, ambos acessados em 03.12.20.

5. *Embora o cenário de pandemia em 2020 tenha acelerado a adoção de novas tecnologias no procedimento arbitral, o enfoque deste trabalho não é tratar das possíveis tecnologias aplicadas pelo Tribunal Arbitral no curso do procedimento em si (tal como em audiências virtuais), mas, sim, tratar do uso de tecnologia como forma de melhorar o relacionamento e a assessoria do cliente final.*

6. *Queen Mary | White & Case Survey – "2018 International Arbitration Survey: The Evolution of International Arbitration", p. 31-32. Entre as principais razões para a pouca ou nenhuma utilização, destacam-se a (i) falta de familiaridade; e (ii) os custos de implementação.*

A fim de incentivar a adoção de novas tecnologias por parte dos operadores, o Subcomitê Arb 40 da International Bar Association (IBA)[7], braço do Comitê de Arbitragem da instituição, lançou o *"Guide on Technology Resources for Arbitration Practitioners"* (Guia de Recursos Tecnológicos para Praticantes de Arbitragem, ou "Guia") – o qual será analisado e servirá de referência teórica ao longo deste trabalho.

Segundo informações oficiais, o Guia tem por objetivo tornar mais acessíveis as novas tecnologias aos praticantes de arbitragem por meio da apresentação de uma lista de avanços tecnológicos aplicáveis ao procedimento arbitral[8]. A indicação dos programas e das plataformas está organizada por categorias. Cada categoria contém um sumário com possíveis aplicações, bem como exemplos de softwares, provedores e/ou prestadores de serviço da tecnologia. Destaca-se, para a análise, a categoria de *"document collection, review and production"*.[9]

Após esta Introdução (Capítulo 1), serão feitas breves considerações a respeito da gestão de documentos na prática contenciosa e, especificamente, no processo arbitral, bem como será apresentado o *software* que servirá como parâmetro das discussões (Capítulo 2). Em seguida, serão explicitadas as potenciais

---

7. Segundo informações do Comitê de Arbitragem da IBA, o Subcomitê Arb 40 foi desenhado para jovens Arbitralistas de até 40 anos. A direção do Subcomitê tem como objetivo pôr em posição de protagonismo a próxima geração de Arbitralistas através da produção de relatórios e organização de eventos. Na data de publicação do Guia, o Subcomitê Arb 40 tinha como Co-Chairs a britânico-libanesa Noradèle Radjai e o brasileiro André de A Cavalcanti Abbud. Disponível em https://www.ibane t.org/LPD/Dispute_Resolution_Section/Arbitration/Default.aspx, acessado em 03.12.20.
8. Disponível em: https://www.ibanet.org/technology-resources-for-arbitration-practitioners.aspx, acessado em 03.12.20.
9. Para comodidade do exame, as demais categorias do Guia são: (i) áudio e videoconferência; (ii) gestão e transferência de dados na arbitragem; (iii) apresentação de gráficos e provas; (iv) realidade virtual e realidade aumentada; (v) ferramentas analíticas e mapas mentais; (vi) tradução e interpretação; e (vii) cibersegurança e proteção de dados.

aplicações dessas ferramentas e os respectivos benefícios ao contencioso arbitral (Capítulo 3). No Capítulo 4, abordar-se-á, em adição aos possíveis benefícios à atividade-fim, a utilização de sistemas de gestão de documentos como fator de sinergia entre advogado-cliente, em nível externo, e de maior qualificação e satisfação dos advogados expostos à tecnologia, em nível interno. Na Conclusão (Capítulo 5), propõe-se sugestões e providências à adoção de ferramentas de gestão de documentos à prática arbitral.

2. GESTÃO DE DOCUMENTOS, CONTENCIOSO E ARBITRAGEM

Como se sabe, até um passado recente a sociedade organizava e armazenava suas informações, sobretudo, em vias físicas. Com a recente digitalização em massa e a difusão da computação em nuvem, muitas pessoas e organizações passaram a se comunicar pela rede de computadores e a armazenar suas informações digitalmente. Isso ensejou um aumento exponencial do volume e da variedade de dados produzidos.

A mudança de paradigma alterou o panorama de trabalho de advogados de contencioso, principalmente os de *Common Law*, que estavam acostumados a entrar em salas repletas de documentos oriundos do procedimento de *discovery*[10] para sua revisão manual. Os métodos tradicionais se tornaram inadequados, pois, com o maior acúmulo de dados, o volume de documentos a analisar tornou-se incompatível com o que um ser humano (ou uma equipe) seria capaz de organizar e analisar no tempo necessário. Ademais, a incompatibilidade tinha natureza econômica: antes da Crise de 2008, como relata Richard Susskind, em *Tomorrow's Lawyers*, a maior parte das firmas tradicionais ainda cobrava por hora trabalhada, de modo que o aumento do volume de informação a analisar implicou aumento da conta final para o destinatário do serviço jurídico.

Enfim, o processo tornou-se muito mais complexo e passou a requerer novas inteligências. A revolução foi tamanha que surgiu uma nova área do Direito naquelas jurisdições, denominada "e-discovery", focada na prática de gestão de documentos para fins de produção probatória (*iscovery*) no meio digital, assim como inúmeros programas e prestadores de serviço para dar suporte à nova indústria.

---

10. *Em síntese, método principal de produção probatória em* Common Law, *no qual a parte se vê obrigada a fornecer largas quantidades de documentos, conforme solicitado pela outra parte, para que a parte solicitante possa montar o seu caso, independentemente se os documentos são prejudiciais à parte que os fornece, salvo exceções previstas em lei (v.g., documentos protegidos por sigilo e alguns tipos de documentos sensíveis).*

Em paralelo, muitas organizações perceberam que a estruturação dos próprios dados digitais poderia fornecer *insights* valiosos sobre seus processos produtivos (principalmente se a atividade principal fosse a entrega de conhecimento), bem como sobre suas relações de trabalho e comerciais. Assim, surgiram novas técnicas e agentes especializados em "governança da informação" no meio digital, responsáveis por padronizar determinados processos de armazenamento e gestão da informação.

Ainda, com a retomada recente do setor de aprendizado estatístico (i.e., *machine learning*) no campo de Inteligência Artificial – consequência, sobretudo, do maior volume de dados produzidos e do maior poder computacional das máquinas – os setores de *e-discovery* e governança da informação foram turbinados com novos mecanismos de classificação e identificação de padrões nos documentos sob análise.[11]

Aparentemente desconexos, esses três fenômenos estão interligados e impactaram diretamente o contencioso arbitral. Afinal, muitos procedimentos arbitrais decorrem de disputas relacionadas a contratos complexos (em sua acepção jurídica[12]) e de operações econômicas que envolvem grandes quantidades de documentos, profissionais e comunicações (*v.g.*, operações de fusões e aquisições). Essas disputas também estão ligadas a indústrias cujo registro dos fatos é da essência do negócio e/ou da administração do contrato (*v.g.*, contratos de construção e suas respectivas disputas de atraso (*delay*) e escopo/preço das obras (*disruption*))[13].

---

11. *Os processos de "classificação" e "agrupamento de documentos" correspondem a uma representação simplificada de duas das principais formas de aplicação de aprendizado de máquina (supervisionada e não supervisionada).*

12. *Confira-se, nesse sentido, definição de Paula Forgioni: "A complexidade dos contratos pode variar conforme os seguintes fatores, todos interligados: [i] duração da relação; [ii] iteração da contratação; [iii] valores das prestações e contraprestações; [iv] grau de ingerência de uma parte nas prestações devidas pela outra; [v] magnitude dos prejuízos decorrentes do eventual insucesso da operação; e [vi] quantidade de pessoas envolvidas na execução do contrato."* (FORGIONI, Paula Andrea. Contratos Empresariais: Teoria Geral e Aplicação, 3ª ed. Revista dos Tribunais: São Paulo, 2016, p. 58-60). O tema também é tratado em MARINO, Francisco Paulo de Crescenzo. Contratos coligados no direito brasileiro, 1ª ed. Editora Saraiva: São Paulo, 2012, p. 110-111; e JUNQUEIRA DE AZEVEDO, Antônio. Novos estudos e pareceres de direito privado. São Paulo: Saraiva, 2009, p. 139.

13. *De acordo com levantamento feito pela CCI, em nível internacional, disputas arbitrais relacionadas a contratos de construção representam aproximadamente 25% do total de disputas* (International Chamber of Commerce. ICC Dispute Resolution 2019 Statistics. ICC Publication nº DRS 901 eng (2020). p. 15. Disponível em: www.iccwbo.org/dr-stat2019, acessado em 03.09.20). *A tendência se repete no Brasil, conforme indica o Centro de Estudos das Sociedades de Advogados (CESA): "os principais temas discutidos nas arbitragens*

Logo, a arbitragem enfrenta hoje a mesma revolução informacional que culminou nas práticas de gestão da informação e *e-discovery*.

Nesse sentido, o Guia esclarece que organizações e profissionais vêm contratando os serviços de plataformas e provedores de serviço especializados em gestão de documentos para a utilização em procedimentos arbitrais, sobretudo naqueles que envolvam grandes quantidades de documentos.

Conforme será minudenciado a seguir, isso decorre da capacidade dessas ferramentas de (i) coletar e disponibilizar de forma estruturada grandes volumes de dados armazenados; (ii) organizar, processar e monitorar os dados coletados; (iii) pesquisar e analisar os dados para extrair informações a respeito da disputa; e (iv) auxiliar na produção de determinados documentos do banco de dados – mecanismos que geram diversos benefícios ao trabalho dos advogados e, por consequência, ao cliente final.

Registre-se que essas funções foram analisadas a partir da plataforma Relativity One®. A plataforma foi eleita como paradigma deste trabalho por ser indicada pelo Guia como referência no setor (segundo seu sítio eletrônico, o Relativity presta serviços a mais de 70 companhias da Fortune 100, e a 198 escritórios de advocacia da Am Law 200). Ademais, a plataforma comporta ferramentas capazes de abranger todas as etapas dos processos de gestão de documentos (*end-to-end*)[14] e está disponível no Brasil desde setembro de 2018, com funções em português[15-16]. Por fim, o Relativity One® é uma plataforma aberta com diversas APIs ("application programming interfaces" ou, no vernáculo, in-

---

administradas pelas instituições participantes da pesquisa foram disputas societárias e controvérsias atreladas a contratos de construção e/ou projetos de infraestrutura" (CESA. Anuário da Arbitragem no Brasil 2017. p. 3. Disponível em http://www.cesa.org.br/media/files/CESAA nuariodaArbitragem2017.pdf, acessado em 03.09.20).

14. *Disclaimer: o autor não possui qualquer vínculo com a plataforma, tampouco qualquer ligação financeira ou de prestação de serviços direta à plataforma. Além disso, embora o autor tenha acessado a ferramenta para a elaboração deste artigo, as informações aqui contidas não refletem um juízo de qualidade ou segurança mas, tão somente, uma indicação para fins acadêmicos acerca de sua existência e possível aplicabilidade ao procedimento arbitral. Eventual utilização das ferramentas em nível profissional deve ser precedida de análise individual pelo próprio potencial usuário.*

15. "*September 2018 Update – Bluestem. RelativityOne Now Available in Brazil. Brazil joins the US, the UK, Hong Kong and Canada on the list of regions now supported by RelativityOne.*" Disponível em: https://www.relativity.com/ediscovery-software/relativityone/whats-new/, acessado em 03.12.20.

16. Atualmente, o Relativity One® trabalha com diversos idiomas, entre eles Português, Inglês, Francês, Espanhol, Alemão, Chinês, Coreano e Japonês.

terfaces de programação de aplicativos) através das quais outros prestadores de serviços podem acoplar seus produtos e oferecer ao mercado.[17]

Para fins didáticos, as aplicações a seguir serão reunidas como que apresentadas por uma única ferramenta, embora, na prática, possam ser uma aplicação específica de um prestador de serviço que utiliza o Relativity One® como tecnologia-base.

3. Aplicações e benefícios de tecnologias de gestão de documentos na prática arbitral

Da análise do Guia e da plataforma-paradigma depreende-se que a gestão de documentos representa um diferencial competitivo na prática de arbitragem[18], eis que imprime maior eficiência da atuação dos patronos em diversas situações do procedimento arbitral. Neste capítulo, as principais aplicações das plataformas de gestão de documentos serão detalhadas para, então, apresentar-se alguns dos benefícios da utilização da ferramenta no contencioso arbitral.

3.1. Aplicações

3.1.1. Coleta e disponibilização

A primeira[19] vantagem na utilização do *software* é a coleta e disponibilização de *raw data* para a análise do(s) advogado(s) que trabalhará(ão) no caso.

A coleta de dados pode representar tarefa complexa. Além das fontes tradicionais de documentos – contratos, notificações e e-mails –, tem se tornado

---

17. "January 2020 Update – Indigo. A Better Platform for Developers. We've improved the API Object Manager architecture, reducing breaking changes for Developer Partners by 98 percent. Plus, external developers can now create and maintain their own Kepler REST APIs." Disponível em: https://www.relativity.com/ediscovery-software/relativityone/whats-new/, acessado em 03.12.20.

18. Note-se que, em outras áreas do Direito, essa prática já se encontra bastante difundida. Nas áreas de compliance e direito do trabalho, por exemplo, os softwares tratados neste estudo são utilizados com frequência para fins investigativos.

19. Ao longo do capítulo, os termos técnicos ligados à ciência de dados e ciência da computação foram acompanhados de breve explicação. Não obstante, caso subsista alguma dúvida, os termos são tratados, no formato de verbetes, em Maura R. Grossman & Gordon V. Cormack, The Grossman-Cormack Glossary of Technology-Assisted Review, Federal Courts Law Review. vol. 7, Issue 1, 2013, disponível em: https://www.fclr.org/fclr/articles/html/2010/grossman.pdf, acessado em 01.09.20.

comum agentes de mercado travarem discussões a respeito de confecção ou execução de contratos em outros canais de comunicação. Aplicativos de mensagem instantânea, plataformas de videoconferência graváveis, vídeos e áudios têm tomado lugar de destaque e se tornado fontes de informação potencialmente relevantes a uma disputa.[20]

Assim, as plataformas de gestão de documentos (por si ou por terceiros contratados especificamente para essa tarefa) ficam responsáveis por aglutinar os dados fornecidos, em suas variadas extensões, para revisão em um só espaço digital.

Quanto à disponibilização dos documentos, o Guia indica que as plataformas podem determinar, de acordo com a conveniência do cliente, que esses documentos fiquem disponíveis em espaços digitais dentro de uma organização (*e.g.*, nos sistemas informacionais do cliente ou dos escritórios de advocacia que estiverem trabalhando no caso), remotamente em acesso seguro na internet ou, ainda, em conexões na nuvem. Essa estrutura possibilita a criação de diferentes níveis de segurança, monitoramento e acesso à informação, conforme se verá em detalhes adiante.

Além disso, as plataformas possuem ferramentas de identificação e conversão automática de imagens em documentos editáveis e pesquisáveis através de OCR (*optical character recognition*), assim como mecanismos de identificação e transcrição de mídias de áudio e vídeo – disponibilizando documentos em formato digital distinto daquele em que originalmente foi feito o *upload*.

3.1.2. *Organização, processamento e monitoramento*

Após a coleta e disponibilização dos documentos das diferentes fontes de dados (máquinas e aparelhos de empregados, arquivos digitais da empresa, depósitos de documentos em agências reguladoras etc.), inicia-se a etapa de organização e processamento da informação. A partir dessa etapa, é possível realizar o monitoramento de todos os profissionais envolvidos no processo de análise dos documentos.

---

20. *Prova de que novos canais de comunicação têm causado impacto no mercado é a elaboração, pela CVM-SEP, do Ofício-Circular nº 7/2020, de 26.08.20, o qual busca regular a "apresentação em 'lives' com a presença de executivos de companhias abertas". Disponível em: http://www.cvm.gov.br/export/site s/cvm/legislacao/oficios-circulares/sep/anexos/oc-sep-0720.pdf, acessado em 30.08.20.*

Entre os mecanismos de organização apresentados pela plataforma, saliente-se aqueles voltados à redução do volume de documentos. O primeiro é a desindexação de itens repetidos (*de-duplication*), cabível, por exemplo, quando o mesmo arquivo está arquivado na máquina de dois colaboradores. O segundo refere-se à identificação de "quase-duplicatas" (*near duplicate identification*), focada na indicação de documentos com poucas alterações – diferentes versões de minutas, contratos de adesão, documentos similares de diferentes membros de uma rede de contratos (*v.g.*, contratos de distribuição) etc.

Em relação ao processamento das informações, o Guia indica que os *softwares* especializados são capazes de auxiliar na reunião de dados em uma única linha de raciocínio coerente a fim de que a informação possa ser analisada de forma sequencial (*v.g.*, organizada por critério cronológico; assunto; remetente/destinatário etc.). As principais funcionalidades são encadeamento de e-mails (*e-mail threading*), disponível para textos escritos em português[21], e o agrupamento de mensagens de texto (*sms grouping*).[22]

Outro aspecto de processamento, focado nos sujeitos mencionados no banco de dados, é a chamada normalização do nome (*name normalization*)[23]. A ferramenta unifica, sob uma única rubrica, diferentes e-mails e grafias de nome atribuídos a um determinado sujeito do banco de dados, simplificando as informações para o revisor[24]. Técnica similar, aplicável a um conjunto de sujeitos

---

21. *"February 2018 Update. New Email Threading Language Support: Japanese and Portuguese. Japanese and Portuguese join Korean, Spanish, Chinese, French, and German in the list of languages supported by email threading."* Disponível em: https://www.relativity.com/ediscovery-software/relativityone/whats-new/, acessado em 03.12.20.

22. *"March 2019 Update – Blazingstar. Analyze the Whole Conversation with Short Message Discovery. You can now seamlessly review, analyze, and produce short message data from SMS, MMS, iMessage, Slack, Bloomberg, and Skype."* Disponível em: https://www.relativity.com/ediscovery-software/relativityone/whats-new/, acessado em 03.12.20.

23. Veja-se o que dispõe o site da plataforma: *"January 2019 Update – Larkspur. Get a Better Understanding of the People in Your Case. Automatically assemble all of an individual's email addresses into a single, extensible reference point and get a holistic understanding of their communications. Add other information you know about them and leverage this knowledge from case to case."* Disponível em: https://www.relativity.com/ediscovery-software/relativityone/whats-new/get-a-better-understanding-of-the-people-in-your-case/, acessado em 03.12.20.

24. Tome-se, por exemplo, um sujeito fictício chamado Alpha Rodrigues Beta. Os dados coletados indicam que, nas comunicações, atribui-se a esse sujeito diversas grafias (v.g., Alpha R. Beta, AR Beta, Alpha Rodrigues, Alpha Beta etc.) e que o sujeito utiliza diversos e-mails, pessoais e profissionais, para se comunicar (@hotmail, @gmail, @companhia123). A ferramenta

do banco de dados, é voltada à apresentação, em gráficos, da rede social do caso (*social network visualisation*). Da mesma forma que a normalização do nome, a visualização da rede social representa um dos principais benefícios da gestão de documentos, porquanto fornece um panorama visual acerca da rede de sujeitos tratados na documentação (cf. Capítulo 3.2 *infra*).

Ainda no quesito de processamento de dados, a plataforma confere a analistas outras informações sobre ao banco de dados normalmente imperceptíveis a partir de uma análise linear. São elas: a indicação dos principais tipos e extensões dos arquivos do dataset; o volume de e-mails acerca de determinado critério definido pelo profissional analista; o período cronológico das mensagens de uma determinada cadeia de e-mail; e os documentos elaborados em língua estrangeira.

Por fim, há mecanismos de monitoramento dos colaboradores responsáveis pela revisão de documentos[25]. Os sistemas de controle indicam quem foi o responsável pela revisão, o número de páginas lidas, assim como o tempo empreendido na análise.

3.1.3. *Pesquisa e* Analytics

A plataforma também oferece ferramentas avançadas de pesquisa e análise de dados. Diante do número de aplicações, o artigo apresenta uma lista não exaustiva contendo ferramentas de diferentes níveis de complexidade.[26]

Expansão de palavras-chave (*keyword expansion*). Além da pesquisa tradicional por palavra-chave no dataset, o *software* possibilita que seja realizada uma pesquisa a partir de determinado termo ou expressão em busca dos principais termos a ele(s) relacionado(s), tais como termos correlatos, sinônimos ou expressões que costumam aparecer associadas ao objeto da pesquisa.

Pesquisa por proximidade (*proximity searching*). É possível buscar documentos pesquisando palavras-chave ou frases em determinado nível de proximidade uma das outras. Por exemplo, a pesquisa "*atraso* em até cinco palavras

---

    indicada faz um index de todas essas informações e as coloca sob um único guarda-chuva conceitual, denominado "Sr. Alpha".

25. Além do Relativity One®, o programa EZ Review possui as características descritas neste item.

26. Para a comodidade do exame, o trabalho indicou em nota de rodapé o link dos vídeos que ilustram o funcionamento das principais ferramentas, bem como as explicações originais do desenvolvedor. Em www.relativity.com, é possível encontrar as demais demonstrações.

de *obra*" pode ser utilizada na busca de documentos que representem impactos no cronograma contratual.

Destaque e Destaque por proximidade (highlighting e proximity highlighting). Parcela relevante da gestão de documentos do caso, mesmo quando utilizada a plataforma, será feita manualmente pelos profissionais jurídicos. Isso não significa que o processo esteja desprovido de tecnologia. Nesse ponto, as plataformas permitem aos revisores selecionarem palavras para que fiquem permanentemente destacadas em todo o banco de dados, de modo a facilitar a identificação e atenção do revisor. Assim, em casos de investigação de corrupção, por exemplo, é possível programar que documentos contendo os termos 'propina', 'pagamento' e 'dinheiro' sejam visualmente identificáveis de forma automática. Aproveitando-se da mesma tecnologia de pesquisa por proximidade, a plataforma também permite que os resultados de pesquisa que atenderem aos critérios de proximidade permaneçam sublinhados.[27]

Categorização e Pesquisa por múltiplos filtros (multiple-choice searching). A plataforma permite a criação de tags para relevância de um determinado documento dentro do dataset (relevante ou não relevante), escopo do documento em relação ao objeto pesquisável (dentro ou fora do escopo) e outros assuntos específicos. Os tags realizados pelo custodiante responsável pela classificação, então, passam a funcionar como filtros de pesquisa, facultando a segregação ou cumulação de critérios a fim de reduzir o escopo de documentos analisado.[28]

Alerta de comentários ocultos e de documentos "em marcas de revisão". Esta funcionalidade serve tanto para documentos de texto como para planilhas de Excel.[29]

---

27. "July 2018 Update Highlight Exactly What You're Looking For Highlighting performance has improved by 15%, and we've streamlined proximity highlighting to help you home in on what you need—and nothing else." Disponível em: https://www.relativity.com/ediscovery-software/relativityone/whats-new/highlight-exactly-what-you-are-looking-for/, acessado em 03.12.20.

28. "January 2020 Update – Indigo. Search Quicker and Easier. Simplify your search with easy filtering and a smoother process on multiple-choice fields, making it easier to narrow in on critical documents during a review or investigation." Disponível em : .https://www.relativity.com/ediscovery-software/relativityone/whats-new/search-quicker-and-easier/, acessado em 03.12.20.

29. "December 2017 Update Discover Hidden Comments and Tracked Changes. New pop-up notifications alert you if there are comments on a Word document or tracked changes in an Excel spreadsheet." e "May 2018 Update Find Hidden Comments and Tracked Changes in Excel Spreadsheets Comments or tracked changes in an Excel spreadsheet are now visible in

Construção de perfil dos sujeitos mencionados no banco de dados. A plataforma possui parceria com entidades investigativas voltadas à busca de informação fora das imediações do banco de dados.[30]

Análise da Comunicação (Communication Analysis)[31]. Somando-se às ferramentas de processamento de dados sobre sujeitos do banco de dados (Cf. Capítulo 3.1.2 *supra*), atualizações recentes da plataforma constituíram nova forma de analisar dados através da criação de perfis, padrões de comportamento e redes de comunicação entre os sujeitos do caso. A ferramenta realiza o tratamento dos dados oriundos dos diversos canais e veículos de comunicação utilizados por cada sujeito mencionado no banco de dados e apresenta infográficos com a síntese das informações. A plataforma consegue analisar, por exemplo, (i) quem são os principais correspondentes de um determinado sujeito; (ii) quais assuntos normalmente são objeto dessas correspondências; (iii) qual o horário em que os sujeitos costumam se comunicar; (iv) "red flags" nas comunicações, com base na definição de "red flag" dada pelo revisor do banco de dados etc. A ferramenta também pode segmentar a análise, verificando a teia de contatos de um único sujeito, ou a lista de sujeitos que abordam em suas mensagens um determinado tópico (*v.g.*, ponto controvertido em cenário pré-litigioso).

Fluxos de Análise Assistida por Tecnologia (Technology-Assisted Review – TAR – Workflows). Este ponto merece particular atenção porque, embora muitas das ferramentas anteriormente indicadas utilizem algoritmos e técnicas de aprendizado de máquina, é nos fluxos de TAR que essas técnicas ficam mais evidentes.[32]

---

the viewer." Disponível em: https://www.relativity.com/ediscovery-software/relativityone/whats-new/, acessado em 03.12.20.

30. *"June 2019 Update – Foxglove Create a More Holistic Picture of the People in Your Case. Case Dynamics is now integrated with entities to help you get richer information about the people and organizations in your case—and ultimately build a stronger strategy.* Disponível em: https://www.relativity.com/ediscovery-software/relativityone/whats-new/holistic-picture-people-case/, acessado em 03.12.20.

31. *"March 2019 Update – Blazingstar. Introducing Communication Analysis. This new visualization shows you who's talking to whom, how often, and what about. Dig into conversations and get deeper insight into the people in your matter."* Confira-se em detalhes em: https://www.relativity.com/edisco very-software/relativityone/whats-new/introducing-communication-analysis/, acessado em 03.12.20.

32. *Confira-se a parte técnica do funcionamento, em detalhes, no "Technology Assisted Review (TAR) Guidelines",* elaborado por membros do Bolch Judicial Institute, da Duke Law School.

O TAR utiliza técnicas de aprendizado supervisionado[33] de máquina para a análise em massa de grandes quantidades de documentos em curto período. Como premissa, em apertada síntese, o coordenador do banco de dados codifica/estabelece um conjunto de dados de treinamento do software de TAR. Durante o treinamento, os revisores humanos verificarão se o algoritmo está identificando corretamente os documentos e, se necessário, codificarão mais dados para ajustar a ferramenta. O software analisa os documentos codificados e cria (ou executa) seus próprios algoritmos de revisão e identificação da qualidade da classificação para, enfim, uma vez validado o modelo, extrair os resultados (no caso, os documentos) desejados pelo profissional jurídico.[34]

A plataforma oferece dois principais fluxos de TAR: aprendizado por amostra (*sample-based learning*) e aprendizado ativo (*active learning*).

No aprendizado por amostra (*sample-based learning*)[35], a criação de padrões inteligentes de pesquisa é feita tomando como referência um conjunto de documentos "padrão", selecionados pelo revisor. Essa modalidade de aprendizado é baseada no modelo matemático de Indexação Semântica Latente (*Latent Semantic Indexing*), cujo algoritmo busca correlações e similaridades entre os termos dos documentos comparados. Essa representação matemática trata palavras relacionadas como equivalentes; o que permite aos algoritmos identificar documentos "similares em conceito", mesmo que não utilizem palavras idênticas.

Disponível em: https://edrm.net/wp-content/uploads/2019/02/TAR-Guidelines-Final.pdf acessado em 01.09.20.

33. Basicamente, existem três tipos de aprendizado de máquina: aprendizado supervisionado, aprendizado não supervisionado e aprendizado por reforço. Este trabalho abordará técnicas relativas aos dois primeiros. No aprendizado supervisionado, toma-se como base um conjunto de dados estruturados, isto é, classificados, para treinar a ferramenta. Essa modalidade serve para melhorar a classificação do documento analisado (por exemplo: fraude ou não fraude; bom ou mau pagador etc.). No aprendizado não supervisionado, parte-se de um conjunto de dados não estruturado, ou seja, sem qualquer classificação. Dessa forma, esse tipo de técnica serve, sobretudo, para identificar padrões entre os documentos analisados e agrupá-los de acordo com os padrões identificados pelo algoritmo.

34. *Disponível, em detalhes, em:* https://legal.thomsonreuters.com/en/insights/articles/myths-and-facts-about-technology-assisted-review, *acessado em 01.09.20.*

35. Disponível, em detalhes em https://help.relativity.com/9.5/Content/Relativity/Analytics/Analytics.htm# Latent acessado em 03.12.20.

O aprendizado ativo (*active learning*)³⁶, por seu turno, permite que usuários montem um modelo com base em um pequeno conjunto de documentos, capaz de identificar no banco de dados os documentos "relevantes". A modelagem é feita a partir da análise e classificação/codificação desse pequeno conjunto de documentos. Após a modelagem, o software aplica o resultado do modelo ao restante dos documentos no banco de dados, sugerindo uma classificação a cada um deles. Essa classificação é binária, isto é, o documento pode ser classificado como "relevante" ou "não relevante"; e ranqueada, pois os resultados são ordenados por grau de relevância de acordo com a modelagem realizada pelo usuário. Após a máquina apresentar os resultados, o usuário responsável pela modelagem empreende nova análise acerca da codificação dos documentos, concordando ou não com as sugestões do algoritmo. Então, o software adapta as mudanças de acordo com o input do ser humano e aprimora os níveis de identificação de documentos relevantes. Como resultado da validação do modelo – isto é, quando as predições da máquina estiverem nos mesmos patamares da classificação humana –, o revisor tenderá a receber documentos mais relevantes "primeiro", se comparado a uma análise linear de documento a documento. Eis o resumo do processo:

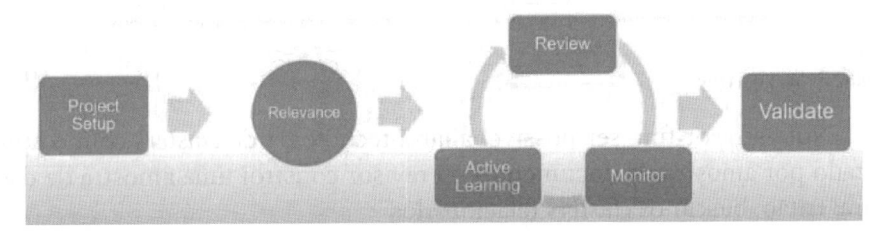

Fonte: Relativity One®

O modelo matemático descrito anteriormente, que sustenta o aprendizado ativo no Relativity One®, é o *Support Vector Machine* (SVM). Os parâmetros de performance dessa técnica (precisão, recall e acurácia) são elevados. O modelo possui mecanismos de controle (*Elusion Tests*) para aumentar a probabilidade de o processo de análise abranger todos os documentos relevantes dentro do

---

36. *Disponível, em detalhes,* em: https://www.relativity.com/ediscovery-software/relativityone/whats-new/active-learning/, acessado em 03.12.20.

banco de dados, evitando-se, assim, a conclusão da revisão sem a análise de algum documento-chave à disputa.³⁷

Clustering e Visualização de Clustering. A plataforma também possui ferramenta de aprendizado de máquina não supervisionado, através da qual são agrupados por semelhança em "famílias de documentos" aqueles que contenham similaridades (notadamente, palavras e temáticas). É possível, ainda, visualizar as famílias que mais se relacionam umas com as outras. Veja-se que a ferramenta disponibiliza tais informações em formato de gráficos, de modo a facilitar a compreensão do revisor:

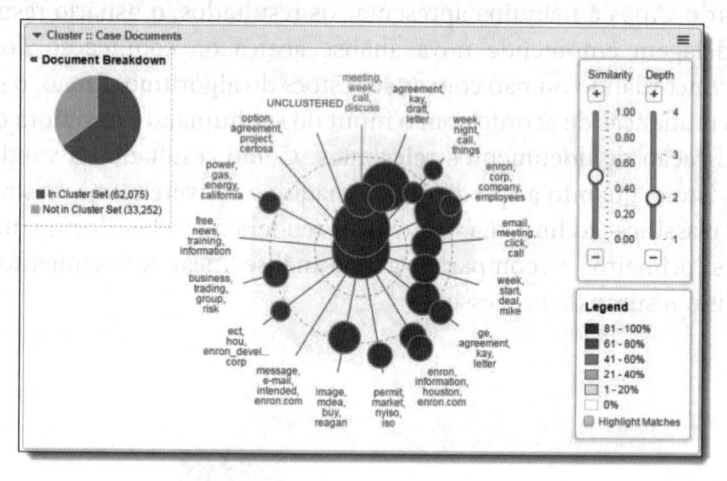

Fonte: Relativity One®

Note-se, por fim, ser possível aliar a tecnologia de *clusters* com o aprendizado por amostra de documentos. O revisor constrói uma amostra de dados para, então, buscar os *clusters* relacionados.

---

37. *Veja-se a parte técnica em detalhes no* White Paper *"Active Learning in Technology-assisted Review: Relativity's Approach to SVM and the Tech Behind it"; no treinamento fornecido pela equipe da plataforma; e nos artigo elaborados pela equipe da plataforma, disponíveis, respectivamente em* (i) https://resources.relativity.com/rs/447-YBT-249/images/WhitePaper_ActiveLearningInTechnologyAssist edReview.pdf; (ii) https://www.relativity.com/ediscovery-training/self-paced/svm-active-learning-overvie w/?utm_source=blog&utm_medium=cta; *(iii)* https://www.relativity.com/blog/active-learning-in-analytics-what-it-means-and-when-to-use-it/; *e (iv)* https://www.relativity.com/blog/4-ways-active-learning-will-change-your-e-discovery-review/, *acessados em* 03.12.20.

3.1.4. Produção

O principal recurso na parte de produção de documentos indicado no Guia cinge-se à tarja de documentos e/ou dados sigilosos ou sensíveis. As ferramentas são capazes de identificar e tarjar automaticamente documentos, inclusive textos, planilhas de Excel, áudios e imagens; bem como replicar a tarja de determinado documento em documentos similares ou em expressões similares no banco de dados. Especificamente, uma das funções aprimoradas é a identificação e tarja automática de palavras e expressões sensíveis, números de identidade e cartão de crédito etc.[38]

3.2. Benefícios

3.2.1. Assimetria de poder na dinâmica do litígio

Arbitragem é *storytelling* e documentos. O conhecimento dos pontos fortes e das fragilidades dos fatos do caso, consubstanciados na documentação, revela-se essencial à construção de uma narrativa condizente à posição jurídica que se pretende adotar – e, inclusive, essencial à definição da própria estratégia jurídica a ser adotada.

A parte que consegue organizar antes o conhecimento dos fatos e a documentação probatória subjacente assume flagrante posição de vantagem na disputa, sobretudo na fase pré-litigiosa. Quanto maior a assimetria de informação e antecedência na compreensão dessa informação, maior a assimetria de poder na dinâmica do litígio.

Evidentemente, a cooperação do departamento jurídico do cliente é crucial para o êxito da demanda e, por si só, revela-se capaz de nivelar eventuais assimetrias, na medida em que os colaboradores do cliente, no melhor cenário, já sabem quais os documentos relevantes à disputa.

Na prática, entretanto, vê-se uma realidade distinta. Não raro, os funcionários e advogados *in-house* que atuaram de forma mais próxima na relação comercial originária ("caixas-pretas" do caso) deixam a empresa antes de sobrevir o litígio, de modo que não é possível aproveitar-se dessa expertise. Além disso,

---

[38]. *Segundo o Guia, o software KLDiscovery cria tarjas automáticas e tarjas em documentos, inclusive Excel e áudios. Por seu turno, o software XDD (Xact Data Discovery) aplica tarjas em documentos Excel.*

de acordo com estudos da Ernst & Young[39] e da Thomson Reuters[40], respectivamente, há uma perspectiva de redução do orçamento dos departamentos jurídicos nos próximos anos, de um lado, e uma perspectiva de aumento de tarefas, sem mais contratações, de outro. Focados nas demandas mais relevantes e urgentes da organização, esses advogados internos tenderão a ter menos tempo de dedicação para cooperar com advogados externos em disputas arbitrais (que requerem dedicação hercúlea do time interno).

Diante dessas considerações, vê-se que a tecnologia discutida neste trabalho pode gerar assimetria de poder na dinâmica do litígio em duas frentes.

Em primeiro lugar, a própria tecnologia enseja um ganho de tempo absoluto (em relação a métodos tradicionais de gestão de documentos) e relativo (em relação à outra parte que não utilizar tais tecnologias), o que, por consequência, tende a favorecer a parte que utilizar a tecnologia à proporção da maior complexidade da disputa e do volume de documentos. A realização eficiente dessa etapa prévia – denominada *"early case assessment"* – tem implicações práticas diretas ao caso, que serão tratadas no capítulo 3.2.2 *infra*.

Em segundo lugar, a tecnologia de gestão de documentos pode ser capaz de suprir a lacuna informacional oriunda da indisponibilidade de funcionários e/ou da ausência de uma estrutura de governança de dados (nesse caso, pela menor organização dos dados *interna corporis*), ou de outras razões que impossibilitaram a organização da documentação (*v.g.*, sucessão empresarial). Se a tendência geral é a maior atribulação dos departamentos jurídicos, presume-se que aqueles que utilizarem tecnologias para melhorar sua eficiência estarão em posição de vantagem em relação a competidores.

Nesse particular, denota-se ainda, como benefício incidental da adoção da tecnologia, a desoneração do departamento jurídico – uma vez que reduzirá seu trabalho à organização dos dados para os advogados externos (aliás, trabalho compartilhável com o time de *legal operations*, se houver) e deixá-los trabalhar com a tecnologia, permitindo que o departamento jurídico foque atividades de criação de valor para o *core business* da empresa.

---

39. Relatório E&Y *"Reimagining the legal function report 2019 How legal functions are approaching a seismic operational shift"*, disponível em: https://assets.ey.com/content/dam/ey-sites/ey-com/en_gl/topics/tax/tax-pdfs/reimagining-the-legal-function-report--2019-pdf.pdf, acessado em 03.12.20.

40. Relatório *"Thomson Reuters Legal Tracker LDO Index: Benchmarking & Trends Report"*, disponível em: http://www.legalexecutiveinstitute.com/wp-content/uploads/2017/06/Thomson-Reuters-Legal-Tracker-Report.pdf, acessado em 03.12.20.

3.2.2. Eficiência na fase pré-arbitral e em cenários de constrição de tempo

A realização eficiente do *early case assessment*, caracterizada pela descoberta dos pontos nodais da disputa e da avaliação madura das fragilidades da parte ainda em fase incipiente do conflito, possui inúmeras implicações práticas. Passa-se, a título de exemplificação, a tratar de algumas delas.

Notificações. Como se sabe, determinados tipos de disputa (*v.g.*, construção, seguros e resseguros, bem como disputas contratuais oriundas de contratos de M&A) possuem fases pré-litígio com intensas trocas de notificação. Trata-se de documentos sensíveis de relevância negocial – os quais, se bem manejados, podem, inclusive, evitar a instauração do litígio – e que podem ser objeto de cognição do Tribunal Arbitral. A utilização das tecnologias, e o respectivo ganho de tempo, portanto, revelam-se positivos na estruturação de notificações sólidas.

Cláusulas escalonadas e Mediação. As mesmas ponderações servem aos casos em que há cláusula escalonada, isto é, cláusulas de resolução de disputa com a previsão de realização de procedimentos autocompositivos (negociação e/ou mediação) previamente à arbitragem. Isso porque o *early case assessment* possibilita à parte mensurar seu risco e entender melhor os limites de acordo para evitar depender de uma heterocomposição do litígio.

Medidas urgentes pré-arbitrais (principalmente se for tutela satisfativa). Em cenários de medidas urgentes, cuja otimização do tempo é essencial, as tecnologias de pesquisa e *analytics* (notadamente pesquisa por aproximação, *sample-based learning* e *active learning*) revelam-se benéficas ao réu/requerido da medida de urgência, pois a agilidade na obtenção de documentos permite a realização de contraditório efetivo capaz de frear a pretensão autoral na fase liminar do processo.

Nesse particular, os benefícios da tecnologia podem ocorrer em duas situações. A primeira, para remediar, quando a medida de urgência foi deferida e a parte precisa organizar uma argumentação jurídica sólida para buscar o juízo de retratação ou obter uma tutela recursal para suspender os efeitos da medida de urgência. A segunda, para prevenir, nos casos em que o réu/requerido descobre do ajuizamento da medida antes da cognição sumária pelo magistrado e lhe solicita um prazo exíguo (em regra, de 24 a 72 horas) para oferecer contraditório prévio à decisão de urgência; ou nas (ainda raras) hipóteses de árbitro de emergência. Diz-se prevenir, pois no contraditório a defesa pode apresentar versão de fatos capaz de pôr em xeque o *fumus boni iuris* e/ou o *periculum in mora* do autor, evitando ou mitigando, assim, a concessão da tutela jurisdicional.

3.2.3. Economia de tempo em tarefas acessórias

As ferramentas de organização, processamento e pesquisa de dados nos softwares de gestão de documentos são capazes de gerar benefícios de economia de tempo em tarefas acessórias.

Entre as principais aplicações destacadas neste trabalho, a experiência mostra que as etapas de transcrição de textos oriundos de imagens de texto não pesquisáveis (imagens rasterizadas) e áudios são tarefas que demandam muito tempo na prática contenciosa. Tais tecnologias reduzem o tempo (e, eventualmente, o custo dos profissionais envolvidos). Em relação à transcrição de áudios especificamente, há benefícios expressivos em casos de mercado de capitais em que haja um amplo volume de gravações obrigatórias (nos termos do art. 14 da Instrução CVM nº 505/2011), uma vez que os profissionais responsáveis pela análise do caso poderão utilizar ferramentas de pesquisa em cima das transcrições diretamente feitas pelo software, em vez de ter de aguardar pela conclusão da transcrição por outros profissionais.

Registre-se, igualmente, os benefícios decorrentes de aplicações como *de--duplication*, construção dos perfis dos personagens do banco de dados a partir da documentação (e fora dela), *e-mail threading* e tarja automática de documentos, cujo índice de acerto é bastante elevado e, portanto, diminui o tempo e a quantidade de trabalho manual a ser realizada pelo profissional e/ou sua equipe.

3.2.4. Insights e construção do caso

(i) As ferramentas de processamento, pesquisa e análise de dados são capazes de fornecer *insights* valiosos à construção do caso, fortalecendo a posição adotada e permitindo que os advogados possam priorizar sua atenção aos aspectos estratégicos da disputa. Eis adiante alguns exemplos práticos de *insights* a partir do uso das tecnologias indicadas neste trabalho.[41]

---

41. Evidentemente, é possível extrair insights *similares* (ou até mesmo idênticos) através de técnicas clássicas de análise de documentos. O ponto aqui colocado é que, sob o binômio de tempo e eficiência, a tecnologia pode prevalecer.

(ii) A identificação de quase-duplicatas aumenta a eficiência para se perceber pequenas alterações em documentos aparentemente idênticos relevantes ao (in)sucesso de uma determinada demanda. Não se trata de hipótese acadêmica. Há inúmeros casos, em nível internacional e nacional, em que o ponto central da discussão se resume à interpretação de uma única expressão, palavra ou mesmo sinal ortográfico.[42]

(iii) Em relação às ferramentas de alerta para comentários ocultos e de identificação e reunião de documentos em marcas de revisão, a vantagem é clara: permite-se a aferição da real intenção ou vontade real de uma ou mais partes em diferentes fases de determinado fato ou ato jurídico, possibilitando, assim, a apresentação de documentos vencedores ou, na hipótese de a informação ser desfavorável, melhor alinhamento das estratégias de litígio. Especificamente em relação aos documentos em marca de revisão, a tecnologia facilita a construção da evolução de minutas de um determinado caso, o que pode ser crucial para verificar como se deram as tratativas e manifestações de vontade de um determinado contrato sob disputa (v.g., se o que se pactuou era uma obrigação ou uma faculdade; se o entendimento veiculado pela pretensão autoral não prevaleceu durante a fase de negociação etc.).

(iv) A categorização e pesquisa por múltiplos filtros, por sua vez, pode ser útil para reunir e processar informações sobre determinado período; ou, ainda, concatenar informações isoladas

---

42. *Confira-se, nesse sentido, a dívida milionária originada no caso internacional do disparo de gatilhos de credit default swaps (CDS) da Abengoa, em que a diferença entre os contratos de 2003, disparados, e os contratos de 2014, não disparados, era a mudança do local do termo "similar" na frase, em documento de centenas de páginas. ("One-word change triggers Abengoa CDS Split". International Financial Review. Reportagem de 9 de dezembro de 2015. Disponível em https://www.ifre.com/story/1403209/one-word-change-triggers- -abengoa-cds-split-xsg4wcs80c, acessado em 03.09.20.*

Em igual sentido, no Maine, Estados Unidos, disputa entre a empresa Oakhurst Dairy e seus ex-funcionários caminhoneiros por verbas trabalhistas tinha, como pano de fundo, "uma vírgula" na legislação estadual que, a depender da leitura, poderia conferir ou extirpar os respectivos direitos trabalhistas pleiteados. Em 2018, a dúvida custou à empresa um acordo de US$ 5 milhões, a título de acordo. ("Oxford Comma Dispute Is Settled as Maine Drivers Get $5 Million". The NewYork Times. 9 de fevereiro de 2018. Disponível em https://www. nytimes.com/2018/02/09/us/oxford-comma-maine.html, acessado em 03.09.2020).

que, em conjunto, tornam-se relevantes (como notificações repetitivas sobre atrasos em obra), conferindo-se, assim, novas possibilidades de argumentação e de prova acerca de determinado comportamento ou violação ao contrato. Funcionalidade semelhante se verifica nas ferramentas de pesquisa por proximidade, TAR e *Clustering*, que aumentam a precisão das buscas por documentos relevantes e em volume suficiente para se fazer o argumento, assim como possibilitam estabelecer relações entre os documentos pertinentes ao caso (*v.g.*, delimitar relatórios diários de obra que apontem anormalidades).

(v) Por fim, as tendências e padrões de perfil fornecem *insights* improváveis quanto aos sujeitos envolvidos no processo em casos de escassez de tempo e/ou repartição das atividades entre os diferentes profissionais que estão a analisar a documentação.

3.2.5. Accountability, *Cibersegurança* e Compliance de Proteção de Dados

A metrificação e o monitoramento do processo de revisão e análise de documentos enseja maior controle dos profissionais envolvidos, em especial nas hipóteses que envolvam diferentes equipes trabalhando em conjunto, bem como explicita em detalhes – e, portanto, justifica – as horas trabalhadas. Assim, denota-se que o uso das tecnologias de gestão de documentos torna mais simples a prestação de contas e alocação de tarefas/responsabilidades sobre o trabalho desempenhado.

A adoção de plataformas de gestão de documentos também está alinhada aos novos standards de cibersegurança e proteção de dados.

Em relação à cibersegurança, um dos principais benefícios da tecnologia é a própria razão de existir de sistemas de gestão de documentos: a criação de um ambiente unificado e seguro para disponibilizar, acessar e transferir dados sensíveis e/ou sigilosos. Acrescente-se, nos casos de escritórios atuantes em nível global, a possibilidade de análise de dados em escala e a superação da distância física de filiais de diferentes jurisdições (sobretudo em disputas transfronteiriças) como justificativas à institucionalização das plataformas de gestão de documento[43]. Ainda, considerando o uso recorrente de sistemas de gestão de documentos no procedimento arbitral em outras jurisdições, o tema tem sido objeto de protocolos internacionais de cibersegurança, alguns especializados em arbitragem, o que, por conseguinte, fornece parâmetros objetivos (sucintos) de conduta para os provedores da tecnologia.[44]

No que tange ao Compliance de Proteção de Dados, embora os benefícios da utilização de plataformas de gestão de documentos sejam inúmeros, este trabalho cingir-se-á a analisar aqueles decorrentes das próprias funcionalidades da plataforma. Verifica-se, nesse sentido, que funções como a tarja automática e a tarja por semelhança diminuem o risco de violação a leis de proteção de dados, pois proveem aos responsáveis pelo seu manuseio do banco de dados ferramentas mais eficientes de proteção de dados do que a revisão linear de documentos.

Acrescente-se que o assunto foi objeto de minuciosa discussão na mais recente revisão da "*Nota às Partes e aos Tribunais Arbitrais sobre a condução da arbitragem conforme o Regulamento de Arbitragem da CCI*", publicada em 1º.1.2019[45], e na minuta do "*ICCA-IBA Roadmap to Data Protection in International Arbitration*", ainda em fase de consulta pública.[46]

---

43. Com base nessas premissas, em Agosto de 2018, o escritório Allen & Overy tornou-se a primeira firma global (de que se tem conhecimento) a institucionalizar o oferecimento do Relativity One a seus clientes. "Allen & Overy invests further in Advanced Delivery offering with RelativityOne". Allen & Overy. Disponível em: https://www.allenovery.com/en-gb/global/news-and-insights/news/allen--overy-invests-further-in-advanced-delivery-offering-with-relativityone, acessado em 03.09.20.

44. Por todos, confira-se o ICCA-NYC Bar-CPR Protocol on Cybersecurity in International Arbitration (2020), p. 12-13. Disponível em: https://www.arbitration-icca.org/media/14/52278078693299/icca-nyc_bar-cpr_cybersecurity_protocol_for_international_arbitration_-_electronic_version.pdf, acessado em 03.09.20.

45. "86. Durante a arbitragem, as partes, seus representantes *e todos os demais participantes* deverão garantir a segurança dos dados pessoais processados sob sua respectiva responsabilidade. 87. Para tanto, as partes e os árbitros deverão assegurar que sejam utilizados *meios seguros de coleta, comunicação e arquivamento de dados, ao longo de todo o processo de arbitragem e durante o período de retenção aplicável a tais dados.* Para tanto, recomenda-se aos tribunais arbitrais e às partes que consultem o Report on the Use of Information Technology in International Arbitration (Relatório sobre o uso da tecnologia da informação em arbitragem internacional) preparado pela Comissão da CCI sobre Arbitragem e ADR." Disponível em <https://iccwbo.org/publication/note-parties-arbitral-tribunals-conduct-arbitration/>, acessado em 17.4.2019.

46. "*ICC-IBA Roadmap to Data Protection in International Arbitral. Public Consultation Draft (February 2020)*. Disponível em: https://www.arbitration-icca.org/media/14/18191123957287/roadmap_28.02.20. pdf, acessado em 03.09.2020.

Diante de um cenário regulatório rígido a respeito de proteção de dados – GDPR (Regulação da União Europeia nº 2016/679) e LGPD (Lei nº 13.709/2018), entende-se que a utilização desses serviços pode conferir maior segurança ao advogado na condução das atividades e, assim, ratificar o seu comprometimento de zelo por tais dados perante diferentes *stakeholders* (clientes diretos, mercado jurídico e autoridades).

4. OUTROS BENEFÍCIOS DA ADOÇÃO DE TECNOLOGIAS DE GESTÃO DE DOCUMENTOS NO PROCEDIMENTO ARBITRAL

4.1. Sinergia com clientes

Como visto no Capítulo 2 *supra*, a sistemática de gestão de documentos nas organizações melhora os índices de governança da informação.

No caso de clientes que já possuam uma estrutura de governança da informação sólida, o fornecimento, aos advogados, dos sistemas de gestão de documentos (ou dos dados pertinentes à disputa) facilita a prestação dos serviços e aumenta a sinergia, pois, assim, os patronos podem reunir informações pertinentes de forma rápida e precisa; aprimorando o processo de tomada de decisão em momentos críticos da vida da organização.

O maior poder de sinergia, entretanto, decorre justamente quando o cliente não possui uma estrutura de governança de dados robusta, pois, nesse caso, o procedimento arbitral pode representar uma oportunidade (ainda que dentro da dificuldade e tensão inerente ao litígio), de se melhorar os sistemas de informação do cliente.

Afinal, caso adotados os sistemas de gestão de documentos para lidar com a demanda, durante o procedimento arbitral uma grande quantidade de informações passará pelo processo de tratamento do Capítulo 3.1 *supra*.

Ou seja, além de servir à disputa, a adoção de tecnologias de gestão de documentos traz, como efeito colateral benéfico, a sistematização dos dados da empresa, que poderá utilizá-los para aprimorar seus processos internos após o litígio.

Ainda que seja difícil de metrificar, sob esse aspecto parece ser possível observar a contratação dessas tecnologias como uma forma de investimento, uma vez que parte dos custos com o projeto relacionado ao litígio será revertido, em última instância, em benefício do negócio.

Sob a ótica dos advogados, por fim, o conhecimento das tecnologias por si poderia potencializar os benefícios desse mutualismo. Expertos nas ferramentas tecnológicas do cliente, os profissionais parceiros poderão extrair informações de mais qualidade dos dados disponibilizados, pondo-se em posição singular na compreensão dos negócios do cliente – tanto para oferecer serviços de melhor qualidade nas tarefas atuais como para enxergar novas oportunidades.

4.2. Colaboradores

A adoção de tecnologias na prática arbitral ainda é pouco difundida, a despeito de sua premente necessidade. O treinamento e a ambientação com tecnologias de gestão de documentos representam um acréscimo relevante na formação dos profissionais jurídicos para atender às novas demandas do contencioso estratégico e, assim, preservar a qualidade na prestação de serviços ao cliente final. Algumas plataformas possuem programas de parceria com instituições acadêmicas ao redor do mundo visando ao aprimoramento dessas capacidades tecnológicas.

5. CONCLUSÃO

Depois da temporada que mudou a história do beisebol (2002), Billy Beane (Brad Pitt) recebeu um convite para ir a Boston conversar com o proprietário do tradicional Boston Red Sox sobre uma potencial oferta de emprego.

A despeito de ser uma equipe consagrada, os Red Sox à época amarguravam um dos maiores jejuns da história do esporte, pois desde 1918 não venciam um campeonato mundial de beisebol.

Na conversa, relatada no filme, o proprietário do time enaltece o feito e a eficiência na gestão de Billy Beane. Contudo, algo lhe chama mais atenção: a obstinação em implementar o projeto, a despeito das vozes contrárias.

Ele diz: *"eu sei que você está tomando nos dentes lá fora, mas o primeiro a atravessar a parede nunca sai ileso. Isto não está apenas ameaçando uma forma de fazer negócio. Na percepção deles, está ameaçando o próprio jogo. Na realidade, o que está ameaçando é o estilo de vida das pessoas. Está ameaçando o jeito de as pessoas fazerem as coisas. E, toda vez que isso acontece, seja um governo, uma forma de fazer negócio, qualquer coisa, as pessoas que estão no controle se incomodam. O meu ponto é: qualquer time que, neste momento, não está se desmontando neste exato momento, e se reconstruindo com base no seu modelo, é um dinossauro. Eles estarão no sofá no ano que vem vendo o Boston Red Sox vencer o campeonato".*

Apesar do romantismo hollywoodiano, a passagem possui certa sabedoria e aplicabilidade ao objeto deste trabalho. Isso porque, diante das considerações apresentadas, verifica-se que as tecnologias de gestão de documentos atingiram um nível de maturidade capaz de serem mais eficientes do que métodos tradicionais; conclusão acentuada pelo cenário atual de revolução digital e o crescimento exponencial da produção de dados e do poder computacional.

As potenciais aplicações e benefícios comprovam a necessidade de superar as barreiras tecnológicas indicadas na Introdução, e eventuais resistências culturais, em troca de uma prática arbitral atual e correspondente à crescente demanda por inovações tecnológicas. É preciso atravessar a parede.

Com efeito, acredita-se que a adoção de tecnologias de gestão de documentos como boa prática pode repercutir positivamente aos prestadores de serviço, ao aprimoramento de seus integrantes e, sobretudo, à satisfação do cliente final.

Conclui-se, portanto, ser preciso, com urgência, difundir e capacitar os profissionais jurídicos ao uso de tais ferramentas, bem como entender em quais circunstâncias a sua utilização é economicamente viável e/ou benéfica em comparação a métodos tradicionais de organização de documentos no cenário brasileiro.[47]

O efeito de *Moneyball* na Arbitragem, a experiência dirá.

Para os Red Sox, rendeu, em 2004, o campeonato mundial.

---

47. *Por conta de seu escopo limitado, este trabalho cingiu-se a apresentar os aspectos positivos, sem, entretanto, esmiuçar os potenciais entraves à adoção dessas novas tecnologias. Não se ignora que os custos de adoção dessas tecnologias podem tornar o projeto inviável; e que, mesmo nos casos em que haja predisposição do cliente final, é possível que o cliente não tenha percepção clara do valor criado pela utilização da plataforma.*

Provas digitais: conceito, princípios probatórios e provas digitais em espécie

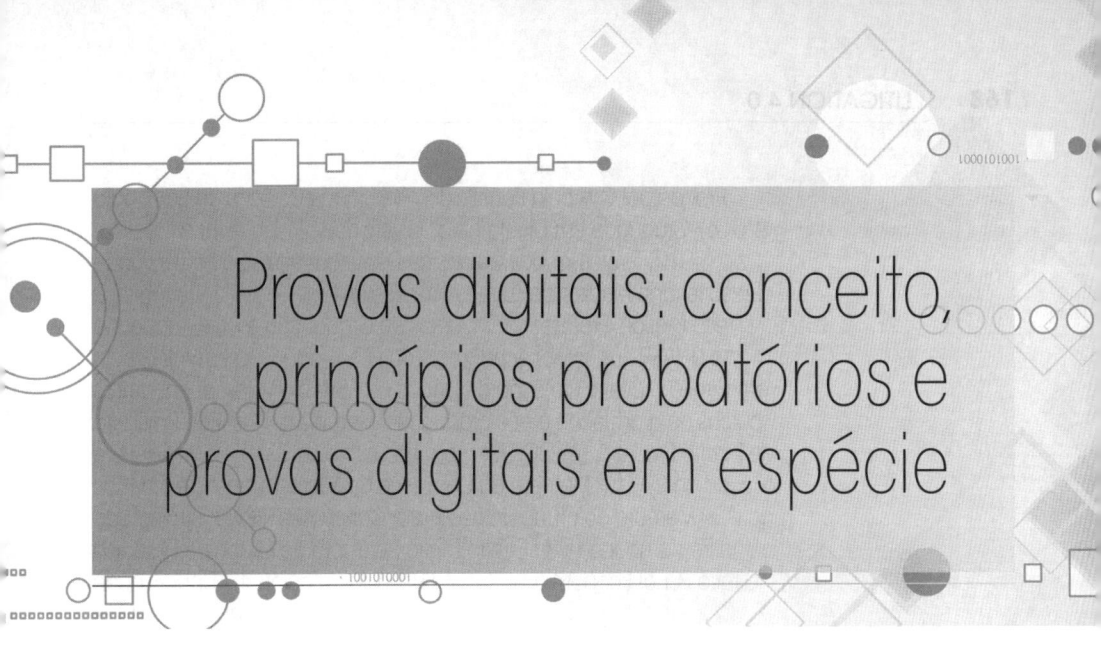

Rennan Thamay

Pós-Doutor pela Universidade de Lisboa. Doutor em Direito pela PUC/RS e Università degli Studi di Pavia. Mestre em Direito pela UNISINOS e pela PUC Minas. Especialista em Direito pela UFRGS. Professor Titular do programa de graduação e pós-graduação (Doutorado, Mestrado e Especialização) da FADISP. Professor da pós-graduação (*lato sensu*) da PUC-SP, do Mackenzie e da EPD – Escola Paulista de Direito. Professor Titular do Estratégia Concursos e do UNASP. Foi Professor-assistente (visitante) do programa de graduação da USP e Professor do programa de graduação e pós-graduação (*lato sensu*) da PUC/RS. Presidente da Comissão de Processo Constitucional do IASP (Instituto dos Advogados de São Paulo). Membro do IAPL (International Association of Procedural Law), do IIDP (Instituto Iberoamericano de Derecho Procesal), do IBDP (Instituto Brasileiro de Direito Processual), IASP (Instituto dos Advogados de São Paulo), da ABDPC (Academia Brasileira de Direito Processual Civil), do CEBEPEJ (Centro Brasileiro de Estudos e Pesquisas Judiciais), da ABDPro (Associação Brasileira de Direito Processual) e do CEAPRO (Centro de Estudos Avançados de Processo). Advogado, árbitro, mediador, consultor jurídico e parecerista.
www.rennanthamay.com.br

Maurício Tamer

Advogado, árbitro e professor. Doutorando em Direito Político e Econômico na Universidade Presbiteriana Mackenzie. Mestre em Direito

Processual Civil pela Pontifícia Universidade Católica de São Paulo (2016). Graduado em Direito pela Universidade Presbiteriana Mackenzie (2012). Professor dos Cursos de Pós-Graduação da Universidade Presbiteriana Mackenzie (Direito Processual Civil, Compliance Digital e Direito Digital). Professor dos Cursos de Graduação e Pós-Graduação na UNASP. Supervisor Acadêmico da Pós-Graduação em Advocacia em Direito Digital e Proteção de Dados na EBRADI. Professor em outros cursos de graduação e pós-graduação. Membro do Instituto Brasileiro de Direito Processual - IBDP. Membro da Comissão Especial de Direito e Inovação da OAB/SP. Membro da Comissão de Microempresas e Startups do IASP. Membro do grupo de pesquisa "Transparência Algorítmica", da Liga Pernambucana de Direito Digital. Membro do Grupo de Pesquisa "Direito Penal Econômico e Justiça Penal Internacional" - Universidade Presbiteriana Mackenzie.

Sumário: Introdução. 1. Conceito de prova digital. 2 Pressupostos de validade e utilidade das provas digitais. 3. Princípios processuais que orientam a formatação da prova digital. 4. Provas digitais em espécie. 5. Considerações finais. Referências bibliográficas.

Introdução

A escrita de um artigo que preze por fazer jus à presente obra coletiva e honre o convite feito passa necessariamente pela busca de um problema científico claro e demanda o pensamento sobre o tema proposto, de modo a tentar contribuir com os debates jurídicos contemporâneos.

Entre os vários temas possíveis e que representam incômodos de pensamento desses autores, a justificar a pesquisa e o compartilhamento com a comunidade acadêmica em busca de respostas, o tema da prova digital é, a nosso ver, um dos mais intrigantes.

Nessa perspectiva, e pensando nas mais variadas possibilidades de utilização das tecnologias para a violação de preceitos de direito material, o presente artigo tenta renovar a preocupação desses pesquisadores na necessidade de pensar sobre como os fatos associados a essa dinâmica e perfeitos na quarta revolução industrial[1] e na sociedade da informação ou pós-industrial[2] são demonstrados, dentro de um espectro de legalidade e utilidade dos resultados probatórios produzidos.

---

1. Diz Klaus Schwab: "Atualmente, enfrentamos uma grande diversidade de desafios fascinantes; entre eles, o mais intenso e importante é o entendimento e a modelagem da nova revolução tecnológica, a qual implica nada menos que a transformação de toda a humanidade. Estamos no início de uma revolução que alterará profundamente a maneira como vivemos, trabalhamos e nos relacionamos. Em sua escala, escopo e complexidade, a quarta revolução industrial é algo que considero diferente de tudo aquilo que já foi experimentado pela humanidade. [...] Estou bastante ciente de que alguns acadêmicos e profissionais consideram que essas inovações são somente mais um aspecto da terceira revolução industrial. Três razões, no entanto, sustentam minhas convicções da ocorrência de uma quarta – e distinta – revolução: – Velocidade: ao contrário das revoluções industriais anteriores, esta evolui em um ritmo exponencial e não linear. Esse é o resultado do mundo multifacetado e profundamente interconectado em que vivemos; além disso, as novas tecnologias geram outras mais novas e cada vez mais qualificadas. Amplitude e profundidade: ela tem a revolução digital como base e combina várias tecnologias, levando a mudanças de paradigma sem precedentes da economia, dos negócios, da sociedade e dos indivíduos. A revolução não está modificando apenas 'o que' e o 'como' fazemos as coisas, mas também 'quem' somos. Impacto sistêmico: ela envolve a transformação de sistemas inteiros entre países e dentro deles, em empresas, indústrias e em toda sociedade. [...] Ela teve início na virada do século e baseia-se na revolução digital. É caracterizada por uma internet mais ubíqua e móvel, por sensores menores e mais poderosos que se tornaram mais baratos e pela inteligência artificial e aprendizagem automática (ou aprendizagem da máquina). As tecnologias digitais, fundamentadas no computador, software e redes, não são novas, mas estão causando rupturas à terceira revolução industrial; estão se tornando mais sofisticadas e integradas e, consequentemente, transformando a sociedade e a economia global. [...] A quarta revolução industrial, no entanto, não diz respeito apenas a sistemas e máquinas inteligentes e conectadas. Seu escopo é muito mais amplo. Ondas de novas descobertas ocorrem simultaneamente em áreas que vão desde o sequenciamento genético até a nanotecnologia, das energias renováveis à computação quântica. O que torna a quarta revolução industrial fundamentalmente diferente das anteriores é a fusão dessas tecnologias e a interação entre os domínios físicos, digitais e biológicos" (SCHWAB, Klaus. *A quarta revolução industrial*, Tradução de Daniel Moreira Miranda, São Paulo: Edipro, 2016, p. 11, 13 e 16-17).

2. Segundo explica Yoneji Masuda sobre a "Época da Informação", já em 1982 – processo que apenas se aperfeiçoou e ganhou escala em suas características até o momento presente: "A espécie humana vive um processo de transformação silenciosa da sociedade: o surgimento de uma época da informação, centrada na tecnologia de telecomunicações e informática. Uma 'Época da Informação' é o *período de tempo em que ocorre uma inovação na tecnologia da informação, em que se torna latente o poder de transformação da sociedade, capaz de acarretar uma expansão da quantidade e da quantidade da informação, e um aumento em larga escala no armazenamento da informação*. Essa época da

Propõe, de forma aberta às críticas e buscando no leitor as respostas ainda necessárias, uma das leituras possíveis do fenômeno, apresentando um conceito de prova digital, os princípios que orientam tal atividade probatória, questões a ela pertinentes e aqueles que, para estes autores, seriam os meios de prova digital em espécie.

1. Conceito de prova digital

Partindo da perspectiva de que o direito à prova é um verdadeiro direito constitucional e que deve ser compreendido dentro das garantias constitucionais da inafastabilidade da jurisdição[3], do devido processo legal, da ampla defesa e do contraditório, a primeira pergunta que se coloca é: como exercer o poder de influência assegurado constitucionalmente, que tais garantias preconizam em conjunto, sem a possibilidade de realizar a prova adequada e efetiva em relação ao fato alegado?

---

informação, centrada na tecnologia do computador, terá um impacto muito mais decisivo na sociedade humana do que a revolução da 'energia', que começou com a invenção da máquina a vapor. A razão básica disso é que a função fundamento do computador é substituir e amplificar o trabalho mental humano, enquanto a máquina a vapor teve a função básica de substituir e amplificar o trabalho físico" (*A sociedade da informação como sociedade pós-industrial*, trad. Kival Charles Weber e Angela Melim, Rio de Janeiro: Ed. Rio, 1982, p. 67). Também sobre o tema, ver a obra de Armand Mattelart, *História da sociedade da informação*, 2. ed., São Paulo: Loyola, 2002.

3. "A inafastabilidade da jurisdição possui mesmo natureza principiológica. Essa conclusão deriva, especialmente, da compreensão de que a inafastabilidade preconiza um estado ideal das coisas a ser buscado representado pelo pleno acesso à jurisdição. Sua aplicação não se justifica só pela subsunção do fato à descrição normativa, mas também pela verificação se os fatos e dispositivos contribuem para o acesso ou não. Além disso, por delinear um fim a ser atingido, contribui diretamente e de forma complementar no raciocínio decisório. Do mesmo modo, a inafastabilidade se ajusta bem aos mais diversos conceitos de princípios desenvolvidos pela doutrina. Apresenta superioridade material ou valorativa sobre as regras, permite uma série indefinida de aplicações, pode ser compreendida como um mandado de otimização, como mandamento nuclear no contexto de resolução de conflitos e, ainda, como uma das normas mais fundamentais ou como uma verdade fundante desse sistema. Em síntese, a inafastabilidade da jurisdição possui um significado mais importante no Direito. O princípio da inafastabilidade é direito fundamental e nessa condição deve ser compreendido. Fundamentalmente, caracteriza-se como um direito a uma prestação positiva do Estado ou de quem estiver investido na função jurisdicional no sentido de solucionar adequadamente o conflito em caso de lesão ou ameaça a direito" (TAMER, Maurício Antonio. *O princípio da inafastabilidade da jurisdição no Direito Processual Civil Brasileiro*, Rio de Janeiro: LMJ Mundo Jurídico, 2017, p. 118-119).

Assim, pensar em um conceito de prova digital e discutir um problema científico dessa natureza parece ser mais do que trazer uma definição do que vem a ser a prova digital, mas tentar discorrer sobre o que isso significa do ponto de vista teórico e prático e quais os pressupostos de sua validade jurídica e utilidade.

A prova é o instrumento jurídico vocacionado a demonstrar a ocorrência ou não de determinado fato, e, em caso positivo, delimitar todas as suas características e circunstâncias, respondendo não só à pergunta se o fato ocorreu ou não, mas como ocorreu e quais sujeitos estão a ele atrelados, ativa ou passivamente. Alguém, responsável por conferir a leitura jurídica sobre o fato, precisa saber se o fato ocorreu ou não e, se sim, todas as suas circunstâncias. A prova, em linhas gerais, é o meio pelo qual é formada a convicção desse alguém em relação a fato específico[4-5].

---

4. Nesse ponto, sobre a ideia contemporânea de prova, interessante verificar a proposta feita por Luis Guilherme Marinoni e Sérgio Cruz Arenhart, segundo os quais: "Comumente, a definição de prova vem ligada à ideia de reconstrução (pesquisa) de um fato, que é demonstrado ao magistrado, capacitando-o a ter certeza sobre os eventos ocorridos e permitindo-lhe exercer a sua função [...] Cumpre reconhecer que o fenômeno probatório assume, atualmente, um caráter multifacetário, capaz de imprimir à figura, conforme o prisma através do qual se observa, diferentes nuances. [...] Nessa perspectiva, se retorna à definição que já lançamos, e que parece refletir, razoavelmente, a natureza da prova como se pretende denotá-la: a prova, direito processual, é *todo meio retórico, regulado pela lei, e dirigido dentro dos parâmetros fixados pelo direito e de critérios racionais, a convencer o Estado-juiz da validade das proposições, objeto de impugnação, feitas no processo*" (MARINONI, Luiz Guilherme, ARENHART, Sérgio Cruz. Prova e convicção, 5. ed., rev., atual. e amp. São Paulo: Thomson Reuters Brasil, 2019, p. 65-68).

5. "Toda norma jurídica condiciona la producción de sus efectos a la existencia de determinada situación de hecho. Por consiguiente, la parte que pretende haberse verificado, en la realidad, la situación de hecho decripta por la norma o normas que invoca como fundamento de su pretensión o defensa, ante todo, asumir la carga de *afirmar* la existencia de esa situación. Ahora bien: los hechos sobre los que versan tales afirmaciones pueden ser, a su vez, admitidos o negados por la otra parte. [...] Desde un primer punto de vista, la expresión '*prueba*' denota esa peculiar actividad que corresponde desplegar durante el transcurso del proceso y que tiende a la finalidad mencionada. Pero también abarca, por un lado, el conjunto de modos u operaciones (*medios de prueba*) del que se extraen, a raíz de la '*fuente*' que proporcionan, el motivo o motivos generadores de la convicción judicial (*argumentos de prueba*), y, por otro lado, el hecho mismo de esa convicción, o sea el *resultado* de la actividad probatoria. En ánimo de formular un concepto comprensivo de todas esas significaciones puede decirse que *la prueba es la actividad procesal, realizada con el auxilio de los medios establecidos por la ley, y tendiente a crear la convicción judicial sobre la existencia o inexistencia de los hechos afirmados por las partes como fundamento de sus pretensiones o defensas*" (PALACIO, Lino Enrique.

Os meios probatórios, por sua vez e em si considerados, devem ser compreendidos em relação à prova a partir de uma relação instrumental de meio e resultado. É a técnica processual ou procedimental de obtenção da prova. De uma maneira geral, toda técnica representa a predisposição de meios ordenados a obter certos resultados, só se justificando pela existência de determinada finalidade a cumprir[6]. Os meios probatórios são técnicas processuais ou procedimentais, portanto, porque são mecanismos delineados à obtenção de um resultado, no caso, a prova sobre o fato.

Meios probatórios, são, assim, esses meios de transferência ou transporte dos fatos de fora dos processos ou procedimentos para dentro. O que os diferencia e permite, por assim dizer, a categorização na expressão provas em espécie, é onde e como os fatos foram registrados e, por consequência, como se dará essa transferência para dentro dos processos e procedimentos. Assim, por exemplo, se o fato foi registrado na memória de alguém, a prova testemunhal será o meio probatório habilitado a levar tal fato para dentro do processo ou procedimento. Se o fato estiver registrado em determinado documento (compra e venda de imóvel, recibo de pagamento, data de nascimento ou óbito, postagem em mídia social, envio de e-mail etc.), a prova documental seria o meio apto. Se a transferência do fato para dentro do processo ou procedimento depender de sua tradução técnica especializada (digital, médica, de engenharia etc.), a prova pericial será o meio próprio.

Os meios probatórios são os instrumentos de obtenção das provas nos processos e procedimentos, por meio da inclusão, nesses, dos fatos. As provas são os resultados obtidos após a realização dessa tarefa de transferência. As consequências jurídicas, por sua vez, são extraídas dessas provas ou resultados probatórios. Por fim, a atividade probatória é a atividade relacionada a todos esses procedimentos.

Em uma ordem de formação de convicção do destinatário da prova, portanto, tem-se: (i) primeiro, há o fato; (ii) segundo, esse fato é trazido para dentro do processo ou procedimento mediante os meios probatórios; (iii) terceiro, tem-se as provas a partir dos resultados obtidos; e (iv) quarto, é formada a convicção do destinatário sobre os interesses jurídicos atrelados a partir da narrativa e construção normativa extraída das provas.

Manual de derecho procesal civil 21. ed., atual. por Carlos Enrique Camps, Ciudad Autónoma de Buenos Aires: Abeledo Perrot, 2016, p. 417-418).

6. BEDAQUE, José Roberto dos Santos. *Efetividade do processo e técnica processual*, 3. ed., São Paulo: Malheiros Editores, 2010, p. 81.

Dito isso, parece ser possível trazer o conceito do que seria a prova digital[7], sobre o qual já houve oportunidade de se falar a respeito em outro momento. A prova digital seria, assim, o instrumento jurídico vocacionado a demonstrar a ocorrência ou não de determinado fato e suas circunstâncias, tendo ele ocorrido total ou parcialmente em meios digitais ou, se fora deles, esses sirvam como instrumento para sua demonstração. A prova digital é o meio de demonstrar a ocorrência de um fato ocorrido em meio digital ou que tem no meio digital um instrumento de demonstração de determinado fato de seu conteúdo.

Muitos são os exemplos em que esse conceito parece encontrar correspondência em plano prático.

No caso da pessoa que realiza a postagem inverídica em mídia social (Facebook etc.), esse é o fato, a sua prova passa pela rede para tanto, porém, terá de fazer prova de tal fato, o que passa pela preservação do conteúdo e identificação técnica do usuário responsável (obtenção dos registros eletrônicos e dados cadastrais respectivos). A prova digital, nesse exemplo, será justamente o resultado extraído da preservação do conteúdo e da identificação do responsável, demonstrando – em procedimento extrajudicial ou judicial futuro – o que foi feito e quem o fez.

Também, por exemplo, é comum a criação de sites ou páginas em mídias sociais utilizando-se do conjunto-imagem de terceiros, quer dizer, *layouts* que, embora não contenham nome ou marca protegidos, utilizam-se de elementos visuais similares que, em conjunto, provocam o engano ao usuário de internet. Ou, ainda, Práticas que violam a propriedade intelectual de terceiros, seja no viés da propriedade industrial (marcas, *trade-dress* etc.) – Lei nº 9.279, de 1996, seja no viés do direito autoral ou dos direitos sobre o software, também podem ter nos fatos em meios digitais o suporte da conduta ilícita. Também, nessas situações, serão provas digitais os resultados dos procedimentos de preservação e identificação dos responsáveis.

Ainda no plano dos exemplos e sendo impossível esgotar as situações possíveis sem fugir ao escopo deste ensaio, também parece importante citar Prática cada vez mais comum, que é a contratação dos chamados anúncios ou links patrocinados nos sistemas de busca, em especial, no principal deles, da Google. Na prática, um concorrente compra para si os termos referentes ao outro concorrente, de modo que, no instante em que o usuário realiza a busca, lhe são

---

7. THAMAY, Rennan. TAMER, Mauricio. *Provas no direito digital*: conceito da prova digital, procedimentos e provas digitais em espécie, São Paulo: Thomson Reuters Brasil, 2020.

apresentados resultados patrocinados. Também nesse caso, a preservação do fato digital e sua ulterior demonstração procedimental perfaz a prova digital.

Em síntese, estando o fato no meio digital ou sendo o fato demonstrável por meio de algum instrumento digital, fala-se em prova digital.

2. Pressupostos de validade e utilidade das provas digitais

Seguindo na linha de investigar o tema, como todo instituto jurídico, parece que à prova digital também se aplicam pressupostos de validade e utilidade. Presentes, será a prova digital válida e útil. Ausentes, não.

Nessa perspectiva e como em qualquer meio probatório – o que significa dizer que não se trata de pressupostos exclusivos da realidade digital – a utilidade da prova digital passa necessariamente pela observância de três fatores principais: (i) autenticidade; (ii) integridade; e (iii) preservação de cadeia de custódia. E ao de se falar em utilidade quer se dizer que é o respeito a esses três fatores ou qualidades da atividade probatória digital que vai permitir que ela seja utilizada sem questionamentos válidos ou minimamente hábeis a desconstituir seu valor agregado.

A falha em qualquer deles resultará na fragilidade da própria prova, tornando-a fraca e até, por vezes, imprestável ou impotente de produzir efeitos no caso concreto. Em outras palavras, não servirá para trazer ao processo ou procedimento o fato ocorrido no meio digital.

Como primeiro pressuposto, a autenticidade deve ser entendida como a qualidade da prova digital que permite a certeza com relação ao autor ou autores do fato digital. Ou seja, é a qualidade que assegura que o autor aparente do fato é, com efeito, seu autor real. É a qualidade que elimina toda e qualquer hipótese válida e estruturada de suspeição sobre quem fez ou participou da constituição do fato no meio digital.

Uma prova falha nesse aspecto ou não autêntica é aquela, portanto, sobre a qual repousa dúvida em relação à autoria. E, se essa dúvida existe, a consequência lógica é a perda de chances de utilidade da prova, ao passo que os questionamentos em relação ao responsável pelo fato passam a ser possíveis. Uma prova digital falha em sua autenticidade acaba por reproduzir um fato, por assim dizer, pela metade e sem autoria certa. Qualquer providência para responsabilização decorrente da possível leitura de ilicitude sobre o fato restará infrutífera. Não se responsabiliza o incerto, o vazio ou o vento.

Como segundo pressuposto, tem-se a integridade. Ela deva ser entendida como a qualidade da prova digital que permite a certeza com relação à sua completude e não adulteração. A prova digital íntegra é aquela isenta de qualquer modificação em seu estado ou adulteração desde o momento da realização do fato até a apresentação do resultado prova. Prova digital íntegra, portanto, é aquela não modificada ou adulterada, apta, portanto, a demonstrar a reprodução do fato em sua completude e integridade.

A inutilidade da prova não íntegra, assim como no caso da prova sem autenticidade, também é fácil de visualizar. Prezando pela objetividade, os mesmos exemplos anteriores também são aplicáveis. Adulterada a prova, obviamente ela se torna muito mais frágil, resultando na inutilidade da prova para os fins aos quais está vocacionada, especialmente a formatação da convicção do destinatário da prova sobre a responsabilização do autor do fato.

Por que, por exemplo, é recomendável utilização da ata notarial à apresentação da simples captura de tela do aplicativo de WhatsApp em um processo judicial? Justamente porque este último pode se dar pela captura de tela de conteúdo facilmente adulterável. É muito simples e fácil construir ou alterar uma conversa de aplicativo de mensagens, de e-mails ou postagens em mídias sociais. Qualquer pessoa com um mínimo conhecimento de informática tem essa capacidade, inclusive existem aplicativos desenvolvidos só para essa finalidade[8]. A ata notarial conta com a fé pública de tabelião e, embora não seja imune a qualquer alteração maliciosa, é elemento probatório muito mais seguro. Nesse ponto, tem-se o que parece ser uma característica mais típica das provas digitais em relação: a possibilidade exponencial de adulteração.

É por essa razão que a coleta da prova deve ser revestida por procedimentos tecnicamente aptos a demonstrar que o elemento probatório permaneceu intacto e inalterado, do momento da realização do fato até a apresentação da prova. Exemplo prático e que parece ilustrar bem essa ideia é o procedimento de clonagem de dispositivos de armazenamento (as já referidas HD – *hard disk* – e SSD – *solid state drive*, principalmente). Com isso, conserva-se o dispositivo original de forma íntegra, sendo a verificação da prova e os estudos periciais feitos no dispositivo versão clone, garantindo toda contraprova necessária e eliminando qualquer levantamento de dúvida sobre adulteração.

Por fim, é importante preservar a cadeia de custódia da prova digital, ou seja, é preciso preservar a autenticidade e a integridade em todo o processo de produção da prova digital, desde sua identificação, coleta, extração de resultados

---

8. Existem alguns sites e aplicativos com esse escopo espúrio. Ver, v.g., o aplicativo disponível em: https://www.fakewhats.com/generator. Acesso em: 11.04.2020.

e apresentação no processo ou procedimento de destino. A ideia é construir verdadeiro registro histórico da evidência, de toda a vida da prova. A ideia é que se alguém seguir os mesmos passos já dados na produção da prova, o resultado será exatamente o mesmo. Nesse ponto, é importante sinalizar datas, horários, quem teve acesso, onde o acesso foi feito e até quaisquer alterações inevitáveis relacionadas. Mais uma vez, se não respeitada a cadeia de custódia da prova, o resultado será a sua imprestabilidade prática, justamente em razão da dúvida que pairará a seu respeito.

3. Princípios processuais que orientam a formatação da prova digital

Os princípios seriam as normas finalísticas e que determinam a promoção de um estado ideal das coisas ou um fim juridicamente relevante a ser buscado. Suas aplicações não se dão pela simples subsunção do fato à norma, mas sim pela interpretação se o fato ou a regra contribui ou não, e em que medida, à busca do estado ideal preconizado. Parecem orientar a tomada de decisão e extração normativa sobre os fatos a ser feita.

Não se ignora que a atividade probatória, como qualquer outra de ordem jurídica e procedimental, deve respeito aos princípios constitucionalmente estabelecidos, destacando-se: o devido processo legal, a inafastabilidade da jurisdição, o contraditório e ampla defesa, a publicidade, a motivação das decisões que versem sobre a admissão ou não do meio de prova ou da prova em si etc.

Porém, precisamente em relação à formatação da prova, ganham relevância três princípios: (i) o princípio da vedação da prova ilícita, (ii) o princípio da liberdade probatória; e (iii) o princípio da persuasão racional ou do livre convencimento motivado. São determinações que trabalham em verdadeira simbiose normativa e orientam toda a formatação da prova, sua validade e utilidade jurídica e a avaliação de seu conteúdo.

O primeiro deles, o princípio da vedação da prova ilícita, está previsto no art. 5º, LVI, da CF, segundo o qual "são inadmissíveis, no processo, as provas obtidas por meios ilícitos". Na mesma esteira, determina o art. 369 do CPC que: "As partes têm o direito de empregar todos os meios legais, bem como os moralmente legítimos, ainda que não especificados neste Código, para provar a verdade dos fatos em que se funda o pedido ou a defesa e influir eficazmente na convicção do juiz". Ou, ainda, o art. 157 do CPP: "São inadmissíveis, devendo ser desentranhadas do processo, as provas ilícitas, assim entendidas as obtidas em violação a normas constitucionais ou legais". Quer dizer, dentro da dinâmica posta de formatação da prova no item precedente, não serão aceitas nos processos e procedimentos as provas (resultados sobre a ocorrência ou não de fatos e todas as suas características e circunstâncias) ilícitas, ou seja, contrárias ao Direito ou "confeccionadas em violação ao Direito vigente"[9-10].

Essa contrariedade ilegal pode estar na obtenção ilegal da prova pré-constituída legalmente, na formação da prova, nem sua produção, em sua admissão processual ou procedimental. A prova pode ser lícita em si, mas obtida de forma ilícita (obtenção ilegal). Pode ser em si ilícita (formação ilegal). Ou, ainda, pode ser produzida no processo ou procedimento de forma ilícita (produção ilegal). Ou, por fim, ser admitida de forma incorreta ou atemporal (admissão ilícita).

Também se fala em prova ilícita se esse resultado se dá por derivação ou pela aplicação da teoria dos frutos da árvore envenenada (*the fruit of the poisonous tree*). Assim, é ilícito por derivação, por exemplo, o resultado prova da confirmação da posse de entorpecentes por acusado que assim só o fez em razão da obtenção (ilícita) de fotos em seu aparelho celular sem autorização judicial[11]. Também, *v.g.*, são ilícitas as provas derivadas de busca e apreensão

---

9. STJ, HC nº 481.201/MT, 6ª T., Rel. Min. Nefi Cordeiro, j. 21.05.2019, DJe 03.06.2019.

10. "O ato ilícito é aquele praticado em oposição a uma regra de direito, provenha esta de qualquer ramo ou disciplina jurídica. Em princípio, a ilicitude é *una*, no sentido de significar uma ofensa ao Direito como um todo. Poder acontecer, por certo, a coincidência entre uma ou mais regulações normativas, isto é: a prática de um fato pode afetar bens ou direitos regulados em mais de um texto legislativo, como ocorre com a maioria dos ilícitos penais nos quais são atingidos bens individualizados. De modo geral surgirá nessas hipóteses, além da responsabilidade penal, o dever de reparar o dano civil. A prova ilícita significa, então, a prova *obtida, produzida, introduzida ou valorada* de modo contrário à determinada ou específica previsão legal. A ilicitude que acabamos de mencionar surgiria nas fases essenciais do aparecimento da prova no processo penal, a saber: (a) a de sua *obtenção*; (b) a da sua *produção*; (c) a da sua *introdução* no processo; e, por fim, (d) a da sua *valoração* pelo juiz da causa" (PACELLI, Eugênio. FISCHER, Douglas. *Comentários ao Código de Processo Penal e sua jurisprudência*, 6. ed., rev. e atual., São Paulo: Atlas, 2014, p. 332); "Prova ilícita é aquela que, em si mesma considerada, fere o ordenamento jurídico. Assim, por exemplo, a tortura expressamente proibida pelo inciso III do art. 5º da CF. Prova obtida por meios ilícitos é aquela que, como meio de prova, e admitida ou tolerada pelo sistema, mas cuja forma de obtenção, de constituição, de formação, fere o ordenamento jurídico" (BUENO, Cássio Scarpinella. *Manual de direito processual civil*: volume único, 5. ed., São Paulo: Saraiva, 2019, item 21.1.13).

11. "A obtenção de fotos no celular do paciente se deu em violação de normas constitucionais e legais, a revelar a inadmissibilidade da prova, nos termos do art. 157, caput, do Código de Processo Penal – CPP, de forma que, devem ser desentranhadas dos autos, bem como aquelas derivadas. No caso, somente após a violação dos dados constantes

ilícita realizada em apartamento de parlamentar federal determinada por juízo incompetente que não o STF[12]. Ou as provas derivadas de interceptação telefônica se essa foi reconhecida como ilícita[13], foi feita sem autorização judicial ou sobre fato não criminoso, mas apenas caracterizado como ilícito civil. Ou, ainda, no contexto digital, as provas obtidas a partir de busca e apreensão realizada na residência de autor de ilício da internet, cujo endereço de conexão derivado dos registros eletrônicos respectivos não foi obtido com ordem judicial.

Consequência prática da ilicitude da prova digital: serão ineficazes juridicamente. Não estarão mais aptas, com o reconhecimento da ilicitude, a produzir os efeitos jurídicos pretendidos. Se não produzidos, evita-se a produção. Se já produzidos, cassam-se os atos decorrentes, aplicando-se o regime de nulidades. É por essa razão e para assegurar a total ineficácia, inclusive prática, que o STJ há muito se posiciona pelo desentranhamento das provas declaradas ilícitas[14]. No entanto, não será decretada a nulidade se (i) a prova não for decisiva para a convicção do destinatário, quer dizer, se ele chegaria à mesma conclusão se a prova não fosse feita; (ii) se a prova puder ser obtida a partir de outros elementos lícitos[15] ou (iii) se sua descoberta seria inevitável[16].

---

no aparelho celular é que o paciente confirmou a posse de outra porção de entorpecentes em sua residência. Assim, inevitável a conclusão de que as provas apreendidas na residência do paciente são derivadas daquela obtida mediante a indevida violação da intimidade, sendo, portanto, nulas por derivação" (STJ, HC nº 459.824/SP, 5ª T., Rel. Min. Joel Ilan Paciornik, j. 09.04.2019, DJe 22.04.2019).

12. STF, Rcl nº 24.473/SP, 2ª T., Rel. Min. Dias Toffoli, j. 26.06.2018, DJe 06.09.2019.

13. STJ, AgRg na Rcl nº 29.876/PB, 3ª S., Rel. Min. Joel Ilan Paciornik, Rel. p. acórdão Min. Ribeiro Dantas, j. 27.02.2019, DJe 25.03.2019.

14. STJ, HC nº 525.266/PR, 6ª T., Rel. Min. Sebastião Reis Júnior, j. 24.09.2019, DJ 01.10.2019; STJ, EDcl no AREsp nº 1.410.0889/SP, 6ª T., Rel. Min. Nefi Cordeiro, j. 18.06.2019, DJe 28.06.2019; STJ, RHC nº 92.009/RS, 5ª T., Rel. Min. Felix Fischer, j. 10.04.2018, DJe 16.04.2018.

15. "Em geral, a admissão de provas ilícitas e de provas ilícitas 'por derivação' conduz à nulidade do processo e da sentença; Quando, porém, for possível verificar que, apesar de admitidas tais provas, o resultado dela decorrente não foi determinante na convicção judicial ou, ainda, teria sido alcançado, inevitavelmente, por outros meios (lícitos) de prova, não se declarará a nulidade" (ALVIM, Arruda. op. cit., p. 840).

16. "Agravo regimental no agravo em recurso especial. Crimes previstos na lei de licitações e contra a administração pública. Provas produzidas por fonte independente não contaminadas pela prova ilícita. Juízo de recebimento da denúncia. *In dubio pro societate*. Indícios mínimos de autoria e materialidade delitiva. Modificação do julgado recorrido. Impossibilidade. Revolvimento do conteúdo fático-probatório. Agravo improvido. 1. A prova ilícita não contamina as provas produzidas por fonte independente ou cuja

O primeiro exemplo que salta aos olhos é a obtenção de registros de conexão ou de acesso a aplicações de internet (registros de *log* – Endereço de IP ou Internet Protocol, data, hora e porta lógica de origem sem ordem judicial. Também será ilícita a prova obtida mediante acesso à conta digital de terceiro sem sua autorização ou autorização judicial, seja uma conta de e-mail, de mídia social ou de qualquer outra funcionalidade on-line (ex.: conta bancária). Nesse caso, ausente a autorização do titular da conta, seja porque utilizaram de suas credenciais de acesso (ex.: login de usuário e senha) ou porque de algum processo técnico de fraude (ex.: utilização de softwares maliciosos – malwares – ou mediante o fornecimento ilícito de código de aplicativos), as informações obtidas serão ilícitas. Por sua vez, o acesso a conversas de e-mail ou aplicativos de mensagens, como WhatsApp, Telegram e Microsoft Teams, por exemplo, depende necessariamente de autorização judicial específica e justificada ou do consentimento livre do próprio usuário. São ilícitos, portanto, e, no entendimento do STJ, os resultados obtidos a partir da verificação de "dados constantes de aparelho celular, decorrentes de mensagens de textos SMS, conversas por meio de programa ou aplicativos (WhatsApp), mensagens enviadas ou recebidas por meio de correio eletrônico"[17]. Porém, caso o titular das conversas já tenha falecido, já entendeu o STJ que são lícitas as provas obtidas a partir das conversas de aplicativo WhatsApp se o titular do aparelho e das conversas ali presentes já estiver falecido em razão da possível prática de homicídio, pois,

---

descoberta seria inevitável. 2. Na hipótese, embora a inicial acusatória faça menção ao procedimento de escuta declarado ilegal, verifica-se, claramente, que a prova ilícita não foi utilizada para embasar a peça ministerial, sendo que os fatos assestados aos recorrentes estão evidenciados pelas demais provas reunidas no feito, as quais foram não foram desentranhadas do processo e que, inclusive, conforme mencionado pelo Ministério Público em sua apelação, foram consideradas isentas à ilicitude. 3. Prevalece no âmbito deste Superior Tribunal de Justiça o entendimento de que, para o recebimento da denúncia, basta a mera probabilidade da procedência penal, em atenção ao princípio do *in dubio pro societate*. 4. Agravo regimental improvido" (STJ, AgRg no AREsp nº 1.280.071/MS, 5ª T., Rel. Min. Jorge Mussi, j. 23.04.2019, DJe 07.05.2019).

17. STJ, RHC nº 78.065/SP, 5ª T., Rel. Min. Reynaldo Soares da Fonseca, j. 03.09.2019, DJe 12.09.2019. No mesmo sentido: STJ, HC nº 517.509/SP, 5ª T., Rel. Min. Ribeiro Dantas, j. 27.08.2019, DJe 02.09.2019; STJ, AgRg no HC nº 499.425/SC, 5ª T., Rel. Min. Reynaldo Soares da Fonseca, j. 06.06.2019, DJe 14.06.2019; STJ HC nº 432.896/MG, 5ª T., Rel. Min. Feliz Fischer, j. 24.04.2018, DJe 08.05.2018; STJ, RHC nº 67.379/RN, 5ª T., Rel. Min. Ribeiro Dantas, j. 20.10.2016, DJe 09.11.2016; STJ, RHC nº 51.531/RO, 6ª T., Rel. Min. Nefi Cordeiro, j. 19.04.2016, DJe 09.05.2016, Informativo nº 583; e STJ, HC nº 315.220/RS, 6ª T., Rel. Min. Maria Thereza de Assis Moura, j. 15.09.2015, DJe 09.10.2015.

com sua morte, não haveria mais sigilo a proteger, mesmo sem autorização judicial. E, além disso, os preceitos de processo penal estariam vocacionados a proteger os interesses do investigado ou acusado, e não da vítima.

Em mais um precedente muito interessante, o STJ reconheceu a ilegalidade da prova obtida por meio do espelhamento do aplicativo WhatsApp por meio da funcionalidade conhecida como WhatsApp Web – que pode vir a ser aplicado, inclusive, para outras ferramentas de funcionalidade similar[18]. No caso, a autoridade policial, munida de autorização judicial, apreendeu o aparelho celular do investigado. Depois, em sigilo, e sem o conhecimento do titular do aparelho, realizou o espelhamento das conversas mediante a utilização do aplicativo WhatsApp Web em dispositivo da própria polícia, onde passou a monitorar todas as conversas ali realizadas. O aparelho foi devolvido ao investigado e as apurações seguiram com os diálogos espelhados, fundamentando-se o pedido e decretação das prisões preventivas com base nesse monitoramento, inclusive com a inserção de capturas de tela (*printscreen*) da conversa. Pelo vínculo direto da ilicitude da prova com a decretação das prisões, elas foram revogadas.

Como segundo princípio, tem-se o da liberdade probatória, que dialoga muito, inclusive, com a própria ideia de vedação da prova ilícita. A ideia básica nesses termos é: se não há vedação jurídica, qualquer elemento (típico ou atípico) pode ser utilizado para trazer o fato à luz e tentar o convencimento do destinatário. É o que diz o art. 369 do CPC: "As partes têm o direito de empregar todos os meios legais, bem como os moralmente legítimos, ainda que não especificados neste Código, para provar a verdade dos fatos em que se funda o pedido ou a defesa e influir eficazmente na convicção do juiz".

Intimamente ligado ao direito constitucional à prova e a ideia dele decorrente de viabilização da obtenção do resultado prova a partir do ajuste às próprias configurações do fato, o princípio da liberdade probatória impõe a busca constante por um estado ideal das coisas em que qualquer fato, por mais específico e peculiar que seja, possa ser provado. A liberdade existe, justamente e ao que parece, portanto, com a vocação de permitir a abertura ou amplitude de possibilidades de se demonstrar a ocorrência ou não de determinado fato e todas as suas circunstâncias. Do contrário, em caso de atividade estritamente rígida, ter-se-ia o desconhecimento do fato e do consequente direito pura e

---

18. STJ, RHC nº 99.735/SC, 6ª T., Rel. Min. Laurita Vaz, j. 27.11.2018, DJe 12.12.2018.

simplesmente em razão da ausência de previsão típica de meio probatório. Quer dizer, vácuos probatórios implicam vácuos de tutela de direitos materiais[19].

No contexto do direito digital, considerando a multiplicidade de características em relação às quais os fatos podem se formatar, tal princípio parece ganhar alta importância.

Como terceiro e último princípio, dentro da tríade proposta anteriormente nesse ensaio, tem-se o princípio da persuasão racional ou do livre convencimento motivado do destinatário da prova. A ideia principal é que o destinatário fará sua avaliação sobre o conjunto probatório que está à sua disposição. No momento da tomada de decisão sobre a ocorrência ou não dos fatos e as consequências jurídicas respectivas, confere o valor ou maior relevância ao meio probatório e ao fato vinculado que, na sua percepção transparente e racionalmente fundamentada, tem mais peso no deslinde da dúvida. O que se tem, portanto, e principalmente em uma visão estratégica do caso concreto, salvo determinações legais expressas, é que não há previsibilidade precisa e completamente segura sobre qual meio probatório será preferido, melhor ou mais valioso no caso concreto, por assim, dizer, pairará a seu respeito.

4. Provas digitais em espécie

Aproximando-se do final do que este ensaio propôs – o estudo da prova digital – adentra-se à menção e ao estudo de algumas provas digitais em espécie, ou seja: os meios aptos à demonstração dos fatos digitais ou a demonstração digital dos fatos, os meios de prova mais pertinentes ao se falar na relação do direito à prova com o direito digital.

A um, a prova documental. Documento, para efeito de prova, deve ser entendido não apenas como uma escrita em um papel, e ao se falar em direito digital, a obviedade dessa ideia parece ficar ainda mais clara. De forma ampla,

---

19. "Para que la prueba cumpla su fin de obtener la verdad o lograr la convicción del juez sobre la verosimilitud o no de los hechos litigiosos, es indispensable otorgar libertad a las partes y al juez, para utilizar todos los medios probatorios admisibles, ya que no puede haber prueba donde falta la libertad de probar, esta libertad es postulado indiscutible de la prueba. Consecuentemente se veda el *numerus clausus*. Este principio puede sintetizarse en el derecho a invocar la libertade de los medios de pruebas pero, sobre todo, el derecho de elección del medio probatorio, elección que supone aquella libertad" (MASCIOTRA, Mario. Principios que rigen el ofrecimiento, producción y apreciación de la prueba en el proceso civil. *In* ROJAS, Jorge A. [coord.]. *La prueba*, 1. ed. rev., Santa Fe: Rubinzal-Cuizoni, 2016, p. 82).

documento é um objeto com capacidade de materializar um fato, seja por meio da escrita, de sinais, gráficos, símbolos etc. São documentos, portanto, os filmes, as fotos, as transcrições, desenhos. Documento, portanto, é qualquer suporte físico ou eletrônico em que um fato e suas circunstâncias estão registrados. A prova documental, por sua vez, é o resultado obtido no processo ou procedimento a partir da utilização desse documento.

É prova documental, por exemplo, o resultado prova obtido no processo a partir de CD, mídia ou HD juntado aos autos em que consta determinado vídeo que interessa à discussão jurídica estabelecida. Também é prova documental o resultado no processo a partir do contrato juntado. Igualmente, é prova documental aquela obtida a partir da juntada de extratos de registros eletrônicos (IP, data e hora) obtidos em demanda anterior de quebra de sigilo em face de provedor. As capturas de tela ou *printscreen* também produzem provas documentais. Em suma, o fato está registrado em algum suporte físico ou eletrônico? E esse suporte não é outra prova específica? Se a resposta for positiva, para ambas as questões, o resultado prova extraído será documental.

Ainda, em relação à prova digital, parece importante a referência ao documento eletrônico e ao documento digitalizado. O documento eletrônico é aquele produzido, autenticado, armazenado e transmitido em *suporte eletrônico* na sua forma original. É, por exemplo, qualquer documento nos formatos e extensões .pdf ou .doc, assinados eletronicamente ou não. Documento digitalizado, por sua vez, um terceiro tipo, é o documento originalmente produzido em meio físico e depois transportado, por meio da digitalização (fotografia, utilização de aplicativos, digitalização via *scanner* etc.), para suporte eletrônico. É, por exemplo, o instrumento de mandato (procuração ou substabelecimento) feito e assinado em papel e digitalizado para protocolo em processo eletrônico. É o contrato digitalizado para ser encaminhado por e-mail (o e-mail em si é um documento eletrônico, seu anexo, nesse caso, um documento digitalizado).

A *dois*, a ata notarial. Prevista originalmente no art. 7º, III, da Lei nº 8.935, de 1994[20], conhecida como Lei do Cartórios, que regulamenta o art. 236 da Constituição Federal[21], a ata notarial também é definida no CPC, em seu art. 384, assumindo, a partir de então, a condição de meio de prova típico. Segundo o dispositivo: "A existência e o modo de existir de algum fato podem ser atestados ou documentados, a requerimento do interessado, mediante ata lavrada por

---

20. Art. 7º Aos tabeliães de notas compete com exclusividade: [...] III – lavrar atas notariais;
21. Art. 236. Os serviços notariais e de registro são exercidos em caráter privado, por delegação do Poder Público.

tabelião". Inclusive, poderão constar em ata "dados representados por imagem ou som gravados em arquivos eletrônicos" (art. 384, parágrafo único, CPC). O que se extrai dessa disposição é justamente o reconhecimento da realidade das coisas, permitindo que o tabelião registre documentalmente, em ata, fatos observados eletronicamente. Para os processos penais e trabalhista, bem como aos procedimentos administrativos ou particulares, a dinâmica é a mesma.

Trata-se de documento em que o notário nele registra aquilo que observou a partir de seus sentidos. Como assinala Arruda Alvim: "Trata-se, em verdade, de um misto de documento público e testemunho oficial do tabelião, que pode conter a apreensão de fatos ou dados, tais como: (a) o conteúdo de sites da Internet; (b) o conteúdo de programas de televisão; (c) quaisquer outros dados representados por som ou imagem gravados em arquivos eletrônicos (art. 384, parágrafo único, do CPC/2015); (d) estado de imóvel no momento da vistoria etc."[22].

No contexto dos fatos ocorridos nos meios digitais ou dos fatos que podem ser demonstrados pelos meios digitais, a utilidade da ata notarial enquanto prova é altíssima. Alguns exemplos parecem sinalizar essa utilidade.

A ata notarial é muito útil, por exemplo, para o registro de atos ou posturas tidas por desonrosas práticas por meio da internet, *v.g.*, postagens em mídias sociais que atacam diretamente terceiros ou atribuem a terceiros fatos desonrosos (Twitter, Instagram, Facebook etc.); *blogs* ou sites criados justamente para a mesma finalidade; mensagens enviadas ou postadas em grupos de aplicativos de mesmo teor (WhatsApp, Telegram etc.); etc. As consequências jurídicas associadas ao fato registrado podem variar no plano de direito material, podendo caracterizar o dano moral na esfera civil ou trabalhista ou os crimes de calúnia, difamação ou injúrias na esfera penal, por exemplo. Lembre-se de que são situações extremamente voláteis, bastando uma simples ação do usuário para que o conteúdo seja indisponibilizado de forma imediata.

A três, o fornecimento de informações de provedores de internet. O fornecimento de informações pelos provedores de internet também é meio probatório. Isso porque, por meio da obtenção de tais informações, há a obtenção do resultado prova do fato praticado no meio digital, especialmente as informações da conexão utilizada pelos usuários e os dados por esse fornecidos quando do cadastro na funcionalidade on-line. Especialmente, a obtenção de informações eletrônicas que os provedores de internet possuem é relevante para a

---

22. *Manual de direito processual civil*: teoria geral do processo e processo de conhecimento, 17. ed. rev., atual. e amp., São Paulo: Editora Revista dos Tribunais, 2017, p. 878.

demonstração da autenticidade do fato e da prova, ou seja, são imprescindíveis para certificar quem é o autor do fato. É medida probatória acessória a fim de viabilizar a identificação de usuários de internet.

Por provedores de internet, devem ser entendidos tanto os provedores de conexão à internet como aqueles de aplicações de internet. Os primeiros são as empresas que fornecem os serviços de acesso à internet para os usuários (pessoas jurídicas ou físicas), seja por meio de rede fixa, seja por rede móvel. Nessa categoria estão as empresas mais conhecidas de fornecimento de conexão e as de telefonia. Os segundos, os provedores de aplicação de internet, são quaisquer empresas que forneçam uma funcionalidade acessível na internet (e-mail, portais de notícias, lojas on-line, aplicativos de mensagens, serviços de armazenamento em nuvem etc.). Toda e qualquer empresa que disponibilize um serviço acessível via estrutura da internet, é um provedor de aplicação. Por disposição expressa da Lei nº 12.965/2014, ou Marco Civil de Internet – MCI, o fornecimento dessas informações depende de ordem a ser obtida judicialmente, a menos que se trate de meros dados cadastrais e esses forem requisitados por autoridade, nas hipóteses de exceções legais.

A *quatro*, a prova pericial. O meio probatório pericial pode ser entendido como o meio transporte do fato para dentro do processo ou procedimento que se dá por uma forma necessária e específica: por meio da tradução técnica especializada.

É por essa razão que a prova pericial é tão relevante em relação ao uso das tecnologias. Nesses casos, a compreensão técnica do fato, quase como uma regra, depende da tradução ou explicação sobre (i) como funciona a tecnologia utilizada (dispositivos eletrônicos, serviços em nuvem, *blockchain* etc.); e (ii) o passo a passo técnico do uso da tecnologia utilizada (como a tecnologia foi utilizada para a prática do fato e suas circunstâncias. Quer dizer, é o perito em tecnologia que será responsável (extrajudicial ou judicialmente, inclusive com a possibilidade da participação de assistentes técnicos nomeados) pela explicação do fato, esclarecendo o funcionamento dos dispositivos e tecnologias envolvidas e o como essas foram utilizadas. Feito isso, o fato antes ininteligível ao homem médio[23] passa a ser compreendido, sendo possível, a partir de

---

23. "A prova pericial advém da necessidade de se demonstrar no processo fato que dependa de conhecimento especial que esteja além dos conhecimentos que podem ser exigidos do homem e do juiz de cultura média. Não importa que o magistrado que está tratando da causa, em virtude de capacitação técnica individual e específica (porque é, por exemplo, formado em engenharia civil), tenha qualificação para analisar a situação

então, a atribuição das consequências jurídicas respectivas. É, em regra, a prova necessária para a constituição do fato que teve a tecnologia como suporte.

É o perito, v.g., o responsável por identificar se em equipamentos eletrônicos de determinada empresa há a presença de arquivos relacionados ao concorrente e de sua utilização (com a verificação de *uploads* de arquivos na internet por exemplo) para a prática de concorrência desleal (v.g., abordagem ilícita de clientes, criação de site mentindo sobre o concorrente de que esse integraria organização criminosa etc.).

A perícia, nessa linha, também é bastante relevante para confirmar a autoria de ilícitos praticados pela internet. Após a promoção de ações de identificação do usuário, em face dos provedores de aplicação e conexão responsáveis (sobre as quais se falou anteriormente), identifica-se o endereço da conexão utilizada. Para identificar a conduta ilícita do usuário com a máxima certeza – sendo isso imprescindível em razão da pessoalidade da conduta para a responsabilização penal, como já pontuado – recomenda-se a medida de busca e apreensão no endereço de conexão identificado e a perícia dos equipamentos lá localizados. A perícia será responsável por identificar a utilização dos dispositivos e até mediante quais credenciais de acesso (*login* e senha do usuário) para a prática de ilícito, fechando com fidedignidade o nexo causal entre conduta e resultado.

A prova pericial também será necessária para identificar tecnicamente se o código-fonte de determinado software foi ou não copiado, possibilitando a leitura sobre a violação do direito de propriedade intelectual respectivo (Lei nº 9.609, de 1998; arts. 524 e 525, CPP[24]). Ou, ainda, para constatar a cópia de propriedade intelectual de uma maneira geral.

A *cinco*, a tecnologia blockchain. Pode ser compreendida como uma rede descentralizada de terminais eletrônicos, na grande maioria computadores, distribuídos ao redor do mundo e interligados pela internet. É uma rede

---

concreta. Se a capacitação requerida por essa situação não estiver dentro dos parâmetros daquilo que se pode esperar de um juiz, não há como dispensar a prova pericial, ou seja, a elucidação do fato por prova em que participe o perito – nomeado pelo juiz – e em que possam atuar assistentes técnicos indicados pelas partes, a qual deve resultar em laudo técnico-pericial, que por essas poder ser discutido" (MARINONI, Luiz Guilherme, ARENHART, Sérgio Cruz. op. cit., p. 880).

24. Art. 524. No processo e julgamento dos crimes contra a propriedade imaterial, observar-se-á o disposto nos Capítulos I e III do Título I deste Livro, com as modificações constantes dos artigos seguintes. Art. 525. No caso de haver o crime deixado vestígio, a queixa ou a denúncia não será recebida se não for instruída com o exame pericial dos objetos que constituam o corpo de delito.

peer-to-peer, em que cada usuário de forma voluntária disponibiliza seu dispositivo em prol dessa malha descentralizada de dispositivos. A principal característica das redes *peer-to-peer* é a de que cada um dos dispositivos conectados nessa rede descentralizada é ao mesmo tempo um cliente ou receptor da informação e um servidor da rede. Cada dispositivo, portanto, exerce essa dupla função. Difere da rede mais comum, em que há um servidor concentrando a emissão da informação e todos os demais dispositivos a ele conectados apenas funcionam como clientes ou receptores dessa informação ou mensagem eletrônica[25]. Cada dispositivo representa, portanto, a imagem de um *nó* ou um ponto de intersecção dessa rede[26].

---

25. "A blockchain is a distributed computing architecture where a computer is called a node if they are participating in the blockchain network. Every node has full knowledge of all the transactions that have occurred, information is shared. Transactions are grouped into blocks that are successively added to the distributed database. Only one block at a time can be added, and for a new block to be added it has to contain a mathematical proof that verifies that it follows in sequence from the previous block. The blocks are thus connected to each other in a chronological order" (BERGQUIST, Jonatan H. *Blockchain technology and smart contracts*: Privacy-preserving tools. 2017. 62 f. Dissertação (Mestrado), Uppsala Universitet, Uppsala, 2017, p. 11. Disponível em: http://uu.diva-portal.org/smash/get/diva2:1107612/FULLTEXT01.pdf. Acesso em: 08.11.2019).

26. "By the turn of the twenty-first century, new models for delivering online services had emerged. Instead of relying on a centralized server, parties began experimenting with peer-to-peer (P2P) networks, which relied on a decentralized infrastructure where each participant in the network (typically called a 'peer' or a 'node') acted as both a supplier and consumer of informational resources. This new model gained mainstream popularity, with the launch of Napster. By running Naspter's software, anyone could download music files from other users (acting as a client) while simultaneously serving music files to others (acting as a server). Using this approach, at its peak, Napster kitted together millions of computers across the globe, creating a massive music library. Napster's popularity, however, was short lived. Underlying the peer-to-peer network was centrally controlled, continually updated index of all music available on the network. This index directed members to the music files they wanted, acting as a linchpin for the entire network. Although necessary for the network's operation, this centralized index proved to be Napster's downfall. Following lawsuites against Napster, courts found it liable for secondary copyright infringement, in part because it mantained this index. Napster was forced do manage the files available to peers on the network more carefully, and it scrubbed its index of copyright-protected music. Once this was implemented, the popularity of Napster waned and its users dispersed. Following Napster's defeat, a second generation of peer-to-peer networks emerged, bringing file sharing to an even larger audience. New peer-to-peer networks, such as Gnutella and BitTorrent, enable people to share information about files located on their personal computers, without the need for centralized indices" (DE FILIPPI, Primavera. WRIGHT, Aaron. *Blockchain*

O blockchain é um '"livro-razão distribuído', é um protocolo seguro no qual uma rede de computadores verifica de forma coletiva uma transação antes de registrá-la e aprová-la. A tecnologia que sustenta o blockchain cria confiança, permitindo que pessoas que não o conheçam (e, portanto, não têm nenhuma base subjacente de confiança) colaborem sem ter de passar por uma autoridade central neutra – ou seja, um depositário ou livro contábil central. Em essência, o blockchain é um livro contábil compartilhado, programável, criptograficamente seguro e, portanto, confiável; ele não é controlado por nenhum usuário único, mas pode ser inspecionado por todos. Se, agora, a tecnologia do blockchain registra transações financeiras feitas com moedas digitais, futuramente ela servirá para registrar coisas bem diferentes como nascimentos e óbitos, título de propriedade, certidões de casamento, diplomas escolares, pedidos às seguradoras, procedimentos médicos e votos – essencialmente, quaisquer tipos de transações que podem ser transformadas em códigos."[27-28]

Entre muitas utilidades da tecnologia, a preservação probatória talvez seja uma das mais relevantes. Inclusive, lembre-se desde logo de que a liberdade probatória e a ausência de vedação jurídica de utilização legitimam tal utilização. O próprio CPC dá essa abertura em seu art. 411, *caput* e inc. II, ao dispor que: "Art. 411. Considera-se autêntico o documento quando: [...] II – a autoria estiver identificada por qualquer outro meio legal de certificação, inclusive eletrônico, nos termos da lei". A ideia principal, e sem alongar mais que o escopo do presente ensaio, é que informações sejam preservadas na rede, com a validação por todos os dispositivos, assegurando a autenticidade e integridade a partir do salvamento.

Como exemplo, a Corte de Internet de Hangzhou na China (*Hangzhou Court of the internet*) já adotou um sistema de preservação judicial de provas via blockchain para lides que envolvam direitos autorais digitais, contratos

---

    and the law: the rule of code, Cambridge, Massachusetts: Harvard University Press, 2018, p. 17-18).

27. SCHWAB, Klaus. Op. cit., p. 27-28.
28. "In late 2008, one or more anonymous developers named Satonhi Nakamoto solved this problem by fusing together public-private key cryptography, digital signatures, and peer-to-peer technologies to create a new distributed database, which came to be known as a blockchain. [...] In many ways, the Bitcoin blockchain can be regarded as a tamper-resistant 'book' wiht identical copies stored on a number of computers across the globe. Anyone can add new content to the book, and once new content has been added, all existing copies of the book are updated on computers running the Bitcoin protocol" (DE FILIPPI, Primavera. WRIGHT, Aaron. op. cit., p. 20-22).

financeiros e contratos de serviços de rede[29]. As partes se cadastram na plataforma, preservam as provas que têm interesse na rede blockchain disponível e aproveitam delas nos processos judiciais. Aquela Corte relaciona as vantagens probatórias do mecanismo: "O blockchain oferece recursos técnicos com a principal tecnologia patenteada líder mundial, recursos de depósito de alto desempenho de 20.000 TPS, recursos altos de proteção de privacidade e segurança e os principais recursos de prevenção e controle de segurança"[30].

5. Considerações finais

Encerrando o presente ensaio, lembre-se de que a proposta foi trazer alguns pontos sobre a prova digital, tema que, para estes autores, parece justificar o debate acadêmico.

Renovou-se a proposta de um conceito da prova digital feito já em outro momento, sendo ela compreendida como o meio de demonstrar a ocorrência de um fato ocorrido em meio digital ou que tem no meio digital um instrumento de demonstração de determinado fato de seu conteúdo.

Na sequência, procurou-se discorrer sobre a autenticidade, a integridade e a cadeia de custódia da prova digital, sendo esses verdadeiros pressupostos de validade e utilidade, assim como também sobre a tríade de princípios mais relevantes nessa matéria e exemplos práticos associados: vedação da prova ilícita,

---

29. "Direitos autorais digitais. Os números incluem, entre outros, publicação móvel, jornais digitais, jornais digitais, literatura original on-line, e-books, vídeo on-line, áudio e vídeo na web, jogos on-line, educação on-line, bancos de dados na web e muito mais. Contrato financeiro. Um contrato de empréstimo financeiro é um contrato no qual um mutuário toma emprestado de uma instituição financeira e devolve o empréstimo no vencimento e paga juros. Sua particularidade é que o credor é uma instituição financeira. Contrato de serviço de rede. Um contrato de serviço de rede é um contrato que um provedor de serviços de rede fornece acesso aos consumidores e um serviço intermediário que fornece conectividade da Internet a um consumidor ou fornece serviços de conteúdo" (Disponível em: https://blockchain.netcourt.gov.cn/portal/main/domain/index.htm. Acesso em: 11.04.2020).

30. E continua, pontuando as vantagens sociais da ferramenta: "Valor para a justiça e a sociedade. Melhorar a eficiência da proteção de direitos, resolver o problema de baixa eficiência dos serviços judiciais, realizar a integração e o compartilhamento de dados judiciais, quebrar a ilha de dados para promover a construção do sistema de crédito social, reduzir o custo da justiça, usar a tecnologia como o mecanismo, promover a inovação, liderar a transformação e modernização dos serviços judiciais, reduzir disputas judiciais e melhorar a sociedade. Eficiência na execução de contratos" (Idem).

liberdade probatória e persuasão racional do juiz. Por fim, o ensaio se enveredou na apresentação de alguns meios de prova digital em espécie.

Espera-se, assim, em fechamento, que esse trabalho tenha contribuído para o fomento da discussão de tema que parece tão relevante em contexto contemporâneo.

Referências bibliográficas

ALVIM, Arruda. *Manual de direito processual civil*: teoria geral do processo e processo de conhecimento, 17. ed. rev., atual. e amp., São Paulo: Editora Revista dos Tribunais, 2017.

BEDAQUE, José Roberto dos Santos. *Efetividade do processo e técnica processual*, 3. ed., São Paulo: Malheiros Editores, 2010.

BERGQUIST, Jonatan H. *Blockchain technology and smart contracts*: Privacy-preserving tools. 2017. 62 f. Dissertação (Mestrado), Uppsala Universitet, Uppsala, 2017, p. 11. Disponível em: http://uu.diva-portal.org/smash/get/diva2:1107612/FULLTEXT01.pdf. Acesso em: 11.04.2020.

BUENO, Cássio Scarpinella. *Manual de direito processual civil*: volume único, 5. ed., São Paulo: Saraiva, 2019.

DE FILIPPI, Primavera. WRIGHT, Aaron. *Blockchain and the law*: the rule of code, Cambridge, Massachusetts: Harvard University Press, 2018.

MASCIOTRA, Mario. Principios que rigen el ofrecimiento, producción y apreciación de la prueba en el proceso civil. *In* ROJAS, Jorge A. [coord.] *La prueba*, 1. ed. rev., Santa Fe: Rubinzal-Cuizoni, 2016.

MASUDA, Yoneji. *A sociedade da informação como sociedade pós-industrial*, trad. Kival Charles Weber e Angela Melim, Rio de Janeiro: Ed. Rio, 1982.

MATTELART, Armand. *História da sociedade da informação*, 2. ed., São Paulo: Loyola, 2002.

PACELLI, Eugênio. FISCHER, Douglas. *Comentários ao Código de Processo Penal e sua jurisprudência*, 6. ed., rev. e atual., São Paulo: Atlas, 2014.

PALACIO, Lino Enrique. *Manual de derecho procesal civil* 21. ed., atual. por Carlos Enrique Camps, Ciudad Autónoma de Buenos Aires: Abeledo Perrot, 2016.

SCHWAB, Klaus. *A quarta revolução industrial*, Tradução de Daniel Moreira Miranda, São Paulo: Edipro, 2016.

TAMER, Maurício Antonio. *O princípio da inafastabilidade da jurisdição no Direito Processual Civil Brasileiro*, Rio de Janeiro: LMJ Mundo Jurídico, 2017.

THAMAY, Rennan. TAMER, Mauricio. *Provas no direito digital*: conceito da prova digital, procedimentos e provas digitais em espécie, São Paulo: Thomson Reuters Brasil, 2020.

Direito à prova na internet, o julgamento da ADC 51 pelo STF e o alcance do MLAT

Francisco de Mesquita Laux

Doutor e mestre em direito processual pela Faculdade de Direito da Universidade de São Paulo (USP). Vice-Diretor de Processo e Tecnologia e membro do Instituto Brasileiro de Direito Processual (IBDP). Professor e advogado.

Sumário: Introdução. 1. A lógica da estrutura que sustenta a rede. 2. Falsos anonimatos. 3. Busca e acesso a dados. 4. Impossibilidade de acesso à fonte de prova: o aspecto territorial e o alcance do MLAT.

Introdução

O STF foi palco, no último dia 10 de fevereiro de 2020, de uma audiência pública a respeito do alcance do Acordo de Assistência Jurídica Mútua (o MLAT, na tradução para o inglês). O debate, alicerçado pela existência da ADC 51, pela qual pretendida a declaração de constitucionalidade do acordo, tem conexão com o modo pelo qual autoridades brasileiras podem obter o acesso a dados armazenados em outros países (especialmente nos EUA) no curso de investigações.

A lógica defendida pela Assespro Nacional, autora da ação, é a de que todas as requisições de dados armazenados nos EUA – caso da grande maioria das informações vinculadas à internet – deverão ser obtidas pela via do MLAT, independentemente de a empresa gestora da informação ter filial no Brasil e, ainda, do local que originou a conexão ao ambiente virtual.

A visão oposta, especialmente defendida por autoridades públicas brasileiras, é a de que o tempo transcorrido entre a requisição e a apresentação de resposta via MLAT não condiz com a velocidade necessária para o impulsionamento de investigações. Além do mais, considerando o fato de que a absoluta maioria dos dados constituídos na internet é armazenada por empresas norte-americanas em servidores lá localizados, deve-se imaginar que a interpretação amplíssima do acordo culminaria por gerar uma situação quase que de monopólio estrangeiro a respeito de quais informações poderiam ser acessadas por autoridades brasileiras.

Como bem destacado pelo relator da ADC, o Min. Gilmar Mendes, ao final da audiência pública, o acesso a dados armazenados por empresas estrangeiras demanda um "ajuste fino", ou seja, "um ponto de encontro entre o Estado, os novos modelos de negócio da economia digital e os direitos dos cidadãos à privacidade". É com esse intuito que a presente opinião endereça os argumentos a seguir.

1. A LÓGICA DA ESTRUTURA QUE SUSTENTA A REDE

A internet é construída a partir de um design "end-to-end" (e2e ou ponta a ponta). Isso significa dizer que a rede em si, a estrutura que mantém a internet ativa, é responsável, em regra, pela prática de atos simples, de transferência de dados, sem discriminação a respeito daquilo que está circulando. A inovação está nas pontas da rede, nos terminais (smartphones, tablets, computadores pessoais) e aplicações que possibilitam a troca de informações.

Essa ausência de preferência de um dado por outro tem conexão direta com a ideia de neutralidade da rede. Se uma nova ideia, disponível em uma aplicação, ameaça quebrar um monopólio até então existente, não há interferência da estrutura que mantém a rede em funcionamento. A internet, em suma, não pode impedir a inovação.

Essa forma de ser do ambiente virtual, contudo, faz com que determinadas informações não possam ser acessadas, ao menos em um primeiro momento e com segurança infalível, por pessoas que se sentem ofendidas na internet. O espectador de um vídeo postado no Facebook não tem condições, em todos os casos, de tomar conhecimento imediato a respeito de quem postou determinada informação, bem como de qual localidade partiu a postagem.

Essa situação gera repercussões à efetivação da tutela jurisdicional nos casos de ilícitos na internet. Sem saber em face de quem direcionar a demanda e onde citá-lo, é praticamente impossível que um processo judicial transcorra adequadamente.

2. Falsos anonimatos

A primeira coisa a ser desmitificada, nesse contexto, é a impossibilidade de acesso de dados a respeito da autoria de condutas praticadas na internet.

Nos EUA, a Suprema Corte definiu, no caso McIntyre v. Ohio Elections Comm'n, que a possibilidade de formulação de comentários anônimos a respeito de assuntos políticos é garantida pela Primeira Emenda à Constituição[1]. Essa tradição, aliás, é mais antiga que a própria fundação do Estado norte-americano. Basta lembrar que *O Federalista*, uma das obras mais importantes da história mundial, é uma coletânea de 85 artigos e ensaios publicados com a utilização do pseudônimo *Publius*. Era de se imaginar que a construção de uma rede originada de estudos majoritariamente norte-americanos fosse pensada a partir de valores vigentes naquela localidade.

Contudo, há, atualmente, meios de acesso a essa informação. Para descobrir quem praticou o ato, deve-se, primeiramente, diferenciar as atribuições do provedor de aplicação e do provedor de conexão à internet. Empresas como Facebook, Twitter e Google oferecem ferramentas que possibilitam a inserção de postagens no ambiente virtual e são tidas, nos termos do Marco Civil da Internet, como provedores de aplicações. Conforme dispõe o artigo 5º, VII, do MCI, uma aplicação da internet é caracterizada como "o conjunto de funcionalidades que podem ser acessadas por meio de um terminal conectado à internet". Para que esse terminal (por exemplo, um computador pessoal, um tablet ou um smartphone) conecte-se à internet, o usuário deverá valer-se dos serviços oferecidos por um provedor de conexão à internet, usualmente prestados por empresas de telefonia.

Enquanto provedoras de aplicações da internet, tais empresas se sujeitam, nos termos do artigo 15 do MCI, à necessidade de guarda de registros de acesso a aplicações, que, na dicção do artigo 5º, VIII, correspondem ao "conjunto de informações referentes à data e hora de uso de uma determinada aplicação de internet a partir de um determinado endereço IP".

---

1. McIntyre v. Ohio Elections Comm'n, 514 U.S. 334 (1995). Disponível em: https://supreme.justia.com/cases/federal/us/514/334/. Acesso em 23.12.2020.

Com o recebimento desses dados, a parte interessada deverá buscar informações a respeito do titular do acesso à internet junto ao provedor de conexão. O acesso à internet é contratado formalmente por uma pessoa, com indicação de RG, CPF e endereço residencial e com conferência documental – algo que não acontece, em regra, com provedores de aplicações –, o que permite a identificação do titular nos termos do art. 13 do MCI.

O que precisa ficar claro a partir desse contexto é que, no âmbito das aplicações da internet, a identificação de pessoas que publiquem conteúdo na internet é realizada a partir do registro de IP do autor do conteúdo infringente, e não pela denominação de perfil ou outras características do usuário. Até por tal razão, o art. 11 do Decreto 8.771/2016, que regulamenta o Marco Civil da Internet, ao fazer referência ao art. 10 do MCI, que trata especificamente dos provedores de conexão à internet, expressamente impõe a estes, e não aos provedores de aplicações, a guarda de dados cadastrais dos usuários da internet, assim entendidos a filiação, o endereço e a qualificação pessoal dos usuários.

É incorreto imaginar, portanto, que determinadas características de um perfil ou canal da internet poderiam torná-lo necessariamente anônimo. É por tal razão que páginas "mil grau", "da depressão", ou perfis como "Gina indelicada", "Chapolin sincero", podem ter seus responsáveis identificados. É possível, ainda, que um canal do YouTube ou blog com o nome de "Rafael Silva", por exemplo, tenha seu conteúdo postado por "Regina Almeida". É concebível, do mesmo modo, que o usuário responsável pelo canal do YouTube "São Paulo" seja facilmente identificado a partir da apresentação dos registros de IP do usuário que publica o conteúdo no ambiente virtual.

Fato é que, em regra, usuários que postam conteúdo na internet podem ser identificados. Em situação que envolvia a aplicação de internet "Secret", que alegadamente possibilitava a realização de postagens anônimas, o Tribunal de Justiça do Espírito Santo, ao apreciar pedido liminar de remoção da referida ferramenta do Brasil, considerou ser "preciso ponderar que, não obstante o anonimato que figura como a própria razão de ser do aplicativo, não me parece haver dúvidas quanto à possibilidade de identificação do usuário por meio de seu IP (internet protocol), o que decorre da própria Lei 12.965/14 (Marco Civil da internet)[2]". Especialmente por conta disso, a determinação liminar proferida pela primeira instância foi revogada no âmbito do tribunal.

---

2. TJES. Agravo de Instrumento 0035186-28.2014.8.08.0024. DJe. 17/08/2015.

3. BUSCA E ACESSO A DADOS

Pedidos de busca e obtenção de dados a respeito da autoria de postagens na internet usualmente são formulados em concomitância com pedidos liminares vinculados à obrigação, pelo provedor de aplicações, de remover o material tido por infringente do ambiente virtual. Embora, portanto, as pretensões sejam trazidas ao conhecimento do Judiciário sob a roupagem de "demanda com pedidos de obrigação de fazer", essa nomenclatura, em termos jurídicos, não alberga tudo aquilo requisitado nessas oportunidades.

Diz-se isso porque a busca e obtenção dos dados citados anteriormente têm como fundamento o direito à prova. Direito este autônomo em relação à obrigação de remoção do conteúdo abusivo e que tem como fundamento disposições de direito processual. Daí a existência de previsões específicas em normas de direito processual a respeito do tema.

O *direito de provar* no processo é garantido através da utilização, pelas partes, de todos os meios disponíveis a fim de se demonstrar a verdade dos fatos em que fundada uma pretensão ou resistência[3], fornecendo instrumentos aptos à construção, por outrem, de conclusões lógicas a respeito de alegações de fato. O *direito à prova*, por sua vez, analisado a partir de um prisma estrito, não guarda relação direta com o direito de requerer sua produção, nem mesmo de ter o seu requerimento admitido, participar da produção e obter a valoração, pelo órgão julgador, daquilo que foi produzido. Significa principalmente – e por si só – *buscar a prova e a ela ter acesso*, o que se convencionou chamar de direito autônomo à prova[4], dissociado das primeiras hipóteses, mais conectadas ao que se denominou direito de provar. Entre o *vocábulo* (prova) e o *verbo* (provar), portanto, reside uma importante *distinção*[5]. Daí a autonomia do direito à prova,

---

3. "Habitualmente, en el fondo de las concepciones que, en los distintos ordenamientos, se refieren a la prueba judicial está la idea de que en el proceso se pretende establecer si determinados hechos han ocurrido o no y que las pruebas sirven precisamente para resolver este problema" (TARUFFO, Michele. *La prueba de los hechos*. Madri: Trotta, 2002. p. 21).
4. YARSHELL, Flávio Luiz. *Antecipação...* p. 211. Pertinente para o tema, a conclusão de Chiara Besso adiante destacada: "Garantire l'acesso alla giustizia vuol dire non soltanto assumere e valutare i mezzi di prova di cui la parte dispone, mas assistere la parte stessa nella ricerca e nella assicurazione dei dati conoscitivi necessari per l'accertamento dei fatti" (BESSO, Chiara. *La prova prima del processo*. Turim: G. Giappichelli, 2004. p. 217-218).
5. "O vocábulo – prova – vem do latim – probatio – prova, ensaio, verificação, inspeção, exame, argumento, razão, aprovação, confirmação, e se deriva do verbo – probare (probo, as, are) provar, ensaiar, verificar, examinar, reconhecer por experiência, aprovar,

decorrente do que já se denominou direito de investigar, não necessariamente relacionado à atividade estatal[6].

No âmbito no Código de Processo Civil, pode-se imaginar que o direito à prova de autoria de postagens tenha vinculação com a hipótese de antecipação prevista pelo art. 381, III. A necessidade de justificar a propositura da demanda pode ser sentida, também, no aspecto subjetivo. Isso ocorre, de ordinário, quando não se sabe em face de quem exigir a tutela do direito material. A regra geral busca reger situações, por exemplo, em que não se pode afirmar, com segurança, quem efetivamente cometeu um ato ilícito, mas tal informação pode ser obtida mediante a consulta a terceiros.

Fundado nessa ideia, o art. 22 do MCI inaugura, nesse âmbito, a regulamentação da possibilidade de antecipação de prova para alcançar informações sobre condutas praticadas na internet. Para formar o conjunto probatório, o requerimento deverá suprir três requisitos: (i) apresentar fundados indícios da ocorrência do ilícito, (ii) formular justificativa motivada da utilidade dos registros para fins de investigação e (iii) delimitar o período dos registros requisitados. A lei é aplicável tanto aos provedores de aplicações quanto aos provedores de conexão.

Há situações, contudo, em que a fonte de prova (no caso, o documento que contém os dados investigados) não é acessível, seja por motivos técnicos e de estabelecimento de ônus razoáveis aos provedores, seja por motivos jurídicos, inclusive vinculados à limitação territorial de comandos judiciais.

No aspecto temporal, o Marco Civil da Internet prescreve que provedores de aplicações deverão armazenar registros de acesso às ferramentas disponibilizadas no ambiente virtual pelo período de seis meses (art. 15). Existe a possibilidade, contudo, de expedição de ordem judicial que determine, por tempo certo, a preservação de dados objeto de investigação, desde que tenham relação com "fatos específicos em período determinado" (§ 1º). O ordenamento prevê, ainda, a formulação de requerimento de preservação por período superior ao previsto em lei em requisição que pode ser formulada pela autoridade policial, administrativa e pelo Ministério Público (§ 2º). Nessa situação, a autoridade terá o prazo de 60 dias para requerer em juízo a autorização para acesso aos dados.

---

estar satisfeito com alguma coisa, persuadir alguém de alguma coisa, demonstrar" (AMARAL SANTOS, Moacyr. *Prova judiciária...* p. 11).

6. YARSHELL, Flávio Luiz. *Antecipação...* p. 211.

Em relação aos provedores de conexão à internet, as disposições são bastante semelhantes, com a diferença de que os registros de acesso à rede devem ser mantidos por período superior, de um ano, conforme previsão do art. 13 do Marco Civil da Internet.

4. Impossibilidade de acesso à fonte de prova: o aspecto territorial e o alcance do MLAT

Como se sabe, a postagem de manifestações no ambiente virtual pode ocorrer, basicamente, de qualquer lugar do mundo em que esteja disponível uma conexão à rede. Do mesmo modo, pessoas conectadas nas mais diversas regiões podem acessar o material em referência, em tese, sem qualquer dificuldade inicial. É dizer: um vídeo postado no Facebook por pessoa localizada no Reino Unido pode ser assistido por usuários conectados à internet na Alemanha, no Japão, no Canadá e no Brasil. Já se destacou em doutrina, por conta disso, que a internet não somente trouxe a comunicação em massa para todos, mas sim uma comunicação *transnacional* em massa para todos:

> "And the vast majority of daily online interactions are of a direct cross-border nature, thus activating private (or public) international law. Anything written online—a blog, a tweet, a social media post, or a comment on a news site that is publicly accessible—creates an international communication because of its prima facie global accessibility. Even without actually 'publishing' anything online, a transnational communication occurs every time a user clicks on a Facebook 'Like', uses the Uber app for car sharing, listens to a song on Spotify, does a Google search (even on the country-specific Google site), or sends an email via Hotmail or Yahoo!. This is by virtue of the location of the provider, the location of the digital processing, or the contractual terms of the service provider, all of which implicate foreign laws, and often US law. In every one of these activities, an international interaction is present, even if the substantive exchange is entirely domestic: the car share occurs locally and the Facebook Like may be for a local friend's post. This is not to suggest that the vast majority of these cross-border interactions will generate a dispute, but simply to underscore the pervasiveness of online events and relationships that in principle engage private international law. On the Internet, transnational interactions are the norm, not the exception. Cyberspace has reversed the prior trend of global interactivity that was mediated through corporate bottlenecks that 'localized' interactions for legal purposes, for example the trade in goods (such as a Nike distributor or McDonalds

franchise) or communications (such as cinemas or sellers of music or films) within the state of the consumer. Thus, for the consumer, these transactions were domestic, not implicating private international law. The Internet has not just brought mass-communication to the masses, but transnational mass-communication to the masses[7]".

Mesmo que considerada essa perspectiva, é possível, contudo, que o conteúdo do vídeo postado pelo usuário britânico repercuta e fique sujeito a medidas inibitórias e investigativas de maneiras diversas nessas localidades. Por exemplo: é possível que a produção inserida no YouTube tenha a intenção específica de difamar pessoa conhecida, com residência e atuação no Brasil. Embora disponível no mundo todo, dificilmente autoridades de outros países, fora o Brasil, teriam interesse em inibir a veiculação do vídeo e promover investigações para descobrir, com precisão, quem foi o autor da postagem[8].

As duas medidas sugeridas no parágrafo anterior (inibição e investigação) são regidas por disposições diversas. De fato, a situação de direito material, configurada a partir do dano sofrido com a veiculação do vídeo no Brasil, embora advinda de vídeo postado no estrangeiro, pode ser apreciada diretamente pelo Judiciário brasileiro para fins de interrupção de acesso ao conteúdo por usuários localizados no território nacional. Por sua vez, a questão processual, relacionada à extraterritorialidade da fonte de prova de autoria da postagem, deve observância ao contido na legislação processual em termos de competência internacional e nos acordos de cooperação atualmente em vigor.

Considerando o exemplo em referência, é muito provável que os dados do usuário investigado, enquanto parte do Facebook, estejam armazenados nos Estados Unidos. De acordo com o entendimento da ADC 51, portanto, o MLAT deveria ser utilizado pelo investigador brasileiro para acesso à informação. É importante ter em mente que, no caso da hipótese descrita nesta opinião, nenhum ato de acesso à internet ou postagem partiu dos EUA – a postagem, possivelmente, sequer repercutiria no país. O que existe é o simples armazenamento de dados naquela localidade.

---

7. KOHL, Uta. Conflict of laws and the internet. In: BROWNSWORD, Roger. SCOTFORD, Eloise. YEUNG, Karen. *The Oxford Handbook on the Law and Regulation of Techonology*. Oxford: University Press, 2017. p. 271.

8. Por mais que, em enorme medida, os conflitos de internet tenham vinculação com as hipóteses de jurisdição concorrente, descritas pelo art. 21 do CPC/2015.

A presente opinião defende, nesse contexto, que a existência e vigência do MLAT comporta leitura constitucional, especialmente conectada com a soberania estatal e a impertinência de interferência estrangeira em investigações, e isso parece fazer parte das disposições do próprio Marco Civil da Internet – a lei é posterior ao MLAT, instituído pelo Decreto 3.810/2001.

Isso é dito porque o MCI parametriza o acesso a dados constituídos na internet por autoridades brasileiras do seguinte modo: (i) dados constituídos com a contribuição de pelo menos um terminal localizado no Brasil ficam sujeitos à legislação brasileira, inclusive para fins de acesso à prova pelas autoridades locais (art. 11, *caput* e § 1º). Para esse fim, (ii) é indiferente que a pessoa jurídica que armazena as informações esteja sediada ou mantenha servidores no exterior. Se há atuação no território nacional, existe a possibilidade de expedição de ordens de quebra de sigilo e acesso aos dados constituídos a partir de acessos advindos do Brasil (art. 11, § 2º). (iii) Por exclusão, se o dado for constituído sem a contribuição de um terminal de acesso localizado no Brasil, a alternativa, para fins de investigação, será a utilização de mecanismos de cooperação internacional, ou mesmo de carta rogatória para fins de acesso à informação desejada, até porque é muito provável que o provedor de conexão não tenha atuação no território nacional.

O que importa, nesse caso, é, além do local da sede ou filial, a origem da fonte da prova. Se o investigado acessou a internet a partir de uma conexão brasileira, então a utilização de um mecanismo de cooperação internacional é impertinente. Se, por sua vez, o investigado acessou a rede por meio de conexão estrangeira, então a fonte de prova foi constituída sem a participação de um terminal brasileiro e, portanto, a utilização de um mecanismo de cooperação internacional como o MLAT é necessária. Essa questão, aliás, já foi debatida pelo Superior Tribunal de Justiça ainda em 2013, no âmbito do Inquérito 784/DF, relatado pela Ministra Laurita Vaz e decidido, por maioria (12x1), pela Corte Especial do STJ:

> A ordem judicial já foi prolatada, quebrando o sigilo telemático, mas a medida ainda não foi cumprida pela GOOGLE BRASIL, sob o pálido argumento de que é a empresa controladora GOOGLE Inc., sediada em território americano, que armazena os dados de e-mail, os quais estariam inacessíveis física e juridicamente para a subsidiária brasileira, ressaltando que essas informações estariam sob proteção da legislação americana. [...] O obstáculo oposto, ademais, não procede. A sede-matriz (empresa controladora) em território americano se faz representar aqui pela GOOGLE BRASIL. Ora, o que se pretende é a

entrega de mensagens remetidas e recebidas por brasileiros em território brasileiro, envolvendo supostos crimes submetidos induvidosamente à jurisdição brasileira. Nesse cenário, é irrecusável que o fato de esses dados estarem armazenados em qualquer outra parte do mundo não os transformam em material de prova estrangeiro, a ensejar a necessidade da utilização de canais diplomáticos para transferência desses dados. Trata-se, evidentemente, de elemento de prova produzido, transmitido e recebido em território brasileiro, repito. Nada tem a ver com terras alienígenas, a não ser pelo fato de, por questões estratégico-empresariais, estarem armazenadas nos Estados Unidos. Cumpre observar que a mera transferência reservada – poder-se-ia dizer interna corporis – desses dados entre empresa controladora e controlada não constitui, em si, quebra do sigilo, o que só será feito quando efetivamente for entregue à autoridade judicial brasileira, aqui. Insisto: a simples transmissão de dados, resguardado seu conteúdo, entre as entidades pertencentes ao mesmo grupo empresarial, com a exclusiva finalidade de entrega à autoridade judiciária competente, no caso a brasileira, não tem o condão de sequer arranhar a soberania do Estado estrangeiro. [...] Vale ressaltar que a referida empresa foi constituída em conformidade com as leis brasileiras e, evidentemente, deve se submeter à legislação pátria, não podendo se esquivar do cumprimento de requisição judicial invocando leis americanas, pelo todo exposto, inaplicáveis ao caso[9].

    A solução adotada pelo julgamento-paradigma é a de que a transmissão interna de dados entre filial e matriz não gera um ambiente de extraterritorialidade caso as condutas investigadas tenham sido, de fato, praticadas no Brasil. No caso específico, o material cujo acesso era pretendido foi, de acordo com a decisão, constituído no território nacional, mas transmitido para o estrangeiro para fins de armazenamento em servidores lá situados. Nessa condição, o reenvio da informação para o fornecimento a autoridades brasileiras não retrata, de acordo com o STJ, uma medida que ultrapassa os limites da jurisdição nacional. Daí a imposição de ordem judicial à pessoa jurídica controlada, instituída no Brasil em conformidade com a legislação brasileira.

    Diferente é a situação de dados produzidos exclusivamente em outras localidades. Imagine-se, por exemplo, a situação em que proferida, por órgão estrangeiro, determinação de apresentação de dados constituídos no Brasil sem

---

9. STJ. Inq 784/DF, Rel. Ministra LAURITA VAZ, CORTE ESPECIAL, julgado em 17/04/2013, DJe 28/08/2013.

que fossem respeitados os acordos de cooperação internacional, ou sem que ao menos tivesse sido encaminhada, por aquele Estado, instrumento semelhante a uma carta rogatória, ou seja, sem que se respeitasse um devido processo para a obtenção de informações não somente armazenadas, mas também produzidas fora do território daquele país. Tal medida seria, com absoluta razão, muito provavelmente repudiada pelo Brasil. Daí a pertinência de construção de um raciocínio que, da mesma maneira, respeite a autoridade e as leis vigentes em outros países também no tema do acesso e obtenção de provas.

Essa parece ser a "sintonia fina" almejada pelo STF por meio da apreciação da ADC.

Open justice!

DANIEL BECKER

Advogado e Diretor de Novas Tecnologias no Centro Brasileiro de Mediação e Arbitragem (CBMA). Professor convidado de diversas instituições, palestrante frequente e autor de diversos artigos publicados em livros e revistas nacionais e internacionais sobre os temas de processo civil, arbitragem, regulação e novas tecnologias. Sócio do Lima Feigelson Advogados.

ERIK NAVARRO WOLKART

Juiz Federal. Doutor em Direito pela Uerj em Colaboração com a Harvard Law School. Coordenador Acadêmico do Instituto New Law.

JOÃO PEDRO BRÍGIDO

Advogado, Pós-Graduando em Direito e Negócios pela FGV Direito Rio, Graduado em Direito pela Universidade Federal Fluminense (UFF) com Intercâmbio na Université de Liège.

Sumário: 1. Introdução. 2. Fundamentos legais para uma justiça aberta. 3. *Open justice* como desdobramento do acesso à justiça. 4. Desafios pela frente. 5. Conclusão.

1. Introdução

A Justiça, historicamente, mantém-se fechada para os cidadãos, que pouco entendem dos seus trâmites, métodos e resultados. O acesso à informação exige que o sistema jurídico seja de fácil navegação, pois a assimetria de informação jurídica é a antítese do ideal do acesso à justiça. Imaginar que só se possa cuidar dos próprios direitos através de advogados e juízes é o mesmo que acreditar que a única forma de cuidar da saúde seja através de médicos. Richard Susskind coloca bem o paradoxo de que, ainda hoje, é necessário um advogado para nos dizer quando precisamos de um advogado[1]. As informações jurídicas, tradicionalmente, nunca estiveram disponíveis em linguagem simples e de fácil acesso. A assimetria de informação, portanto, é inerente ao Poder Judiciário desde seu germe na Idade das Trevas.[2]

Sem dúvidas, um grande salto, que já faz parte de nossa rotina, foi a criação das *homepages* dos Tribunais, que não só oferecem informação acerca do andamento dos processos, mas também diversos outros serviços relacionados ou não à atividade jurisdicional à população[3] – o que trouxe e vem trazendo real efetividade para o princípio da publicidade dos atos jurisdicionais é a tecnologia da informação[4].

Mesmo com essa explosão tecnológica, geradora de publicidade e transparência, às vezes reputadas como excessivas, é visível a resistência dos sistemas de justiça à abertura de suas portas, e dos seus dados, ao cidadão. Exige-se, portanto, uma reação, um movimento ativo de resistência capaz de pôr um basta na história e mudar os rumos da transparência no Poder Judiciário. Trata-se de discutir a abertura da Justiça, através da implantação de um conjunto de estratégias de transformação digital que vai muito além da adoção do PJe e ementários de jurisprudência virtuais. Defendemos aqui o movimento mundialmente conhecido como *open justice*[5].

---

1. SUSSKIND, Richard. *Tomorrow Lawyers*. Oxford: Oxford University Press, 2012, p. 95.
2. SUSSKIND, Richard. *Online Courts and the Future of Justice*. Oxford: Oxford University Press, 2019, p. 29.
3. CARVALHO, Ivan Lira de. A internet e o acesso à justiça. Revista de Processo, vol. 100/2000, p. 107-126, outubro-dezembro de 2000.
4. PERLINGEIRO, Ricardo. O livro acesso à informação, as inovações tecnológicas e a publicidade processual. Revista de Processo, vol. 203/2012, p. 149-180, janeiro de 2012.
5. TOWNEND, Judith. *Why we need a national commitment to open justice data?* UK Open Government. Disponível em: https://www.opengovernment.org.uk/2019/10/10/why-we-need-a-national-commitment-to-open-justice-data/ – Acesso em: 19 de mar. 2020.

Justiça digital é gênero do qual o conceito de *open justice* é espécie. O prefixo anglofônico *"open"* tem exatamente o mesmo significado de sua tradução para o vernáculo português, "aberta". Quando se fala em *open justice*, tratamos do conceito de uma justiça efetivamente aberta, escrutável, *accountable*, translúcida e, verdadeiramente, legível.

Automação dos procedimentos, *case management*, uso intensivo de videoconferência, gerenciamento on-line de documentos e mudanças no efetivo dos tribunais são estratégias imprescindíveis para a melhora do Poder Judiciário.[6] Mas, para qualquer movimento nesse sentido, precisamos de acesso a dados. Não há como testar, revisitar e depurar dados sem a permissão e facilitação de sua coleta, senão através da publicação de dados não sigilosos de processos judiciais.

Exemplo dessa importância consiste no fato de que, com acesso amigável aos dados de processos judiciais, o número de acordos será substancialmente elevado, gerando sugestões de ofertas ótimas, com grandes chances de concordância pelos litigantes, uma vez que a jurisprudência e os precedentes se tornam de fácil acesso, viabilizando o cálculo do valor esperado da demanda. Ademais, antes disso, bem calculadas as chances de sucesso e o prognóstico financeiro de um processo, libera-se o potencial para evitar o ajuizamento de novas ações judiciais[7]. A despeito dos aproximadamente 80 milhões de processos em trâmite na justiça[8], vivemos uma escassez de dados estruturados por conta da dificuldade de identificá-los nos bancos de dados dos tribunais, bem como por barreiras sistêmicas e técnicas no acesso por terceiros que violam, a nosso ver, o princípio constitucional da publicidade e seus desdobramentos. Neste breve artigo, sem esgotar o tema, buscamos identificar os fundamentos legais para a *open justice* no Brasil, seus benefícios e desafios.

---

6. WOLKART, Erik Navarro; BECKER, Daniel. Isaac Newton, eBay e canelas de gigantes: Covid-19 e o futuro da Justiça. JOTA. Disponível em: https://www.jota.info/coberturas-especiais/inova-eacao/isaac-newton-ebay-e-canelas-de-gigantes-covid-19-e-o-futuro-da-justica-14042020 – Acesso em 15 de junho de 2020.

7. WOLKART, Erik Navarro. Análise Econômica do Processo Civil: como a Economia, o Direito e a Psicologia podem vencer a tragédia da justiça. Revista dos Tribunais: São Paulo, 2019.

8. Erik Navarro Wolkart and Daniel Becker. Da Discórdia analógica para a Concórdia digital In Bruno Feigelson, Daniel Becker, BECKER, Daniel and Giovani Ravagnani (org.). O advogado do amanhã: estudos em homenagem ao professor Richard Susskind. Revista dos Tribunais: São Paulo, 2019, p. 117-119.

2. FUNDAMENTOS LEGAIS PARA UMA JUSTIÇA ABERTA

Sobre o ideal de justiça aberta ou *open justice*, a Constituição da República já há muito tem três importantes bases legitimadoras, quais sejam, a publicidade, a transparência e o acesso à justiça. A interseção de tais disposições são a base constitucional para a regulação do direito de acesso à informação de processos judiciais.

O dever de transparência está diretamente relacionado ao controle democrático do Poder Público, conforme se extrai dos artigos 5º, XXXIII, e 216, § 2º, da Constituição da República. A partir dessas disposições constitucionais, infere-se que o acesso à informação pública é garantido a todos, sem qualquer restrição – excepcionados os casos de sigilo, na forma do art. 189 do Código de Processo Civil (CPC).[9] Cumpre frisar que essa regra geral não está restrita aos Poderes Executivo e Legislativo, uma vez que é indubitável que abarca também o Poder Judiciário e sua atividade de prestação jurisdicional, conforme previsto no art. 37, *caput*, também da Constituição da República[10]. Por sua vez, a Constituição da República garante o princípio da publicidade do processo no art. 93, IX[11], que *"está ligado ao direito de informação dos cidadãos e ao dever de transparência do Estado, em conexão direta com o princípio democrático."*[12]

---

9. "Art. 189. Os atos processuais são públicos, todavia tramitam em segredo de justiça os processos:
   I – em que o exija o interesse público ou social;
   II – que versem sobre casamento, separação de corpos, divórcio, separação, união estável, filiação, alimentos e guarda de crianças e adolescentes;
   III – em que constem dados protegidos pelo direito constitucional à intimidade;
   IV – que versem sobre arbitragem, inclusive sobre cumprimento de carta arbitral, desde que a confidencialidade estipulada na arbitragem seja comprovada perante o juízo."
10. "Art. 37. A administração pública direta e indireta de qualquer dos Poderes da União, dos Estados, do Distrito Federal e dos Municípios obedecerá aos princípios de legalidade, impessoalidade, moralidade, publicidade e eficiência e, também, ao seguinte: (Redação dada pela Emenda Constitucional nº 19, de 1998)."
11. "Art. 93. Lei complementar, de iniciativa do Supremo Tribunal Federal, disporá sobre o Estatuto da Magistratura, observados os seguintes princípios:
    IX – todos os julgamentos dos órgãos do Poder Judiciário serão públicos, e fundamentadas todas as decisões, sob pena de nulidade, podendo a lei limitar a presença, em determinados atos, às próprias partes e a seus advogados, ou somente a estes, em casos nos quais a preservação do direito à intimidade do interessado no sigilo não prejudique o interesse público à informação; (Redação dada pela Emenda Constitucional nº 45, de 2004)"
12. MENDES, Gilmar Ferreira; BRANCO, Paulo Gustavo Gonet. <u>Curso de Direito Constitucional</u>, 10. ed. São Paulo: Saraiva, 2015, pp. 861-862.

O acesso à justiça engloba o princípio da publicidade, na perspectiva do direito de acesso à informação, como garantia de participação e controle social dos cidadãos, assim como na ótica de atuação da Administração Pública em sentido amplo, na linha dos art. 37, *caput*, da Constituição da República. Nesse sentido, o professor Alexandre Câmara aponta que:

> "*o princípio da publicidade exige que os atos processuais sejam praticados publicamente, sendo livre e universal o acesso ao local em que são praticados e aos autos onde estão documentados seus conteúdos*", e complementa que "[e]*sta é uma garantia de controlabilidade do processo, já que permite que toda a sociedade exerça um controle difuso sobre o conteúdo dos atos processuais*".

O processualista ainda destaca que, no Brasil, a publicidade possui uma relevância ainda maior se comparada no Direito alienígena, pois aqui é permitido a qualquer pessoa presenciar o momento em que os juízes proferem seus votos[13]. A abertura de dados pode ser definida como as lentes da sociedade sobre o Judiciário: um desdobramento do próprio acesso à Justiça (Constituição da República, art. 5º, XXXV).[14]

Além das normas programáticas de acesso à informação contidas na Constituição da República, é importante ressaltar que o Brasil é signatário e internalizou três importantes tratados internacionais que garantem o direito concreto ao acesso à justiça e à informação. Fala-se, aqui, da Declaração Internacional de Direitos Humanos (art. 19), do Pacto Internacional dos Direitos Civis e Políticos (art. 19.2) e da Convenção Interamericana de Direitos Humanos (art. 13.1)[15]. Isso significa dizer que qualquer norma interna que venha a violar o acesso à informação e o acesso à justiça poderá ser considerada inválida não apenas com base e uma análise legalidade ou constitucionalidade, mas também a partir de um controle efetivo de convencionalidade[16], no qual o parâmetro de validade da

---

13. "*De modo geral, em outros lugares, o ato de julgar é sigiloso, posteriormente dando-se publicidade à decisão já proferida. De outro lado, no Brasil o próprio ato de decidir é público.*" CÂMARA, Alexandre Freitas. O novo processo civil brasileiro, 2. ed. São Paulo: Atlas, 2016, p. 32.
14. CHIESI FILHO, Humberto. Um novo paradigma de acesso à justiça. Belo Horizonte: D'Plácido, 2019, p. 73.
15. INFOLEG. Decreto 117/2016. Disponível em: http://servicios.infoleg.gob.ar/infolegInternet/anexos/255000-259999/257755/norma.htm.Acesso em 12.04.2020.
16. CONCI, Guilherme Luiz Arcaro. O Controle de Convencionalidade como parte de um constitucionalismo transnacional fundado na Pessoa Humana. 2014. Revista de Processo, vol. 232, Jun. 2014.

norma interna é a norma convencional de pacto do qual o Estado Membro seja signatário e tenha sido internalizado pelos Poderes internos.

A fim de privilegiar princípios constitucionais como igualdade e a segurança jurídica e, ainda, objetivando a uniformização da jurisprudência[17], o CPC de 2015 teve êxito em introduzir no regramento processual civil um sistema de precedentes judiciais, e "uma jurisprudência uniforme, como preconiza o art. 926, é dever dos Tribunais, e como para todo dever há um direito correspondente, tem-se o direito, nesse caso, de toda a sociedade, em especial aqueles que litigam em juízo, de possuírem, agora, a justa expectativa de que seu caso será solucionado da mesma forma que em outro caso anterior, desde que semelhante o suficiente a ponto de merecer a mesma solução".[18]

O sistema de precedentes contribui para evitar posicionamentos opostos em torno de uma mesma situação jurídica substancial, com intenção de afastar a intranquilidade e, muitas vezes, a perplexidade social.[19] Isto porque há muito se concluiu, com base em estudos de direito comparado, que a sistemática do *stare decisis*[20] é uma forma de garantir racionalidade, integridade, igualdade e coerência à atividade jurisdicional.[21] Inegável que, em um sistema que adote a *stare decisis*, há maior segurança jurídica, pois passa a ser possível antecipar a provável decisão advinda de determinado conflito. Isso gera uma menor propensão para o litígio, bem como maior abertura para um eventual acordo.[22]

---

17. BRASIL. Exposição de Motivos do Código de Processo Civil. Verbo Jurídico. Disponível em: https://www.verbojuridico.com.br/vademecum/CPC_EXPOSICAO_DE_MOTIVOS.pdf – Acesso em: 13.04.2020.
18. FRANCO, Theo Garcez de Martino Lins de. A influência da inteligência artificial no sistema de precedentes judiciais. Revista de Direito e as Novas Tecnologias. São Paulo: Editora Revista dos Tribunais, vol. 3, abr./ jun. 2019.
19. BRASIL. Congresso Nacional. Senado Federal – Anteprojeto do Novo Código de Processo Civil. Brasília: Senado Federal, 2010, p. 17.
20. D. RE, Edward. Stare Decisis. Revista de Informação Legislativa. Brasília, a. 31, n. 122, mai./jul. 1994.
21. BANKOWSKI, Zenon; MACCORMICK, Neil; MORAWSKI, Lech; MIGUEL, Alfonso Ruiz. Rationales for precedente. In MACCORMICK, Neil; SUMMERS, Robert S. (ed.). Interpreting precedents. Aldershot: Dartmouth, 1997, p. 486-487.
22. BERTÃO, Rafael Calheiros. Os precedentes no Novo Código de Processo Civil: a valorização da *stare decisis* e o modelo de Corte Suprema brasileiro. Revista de Processo, vol. 253, 2016.

Assim, o sistema dos precedentes promove uma superação da "loteria das decisões judiciais",[23] passando-se a um sistema em que há uniformização das decisões, que não mais dependerão da distribuição do feito ou de recurso a determinado órgão[24]. Assim, atende-se ao escopo constitucional da segurança jurídica, de modo a justificar a valorização dos precedentes, instaurando-se uma atmosfera de certeza e credibilidade social na justiça[25].

Por outro lado, cumpre frisar que, para que o profissional do direito faça um bom trabalho, tal sistema exige o conhecimento a fundo dos precedentes visando à realização de uma análise adequada de seus próximos passos e a construção de sua estratégia. Nesse tocante, o advogado Ricardo Dalmaso esclarece que "[o] *que se está fazendo é nada mais do que concretizando e convalidando o sistema de precedentes trazido pelo CPC/2015, que atribui ao juiz, como gestor, o tratamento e a gestão dos precedentes considerados vinculantes.*"[26]

No ordenamento jurídico pátrio, o art. 927, § 5º, do CPC dispõe que "[o]s *Tribunais darão publicidade a seus precedentes, organizando-os por questão jurídica decidida e divulgando-os, preferencialmente, na rede mundial de computadores*". A disponibilidade de todos esses dados, contudo, traz implicações relevantes. Segundo a *Scientific American*, em 2015 foram produzidos mais dados do que em toda a história. A previsão é que em dez anos a quantidade de dados dobre a cada 12 horas.[27] Assim, um dos principais problemas a serem enfrentados pelos intérpretes do direito será a organização de toda essa informação, para que seja possível chegar a conclusões e obter resultados a partir dessas análises.

Outra lei favorável ao princípio da publicidade é a Lei do Processo Eletrônico (LPE), a qual dispõe sobre a informatização dos processos judiciais, como forma de ampliar o alcance do acesso à justiça. A disponibilização on-line dos andamentos processuais, assim como da consulta dos autos, representou

---

23. TOSTES, Natacha Nascimento Gomes. Uniformização da jurisprudência. Revista de Processo, vol. 104, out.-dez de 2001.
24. BARBOSA MOREIRA, José Carlos. Comentários ao Código de Processo Civil. vol. 5. 13ª ed. Rio de Janeiro: Forense, 2006, p. 5.
25. CAMBI, Eduardo. Jurisprudência lotérica. Revista dos Tribunais, vol. 786, abril de 2001.
26. MARQUES, Ricardo Dalmaso. Inteligência artificial e direito: o uso da tecnologia na gestão do processo no sistema brasileiro de precedentes. Revista de Direito e as Novas Tecnologias, vol. 3, abril /junho de 2019.
27. HELBING, Dirk. *Will Democracy Survive Big Data and Artificial Intelligence?* Scientific American. Disponível em: https://www.scientificamerican.com/article/will-democracy--survive-big-data-and-artificial-intelligence/ Acesso em: 15 de junho de 2020.

um meio do legislador de aumentar o acesso à informação dos processos judiciais, diminuindo a distância entre a justiça e seus destinatários finais.[28] O processo eletrônico, ao permitir uma pesquisa ampla e um acesso rápido, por meio da qual qualquer pessoa, em tese, pode acessar remotamente os autos e tomar conhecimento de seu conteúdo, amplia o princípio da publicidade, possibilitando a transparência da atuação pública.

A CONSTITUIÇÃO DA REPÚBLICA em seu art. 5º, LXXVIII, dispõe que *"a todos, no âmbito judicial e administrativo, são assegurados a razoável duração do processo e os meios que garantam a celeridade de sua tramitação"*, enquanto o art. 5º, XXXV, por sua vez, esclarece que *"a lei não excluirá da apreciação do Poder Judiciário lesão ou ameaça a direito"*. Nesse sentido, a inserção da LPE no ordenamento jurídico teve, como objetivo precípuo, o prestígio aos princípios constitucionais da economia e celeridade, além do princípio da publicidade e direito de acesso à informação.

Verdade seja dita, o processo eletrônico e a transformação digital do Judiciário como um todo surgiram para mitigar o caos instalado nos Tribunais. A tramitação de processos físicos tem muitas desvantagens: gastos com materiais de escritório, custos de armazenagem, conservação, transporte, entre outros. Por outro lado, a adoção de processos em meios eletrônicos possibilita uma segunda transformação digital, ao passo que as informações contidas nos processos digitais formam um verdadeiro *big data* jurídico. Aliado à tecnologia, a exemplo de processos de automação e INTELIGÊNCIA ARTIFICIAL, há ganhos exponenciais de produtividade e tomada de decisão para os *players* do mercado jurídico. O art. 11, § 7º, da LPE estabelece que: *"os sistemas de informações pertinentes a processos eletrônicos devem possibilitar que advogados, procuradores e membros do Ministério Público cadastrados, mas não vinculados a processo previamente identificado, acessem automaticamente todos os atos e documentos processuais armazenados em meio eletrônico, <u>desde que demonstrado interesse para fins apenas de registro</u>, salvo nos casos de processos em segredo de justiça."*

Com a nova redação trazida pela Lei nº 13.793/19, o Estatuto da Ordem dos Advogados do Brasil passou a instituir em seu art. 7º, XIII, que é direito dos advogados *"examinar, em qualquer órgão dos Poderes Judiciário e Legislativo, ou da Administração Pública em geral, autos de processos findos ou em andamento, <u>mesmo sem procuração</u>, quando não estiverem sujeitos a sigilo ou segredo de justiça, assegurada a obtenção de cópias, com possibilidade de tomar apontamentos"*.

---

28. WATANABE, Kazuo. <u>Acesso à ordem jurídica justa: conceito atualizado de acesso à justiça, processos coletivos e outros estudos</u>. Belo Horizonte: Del Rey, 2019.

O § 13 do Estatuto da OAB também foi inserido no art. 7º pela referida Lei, de forma a prever que a possibilidade de acesso aos autos – ainda que sem procuração – aplica-se integralmente aos processos e procedimentos eletrônicos, não só aos físicos. Esse já era o entendimento da maioria dos Tribunais de Justiça, contudo, o legislador achou por bem deixar isso expresso, permanecendo a ressalva em relação aos casos de sigilo. No tocante ao CPC, a Lei nº 13.793/19 inseriu o § 5º ao artigo 107, que já dispunha sobre os direitos dos advogados. O novo parágrafo passou também a prever de forma expressa que o direito ao acesso, mesmo sem procuração, aplica-se integralmente aos processos eletrônicos.[29] Assim, não é difícil constatar que a lei em comento simplesmente reproduz o que a Constituição da República, o Estatuto da OAB e o CPC já previam.[30]

Outra aliada do *open justice* é a Lei de Acesso à Informação (LAI), promulgada em 2011, que reforça o princípio da publicidade como preceito geral, e o sigilo, como exceção (LAI, art. 3º, I). Além disso, ainda dispõe que os órgãos e entidades públicas devem utilizar sítios na internet para divulgar informações de interesse coletivo e geral, independentemente de requerimento (LAI, art. 8º). É importante frisar que a LAI se aplica a toda à Administração Pública, incluindo aí o Poder Judiciário. Ainda, a referida lei prevê, em seu art. 7º, II, que *"o acesso à informação de que trata esta Lei compreende, entre outros, os direitos de obter: (...) II - informação contida em registros ou documentos, produzidos ou acumulados por seus órgãos ou entidades, recolhidos ou não a arquivos públicos; (...)"*.

Dessa feita, cogitar, em qualquer hipótese, que os autos eletrônicos merecem algum tipo de barreira ao acesso se comparados aos autos físicos, por si só, representaria uma violação não só à LAI, mas também à Lei de Acessibilidade, uma vez que, comparativamente, torna-se mais difícil acessar um

---

29. "Art. 107. O advogado tem direito a:
    I – examinar, em cartório de fórum e secretaria de tribunal, mesmo sem procuração, autos de qualquer processo, independentemente de fase de tramitação, assegurados a obtenção de cópias e o registro de anotações, salvo na hipótese de segredo de justiça, nas quais apenas o advogado constituído terá acesso aos autos.
    (...)
    §5º O disposto no inciso I do caput deste artigo aplica-se integralmente a processos eletrônicos."
30. BECKER, Daniel; WOLKART, Erik Navarro. Injustiça digital: o processo é público, só que não. JOTA. Disponível em: www.jota.info/opiniao-e-analise/artigos/ijustica-digital-o-processo-e-publico-so-que-nao-23012019 – Acesso em 17.04.2020.

processo eletrônico que um processo físico. Isso, por óbvio, compromete a cidadania de pessoas com dificuldades de mobilidade e acesso em geral.

3. OPEN JUSTICE COMO DESDOBRAMENTO DO ACESSO À JUSTIÇA

Grande parte da dificuldade em lidar com a catastrófica situação do Poder Judiciário no país encontra-se na semântica, isto é, na ausência de diferenciação entre acesso aos órgãos jurisdicionais e acesso à justiça. Este prefere aquele e não envolve apenas o acesso aos órgãos do Poder Judiciário e meios adequados de pacificação social e de solução de conflitos, mas também o amplo acesso da população à informação jurídica[31]. O acesso à informação, o qual pode ser visto como decorrente do acesso à justiça, exige que o sistema jurídico seja de fácil navegação; a assimetria de informação jurídica é a antítese do ideal do acesso à justiça. Em sua concepção moderna, o acesso à justiça não pode ser reputado como um mero sinônimo de *"direito à adequada tutela jurisdicional ou à tutela efetiva, adequada e tempestiva"*[32].

Já nos anos 1980, o professor Kazuo Watanabe preocupou-se em definir o direito à informação jurídica como um dos pilares do acesso à justiça[33]. A democratização do direito de acesso à justiça começa pela educação para a cidadania; cada cidadão deve ser conscientizado de todos os seus direitos, do modo e dos mecanismos para garanti-los[34].

O acesso à justiça, portanto, extrapola o âmbito judicial; ele abarca a necessidade de efetivação, por quaisquer vias, dos direitos fundamentais[35]. Todos os esforços devem convergir para que seja assegurada a concretização desse direito fundamental, tendo como norte que ele não se resume ao acanhado limite do acesso aos órgãos jurisdicionais. Partindo-se de uma visão axiológica de justiça,

---

31. GRECO, Leonardo. Instituições de Processo Civil: Introdução ao Direito Processual Civil, vol. I. Rio de Janeiro: Forense, 2008.
32. MARINONI, Luiz Guilherme. Tutela antecipatória, julgamento antecipado e execução imediata da sentença. 4. ed. São Paulo: RT, 2000. p. 18.
33. WATANABE, Kazuo. Acesso à Justiça e sociedade moderna. In GRINOVER, Ada Pellegrini; DINAMARCO, Cândido Rangel. Participação e processo. São Paulo: Ed. RT, 1988, p. 128.
34. MARQUES DA SILVA, Marco Antonio. A efetividade do acesso à justiça. Revista do Instituto dos Advogados de São Paulo, vol. 17/2006, p. 125 – 144, Jan-Jun/2006.
35. BARREIROS, Lorena Miranda Santos. Breves considerações sobre o princípio do acesso à justiça no direito brasileiro. Revista de Direito do Trabalho, vol. 134, abril-junho de 2009.

tem-se que o acesso a ela representa o *"acesso a uma determinada ordem de valores e direitos fundamentais para o ser humano"*.[36]

Com efeito, o princípio da publicidade determina que os atos da Administração Pública devem ter ampla divulgação, ressalvadas as hipóteses de sigilo previstas em lei[37]. Constitui-se, desse modo, um direito de primeira geração, que pretende proteger os cidadãos de eventuais arbitrariedades do Estado. Assim, esse princípio não só está diretamente ligado ao direito à informação, mas também ao direito de acesso aos documentos públicos[38].

No campo do direito processual, o princípio da publicidade detém, assim, uma interpretação ainda mais ampla do que no procedimento administrativo. Isso porque todas as peças dos autos judiciais brasileiros estão disponíveis a qualquer pessoa, independentemente do interesse na causa. Essa é uma decorrência do direito cívico de todo cidadão[39]. Possuindo o Estado o monopólio da Jurisdição, o acesso pela sociedade aos autos judiciais é uma extensão lógica, objetivando o controle democrático e promovendo a segurança jurídica. A justiça não só deve ser feita, mas deve ser vista sendo feita.[40] Tais disposições constitucionais, embora generalistas, garantem amplo acesso aos autos dos processos judiciais aos cidadãos, e as restrições ao acesso à informação devem ser a exceção. Para além do acesso à informação, a transparência privilegia o princípio da segurança jurídica ao permitir que cidadãos conheçam as decisões judiciais[41].

Nessa esteira, o constituinte entendeu que não basta divulgar as regras do jogo; é preciso tornar público o entendimento de que os intérpretes dão a essas normas para que cada ente social coletivo ou individual possa exercer o seu respectivo papel com certeza sobre aquilo que os juízes pensam. Nas palavras do professor Richard Susskind, a publicidade a atividade dos tribunais

---

36. RODRIGUES, Horácio Wanderley. Acesso à justiça no direito processual brasileiro. São Paulo: Acadêmica, 1994, p. 29.
37. DI PIETRO, Maria Sylvia Zanella. Curso de Direito Administrativo. Rio de Janeiro: Forense, 2014, p. 72.
38. PERLINGEIRO, Ricardo. O livre acesso à informação, as inovações tecnológicas e a publicidade processual. Revista de processo, vol. 203.
39. GRECO, Leonardo. Instituições de processo civil. Rio de Janeiro: Forense, 2009.
40. SUSSKIND, Richard. *Online Courts and the Future of Justice*. Oxford University Press: Oxford, 2020, p. 193.
41. PERLINGEIRO, Ricardo. O livre acesso à informação, as inovações tecnológicas e a publicidade processual. Revista de processo, vol. 203, 2012.

seja transparente em vários níveis, uma janela aberta para o sistema judicial, devendo eles serem visíveis, inteligíveis e responsáveis.[42]

Como defende Michal Bobek, Advogado-Geral da Corte de Justiça da União Europeia (CJUE), a justiça não deve ser apenas feita em público, mas também os resultados judiciais devem ser submetidos à revisão política e escrutínio geral. O autor esclarece que as bases para a legitimidade judicial são os fatos e detalhes no caso individual, logo, à medida que uma decisão judicial se afasta, esconde ou desconsidera os fatos e circunstâncias do caso, menos legítima se torna.[43]

Há não muito tempo, conhecer as decisões dos tribunais demandava uma ida a uma biblioteca ou o desembolso de generosas quantias para a obtenção de volumes dos ementários de jurisprudência. Hoje, o modelo gutemberguiano já foi quase que integralmente substituído pela internet – e pela sua capacidade de reprodução massiva de informação no mundo digital[44]. A informação jurídica on-line serve, entre outras funções, para desmitificar a lei[45]; embora ela já fosse tradicionalmente pública, a sua disponibilização online incondicionada representa o meio mais eficiente e eficaz de suplementar a informação jurídica básica ao público.[46]

A internet ocupa, de forma louvável, o espaço do anacrônico tripé do "*papel-tinta-carimbo*"[47]. Nessa linha, repita-se, o direito à informação compreende a publicidade de todo o processo judicial, exceto, por óbvio, nos casos de segredo de justiça[48]. Ainda sobre democratização da informação jurídica, há aspectos

---

42. SUSSKIND, Richard. *Online Courts and the Future of Justice*. Oxford University Press: Oxford, 2020, p. 79.
43. BOBEK, Michal. *Data protection, anonymity, and courts*. Maastricht Journal of European and Comparative Law, vol. 183, 2019.
44. CARVALHO, Ivan Lira. *A internet e o acesso à justiça*. Revista de Processo, vol. 100, outubro-dezembro de 2000.
45. BAILEY, Jane et al. *Access to justice for all: towards an 'expansive vision' of justice and technology*. Windsor Yearbook of Access to Justice, volume 31, 2. Disponível em: https://ssrn.com/abstract=2605462 – Acesso em 29.03.2020.
46. MACPHAIL, Alison. *Report of the access to legal services working group*. Canadian Forum on Civil Justice. Disponível em: http://www.cfcjfcjc. org/sites/default/files/docs/2012/Report%20of%20the%20Access%20to%20Legal%20Services%20Workin g%20Group. pdf – Acesso em 15 de junho de 2020.
47. CARVALHO, Ivan Lira. *A internet e o acesso à justiça*. Revista de Processo, vol. 100, outubro-dezembro de 2000.
48. PERLINGEIRO, Ricardo. *O livre acesso à informação, as inovações tecnológicas e a publicidade processual.* In: Revista de processo, vol. 203, pp. 149-180, 2012.

importantes na ideia de *open justice*, movimento global que, como desdobramento do acesso à justiça, consiste em tornar os dados do Poder Judiciário abertos, escrutáveis, translúcidos e, verdadeiramente, legíveis, acessíveis e compreensíveis.[49]

É somente com dados que conseguiremos utilizar tecnologias analíticas e computacionais e identificar as características de jurisdicionados, modalidades de demandas e seus aspectos geodemográficos de uso dos tribunais, paridade de armas, integridade e produtividade dos órgãos, o cálculo do custo-benefício da realização de acordos que evitem o ajuizamento de ações, permitindo a solução de conflitos a baixo custo via acordo ou nenhum devido à desistência pelo conhecimento do prognóstico de êxito[50], entre outros indicadores úteis em nível macro e microeconômico.[51]

Uma ferramenta que auxilia nisso e é capaz de ganhar uma poderosa tração é a jurimetria. Para os menos versados no tema, jurimetria é um neologismo cunhado por Lee Loevinger[52] nos anos 1960, mas que jamais fora aplicado na prática pelo seu criador. Consiste em mensurar fatos e conflitos, antecipar cenários e planejar condutas para advogados, legisladores e gestores públicos[53]. No Brasil, ela foi oficialmente tropicalizada pelo professor Marcel Guedes Nunes, hoje presidente da Associação Brasileira de Jurimetria (ABJ), "*como a disciplina do conhecimento que utiliza a metodologia estatística investigar o funcionamento de uma ordem jurídica.*"[54]

---

49. BECKER, Daniel; WOLKART, Erik Navarro. Como Roma, cidade aberta: open justice! JOTA. Disponível em: https://www.jota.info/paywall?redirect_to=//www.jota.info/opiniao-e-analise/colunas/regulacao-e-novas-tecnologias/como-roma-cidade-aberta--open-justice-21032020 – Acesso em: 12.04.2020.
50. WOLKART, Erik Navarro; BECKER, Daniel. Injustiça digital: o processo é público, só que não. JOTA. Disponível em: https://www.jota.info/opiniao-e-analise/artigos/injustica-digital-o-processo-e-publico-so-que-nao-23012019 – Acesso em 15 de junho de 2020.
51. WOLKART, Erik Navarro; BECKER, Daniel. Tecnologia e precedentes: do portão de Kafka ao panóptico digital pelas mãos da jurimetria. In ALVES, Isabella Fonseca (org.). Inteligência artificial e processo. Belo Horizonte: D'Plácido, 2019, p. 7-17.
52. LOEVINGER, Lee. Jurimetrics: the next step forward. Minnesota Law Review, v. 33, 1949.
53. NUNES, Marcelo Guedes. Jurimetria: como a estatística pode reinventar o direito. São Paulo: Revista dos Tribunais, 2016.
54. NUNES, Marcelo Guedes. Jurimetria: como a estatística pode reinventar o direito, 2ª edição. São Paulo: Revista dos Tribunais, 2020, p. 111.

O estudo tradicional do direito trafega em um plano teórico e abstrato. A lei é uma aspiração teórica, cujas interpretações são realizadas pelo Poder Judiciário, entes da Administração, juristas e pelos jurisdicionados. Após essa filtragem, a lei resulta em algo concreto. Dito de outra forma, ao interpretar o conjunto de normas de acordo com diversos fatores de influência, tais como pressões sociais e vieses, os agentes criam o direito além da previsão mecânica e abstrata prevista na legislação. A jurimetria é, portanto, ferramenta para a compreensão desse processo[55], "*um acesso privilegiado ao que fato ocorre no mundo jurídico: quais conflitos estão batendo às portas dos tribunais, quais aspectos da lei não atendem às demandas da população, quais os efeitos concretos que um anova disposição legal exerce na sociedade.*"[56]

Com o aumento da complexidade e da quantidade de institutos jurídicos no Brasil, sem jurimetria e outras metodologias empíricas é impossível trabalhar de forma adequada.[57] A despeito de incríveis iniciativas como as mencionadas, é preciso pensar sobretudo no uso microeconômico da jurimetria *vis-à-vis* o sistema de precedentes obrigatórios que vem sendo incorporado vagarosamente ao nosso sistema processual. São várias as reformas graduais que nos trouxeram a cultura dos precedentes. Contudo, foi o CPC de 2015 que propôs sua organização em um sistema estruturado. Entre as novidades, destacam-se o incidente de resolução de demandas repetitivas (IRDR), que tem como pressuposto a efetiva repetição de processos e o risco de ofensa à isonomia e segurança jurídica (CPC, artigo 976 e ss.), bem como as previsões dos artigos 926 a 928, que escancaram a necessidade de uniformização, estabilidade e coerência das decisões nos tribunais. Vale destacar, inclusive, que essas aspirações só podem ser alcançadas na prática com a jurimetria.[58]

---

55. SOARES, Fábio Lopes; LISBOA, Roberto Senise. Jurimetria e sociedade da informação: do custo da reclamação nas relações de consumo. Revista de Direito do Consumidor, vol. 103, janeiro de 2016.
56. NUNES, Marcelo Guedes. Jurimetria: como a estatística pode reinventar o direito, 2ª edição. São Paulo: Revista dos Tribunais, 2020, p. 26.
57. NUNES, Marcelo Guedes. Jurimetria: como a estatística pode reinventar o direito, 2ª edição. São Paulo: Revista dos Tribunais, 2020, p. 26.
58. MAZZOLA, Marcelo. Processo e novas tecnologias: utilização de QR Code em petições judiciais, atuação de robôs e as contribuições da inteligência artificial para o sistema de precedentes. *In* NUNES, Dierle; LUCON, Paulo Henrique dos Santos; WOLKART, Erik Navarro. Inteligência Artificial e Direito Processual: Os impactos da virada tecnológica no direito processual. JusPodivm: Salvador, 2020, p. 709.

É essencial, portanto, que o profissional tenha conhecimento dos processos já julgados e em andamento, a fim de avaliar sua chance de êxito em uma ação judicial, estruturar melhor sua abordagem, levando em conta processos semelhantes, apresentar petições, analisar o setor econômico em que seu cliente atua com vistas a construir boas práticas de acordo, entre muitos outros exemplos. Nesse sentido, esclarece o professor Araken de Assis que é essencial que "*o advogado [tenha] o direito de examinar processo em que não é procurador (art. 107, I, do NCPC), por simples curiosidade ou para colher subsídios em causa similar a ele confiada. (...) O STJ já proclamou que os prepostos dos advogados podem copiar livremente os autos, em cartório, desde que não se lhe imponha o segredo de justiça*"[59]

Ademais, a jurimetria é a única forma de garantir *accountability* ao Poder Judiciário, seja jurídico-decisional, seja comportamental. Quando se fala em *accountability* jurídico-decisional, apontamos para a fiscalização do cumprimento dos deveres do magistrado, aí incluído o respeito aos precedentes. Já por *accountability* comportamental temos a análise de critérios como integridade e produtividade no âmbito do Poder Judiciário.[60] Há capacidade, inclusive, para identificar quebras de padrão, incoerências, vazios de integridade e de isonomia, gerando incentivos para que juízes respeitem os precedentes para proteger a própria reputação (*credible threat*).[61] Algo parecido é operado, já a algum tempo, em programas de *compliance* dentro das grandes corporações, em que a inteligência artificial identifica quebras de padrões comunicativos e aponta indícios de condutas irregulares. Algo impossível de ser feito manualmente.

Portanto, o efetivo respeito a um sistema estável de precedentes, hoje potencializado pela tecnologia, dados e jurimetria, acaba com o hermetismo da Justiça, permitindo comportamento estratégico por parte do cidadão, que passa a saber exatamente como será tratado caso seu conflito adentre ao sistema de justiça.[62]

---

59. ASSIS, Araken de. Processo civil brasileiro, vol. II. São Paulo: Revista dos Tribunais, 2015, n.p.
60. TOMIO, Fabrício Ricardo de Limas; ROBL, Ilton Norberto Filho. Accountability e independência judiciais: uma análise da competência do Conselho Nacional de Justiça (CNJ). Revista de Sociologia e Política., v. 21, nº 45, Curitiba, março de 2013.
61. WOLKART, Erik Navarro; BECKER, Daniel. Tecnologia e precedentes: do portão de Kafka ao panóptico digital pelas mãos da jurimetria. In ALVES, Isabella Fonseca (org.). Inteligência artificial e processo. Belo Horizonte: D'Plácido, 2019, p. 14-17.
62. WOLKART, Erik Navarro; BECKER, Daniel. Tecnologia e precedentes: do portão de Kafka ao panóptico digital pelas mãos da jurimetria. In ALVES, Isabella Fonseca (org.). Inteligência artificial e processo. Belo Horizonte: D'Plácido, 2019, p. 14.

4. Desafios pela frente

Então, o que fazer? É preciso construir novos sistemas que sejam eficientes, responsivos, legíveis e interoperáveis. Mas por que estamos tão longe? O motivo é simples, mas expõe a falta de preocupação de gestores públicos com o problema.

O primeiro ponto diz respeito ao fato de que a maioria dos dados do Poder Judiciário é não estruturada ou semiestruturada, o que dificulta o armazenamento em banco de dados relacionais ou processados. Além disso, o Brasil possui 91 tribunais que operam por 40 diferentes plataformas de gestão de processos, cada uma com regras únicas de cadastramento e gerenciamento de feitos. Por vezes, o mesmo tribunal tem mais de um sistema operante[63]. Com isso, é impossível que haja uma coerência, por exemplo, no cadastramento de processos por parte dos mais de 1 milhão de advogados, o que gera óbvios problemas estatísticos.

Com o maior *datalake* jurídico do mundo, os Tribunais brasileiros possuem uma riqueza inestimável de dados que, se estruturados e devidamente analisados, podem promover inúmeros benefícios para a sociedade, como saber a chance de procedência de diversos tipos de demandas, entender quando vale a pena propor um acordo, qual o melhor valor de oferta, ou mesmo se vale a pena ajuizar uma determinada ação. Contudo, a inovação no Poder Judiciário, salvo louváveis exceções, vem funcionando como se levássemos lenha para a floresta.

Há também dois aspectos importantes na ideia de *open justice* quando falamos sobre a legibilidade dos dados do Poder Judiciário. O primeiro deles diz respeito ao acesso à informação jurídica, esse desdobramento do ideal de acesso à justiça. O direito de acesso à informação jurídica exige que o sistema jurídico seja de fácil navegação. Disponibilizar informações e gerar uma barreira de acesso equivale a dar acesso a uma praia, mas obrigar as pessoas a pegar um barco em vez de caminhar por uma trilha curta aberta na mata. Esse, aliás, é um caso clássico de *path dependence*[64], uma vez que, tradicionalmente,

---

63. GRILLO, Brenno. Excesso de plataformas de processo eletrônico atrapalha advogados. Consultor Jurídico. Disponível em: https://www.conjur.com.br/2017-out-03/excesso--sistemas-processo-eletronico-atrapalham-advogados – Acesso em: 18 de out. 2019.

64. THALER, Richard H; JOHNSON, Erik J. Gambling with the house money and trying to break even: the effects of prior outcomes on risky choice. Management Science, vol. 36, n 6, 1990, p. 643-660.

as informações jurídicas nunca estiveram disponíveis em linguagem simples e com fácil acesso ao grande público[65].

Já o segundo trata da legibilidade automática (*machine readable*) dos dados, ou seja, a possibilidade de leitura de dados estruturados ou não para fins de aplicação de técnicas de inteligência artificial. Hoje, dados de atos, autos e precedentes judiciais são praticamente ilegíveis para a inteligência artificial. Isso, de plano, cria uma barreira intransponível à entrada de empresas que operam no setor, pois, além de inviabilizar a extração de dados confiáveis, gera custos proibitivos para a livre-iniciativa e do livre exercício de atividade econômica, ambos insculpidos no art. 170, *caput* e parágrafo único, da Constituição da República[66]. Os referidos princípios garantem ao empreendedor a possibilidade de se lançar no mercado levando adiante a própria empreitada, nos limites da ação interventiva do Estado. A solução para o problema é a disponibilização dos dados em formato aberto e legível por máquina, como a extensão XML[67]. No formato opaco do Poder Judiciário brasileiro de hoje, iniciativas importantes para a identificação desses padrões decisórios agonizam por falta de dados. Com isso, *lawtechs* focadas em *analytics*, jurimetria, financiamento de litígios, por exemplo, morrem logo após o nascimento.

Mas por que, mais do que nunca, precisamos discutir *Open Justice*? Para quem não está familiarizado com a polêmica, é bom trazer aqui alguns detalhes sucintos dessa novela que começou com o surgimento do processo eletrônico e a contratação de algumas plataformas pelos Tribunais brasileiros que limitavam o acesso dos autos eletrônicos a advogados "cadastrados" no sistema como representantes de partes ou terceiros interessados.

Nessa esteira, a Resolução nº 121/2010 do Conselho Nacional de Justiça limitou a publicidade dos autos a (i) número, classe e assuntos do processo;

---

65. BECKER, Daniel. O acesso à informação jurídica online como medida de garantia ao direito de acesso à justiça. *In* FEIGELSON, Bruno; MALDONADO, Viviane. Advocacia 4.0. São Paulo: Revista dos Tribunais, 2019, p. 94-98.
66. Art. 170. A ordem econômica, fundada na valorização do trabalho humano e na livre iniciativa, tem por fim assegurar a todos, existência digna, conforme os ditames da justiça social, observados os seguintes princípios: (...)
    Parágrafo único. É assegurado a todos o livre exercício de qualquer atividade econômica, independentemente de autorização de órgãos públicos, salvo nos casos previstos em lei.
67. BYROM, Natalie. *Digital Justice: HMCTS data strategy and delivering access to justice*. The Legal Education Forum. Disponível em: <https://research.thelegaleducationfoundation.org/wp-content/uploads/2019/09/DigitalJusticeFINAL.pdf – Acesso em: 19 de mar. 2020.

(ii) nome das partes e de seus advogados, (iii) movimentação processual, (iv) inteiro teor das decisões, sentenças, votos e acórdãos. Depois disso, tratando a questão de forma franca, o Conselho desceu ladeira abaixo com a edição de outras resoluções a respeito do tema. Destacam-se a Resolução nº 185/2013, que instituiu o Processo Judicial Eletrônico (PJe), trazendo a limitação de que os usuários terão acesso às funcionalidades do PJe de acordo com o perfil que lhes for atribuído no sistema e em razão da natureza de sua relação jurídico-processual, e a Resolução nº 215/2015, que regulamentou a Lei de Acesso à Informação, dando azo à proteção da intimidade e da privacidade dos dados pessoais contidos nos autos processuais.

Em relação à Resolução nº 185/2013, entendemos que há, antes de qualquer coisa, um óbice puramente técnico no sistema que foi usado para limitar um direito constitucional, legal e de classe. Coisas da tecnologia e da inovação, que normalmente geram múltiplos benefícios, mas quebram alguns ovos no início. Já a Resolução nº 215/2015 trabalha com o conceito de dados pessoais, pretendendo limitar o acesso com base na frágil constatação de que a consulta processual na íntegra violaria a intimidade e a privacidade de eventos pessoas naturais que estivessem em contenda. Transforma-se a exceção na regra. Nada mais equivocado.

Mas ocasião é ainda mais propícia agora. O CNJ prometeu abrir a consulta pública sobre uso de dados dos tribunais em março de 2020, mas adiada *sine die* por conta da pandemia do coronavírus. O movimento, não pela doença, foi um tanto confuso. É que, embora aponte para o norte da acessibilidade, o emaranhado de preocupações e condicionantes trazido pelo órgão indica embaraços no acesso aos dados. Em sentido oposto, sugerimos e defendemos neste artigo uma estratégia de justiça digital que privilegie o conceito de *open justice*.

Os principais argumentos do CNJ para a restrição de acesso aos dados são que (i) o acesso incondicionado às informações contidas em processos judiciais representa risco à intimidade e privacidade dos cidadãos, e que (ii) as empresas especializadas no tratamento desses dados estariam sobrecarregando os sistemas dos tribunais. As razões, a nosso ver, não se sustentam.

A uma, parte da discussão encontra seu cerne na análise do binômio: direito ao acesso à informação *versus* direito à privacidade. É inegável que ambos os direitos são ditos fundamentais, bem como que, às vezes, estão em contrariedade, razão pela qual se sujeitam às técnicas de ponderação. A saída hermenêutica para resolver esse conflito aparente consiste em que, para processos judiciais, cujo conteúdo é de interesse público, o princípio da publicidade deve prevalecer, valorizando-se a transparência da coisa pública em detrimento da privacidade[68]. A Constituição da República e o CPC/15 cuidam – de forma clara – das hipóteses de segredo de justiça. Fechar o acesso a dados não protegidos pelo segredo de justiça configura restrição não admitida pela Constituição e pela lei. Afinal, a publicidade do processo judicial é a regra, enquanto o sigilo é a exceção.

Em consonância com esses princípios, os Tribunais brasileiros entendem, majoritariamente, que devem ser divulgados os autos dos processos eletrônicos, tendendo para a prevalência do princípio do acesso à informação quando posto em conflito com os princípios ligados à privacidade.[69]

É importante frisar aqui também que dados anonimizados não se prestam a formar precedentes e violam o princípio da transparência e publicidade.[70] Números e acrônimos são inúteis para pesquisas acadêmicas e argumentação com casos pretéritos. Detalhes não só de mérito, mas também de fato, são fundamentais para a realização de *distinguinshing, overruling e overriding*;[71] portanto, qualquer sugestão nesse sentido viola, de plano, o princípio da publicidade.

A duas, a sobrecarga e o aumento do dispêndio de recursos com tecnologia da informação, com o perdão do truísmo, são inerentes ao Século XXI – algo que talvez seja difícil para o nosso modelo oitocentista de Poder Judiciário compreender: modelos escaláveis com pouca mão de obra e muito investimento em tecnologia, hoje, dominam o mundo. Para os menos versados em tecnologia, escalabilidade é um atributo que descreve a capacidade de uma organização de crescer e gerenciar a demanda crescente.[72] Essa atividade é realizada por *softwares*, que vão sendo atualizados de acordo com a necessidade.

---

68. PERLINGEIRO, Ricardo. O livre acesso à informação, as inovações tecnológicas e a publicidade processual. Revista de Processo, vol. 203, pp. 149-180, 2012.
69. TJSP, Apelação Cível nº 1005980-03.2016.8.26.0663, Relator Desembargador Miguel Brandi, 7ª Câmara de Direito Privado, j. 27/04/2018; TJSP, Apelação Cível nº 1002737-57.2017.8.26.0100, Relator Desembargador Moreira Viegas, 5ª Câmara de Direito Privado, j. 20/09/2017.
70. LOPUCKI, Lynn. The Politics of Research Access to Federal Court Data. Texas Law Review, vol. 80, 2001.
71. LOPUCKI, Lynn. Court Transparency. Public Law & Legal Theory Research Paper No. 08-08, UCLA School of Law, 2008.
72. TECHNOPEDIA. *Scalability*. Technopedia. Disponível em: https://www.techopedia.com/definition/9269/scalability- Acesso em 19 de mar. 2020.

A verdade inconveniente é que há recursos para a melhoria dos sistemas – lembre-se dos 2% do PIB que gastamos com o Poder Judiciário[73]. O argumento do CNJ equivale a dizer que o Uber não pode existir porque eu tenho um celular de primeira geração cujo sistema operacional não suporta o aplicativo.

E isso deve ser matéria de comoção nacional quando da abertura da consulta pública pelo CNJ para evitarmos que aconteça no Brasil aquilo que ocorreu na França. Por ocasião da reforma judiciária que ocorreu na França no ano passado, pode-se depreender que o país optou por enfraquecer de morte a segurança jurídica. A mencionada reforma no Poder Judiciário francês, cujo objetivo consistia na promoção de publicidade e previsibilidade das decisões judiciais, em seu art. 33, seguiu caminho diametralmente oposto e vedou de forma expressa e contundente a possibilidade de se analisar informações a respeito da identidade dos magistrados para comparar ou prever resultados de processos judiciais.

A proibição é tão enérgica que a norma prevê até 5 (cinco) anos de prisão a quem descumpri-la[74]. Fica a impressão de que, ao editar uma lei supostamente favorável à previsibilidade e à prestação de contas dos órgãos judiciais, o legislador acabou por aprovar uma mordaça à jurimetria, que representa perigoso desincentivo à transparência da atividade jurisdicional francesa. Isso porque perfilar um magistrado, diferentemente do que faz parecer o artigo 33, não é vilipendiar sua vida pessoal. Na verdade, trata-se apenas de se valer de dados públicos sobre sua pessoa e acerca de suas decisões para traçar um perfil médio capaz de ajudar as partes a projetar as decisões que ele proferirá[75]. Não há nada de errado nisso, uma vez que o magistrado não está legal ou contratualmente

---

73. WOLKART, Erik Navarro. Análise Econômica do Processo Civil: como a Economia, o Direito e a Psicologia podem vencer a tragédia da justiça. Revista dos Tribunais: São Paulo, 2019.

74. « Les données d'identité des magistrats et des membres du greffe ne peuvent faire l'objet d'une réutilisation ayant pour objet ou pour effet d'évaluer, d'analyser, de comparer ou de prédire leurs pratiques professionnelles réelles ou supposées. La violation de cette interdiction est punie des peines prévues aux articles 226-18, 226-24 et 226-31 du code pénal, sans préjudice des mesures et sanctions prévues par la loi n° 78-17 du 6 janvier 1978 relative à l'informatique, aux fichiers et aux libertés. » (grifo nosso).

75. O GDPR, em seu art. 4°, 4), define a perfilagem como *"qualquer forma de tratamento automatizado de dados pessoais que consista em utilizar esses dados pessoais para avaliar certos aspectos pessoais de uma pessoa singular, nomeadamente para analisar ou prever aspectos relacionados com o seu desempenho profissional, a sua situação económica, saúde, preferências pessoais, interesses, fiabilidade, comportamento, localização ou deslocações;*

vinculado ao perfil que lhe foi traçado. Trata-se apenas de informação que as partes interessadas podem julgar útil ou não.

É fato que os juízes não podem ser prisioneiros das consequências de suas decisões, até porque nem sempre são claros os efeitos por ela produzidos[76]. Em contrapartida, é absolutamente necessário que os magistrados ao menos levem em conta os reflexos de seus julgados na hora de tomar certa medida. O exercício de julgar, afinal, envolve a habilidade de ponderar os bens tutelados pela lei – e a concessão de certa tutela, muitas vezes, causa repercussões a bens jurídicos de terceiros, afetando a economia, o Estado e a sociedade[77]. A ampla transparência, nesse contexto, é a melhor forma de se garantir que os órgãos judiciais deem maior importância ao resultado prático daquilo que decidem, bem como sejam coerentes em suas deliberações. A ciência de dados e a estatística são instrumentos preciosos de que agentes sociais passaram a dispor para dar efetividade à análise de precedentes.

Nas sábias palavras de Jeremy Bentham, o princípio da publicidade implica que os juízes, enquanto julgadores, estão sendo julgados a todo o tempo pela sociedade.

5. Conclusão

Diante do exposto, fica claro que uma estratégia de *open justice* é necessária para coletar dados que possibilitem a construção de estratégias para (i) a identificação de gargalos sociais e formulação de políticas públicas, (ii) democratização do acesso à justiça, (iii) diminuição da assimetria informacional, (iv) melhorias contínuas da atividade jurisdicional e da experiência dos jurisdicionados, (v) diminuição da litigiosidade e promoção da autocomposição de conflitos e (vi) o fomento de empresas de tecnologia focadas em soluções para o mercado jurídico.

(...)". Disponível em português em: https://eur-lex.europa.eu/legal-content/PT/TXT/HTML/?uri=CELEX:32016R0679&from=PT#d1e1690-1-1 . Acesso em 11.06.2019.

76. MACCORMICK, Neil. *Rhetoric and the Rule of Law: a theory of legal reasoning*. Oxford: Oxford University Press, 2005, p. 101-102.
77. SCHUARTZ, Luis Fernando. Consequencialismo jurídico, racionalidade decisória e malandragem, in MACEDO JR, Ronaldo Porto & BARBIERI, Catarina H. Cortada. Direito e Interpretação: racionalidades e instituições. São Paulo: Saraiva, 2011, p. 383 e 384.

Mesmo subsidiado pela Constituição e outras legislações, o CPC, sozinho com suas inúmeras inovações, até tentou, mas não se mostrou capaz – nem poderia – de alterar a realidade da crise no sistema de Justiça. Negócios processuais, unificação de procedimentos e sistema de precedentes, sendo estes últimos objeto deste artigo, precisam de mudanças culturais e tecnológicas para emplacarem.

O professor escocês Richard Susskind, ao analisar a realidade do sistema de justiça da Inglaterra e do País de Gales em 2000, previu que, em cinco anos, mais pessoas teriam acesso à internet do que acesso à justiça[78] – o que se confirma hoje em recente estudo publicado pela Organização para Cooperação e Desenvolvimento Econômico (OCDE)[79]. Com o perdão do truísmo, a Justiça é um sistema – e um problema – de todos – pelo que não podemos manter suas instituições sob um véu opaco em uma torre de marfim distante da sociedade.

Open justice como padrão é, portanto, inerente ao Estado Democrático de Direito.[80] Ao que parece, ele não virá por milagre, embora todo o ordenamento jurídico brasileiro convirja para ele. É preciso que cidadãos, agentes econômicos e o Poder Público conclamem a abertura sincera do sistema de justiça. Mais do que esperar, é preciso exigir aquilo que, há muito, está prescrito na Constituição da República, mas que, pela primeira vez, encontra uma possibilidade concreta de realização graças à tecnologia da informação e à digitalização. Arregacemos as mangas!

---

78. SUSSKIND, Richard. *Tomorrow's Lawyers: an introduction to your future*. Oxford: Oxford University Press, 2012, p. 84.
79. SUSSKIND, Richard. *Online Courts and the Future of Justice*. Oxford University Press: Oxford, 2019, p. 27.
80. EECHOUD, Mireille van; GUILBAULT, Lucie. *International copyright reform in support of open legal information*. Institute for Information Law. Disponível em: https://www.ivir.nl/publicaties/download/OpendataCopyrightReform_ODRSdraft-WP_sep16.pdf – Acesso em 19 de mar. 2020.

Precedentes e algoritmos: uma abordagem de *law and economics*

EDSON PONTES PINTO

Advogado, Professor Universitário, Mestre em Direito Constitucional e Processual Tributário pela Pontifica Universidade Católica de São Paulo (PUC-SP) e Doutorando em Fundamentos Constitucionais do Direito Público e do Direito Privado pela Pontifica Universidade Católica do Rio Grande do Sul (PUC/RS).

"[...] o precedente nos dá aquilo que é a segurança jurídica. Quem vive sem previsibilidade? Você não sabe o que pode fazer, você não faz, na vida e na economia em geral"
Ministro Luiz Fux[1]

Sumário: 1. Introdução. 2. A necessidade de previsibilidade do sistema jurídico. 3. Precedentes, previsibilidade e eficiência. 4. Decisões algorítmicas e a aplicação de padrões de julgamento. 5. Conclusão. 6. Referências bibliográficas.

---

1. Ver comentário do Ministro Luiz Fux em Revista Consultor Jurídico. ConJur. Disponível em: https://www.conjur.com.br/2020-fev-27/washington-fux-defende-previsibilidade-juridica. Acesso em: 29 de fevereiro de 2020.

1. Introdução

Torna-se cada vez mais difícil compreender todos os elementos que configuram esse momento de inter-relação entre o direito e a tecnologia, haja vista que a realidade é modificada cada vez mais rápido, desafiando o tradicionalismo inerente ao sistema jurídico e seus operadores, ainda certos de que a tecnologia não ultrapassará e derrubará as fundações que sustentam as profissões jurídicas – diga-se de passagem, cada vez mais frágeis.

A realidade atual caracterizada pela velocidade e complexidade, alimentada pelo avanço exponencial da tecnologia, encontra-se com esse tradicionalismo da atividade jurídica, caracterizada não só por elementos próprios dos operadores e do sistema de justiça, mas justamente pela tentativa de fechamento sistêmico da ciência jurídica em si, que por muito tempo se baseou na pureza da teoria do direito.[2]

Em outras palavras, o desenvolvimento tecnológico impacta na estrutura da prática jurídica ao trazer elementos externos ao Direito, não só na sua carga valorativa, mas também em institutos dantes alheios às questões *para além do direito*.[3] Termos como *inteligência artificial, machine learning, gestão ágil, blockchain*, entre outros, encontram-se com institutos tradicionais do Direito, como contratos, responsabilidade civil, e ambientando ao presente trabalho, o exercício jurisdicional, a segurança jurídica e os precedentes judiciais.

Dessa forma, a tecnologia desafia aspectos do exercício do Direito e a forma como os litígios são resolvidos, mas ao mesmo tempo contribui para o avanço e a consolidação de institutos estabelecidos para mudar a realidade jurídica e se adaptar aos anseios dos novos tempos da práxis do Direito.

O Código de Processo Civil, por exemplo, trouxe uma sistemática de precedentes judiciais pela qual diversos instrumentos processuais permitem a criação de precedentes vinculantes, de observância obrigatória pelas instâncias abaixo e pela própria Corte que os criou. Ou seja, inovou-se no Direito brasileiro pela criação de precedentes por instrumentos descritos e procedimentalizados na lei.

O precedente traz segurança jurídica, tanto pela estabilização como pela previsibilidade que permite à sociedade, de um modo geral, se organizar de

---

2. KELSEN, Hans. Reine rechslehre: einleitung in die rechtswissenschaftliche problematik. Leipzig und Wien: Franz Deuticke, 2008.
3. POSNER, Richard. Overcoming Law. Cambridge: Harvard University Press, 1996.

acordo com os resultados que sabidamente terão dos órgãos jurisdicionais do Estado, bem como administrativos, em alguns casos.

Precedentes são padrões de decisão, padrões estes que permitem o desenvolvimento de sistemas que os utilizem tanto para automatizar/robotizar atividades como gerar *insights* baseados em modelos estatísticos descritivos, de inferência ou até mesmo preditivos.

Nesse ponto, a tecnologia avança com os institutos do Direito, permitindo alcançar e entregar resultados, até então, difíceis ao operador do Direito em todas as suas esferas de atuação.

Pensar em algoritmos aplicados aos sistemas de decisão necessita uma análise sob dois vieses, tanto da tecnologia como da economia, e essa é a proposta do presente artigo, trazer elementos da análise econômica do direito para fundamentar os pontos positivos da automação e da inteligência artificial no Direito.

2. A NECESSIDADE DE PREVISIBILIDADE DO SISTEMA JURÍDICO

Max Weber, em sua obra intitulada Economia e Sociedade (*Wirtschaft und Gesellschaft*), descreve a civilização ocidental sob uma perspectiva sociológica, traçando os diversos elementos de sua organização, em especial a economia (*Wirtschaft*), o direito (*Recht*) e o exercício do domínio (*Herrschaft*).

Weber afirma que o capitalismo, para o seu desenvolvimento, necessita de um sistema jurídico calculável e previsível, e que a racionalidade legalista oportunizou o ferramental necessário para a garantia da segurança jurídica, sem a qual os meios de produção capitalista e seus respectivos empreendimentos não seriam possíveis:[4] "Em geral os servidores públicos buscam a 'clareza' da lei, as camadas civis (privadas/burguesas) buscam 'segurança' das decisões judiciais".[5]

---

4. WEBER, Max. Wirtschaft und Gesellschaft. 5. aufl. Tübingen: Mohr Siebeck, 1980, p. 489. Ressaltam se as palavras de Natalino Irti: "*Normalità è l'essere secondo la norma; e, poiché la norma non si esaurisce in questo o quel fatto, è l'essere di una indefinita molteplicità secondo la norma. Uniformità indica piuttosto l'adeguatezza ad uno schema, il ricondursi della molteplicità entro l'unità di una forma, che imprime ai fatti la nota della costanza. Regolarità, infine, designa la prevedibilità del moltepice, che, riducendosi a caso di un tipo normativo, perde il carattere del fortuito e dell'arbitrario. [...] Le tre carratteristiche, innanzi delineate, si raccolgono nei concetti, intimamente congiunti, di calcolabilità e di ordine. Il primo, lumeggiato ed da Max Weber, indica il grado di razionalità di un sistema di norme, le quali lascino prevedere dati comportamenti in date circostanze. Gli uomini d'azione, ed anche le semplici e umili parti di un contratto, procedono al calcolo*

Assim, o desenvolvimento econômico, na perspectiva dos meios de produção capitalistas, precisa ser previsível para que o homem econômico (*homo economicus*) possa organizar seus atos e atividades em conformidade com aquilo que se define na lei e na consequência normativa do direito.[6]

Nessa ordem, a previsibilidade deve significar estabilidade e certeza, sendo que as regras do direito devem ser estáveis e certas, de tal modo que o cidadão possa antecipadamente determinar os efeitos jurídicos de seus atos.[7] Ou seja, o direito deve ser estruturado de modo a garantir a previsibilidade dos comportamentos conforme uma regra legal, assim, saber-se-á, nessas situações, qual será o comportamento do cidadão.[8]

A certeza do direito[9] exige, assim, padrões de regra jurídica, que não podem ser vacilantes em relação à vontade do julgador e do aplicador do direito.

---

del futuro, di ciò che non è, mediante le forme stabili e certe del diritto. Queste sorreggono e potenziano l'azione, messa al riparo dal giuoco, calcolano il significato delle «mosse», proprie ed altrui. La costanza e fissità dei significati normativi genere così l'ordine delle azioni, le quali, uscendo dalla loro irripetibile singolarità, si riducono a casi, e si ritrovano nel medesimo schema" (IRTI, Natalino. L'ordine giuridico del mercato. Roma: Laterza, 2003, p. 66-67).

5. Tradução livre do original: *"Und allgemein streben die Beamten nach ‚Übersichtlichkeit' des Rechts, die bürgerlichen Schichten nach ‚Sicherheit' der Rechtsfindung"*.
6. "Para que o sistema capitalista seja funcional é preciso que seus processos, normas e estruturas sejam previsíveis, calculáveis e neutros em relação aos indivíduos particulares" (THIRY-CHERQUES, Hermano Roberto. Max Weber: o processo de racionalização e o desencantamento do trabalho nas organizações contemporâneas. Revista de Administração Pública. v. 43, n. 4, p. 897-918, 2009, p. 913).
7. *"Prevedibilità implica stabilità e certezza: le regole del diritto debbono essere tendenzialmente stabili e certe, per poter consentire ai consociate di determinare ex ante le conseguenze delle loro azioni e gli effetti dei loro atti"* (ALPA, Guido. Note sulla calcolabilità nel diritto nordamericano. In: CARLEO, Alessandra (a cura di). Calcolabilità giuridica. Bologna: Il Mulino, 2017, p. 85).
8. "*Law exists to ensure the order which the forces in control of a society desire to impose. Its object is uniformity of action, so that one member of the society may know how, in certain circumstances, another is likely to behave, this being the essence of security*" (WADE, H. W. R. The concept of legal certainty: a preliminary skirmish. The Modern Law Review, v. 4, n. 3, p. 183-199, 1941, p. 185). Complementa, ainda, o autor "*As law exists for security, confidence and freedom, it must be invested with as much certainty and uniformity as can be provided by the wavering structures of human institutions*" (Ibid., p. 189).
9. *"In ambito giuridico 'certezza' è termine che presenta una pluralità di significati, riconducibili ad almeno due insiemi, tra loro relazionati dal punto di vista concettuale. In una prima accezione, la certezza riguarda il riconoscimento della più general ragioni d'essere del diritto che si ritrova nell'esigenza di sottrarre le vicende umane all'instabilità e*

A certeza do direito não permite que as regras jurídicas sejam fonte de incerteza quanto aos efeitos e às consequências da norma, de modo a não consentir a realização de um *cálculo racional* por parte do indivíduo que deva seguir essa mesma regra jurídica.

Ou seja, calculabilidade e confiança determinam um direito em que se pode prever e determinar comportamentos futuros, gerando expectativas e sinais positivos à sociedade, de modo a garantir estabilidade jurídica, justamente por manter uma tendência interpretativa na jurisprudência. Como afirma Natalino Irti, "somente aquilo que dura merece confiança".[10]

Contextualizando para o direito brasileiro, vale mencionar, ainda, que a Lei de Introdução às normas do Direito Brasileiro (LINDB) traz, em seu artigo 20, que nas esferas administrativa, controladora e judicial não se decidirá com base em valores jurídicos abstratos, levando-se em consideração as consequências práticas da decisão. A presente modificação visa introduzir disposições sobre segurança jurídica e eficiência na criação e na aplicação do direito.

Da mesma forma, a Lei da Liberdade Econômica, Lei n. 13.874/2019, traz em seu art. 1º que esse diploma (Declaração de Direitos de Liberdade Econômica) estabelece normas de proteção à livre-iniciativa e ao livre exercício de atividade econômica e disposições sobre a atuação do Estado como agente normativo e regulador e que o disposto nesta Lei será observado na aplicação e na interpretação do direito civil, empresarial, econômico, urbanístico e do

---

all'insicurezza. La certezza qui è una condizone di possibilità dell'interazione sociale, che rinvia all'esistenza di un clima generale di affidamento, e si pone come elemento costitutivo del fenomeno giuridico, sua caratteristica strutturale, suo valore specifico. In una seconda accezione, il termine individua nozioni diverse, legate alle modalità di articolazione del diritto positivo, ed è definibile, di volta in volta, come conoscibilità delle norme, univocità delle qualificazioni giuridiche, stabilità della regolamentazione giuridica nel tempo, individuazione anticipata delle conseguenze giuridiche delle azioni, certificazione dei fatti e degli atti da parte dell'ordinamento, inviolabilità dei diritti quesiti, incontestabilità dei rapporti esauriti, presenza nel sistema giuridico di istituti e princìpi che configurano ex ante i limiti dell'esecizio legale del potere ad opera dei soggetti dotati di competenza normativa, possibilità di prevedere l'intervento posto in essere dagli organi dell'applicazione, controllabilità dei processi decionali, prevedibilità del contenuto delle decisioni, continuità tra la disposizione e le sue determinazioni" (PASTORE, Baldassare. Decisioni, argomenti, controlli: Diritto positivo e filosofia del diritto. Torino: Giappichelli Editore, 2015, p. 65).

10. *"Calcolabilità e affidamento si tengono insieme: il diritto calcolabile è un diritto su cui fare affidamento, su cui riporre aspettative. La fiducia nella legge è attesa di rigorosa applicazione, di stabilità nel tempo, di continuità interpretativa. Soltanto ciò che dura merita affidamento"* (IRTI, Natalino. Per un dialogo sulla calcolabilità giuridica. In: CARLEO, Alessandra (a cura di). Calcolabilità giuridica. Bologna: Il Mulino, 2017, p. 22).

trabalho nas relações jurídicas que se encontrem no seu âmbito de aplicação e na ordenação pública, inclusive sobre exercício das profissões, comércio, juntas comerciais, registros públicos, trânsito, transporte e proteção ao meio ambiente.

Ao regular, portanto, tais relações, a segurança jurídica é valor que precisa ser defendido e considerado nas relações econômicas, principalmente na perspectiva da previsibilidade, de tal modo a permitir aos cidadãos que realizem suas escolhas com base no conhecimento, em uma espécie de hábito mental[11], e na calculabilidade das consequências jurídicas das ações que praticam.

3. Precedentes, previsibilidade e eficiência

No âmbito da lógica weberiana, já mencionada, a previsibilidade do comportamento é necessária para o desenvolvimento do sistema capitalista e dos modos de produção estabelecidos, de tal forma que é essencial para o desenvolvimento econômico, portanto, que o exercício jurisdicional seja previsível.

A racionalidade econômica significa que os agentes econômicos tomam suas decisões com base em um cálculo de custos e benefícios marginais, visando atingir seus objetivos com as oportunidades que se apresentam. Com as informações que possuem, portanto, planejam e realizam seus atos.

N. Gregory Mankiw explica:[12]

> Pessoas racionais sistematicamente e intencionalmente fazem o melhor que podem para alcançar seus objetivos, dadas as oportunidades que têm. [...] Economistas usam o termo mudança marginal para descrever um pequeno ajuste incremental para um plano de ação existente. [...] Pessoas racionais muitas vezes tomam decisões comparando benefícios marginais e custos marginais. Um tomador de decisões racional toma uma ação se e somente se o benefício marginal da ação exceder o custo marginal.[13]

---

11. "*Questo* «conservatorismo» implica certezza, prevedibilità e anche soddisfazione delle leggitime aspettative dei cittadini. I quali però non fanno calcoli, ma semplicemente interiorizzano la regola come habitus mentale" (ALPA, Guido. Note sulla calcolabilità nel diritto nordamericano. In: CARLEO, Alessandra (a cura di). Calcolabilità giuridica. Bologna: Il Mulino, 2017, p. 99).
12. MANKIW, N. G. Principles of Microeconomics. Stamford: Cengage Learning, 2015, p. 5-7.
13. Tradução livre do original: "*Rational people systematically and purposefully do the best they can do to achieve their objectives, given the opportunities they have. [...] Economists use the term marginal change to describe a small incremental adjustment to an existing*

O cidadão, portanto, consegue otimizar suas atividades ao receber os sinais advindos das práticas judiciais e administrativas, prevendo, assim, os resultados de possíveis autuações fiscais e/ou demandas judiciais.

Sob uma perspectiva econômica, com previsibilidade, é possível estruturar melhor os investimentos, os planejamentos diários, as práticas do cotidiano, e, até mesmo, para o Poder Público, as consequências de determinadas políticas públicas e de ações de Estado.

O melhor gerenciamento de custos e a maximização de benefícios em um sistema de precedentes vinculantes permitem ao cidadão (*agente econômico*) um planejamento eficiente, com base nas regras estabelecidas e estabilizadas, como observa Thomas R. Lee:[14]

> "A redução de custos associada a um sistema de *stare decisis* vai além daqueles incorridos em litígios. O aumento da certeza não apenas desencoraja o litígio; também permite um planejamento mais eficiente com base no precedente. Mais uma vez, compare os efeitos do sistema atual de *stare decisis*, que estabelece algumas barreiras à autorreversão pela Suprema Corte, a um regime mais livremente discricionário. O sistema atual reduz o grau de turbulência no corpo de precedentes da Corte, permitindo assim que 'os ramos políticos e o povo' planejem com mais eficiência tendo como pano de fundo regras conhecidas. Um sistema mais discricionário, em comparação, tornaria o planejamento e confiança mais cara e menos eficiente."[15]

---

plan of action. [...] Rational people often make decisions by comparing marginal benefits and marginal cost. A rational decision maker takes an action if and only if the marginal benefit of the action exceeds the marginal cost."

14. LEE, T. R. Stare Decisis in Economic Perspective: an Economic Analysis of the Supreme Court's Doctrine of Precedent. North Carolina Law Review, v. 78, n. 3, p. 643-706, 2000, p. 651.

15. Tradução livre do original: "*The cost savings associated with a system of stare decisis extend beyond those incurred in litigation. Increased certainty not only discourages litigation; it also enables more efficient planning in reliance on precedent. Again, compare the effects of the current system of stare decisis, which establishes some barriers to self-reversal by the Supreme Court, to a more freely discretionary regime. The current system reduces the degree of upheaval in the Court's body of precedent, thus enabling 'the political branches and the people' more efficiently to 'plan against the background of known rules.' A more discretionary system, by comparison, would make planning and reliance more costly and less efficient*".

Considerando, portanto, a escolha racional do indivíduo – postulado, como visto, próprio da economia –, é importante afirmar que ele fará suas escolhas de acordo com a utilidade do resultado que elas terão[16] e, nessa perspectiva, o precedente dá a ela uma informação importante que influenciará sua decisão: a consequência jurídica do seu ato, ou de não praticar tal ato.[17]

Logo, qualquer forma de capitalismo precisa de uma racionalidade jurídica,[18] que deve ser reforçada na própria lógica do sistema jurídico, na interpretação das normas e, nos critérios de uniformização e estabilidade das decisões judiciais, afastando-se decisionismos desconexos e estritamente subjetivos de alguns magistrados.

O precedente judicial permite, então, que o cidadão preveja as consequências jurídicas de suas condutas antes mesmo que a referida questão seja levada ao conhecimento dos Tribunais – administrativos e judiciais –, pois, da força vinculante desses precedentes, é possível prever e ter confiança de que a resposta do Estado ao direito pleiteado, ou até mesmo infringido, dar-se-á da forma estabelecida para todos, em respeito à eficiência e também à igualdade constitucional.[19]

---

16. "[...] as consequências de cada escolha proporcionam ao agente económico uma determinada utilidade e que ele é capaz de ordenar as diversas alternativas em função da utilidade que lhe proporcionam. Tendo que escolher entre duas alternativas, o indivíduo racional escolhe a que lhe proporciona mais utilidade: diz-se que maximiza sua utilidade". (RODRIGUES, Vasco. Análise económica do direito: uma introdução. 2. ed. Coimbra: Almedina, 2016, p. 11).

17. "Assim, a previsibilidade sempre foi indispensável à vida dotada de racionalidade e também para o desenvolvimento do capitalismo. Portanto, a variação das decisões judiciais, ao significar falta de critérios para o empresário definir suas estratégias de ação e de investimento, certamente conspira contra a economia" (MARINONI, Luiz Guilherme. A ética dos precedentes: justificativa do novo CPC. São Paulo: RT, 2016, p. 112).

18. "Ogni forma e tipo di capitalismo, competitivo e monipolistico, si mostra incompatibile com l'irrazionalità giuridica. Mentre il capitalismo obbedisce sempre a un'interiore legge di oggettività e impersonalità, il puro decidere è soggettivo e personale. La 'discrezione del giudice' mai permette calcoli, né all'uno né all'altro tipo di capitalismo, ma apre le porte a interessi e bisogni, e attese e volontà imprevedibili" (IRTI, Natalino. Un diritto incalcolabile. Giappichelli, 2016. p. 46.

19. MARINONI, Luiz Guilherme. Precedentes obrigatórios. 5. ed. São Paulo, RT, 2016, p. 110.

Nessa perspectiva, afirma Lewis Kornhauser que:[20]

> As justificativas para stare decisis geralmente incluem argumentos de "confiança" ou "planejamento", mas esses argumentos são tão fortes quanto o valor da conduta planejada. O planejamento exige que cada agente formule expectativas sobre o futuro, incluindo quaisquer obrigações legais futuras. As expectativas quanto às obrigações legais dependem não apenas da norma jurídica vigente, mas também da prática judicial vigente. Se o sistema não adere ao stare decisis, ninguém formulará expectativas sobre suas futuras obrigações legais nessa suposição. Por essa razão, não a manutenção das expectativas em si, mas a conveniência das expectativas geradas pelo stare decisis justifica a prática.[21]

Os precedentes firmados pelos Tribunais terão, assim, dois efeitos econômicos, a partir do momento em que geram informação para os futuros litigantes acerca da orientação e da previsão de julgamento de um dado Tribunal; e, ao mesmo tempo, permitem a redução dos custos intrínsecos à litigância. Outra não é a afirmação de Jonathan Macey:[22]

> As regras legais geradas pelos tribunais têm dois tipos de efeitos econômicos. Um conjunto de efeitos é externo aos próprios litigantes. Esses efeitos vêm na forma de conteúdo informativo de uma decisão, que fornece um sinal valioso para os futuros litigantes. O segundo conjunto de efeitos são as transferências reais de riqueza associadas a uma determinada decisão. Estes efeitos são internalizados pelas próprias partes. O *stare decisis* tende a maximizar os efeitos econômicos externos de uma determinada decisão e minimizar os efeitos internos.

---

20. KORNHAUSER, Lewis A. An Ecomomic Perspective on Stare Decisis. Chicago-Kent Law Review, v. 65, p. 63-92, 1989, p. 78.
21. Tradução livre do original: *"'Certainty' justifications for stare decisis often include 'reliance' or 'planning' arguments, but these arguments are only as strong as the value of the planned conduct. Planning requires each agent to formulate expectations about the future, including any future legal obligations. Expectations about legal obligations depend not only on the prevailing legal rule but also on the prevailing judicial practice. If the system does not adhere to stare decisis, no one will formulate expectations about her future legal obligations on that assumption. On this account, not maintenance of expectations per se, but the desirability of the expectations generated by stare decisis justifies the practice".*
22. MACEY, Jonathan R. The Internal and External Costs and Benefits of Stare Decisis. Chicago-Kent Law Review, v. 65, p. 93-113, 1989, p. 106.

Como tal, a doutrina é apropriada em um sistema legal onde os custos do sistema contencioso não são arcados exclusivamente pelos próprios litigantes, mas são compartilhados pelos litigantes e pela sociedade como um todo.[23]

Nessa mesma perspectiva da racionalidade econômica, é interessante notar que a vinculação aos precedentes reduz, em tese,[24] os custos de transação dos agentes econômicos – incluído, aqui, o Poder Público, afinal, ao se aplicar um entendimento jurídico anterior, afastar-se-á de imediato o custo para elaborar e firmar um entendimento jurisprudencial.[25]

As Cortes Superiores devem ser órgãos unificadores do sistema jurídico, garantidores, pois, de um padrão de decisão que torne possível a previsão dos resultados dos julgamentos acerca de um mesmo fato. Esses Tribunais garantirão, assim, que o direito seja aplicado de modo uniforme na abrangência de sua competência constitucional, evitando-se que uma mesma situação seja tratada de forma diversa – e mais: que o cidadão que não esteja em juízo saiba que terá a mesma consequência da aplicação da norma, como se lá estivesse.

Ao formular precedentes, as Cortes Superiores impõem, então, a todos os cidadãos, bem como ao Poder Público, um padrão de interpretação do direito, que exprime justamente a previsibilidade que se quer daquela respectiva

---

23. Tradução livre do original: "*The legal rules generated by courts have two sorts of economic effects. One set of effects is external to the litigants themselves. These effects come in the form of the information content of a decision, which provides a valuable signal to future litigants. The second set of effects are the actual wealth transfers associated with a particular decision. These effects are internalized by the parties, themselves. Stare decisis tends to maximize the external economic effects of a particular decision and minimize the internal effects. As such, the doctrine is appropriate in a legal system where the costs of the litigation system are not borne exclusively by the litigants themselves, but are shared by the litigants and society as a whole.*"
24. Não se tem aqui dados empíricos, tampouco é o objetivo do presente trabalho tratá-los para afirmar categoricamente a redução dos custos de transação ao se vincular aos precedentes.
25. "[...] A simple measure of the social costs of the legal process provides a useful guide to the analysis of procedural laws. To develop a simple measure, think of procedural laws as instruments for applying substantive laws. Using the instruments costs something, which, [...] we call 'administrative costs.' Administrative costs are the sum of the costs to everyone involved in passing through the stages of a legal dispute, such as the costs of filing a legal claim, exchanging information with the other party, bargaining in an attempt to settle, litigating, and appealing" (COOTER, Robert; ULEN, Thomas. Law and Economics. 6th Ed. Addison-Wesley, 2012. p. 384 e 385).

norma; determina, pois, a consequência do agir, ou da omissão, segundo aquele comando jurídico.

Assim afirma Letizia Gianformaggio:[26]

> Condições de incerteza não serão, de fato, consideradas somente pela técnica legislativa, a multiplicidade e a desordem das fontes normativas; mas também a falta de rigor das regras da argumentação jurídica, a questionável aceitabilidade racional dos conteúdos normativos, a falta de coerência interna do sistema legal e, a carência de controle efetivo seja da instituição quanto da opinião pública sobre a atividade dos órgãos com competência normativa e/ou decisória.[27]

Aderir aos precedentes significa trazer estabilidade e previsibilidade aos julgamentos proferidos pelo Tribunal, de modo a tornar as instituições previsíveis aos agentes econômicos, reduzindo-se, pois, as incertezas das relações entre estes, em especial, com o Poder Público, o que reflete na redução dos custos de transação e, consequentemente, no desenvolvimento econômico do Estado, demonstrando, assim, a sua importância no direito e para além do direito.[28]

Interessante citar, nesse caso, parte do voto do Ministro Luís Felipe Salomão, do Superior Tribunal de Justiça, no julgamento do REsp. 1163283-RS:

> [...] Como os mercados são imperfeitos, existem custos de transação (custos incorridos pelas partes para negociar e para fazer cumprir um

---

26. GIANFORMAGGIO, Letizia. Filosofia del diritto e ragionamento giuridico. Torino: Giappichelli, 2008, p. 32. Em outro momento, a autora afirma também: "*il diritto è certo se, scontata la sua natura imperativa, alla determinazione del contenuto degli atti di imperio di cui consta (di quelli tra essi che subito di seguito chiameremo 'decisioni giuridiche') il normatore perviene attraverso un procedimento razionale che, appunto perché razionale, è suscettibile di essere anticipato e/o ripercorso da ogni individuo ragionevole, e quindi in linea di principio da ogni soggetto*" (GIANFORMAGGIO, Letizia. Filosofia del diritto e ragionamento giuridico. Torino: Giappichelli, 2008, p. 82).

27. Tradução livre do original: "*Condizioni di incertezza non saranno infatti da essa ritenute solamente la incerta tecnica legislativa, la molteplicità e il disordine delle fonti normative; ma pure la mancanza di rigore delle regole dell'argomentazione giuridica, la discutibile accettabilità razionale dei contenuti normativi, l'assenza di coerenza interna del sistema del diritto, e last but not least la carenza di un effettivo controllo sia da parte dell'istituzione che della pubblica opinione sulla attività degli organi con competenza normativa e/o decisionale*".

28. POSNER, Richard. Overcoming Law. Cambridge: Harvard University Press, 1996.

contrato) (Coase, 1988, p. 7). É papel do direito diminuir esses custos de transação. O que se pode afirmar, inclusive, é que, pelo menos dentro de uma perspectiva econômica, quanto mais desenvolvidas as instituições, mais propício é o ambiente para seu natural desenvolvimento, pela diminuição dos custos de transação. Quanto mais sólidos os tribunais e as agências reguladoras e quanto mais íntegro e previsível o sistema jurídico de um país (garantindo a concorrência, a propriedade e os contratos empresariais), melhores são suas instituições. [...]

Em outras palavras, ao dotar o sistema de previsibilidade, o ato de decidir levando-se em consideração precedentes traz um efeito externo ao processo que se analisa, uma eficácia para além das partes,[29] sinalizando aos cidadãos, bem como ao mercado, como decidirá a Corte, auxiliando no planejamento e nas escolhas do agente econômico, com a respectiva redução dos custos de transação.

4. Decisões algorítmicas e a aplicação de padrões de julgamento

Os avanços tecnológicos estão atingindo marcos que estão mudando por completo a realidade social em que nos encontramos. Nesse contexto, um corte cronológico que merece o devido destaque é a década de 1990[30], afinal, a digitalização ocorrida nesse período traz uma nova dimensão denominada *desmaterialização*, na qual bens até então físicos passam a compor um acervo digital de ativos virtuais, como músicas, fotos e livros.

Dessa forma, aos poucos a vida e seus hábitos passam a ingressar no movimento de desmaterialização, e rotinas, até então do *mundo físico*, são realizadas

---

29. "[...] é natural que o precedente em que se consubstancia essa interpretação tenha uma eficácia para além das partes do caso concreto do qual derivado e seja dotado de eficácia vinculante, sendo considerado como uma fonte primária do Direito. Essa eficácia que é atribuída ao precedente da Corte Suprema se deve, a uma, do ponto de vista de seus pressupostos teóricos, ao fato de a interpretação judicial consistir em uma reconstrução semântica de textos e de elementos não textuais da ordem jurídica, e a duas, do ponto de vista de sua função, ao fato desse modelo de corte encontrar-se direcionado para outorga da unidade do Direito mediante sua adequada interpretação" (MITIDIERO, Daniel. Cortes Superiores e Cortes Supremas: do controle à interpretação da jurisprudência ao precedente. São Paulo: RT, 2013, p. 71).
30. Giorgini, Erika. Algorithms and Law. In The Italian Law Journal vol. 5, 2019. Pg. 3. Disponível em: <http://www.theitalianlawjournal.it/data/uploads/5-italj-1-2019/italj--vol.-05-no.-01-2019.pdf> Acesso em: 19 de março de 2020.

no *mundo virtual*, e isso desafia a aplicação de institutos do Direito, como o exercício jurisdicional.

Ao passo que processos passam a ser digitalizados, ingressamos em uma nova era de automação de atividades jurídicas, informatização e processamento de dados processuais, e utilização de *algoritmos decisionais* para gerar resultados (*outputs*) que orientam e agilizam a tomada de decisão de operadores do direito.

O trabalho, assim, passa a ser feito por robôs[31], que, por sua vez, baseiam-se em toda gama de dados gerados e guardados em bancos de dados (*datasets*) jurídicos, como os constantes nos Tribunais, por exemplo. O que permite afirmar que a atividade automatizada/robotizada deriva de um sistema que permite definir padrões estatísticos nos dados que são a base para tomada de decisões.

Ou seja, robôs são algoritmos[32] que processam dados e cumprem tarefas automatizadas seguindo uma orientação, uma linha de código, um *script* definido. Há ainda algoritmos que aprendem de acordo com novos *inputs* de dados ou com experiências de processamentos anteriores (por reforço de aprendizagem, por exemplo),[33] denominados algoritmos de aprendizagem de máquina,

---

31. "Robot (dalla parola ceca *ròbota*, ossia *lavoro duro/pensante*) è il termine coniato per la prima volta dal drammaturgo ungherese Karel apek negli anni Venti del Novecento che riferisce, nella sua rappresentazione teatrale, la parola «robot» a umanoidi replicanti, adibit a lavoro di schiavi, assertivi e creati dall'uomo attraverso um impasto organico com lo scopo di sollevare gli umani dalla fatica fisica" (CARCATERRA, Antonio. Machinae autonome e decisione robotica. In: CARLEO, Alessandra. Decisione Robotica. Bologna: Il Mulino, 2019. p. 33).

32. "The word 'algorithm' comes from the name of Persian mathematician al-Khw rizm , author of a ninth-century book of techniques for doing mathematics by hand. (His book was called al-Jabr wa'l-Muq bala—and the "al-jabr" of the title in turn provides the source of our word "algebra.") The earliest known mathematical algorithms, however, predate even al-Khw rizm 's work: a four-thousand-year-old Sumerian clay tablet found near Baghdad describes a scheme for long division" (CHRISTIAN, Brian; Tom, GRIFFITHS. Algorithms to live by: The computer science of humans decisions. London: William Collins, 2016).

33. "Il concetto di *robot*, però, aggiunge qualcosa di più, in quanto il progresso tecnologico propone soluzioni che vanno oltre la semplice elaborazione e si avventurano verso la trasformazione del dato, sulla base di uma funzionalità ulteriore acquisita a seguito di um processo di autoapprendimento. È infatti carrateristica dei robot (quantomeno di uma certa categoria di essi) la capacità di autoaprrendimento, ovvero la capacità di compiere funzioni non previste dal costruttore, ma derivate dalla programmata elaborazione di operazioni poste essere abitualmente" (MAMMONE, Giovanni. Considerazioni introduttive sulla decisione robotica. In: CARLEO, Alessandra. Decisione Robotica. Bologna: Il Mulino, 2019. p. 25).

ou comumente de *machine learning*,[34] e ao aprender realizam funções e trazem resultados não necessariamente previstos na sua programação inicial, por tal razão se dizem de *aprendizado*.

Repisa-se: não há inteligência artificial aplicada para além dos algoritmos de aprendizagem de máquina que se baseiam, pois, em dados. A cognição, portanto, está adstrita às funções de treino e teste realizadas em conjuntos de dados, ou seja, em situações já ocorridas em outros momentos.[35]

Assim, a aplicação de sistemas inteligentes de decisão precisa de padrões de julgamento para treinar e testar os algoritmos e desempenhem a função programada. A presença de decisões estáveis firmadas em precedentes é, então, um requisito necessário para se construir sistemas de decisão eficientes, que possam dessa forma orientar e auxiliar órgãos jurisdicionais, bem como advogados e outros agentes que atuam no sistema de justiça.

Precedentes são os dados padronizados necessários para treinar e testar sistemas que analisarão futuros casos para dar resultados de julgamentos em conformidade com o já decidido pelo órgão julgador. Tal raciocínio pode ser aplicado da mesma forma às decisões, fora da sistemática de precedentes do novo Código de Processo Civil, que seguem uma tendência lógica e racional que demonstra a estabilidade dos julgamentos de uma determinada Corte, afastadas, assim, de decisionismos apartados.

Logo, o desenvolvimento de um sistema jurídico capaz de garantir previsibilidade e estabilidade é o pilar de sustentação do avanço nas tecnologias capazes de garantir tanto a criação de assistentes inteligentes aos órgãos de

---

34. "Diesem Vorgang liegt eine sogenannte machine-learning-Technologie zugrunde. Darunter versteht man die Auf Algorithmen beruhende Generierung von Wiessen aus Erfahrung: sie ermöglicht es, ein künstliches System mit Hilfe eines Algorithmus anhand von Beispielen so zu trainieren, dass wiederkehrende Muster und Gesetzmä igkeiten in den Lerndaten erkannt werden und nach einer Lernphase verallgemeinert werden können" (KRAUSE, Nils; HECKER. Ronja. Wirtschaftskanzleien unter dem Einfluss von künstlicher Intelligenz – Bestandsaufnahme und Ausblick am Beispiel der Analyse-Software KIRA. In: HARTUNG, Markus et al. (org.) Legal Tech: Die Digitalisierung des Rechtsmarkts. CH BECK, 2018. p. 84).
35. BROWNLEE, Jason. What is the Difference Between Test and Validation Datasets? Disponível em: <https://machinelearningmastery.com/difference-test-validation-datasets/> Acesso em: 21 de dezembro de 2019.

decisão como ferramentas de auxílio aos advogados, como no caso de predição e jurimetria,[36] que é a aplicação do ferramental estatístico ao Direito.

No primeiro cenário, é importante mencionar como exemplo o desenvolvimento do VICTOR[37], assistente dos Ministros no Supremo Tribunal Federal que tem por função realizar a triagem de casos que estejam vinculados a determinado tema de repercussão geral, em conformidade com o requisito de admissibilidade dos Recursos Extraordinários de competência da Corte Maior.[38]

Na dimensão preditiva, o desenvolvimento tecnológico, com algoritmos de predição como o Ross Inteligence[39], por exemplo, que permitem tanto ao advogado como ao jurisdicionado fazer uma análise preditiva do resultado de uma determinada ação judicial, seja para que consiga dimensionar a decisão em sua realidade, seja para evitar o ajuizamento de nova demanda de forma desnecessária e aventureira.

Ou seja, as ferramentas de análise preditiva usam técnicas de aprendizagem de máquina (*machine learning*) para prever resultados baseados em dados históricos, com o objetivo de auxiliar na tomada de decisão futura, sabendo os comportamentos e decisões derivados de fatos ocorridos no passado.[40]

---

36. Jurimetria é "a disciplina do conhecimento que utiliza a metodologia estatística para investigar o funcionamento de uma ordem jurídica" (NUNES, Marcelo Guedes. Jurimetria. São Paulo: RT, 2016. p. 115).
37. "O nome do projeto, VICTOR, é uma clara e merecida homenagem a Victor Nunes Leal, ministro do STF de 1960 a 1969, autor da obra Coronelismo, Enxada e Voto e principal responsável pela sistematização da jurisprudência do STF em Súmula, o que facilitou a aplicação dos precedentes judiciais aos recursos, basicamente o que será feito por VICTOR" (BRASIL. Supremo Tribunal Federal. Inteligência artificial vai agilizar a tramitação de processos no STF. Disponível em: http://www.stf.jus.br/portal/cms/verNoticiaDetalhe.asp?idConteudo=380038. Acesso em: 26 de dezembro de 2019).
38. "VICTOR está na fase de construção de suas redes neurais para aprender a partir de milhares de decisões já proferidas no STF a respeito da aplicação de diversos temas de repercussão geral" (Id.).
39. Veja mais em Koetz, E. Ross, o primeiro robô advogado do mundo. iMasters. Disponível em: <https://imasters.com.br/noticia/robo-advogado-que-interpreta-leis> Acesso em 20 de março de 2020.
40. "Predictive Analytics is the use of data, statistical algorithms, and machine learning techniques to identifiy the likelihood of future outcomes based on historical data. The goal of using predictive analytics is to go from knowing what has happened to providing a best assessment of what willh happen in the future" (VOGL, Roland. Changes in the US Legal Market driven by Big Data/Predictive Analytics and Legal Platforms. In: HARTUNG, Markus et al. (org.) Legal Tech: Die Digitalisierung des Rechtsmarkts. CH BECK, 2018. p. 55).

Do mesmo modo, a jurimetria traz o ferramental da estatística para investigar como funciona e se desenvolve a ordem jurídica sobre determinado objeto/sujeito, ou seja, na jurimetria analisam-se os dados, por intermédio do método estatístico, verificando a "norma jurídica articulada, de um lado, como resultado (efeito) do comportamento dos reguladores e, de outro, como estímulo (causa) no comportamento de seus destinatários",[41] auxiliando, dessa feita, na tomada de decisão.

É, assim, uma ferramenta indispensável para auxiliar na estratégia jurídica em qualquer sentido, seja em litígios, na prevenção de riscos jurídicos, seja, por exemplo, na determinação dos impactos financeiros dos processos judiciais, como observa Ricardo Dalmaso:[42]

> Nesse aspecto, a tecnologia também possibilita a análise dos dados produzidos no processo para diversos fins: para empresas, o campo é fértil para a jurimetria, por meio do big data analytics, que permite ao advogado e ao jurisdicionado que antecipem ou busquem prever os riscos de suas escolhas e estratégias, levando em conta, por exemplo, a esperada duração daquele processo ou mesmo as chances de sucesso (parcial ou total) a partir daquele determinado julgador.

O momento é próprio para aplicar a tecnologia, na dimensão aqui discutida, e desenvolver um sistema jurídico de resultados mensuráveis[43], algo que somente se consegue na prática mesclando jurisdição e tecnologia ou amplamente na junção do direito com o progresso tecnológico.

---

41. NUNES, Marcelo Guedes. Jurimetria. São Paulo: RT, 2016. p. 115.
42. Pg. 7 Nesse âmbito, a tecnologia pode contribuir de forma decisiva para oferecer aos litigantes, advogados e juízes uma visão mais precisa e objetiva de como determinado tema tem sido visto e julgado. Trata-se, assim, de possibilitar a segurança jurídica por meio de decisões judiciais que se mostrem coerentes e estáveis, e também "diminuir o déficit brasileiro no manejo de precedentes judiciais (anarquia interpretativa)", mormente em um país em que as ações coletivas ainda se têm reportado com efetividade aquém da desejada. Pg. 12.
43. "Il giudice-robot potrebbe, quindi, essere assunto anche come il miglior interprete di quella aspirazione che ogni ordinamento giuridico, nel suo inverarsi nello jus dicere, si tramanda, ossia la certezza del diritto. Il terreno fertile sarebbe, ieri come oggi, quello della logica della «misurabilità»: un filo che si snoda non solo temporalmente dalla teoria leibnziana sull'applicazione del diritto more mathematico a quella weberiana di un diritto calcolabile [...]" (VINCENTI, Enzo. Il «problema» del giudice-robot. In: In: CARLEO, Alessandra. Decisione Robotica. Bologna: Il Mulino. p. 111 e 112).

Vale ressaltar que não se está aqui a generalizar a desnecessidade de apreciar casos paradigmáticos, os quais exigem a digressão a complexos argumentos jurídicos, e confrontam variadas cargas valorativas, tornando o julgamento uma tarefa complexa, ou seja, verdadeiros *hard cases*. Nesses casos, a cognição e a capacidade de abstração do juiz, enquanto pessoa, são as únicas capazes de solucionar e trazer a melhor solução jurídica, não sendo possível a aplicação suficiente (ainda) de uma tecnologia para tanto.

Porém, nem todos os casos são assim, e no estoque de processos brasileiros eles são a grande minoria,[44] haja vista a grande massa de processos repetitivos, com temáticas já decididas,[45] os quais não demandam grande esforço dos magistrados para replicar o que fora anteriormente julgado tanto por ele como por Tribunais em instâncias superiores.

Casos simples permitem, ou melhor, devem, ser julgados em conformidade com o padrão de decisão formulado pelas instâncias superiores, reduzindo-se com isso os custos de transação envolvidos na disputa – que podem aumentar em proporção ao aumento da complexidade do caso.[46]

Portanto, a aplicação de algoritmos na operação do direito, para além de garantir a estabilidade e previsibilidade das decisões, como vimos, reduz os custos de transação próprios das disputas, auxiliando no equacionamento dos custos da litigância como um todo.[47]

---

44. FELIX, R. Estado congestiona o Judiciário no país. Quem perde é o cidadão. Gazeta do Povo. 08 de outubro de 2017. Disponível em: <https://www.gazetadopovo.com.br/justica/estado-congestiona-o-judiciario-no-pais-quem-perde-e-o-cidadao-bkyvzcz1ylmckd5cnu9zuqz13/> Acesso em: 19 de março de 2020.
45. GALLI, M. Volume de processos envolvendo o Estado prejudicam acesso do cidadão à Justiça. Revista Consultor Jurídico. 10 de agosto de 2015. Disponível em: <https://www.conjur.com.br/2015-ago-10/volume-acoes-envolvendo-estado-prejudicam-acesso-justica> Acesso em: 19 de março de 2020.
46. MATTEI, Ugo. Comparative Law and Economics. The University of Michigan Press. p. 119.
47. "A análise econômica do direito compreende a jurisprudência como um arcabouço informativo destinado a diminuir a possibilidade de erros judiciários, reduzindo ônus ligados a limitações de tempo e de expertise dos aplicadores do direito" (FUX, Luiz; BODART, Bruno. Processo Civil e Análise Econômica. São Paulo: RT, 2019. p. 161).

5. Conclusão

Um sistema jurídico sem estabilidade de decisões, suscetível aos decisionismos oriundos dos subjetivismos dos Magistrados, mostra-se ineficiente ao passo que custoso à sociedade e ao próprio Estado, visto que externaliza todos os custos inerentes às soluções jurisdicionais de disputa.

Tanto para o cidadão como para as empresas e aos meios de produção, é necessário que o sistema jurídico lhes dê sinais que possibilitem estruturar as atividades do cotidiano com certa previsibilidade acerca das consequências jurídicas dos seus atos. É imperioso, portanto, que o cidadão saiba a resposta que terá, ou que poderia ter, do Poder Judiciário, até mesmo para evitar e obstar litigâncias frívolas e ajuizamentos desnecessários, alimentados justamente pela assimetria informacional presente nesse contexto.[48]

Assim, com uma sistemática de precedentes vinculantes trazida por lei (Código de Processo Civil), o ordenamento nacional passa a contar com instrumentos de vinculação e estabilização dos entendimentos do Tribunais, permitindo avançar na previsibilidade das decisões judiciais, a partir do momento em que se passa a ter um *padrão de decisão*.

Somando-se a isso o desenvolvimento e a disponibilidade de ferramentas e sistemas de analítica de dados jurídicos, contando com algoritmos de aprendizagem de máquina, há o avanço da inteligência artificial aplicada e da jurimetria na atividade dos operadores do direito, que passam a entregar não só um serviço jurídico versado na técnica, mas também automatizado/robotizado com resultados em escala e redução de custos.

Dessa feita, algoritmos substituem tarefas corriqueiras, automatização procedimentos e maximizam resultados ao assistir a atividade humana, fazendo com que atinjam patamares até então não vistos, em todos os sentidos.

Mas, acima de tudo, algoritmos garantem estabilidade e previsibilidade no exercício jurisdicional, pois orientam as tomadas de decisão aos dados usados para testá-los e treiná-los, sendo estes justamente o conjunto de entendimentos firmados pelos Tribunais.

---

48. "O autor frívolo, portanto, se vale da assimetria informativa e da superutilização do Poder Judiciário para contar com um possível sucesso circunstancial, isso porque, até mesmo a simples manutenção da ação ajuizada sem uma sentença pode induzir que a outra parte opte, em decorrência da assimetria e dos custos da manutenção do litígio, por celebrar um acordo para encerrar a demanda" (PIGNANELI, Guilherme. Análise Econômica da Litigância. Rio de Janeiro: Lumen Juris, 2019. p. 141 e 142).

Logo, a organização de um banco de dados jurídicos, baseado em precedentes firmados de acordo com a sistemática prevista no Código de Processo Civil, é uma forma de estruturar os dados (passado) para testar e treinar algoritmos de automação/robotização (presente), para que executem funções, como preparar uma decisão judicial, ou realizem predições de resultados (futuro).

Veja como exemplo o sistema do Supremo Tribunal Federal (VICTOR). Ao analisar a repercussão geral, baseia-se em casos passados, com os quais aprendeu os critérios a considerar na conclusão por deferimento ou não da admissibilidade dos recursos interpostos, firmando-se, assim, nos julgamentos proferidos anteriormente pela Corte Maior.

Com a aplicação, portanto, de algoritmos nas atividades jurídicas, eleva-se a estabilidade e a previsibilidade na tomada de decisão, bem como no planejamento estratégico das demandas, aumentando a assertividade do operador do Direito e reduzindo os custos de transação no sistema de justiça como um todo.

6. Referências bibliográficas

BRASIL, LEI Nº 13.874, DE 20 DE SETEMBRO DE 2019. Disponível em: <http://www.planalto.gov.br/ccivil_03/_ato2019-2022/2019/lei/L13874.htm> Acesso em: 20 de março de 2020.

BRASIL. SUPREMO TRIBUNAL FEDERAL. Inteligência artificial vai agilizar a tramitação de processos no STF. Disponível em: http://www.stf.jus.br/portal/cms/verNoticiaDetalhe.asp?idConteudo=380038. Acesso em: 26 de dezembro de 2019.

CARCATERRA, Antonio. Machinae autonome e decisione robotica. In: CARLEO, Alessandra. Decisione Robotica. Bologna: Il Mulino, 2019.

CARLEO, A. (a cura di). **Calcolabilità giuridica**. Bologna: Il Mulino, 2017.

CHRISTIAN, Brian; Tom, GRIFFITHS. **Algorithms to live by: The computer science of humans decisions.** London: William Collins, 2016.

COOTER, Robert; ULEN, Thomas. Law and Economics. 6 Ed. Addison-Wesley, 2012.

FELIX, R. Estado congestiona o Judiciário no país. Quem perde é o cidadão. **Gazeta do Povo**. 08 de outubro de 2017. Disponível em: <https://www.gazetadopovo.com.br/justica/estado-congestiona-o-judiciario-no-pais-quem-perde-e-o-cidadao-bkyvzcz1ylmckd5cnu9zuqz13/> Acesso em: 19 de março de 2020.

FUX, L.; BODART, B. **Processo Civil e Análise Econômica**. São Paulo: RT, 2019.

GALLI, M. Volume de processos envolvendo o Estado prejudicam acesso do cidadão à Justiça. **Revista Consultor Jurídico**. 10 de agosto de 2015. Disponível em: <https://www.conjur.com.br/2015-ago-10/volume-acoes-envolvendo-estado-prejudicam-acesso-justica> Acesso em: 19 de março de 2020.

GIANFORMAGGIO, Letizia. **Filosofia del diritto e ragionamento giuridico**. Torino: Giappichelli, 2008.

GIORGINI, E. **Algorithms and Law**. In **The Italian Law Journal** vol. 5, 2019. Pg. 3. Disponível em: <http://www.theitalianlawjournal.it/data/uploads/5-italj-1-2019/italj-vol.-05-no.-01-2019.pdf> Acesso em: 19 de março de 2020.

IRTI, N. **L'ordine giuridico del mercato**. Roma: Laterza, 2003.

_____. **Un diritto incalcolabile**. Torino: Giappichelli Editore, 2016.

KELSEN, H. Reine rechslehre: einleitung in die rechtswissenschaftliche problematik. Leipzig und Wien: Franz Deuticke, 2008.

KOETZ, E. Ross, o primeiro robô advogado do mundo. iMasters. Disponível em: <https://imasters.com.br/noticia/robo-advogado-que-interpreta-leis> Acesso em 20 de março de 2020.

KORNHAUSER, L. A. An Ecomomic Perspective on Stare Decisis. **Chicago-Kent Law Review**, v. 65, p. 63-92, 1989.

KRAUSE, N.; HECKER. R. Wirtschaftskanzleien unter dem Einfluss von künstlicher Intelligenz – Bestandsaufnahme und Ausblick am Beispiel der Analyse-Software KIRA. In: HARTUNG, Markus et al. (org.) Legal Tech: Die Digitalisierung des Rechtsmarkts. CH BECK, 2018.

LEE, T. R. Stare Decisis in Economic Perspective: an Economic Analysis of the Supreme Court's Doctrine of Precedent. **North Carolina Law Review**, v. 78, n. 3, p. 643-706, 2000.

MACEY, J. R. The Internal and External Costs and Benefits of Stare Decisis. **Chicago-Kent Law Review**, v. 65, p. 93-113, 1989.

MAMMONE, G. Considerazioni introduttive sulla decisione robotica. In: CARLEO, Alessandra. Decisione Robotica. Bologna: Il Mulino, 2019.

MANKIW, N. G. **Principles of Microeconomics**. Stamford: Cengage Learning, 2015.

MARINONI, L. G. **A ética dos precedentes:** justificativa do novo CPC. São Paulo: RT, 2016.

_____. **Precedentes obrigatórios**. 5. ed. São Paulo, RT, 2016.

MATTEI, U. Comparative Law and Economics. The University of Michigan Press, 1993.

MITIDIERO, Daniel. **Cortes Superiores e Cortes Supremas:** do controle à interpretação da jurisprudência ao precedente. São Paulo: RT, 2013.

NUNES, M. G. Jurimetria. São Paulo: RT, 2016.

PASTORE, B. **Decisioni, argomenti, controlli:** Diritto positivo e filosofia del diritto. Torino: Giappichelli Editore, 2015.

POSNER, Richard. **Overcoming Law**. Cambridge: Harvard University Press, 1996.

REVISTA CONSULTOR JURÍDICO. ConJur. Em Washington, Fux defende previsibilidade para ter segurança jurídica. 27 de fevereiro de 2020. Disponível em: <https://www.conjur.com.br/2020-fev-27/washington-fux-defende-previsibilidade-juridica> Acesso em: 29 de fevereiro de 2020.

RODRIGUES, V. **Análise económica do direito**: uma introdução. 2. ed. Coimbra: Almedina, 2016.

THIRY-CHERQUES, H. R. Max Weber: o processo de racionalização e o desencantamento do trabalho nas organizações contemporâneas. **Revista de Administração Pública**. v. 43, n. 4, p. 897-918, 2009.

VOGL, R. Changes in the US Legal Market driven by Big Data/Predictive Analytics and Legal Platforms. In: HARTUNG, Markus et al. (org.) Legal Tech: Die Digitalisierung des Rechtsmarkts. CH BECK, 2018.

WADE, H. W. R. The concept of legal certainty: a preliminary skirmish. **The Modern Law Review**, v. 4, n. 3, p. 183-199, 1941.

WEBER, M. **Wirtschaft und Gesellschaft**. 5. aufl. Tübingen: Mohr Siebeck, 1980.

Juízes-robôs? Notas sobre a utilização da inteligência artificial pelo Poder Judiciário

THIAGO DIAS DELFINO CABRAL

Mestre em Direito Processual pela Universidade do Estado do Rio de Janeiro. Bacharel, *cum laude*, em Direito pela Universidade Federal do Rio de Janeiro.

Sumário: 1. Introdução. 2. A inteligência artificial. 3. A utilização da inteligência artificial no processo decisório. 4. Conclusão. 5. Referências bibliográficas.

1. Introdução

Os avanços tecnológicos são sentidos em diversas áreas do direito. O surgimento de inovações disruptivas impõe questionamentos sobre a melhor forma regulá-los[1]. Empresas precisam se adaptar à disseminação do *home*

---

1. FEIGELSON, Bruno. Sandbox: primeiras reflexões a respeito do instituto. In: *Revista de Direito e as Novas Tecnologias*, vol. 1, out-dez, 2018, São Paulo: Editora Revista dos Tribunais, versão eletrônica.

office, que ocorre quando o trabalhador exerce seu ofício da própria casa[2]. Softwares permitem a execução instantânea de contratos, situação que impacta no direito civil[3].

Nesse contexto, não causa surpresa que o direito processual também seja impactado pelos avanços tecnológicos, e isso ocorre, pelo menos, em 3 (três) maneiras[4]. Em primeiro lugar, a tecnologia fortalece o princípio do acesso à justiça ao democratizar o conhecimento jurídico, de forma que os cidadãos possam saber quando podem (e devem) exercer plenamente seus direitos[5].

De acordo com Viviane Nóbrega Maldonado, a tecnologia também permite "atingir uma Justiça mais eficiente, acessível, efetiva e equitativa, inserindo-se na equação os parâmetros do custo e do tempo"[6].

A tecnologia ainda aprimora o sistema multiportas de resolução de conflitos, no qual o cidadão possui uma série de mecanismos à disposição para solucionar seus conflitos, cabendo escolher aquele que entender mais adequado[7].

De acordo com Daniel Arbix e Andrea Maia, a tecnologia pode (i) "criar ambientes e procedimentos inéditos, desconhecidos das formas convencionais

---

2. WEBER, Sandra Teófilo Tomazi Weber. Sua empresa está preparada para o home office após a reforma trabalhista? In: PINHEIRO, Patrícia Peck (coord.). *Direito Digital Aplicado 3.0*. São Paulo: Editora Revista dos Tribunais. 2018.
3. SILVA, Rodrigo da Guia; PINTO, Melanie Dreyer Breitenbach. Contratos inteligentes (Mart contracts): esses estranhos (des)conhecidos. In: *Revista de Direito e as Novas Tecnologias*, vol. 5, out-dez, 2019, São Paulo: Editora Revista dos Tribunais, versão eletrônica.
4. A importância da tecnologia no direito processual é tamanha que Viviane Nóbrega Maldonado aponta que seu uso "está no centro da agenda de praticamente todos os países do mundo" (MALDONADO, Viviane Nóbrega. O uso da tecnologia em prol da justiça: aonde podemos chegar? In: MALDONADO, Viviane Nóbrega; FEIGELSON, Bruno (coords.). *Advocacia 4.0*. São Paulo: Editora Revista dos Tribunais. 2019. p. 47).
5. BECKER, Daniel. O acesso à informação jurídica on-line como medida de garantia ao direito de acesso à justiça. In: MALDONADO, Viviane Nóbrega; FEIGELSON, Bruno (coords.). *Advocacia 4.0*. São Paulo: Editora Revista dos Tribunais. 2019.
6. MALDONADO, Viviane Nóbrega. O uso da tecnologia em prol da justiça: aonde podemos chegar? In: MALDONADO, Viviane Nóbrega; FEIGELSON, Bruno (coords.). *Advocacia 4.0*. São Paulo: Editora Revista dos Tribunais. 2019. P. 47/48.
7. Para uma análise mais detalhada do sistema multiportas de resolução de conflitos, sugerimos outro trabalho de minha autoria: CABRAL, Thiago Dias Delfino. Impecuniosidade e Arbitragem: uma análise da ausência de recursos financeiros para a instauração do procedimento arbitral. Quartier Latin: São Paulo. 2019.

de dirimir conflitos"[8] e (ii) aprimorar mecanismos existentes ao auxiliar juízes, mediadores, conciliadores e árbitros[9]. Ou seja, a tecnologia permite (i) a criação de uma "nova porta" no sistema de resolução de conflitos e (ii) o aprimoramento das "portas" existentes.

O presente trabalho pretende, justamente, analisar o segundo aspecto de impacto da tecnologia no sistema multiportas de resolução de conflitos. De forma mais específica, estudaremos um relevante (e instigante) tema: a utilização da inteligência artificial para auxiliar juízes na prolação de decisão[10].

Para alcançar esse objetivo, iniciaremos o trabalho conceituando a inteligência artificial, apontando exemplos de sua aplicação prática e, principalmente, alguns desafios que surgem por sua utilização. Em seguida, verificaremos sua aplicação no direito, em especial no processo decisório, oportunidade na qual pretendemos suscitar questões que merecem ser estudadas pelos operadores do direito.

2. A INTELIGÊNCIA ARTIFICIAL

Embora seja possível vislumbrar os fundamentos teóricos da inteligência na antiguidade[11], o principal propulsor para os atuais estudos do tema foram os trabalhos de Alan Turing[12], matemático e cientista da computação, que se

---

8. ARBIX, Daniel; MAIA, Andrea. Resolução online de disputas. In: FEIGELSON, Bruno et al (coords). *O Advogado do amanhã: estudos em homenagem ao professor Richard Susskind*. São Paulo: Editora Revista dos Tribunais. 2019. p. 97.
9. Idem.
10. Wilson Engelmann e Augusto Werner apontam que "o estudo da inteligência artificial no ambiente jurídico tem se mostrado importante para abrir os horizontes do Direito e, por consequência, da mente humana, acarretando no aprimoramento de práticas jurídicas e judiciárias, sob o olhar, sempre, dos benefícios e os riscos que pode causar" (ENGELMANN, Wilson; WERNER, Augusto. Inteligência Artificial e direito. In: FRAZÃO, Ana; MULHOLLAND, Caitlin. *Inteligência Artificial e Direito: ética, regulação e responsabilidade*. São Paulo: Editora Revista dos Tribunais. 2019. p. 151).
11. SILVA, Nilton Correia da. Inteligência Artificial. In: FRAZÃO, Ana; MULHOLLAND, Caitlin. *Inteligência Artificial e Direito: ética, regulação e responsabilidade*. São Paulo: Editora Revista dos Tribunais. 2019. p. 37/38.
12. STEIBEL, Fabro et al. Possibilidades e potenciais da utilização da inteligência artificial. In: FRAZÃO, Ana; MULHOLLAND, Caitlin. *Inteligência Artificial e Direito: ética, regulação e responsabilidade*. São Paulo: Editora Revista dos Tribunais. 2019. p. 56.

tornou mundialmente renomado por conta do papel fundamental que desempenhou para a vitória dos Aliados na 2ª Guerra Mundial[13].

A utilização (e popularização) da expressão inteligência artificial teve início em 1956, ano em que John Mccarthy e Marvin Misnk organizaram uma conferência denominada *Darthmouth Summer Research Project on Artificial Intelligence*[14].

Embora tenha sido a primeira oportunidade em que foi utilizado o termo inteligência artificial, esse conceito somente foi devidamente desenvolvido e aplicado a partir dos anos 1990. Segundo Fabro Steibel, Victor Freitas Vicente e Diego Santos Vieira de Jesus, esse fato é explicado pelo aumento no processamento de computadores e pela criação de softwares mais complexos[15].

Nilton Correia da Silva aponta outros três fatores que contribuíram para o recente desenvolvimento da inteligência artificial, quais sejam: (i) o surgimento de modelos matemáticos mais avançados, (ii) a redução dos custos de produção de equipamentos tecnológicos como computadores e (iii) uma maior quantidade de dados de nossa sociedade e de seus integrantes à disposição para análise[16].

Atualmente, a inteligência artificial é uma realidade: utilizamos essa tecnologia para uma série de atividades do cotidiano como dirigir (*Waze*, Google Maps *etc.*), filtrar e-mails indesejados, controlar determinados equipamentos ou, até mesmo, sanar dúvidas bancárias por meio de assistentes virtuais (*Siri* da Apple, *Cortana* da Microsoft, *Alexa* da Amazon e *BIA* do Bradesco)[17].

---

13. Para conhecer um pouco a história de Alan Turing, sugerimos o estupendo filme: JOGO da imitação. Direção de Morten Tyldum. Estados Unidos: Black Bear Pictures e Bristol Automotive, 2014. 1 DVD (114 min.).
14. SILVA, Nilton Correia da. Inteligência Artificial. In: FRAZÃO, Ana; MULHOLLAND, Caitlin. *Inteligência Artificial e Direito: ética, regulação e responsabilidade*. São Paulo: Editora Revista dos Tribunais. 2019. p. 35.
15. STEIBEL, Fabro *et al.* Possibilidades e potenciais da utilização da inteligência artificial. In: FRAZÃO, Ana; MULHOLLAND, Caitlin. *Inteligência Artificial e Direito: ética, regulação e responsabilidade*. São Paulo: Editora Revista dos Tribunais. 2019. p. 56.
16. SILVA, Nilton Correia da. Inteligência Artificial. In: FRAZÃO, Ana; MULHOLLAND, Caitlin. *Inteligência Artificial e Direito: ética, regulação e responsabilidade*. São Paulo: Editora Revista dos Tribunais. 2019. p. 42/46.
17. SHINOHARA, Luciane. Inteligência Artificial, Machine Learning e Deep Learning. In: PINHEIRO, Patrícia Peck (coord.). *Direito Digital Aplicado 3.0*. São Paulo: Editora Revista dos Tribunais. 2018. p. 40.

Com o desenvolvimento dessa tecnologia, podemos vislumbrar sua utilização em diversos setores relevantes da vida humana. Como exemplo, o aprimoramento da inteligência artificial (i) poderá detectar doenças e criar remédios[18], assim como poderá (ii) ser utilizado para auxiliar regastes de pessoas em situações de risco[19].

Mas o que é inteligência artificial? Fabro Steibel, Victor Freitas Vicente e Diego Santos Vieira de Jesus ensinam que inteligência artificial é a "habilidade de um sistema de interpretar corretamente dados externos, aprender a partir desses dados e usar o aprendizado para alcançar objetivos e tarefas específicos por meio da adaptação flexível"[20]. Camila Rioja Arantes e Renato Opice Blum, por sua vez, entendem que "inteligência artificial é a possibilidade de máquinas replicarem a capacidade cognitiva humana"[21].

Trata-se, portanto, de conceito utilizado para indicar uma tecnologia criada pelo homem que possui a capacidade de analisar dados e, a partir desse ato, adotar tarefas para auxiliar ou, até mesmo, substituir o ser humano[22].

---

18. SIQUEIRA, Thiago. Oito usos curiosos para a inteligência artificial. Disponível em: <https://www.techtudo.com.br/listas/2020/02/oito-usos-curiosos-para-a-inteligencia-artificial.ghtml>. Acesso: 1º mar. 2020.
19. Carlos Affonso Pereira de Souza e Jordan Vinícius de Oliveira entendem que "o potencial uso de tecnologias para fins de segurança pública e policiamento se tornará ainda mais vasto no ambiente de Internet das Coisas, em que dispositivos físicos podem ser integrados a sistemas da IA e atuar de forma preventiva e ostensiva. Kanakam et al. (2018, p. 1-4) propõem, por exemplo, um sistema integrado de reconhecimento de odores humanos, o 'e-nariz', que poderia ser utilizado em conjunto com outros traços corporais para treinar cães policiais e rastrear humanos em situações de resgate e perseguição" (SOUZA, Carlos Affonso Pereira de; OLIVEIRA, Jordan Vinícius de. Sobre os ombros dos robôs? A inteligência artificial entre fascínios de desilusões. In: FRAZÃO, Ana; MULHOLLAND, Caitlin. *Inteligência Artificial e Direito: ética, regulação e responsabilidade*. São Paulo: Editora Revista dos Tribunais. 2019. p. 70).
20. STEIBEL, Fabro *et al*. Possibilidades e potenciais da utilização da inteligência artificial. In: FRAZÃO, Ana; MULHOLLAND, Caitlin. *Inteligência Artificial e Direito: ética, regulação e responsabilidade*. São Paulo: Editora Revista dos Tribunais. 2019. p. 54.
21. ARANTE. Camila Rioja; BLUM, Renato Ópice. A inteligência artificial e machine learning: o que a máquina é capaz de fazer por você?. In: MALDONADO, Viviane Nóbrega; FEIGELSON, Bruno (coords.). *Advocacia 4.0*. São Paulo: Editora Revista dos Tribunais. 2019.p. 76.
22. Wilson Engelmann e Augusto Werner entendem que "a inteligência artificial tem como um de seus objetivos o desenvolvimento de máquinas com comportamento inteligente, ou seja, que possam perceber, raciocinar, aprender, comunicar e agir em ambientes complexos tão bem como humanos podem fazer, ou possivelmente melhor"

Nesse contexto, surge a dúvida que instigou o presente trabalho: a inteligência artificial poderia ser aplicada ao ambiente jurídico? Em caso de resposta positiva, poderia ser utilizada para substituir os humanos na prolação de decisões que ponham fim aos conflitos existentes em nossa sociedade?

3. A utilização da inteligência artificial no processo decisório

A inteligência artificial pode (e deve) ser utilizada pelos operadores do Direito[23]. Na advocacia, essa tecnologia será essencial para auxiliar na elaboração e na revisão de documentos jurídicos[24], bem como na prática de trabalhos repetitivos que sejam feitos por advogado[25].

Também fará com que o advogado tenha um maior conhecimento do posicionamento dos tribunais, circunstância que lhe permitirá prestar um aconselhamento jurídico mais preciso e fidedigno ao cliente[26-27].

(ENGELMANN, Wilson; WERNER, Augusto. Inteligência Artificial e direito. In: FRAZÃO, Ana; MULHOLLAND, Caitlin. *Inteligência Artificial e Direito: ética, regulação e responsabilidade*. São Paulo: Editora Revista dos Tribunais. 2019. p. 153).

23. Como bem colocado por Wilson Engelmann e Augusto Werner, devemos "aceitar a evolução tecnológica e o avanço da inteligência artificial e o seu ingresso em praticamente todos os segmentos de trabalho, incluindo as profissões jurídicas" (ENGELMANN, Wilson; WERNER, Augusto. Inteligência Artificial e direito. In: FRAZÃO, Ana; MULHOLLAND, Caitlin. *Inteligência Artificial e Direito: ética, regulação e responsabilidade*. São Paulo: Editora Revista dos Tribunais. 2019. p. 161).

24. ARANTE. Camila Rioja; BLUM, Renato Ópice. A inteligência artificial e machine learning: o que a máquina é capaz de fazer por você? In: MALDONADO, Viviane Nóbrega; FEIGELSON, Bruno (coords.). *Advocacia 4.0*. São Paulo: Editora Revista dos Tribunais. 2019. p. 81/85.

25. ENGELMANN, Wilson; WERNER, Augusto. Inteligência Artificial e direito. In: FRAZÃO, Ana; MULHOLLAND, Caitlin. *Inteligência Artificial e Direito: ética, regulação e responsabilidade*. São Paulo: Editora Revista dos Tribunais. 2019. p. 160/161.

26. Viviane Nóbrega Maldonado indica que "encontram-se disponibilizadas no mercado diversas ferramentas de predição de decisões judiciais, as quais se alimentam de dados extraídos das Cortes diversas. Tais ferramentas prestam-se a detectar preponderância de entendimento sobre temas jurídicas, a aferir o tempo de processamento de uma determinada Corte e a mensurar chances reais de vitória" (MALDONADO, Viviane Nóbrega. O uso da tecnologia em prol da justiça: aonde podemos chegar? In: MALDONADO, Viviane Nóbrega; FEIGELSON, Bruno (coords.). *Advocacia 4.0*. São Paulo: Editora Revista dos Tribunais. 2019. p. 63).

27. Wilson Engelmann e Augusto Werner também apontam que "o sistema complexo que representa o algoritmo viabiliza a inteligência artificial por meio do armazenamento de dados e, a partir deles, consegue estruturar séries de dados, que no Direito geram a jurimetria, como uma ferramenta poderosa para se ter uma ideia do modo como

Há diversos exemplos concretos da utilização da inteligência artificial no exterior[28] e, obviamente, também podemos vislumbrar sua aplicação no Brasil, em especial pelo Poder Judiciário.

No Brasil, o Supremo Tribunal Federal utiliza o VICTOR, inteligência artificial elaborada e desenvolvida para facilitar a análise dos recursos extraordinários que tem como objeto temas de repercussão geral[29].

O Superior Tribunal de Justiça também possui um sistema de inteligência artificial: o Sócrates, o qual, de acordo com Cláudia Mara de Almeida Rabelo Viegas, "produz um exame automatizado do recurso e do acórdão recorrido, a apresentação de referências legislativas, a listagem de casos semelhantes e a sugestão de decisão padrão, a qual, no entanto, continuará a ser do sempre do ministro"[30].

---

decidem determinado tribunal, a partir de dados coletados por um longo período, que são tratados, estruturados e sistematizados, permitindo-se detectar tendências no sentido de julgamentos e temas escolhidos" (ENGELMANN, Wilson; WERNER, Augusto. Inteligência Artificial e direito. In: FRAZÃO, Ana; MULHOLLAND, Caitlin. *Inteligência Artificial e Direito: ética, regulação e responsabilidade*. São Paulo: Editora Revista dos Tribunais. 2019. p. 157).

28. De acordo com Carlos Affonso Pereira de Souza e Jordan Vinícius de Oliveira, "em estudo de mapeamento já em execução no Judiciário, Chittenden (2017, p. 5) elenca algumas formas de emprego da IA, dentre as quais se destacam: (i) um sistema desenvolvido pela Universidade de Cambridge capaz de analisar documentos contratuais de escritórios e desvendar padrões argumentativos para advogados; (ii) um chatbot australiano de análise e leitura instantânea, empregável para a entrega de termos de privacidade e acordos sigilosos; (iii) um consultor jurídico baseado no sistema de saúde Watson, habilitado a oferecer pareceres e indicar resultados precisos para processos; e (iv) um sistema de previsão de decisões judiciais voltado para análise de acórdãos da Corte Europeia de Direitos Humanos, o qual já atingiu índices de acertos em 79% dos casos, graças à capacidade de leitura de padrões não estritamente jurídicos, como delineamentos circunstanciais dos casos, linguagem empregada e organização dos tópicos sentenciais" (SOUZA, Carlos Affonso Pereira de; OLIVEIRA, Jordan Vinícius de. Sobre os ombros dos robôs? A inteligência artificial entre fascínios de desilusões. In: FRAZÃO, Ana; MULHOLLAND, Caitlin. *Inteligência Artificial e Direito: ética, regulação e responsabilidade*. São Paulo: Editora Revista dos Tribunais. 2019. p. 73).

29. SUPREMO TRIBUNAL FEDERAL. Inteligência artificial vai agilizar a tramitação de processos no STF. Disponível em: <http://www.stf.jus.br/portal/cms/verNoticiaDetalhe.asp?idConteudo=380038>. Acesso: 1º março 2020.

30. VIEGAS, Cláudia Mara de Almeida Rabelo. Inteligência artificial: uma análise de sua aplicação no Judiciário Brasileiro. In: ALVES, Isabella Fonseca (org.) Inteligência artificial e processo. Belo Horizonte: Editora D'Plácido. 2020. p. 146.

Outros tribunais estaduais (Acre, Alagoas, Amazonas, Ceará e Mato Grosso do Sul) têm utilizado um sistema de inteligência artificial para auxiliar na aplicação de precedentes emanados pelas cortes superiores[31].

O Tribunal de Justiça do Rio Grande do Norte utiliza três sistemas de inteligência artificial: (i) o Poti, para auxiliar na efetivação de penhora on-line, (ii) a Clara, para ajudar na leitura de documentos e sugerir a prolação de decisões (cite-se, como exemplo, sentença de extinção de execução tributária em caso de satisfação do crédito),[32] e (iii) o Jerimun, para classificação e processos[33]. Também existem experiências com inteligência artificial no Tribunal de Justiça do Estado de Minas Gerais, Rondônia e Pernambuco[34].

Ou seja, a utilização da inteligência artificial pelo Poder Judiciário é uma realidade. No entanto, devemos questionar: será que, dentro de alguns anos, juízes serão substituídos por robôs ou *softwares*? Devem existir limites ou regras para a utilização da inteligência artificial no processo jurisdicional?

Embora exista pesquisa noticiando que há 40% (quarenta por cento) de chances de a inteligência artificial ser responsável pela efetiva prolação de decisões[35], entendemos que não é recomendável a substituição de juízes "de carne e osso" por robôs ou entidades computacionais abstratas.

---

31. CONSULTOR JURÍDICO. Inteligência Artificial poderá reduzir 20% do estoque de processos. Disponível em: <https://www.conjur.com.br/2019-dez-29/inteligencia-artificial-reduzir-estoque-processos-20>. Acesso: 1º março 2020.
32. VIEGAS, Cláudia Mara de Almeida Rabelo. Inteligência artificial: uma análise de sua aplicação no Judiciário Brasileiro. In: ALVES, Isabella Fonseca (org.) Inteligência artificial e processo. Belo Horizonte: Editora D'Plácido. 2020. p. 147.
33. VALOR ECONÔMICO. Tribunais investem em robôs para reduzir volumes de ações. Disponível em: <https://valor.globo.com/noticia/2019/03/18/tribunais-investem-em--robos-para-reduzir-volume-de-acoes.ghtml>. Acesso: 1º março 2020.
34. VALOR ECONÔMICO. Tribunais investem em robôs para reduzir volumes de ações. Disponível em: <https://valor.globo.com/noticia/2019/03/18/tribunais-investem-em--robos-para-reduzir-volume-de-acoes.ghtml>. Acesso: 1º março 2020.
35. ENGELMANN, Wilson; WERNER, Augusto. Inteligência Artificial e direito. In: FRAZÃO, Ana; MULHOLLAND, Caitlin. *Inteligência Artificial e Direito: ética, regulação e responsabilidade*. São Paulo: Editora Revista dos Tribunais. 2019. p. 161.

Em primeiro lugar, a experiência atual sobre a utilização dessa tecnologia demonstra que, em determinadas situações, a inteligência artificial pode adotar posturas enviesadas[36].

De acordo Camila Rioja Blum e Renato Ópice, "o viés nas decisões é um fenômeno que ocorre quando um algoritmo gera resultados moralmente indesejáveis em decorrência de pressupostos equivocados ou dados corrompidos no processo de aprendizado"[37].

O surgimento desse viés na inteligência artificial pode decorrer (i) de preconceitos do próprio criador do sistema ou (ii) de uma falha no aprendizado na máquina, seja por erro durante a criação do sistema seja, até mesmo, por erro da pessoa responsável por alimentá-lo com dados[38].

Trata-se de problema extremamente grave, pois a inteligência artificial poderia ser responsável por decisões judiciais de cunho racistas, homofóbicas, machistas e em prol da uma série de outros preconceitos que devem ser extirpados de nossa sociedade[39-40].

---

36. MALDONADO, Viviane Nóbrega. O uso da tecnologia em prol da justiça: aonde podemos chegar? In: MALDONADO, Viviane Nóbrega; FEIGELSON, Bruno (coords.). *Advocacia 4.0*. São Paulo: Editora Revista dos Tribunais. 2019. p. 60.
37. ARANTE. Camila Rioja; BLUM, Renato Ópice. A inteligência artificial e machine learning: o que a máquina é capaz de fazer por você?. In: MALDONADO, Viviane Nóbrega; FEIGELSON, Bruno (coords.). *Advocacia 4.0*. São Paulo: Editora Revista dos Tribunais. 2019. p. 78/79.
38. VIEGAS, Cláudia Mara de Almeida Rabelo. Inteligência artificial: uma análise de sua aplicação no Judiciário Brasileiro. In: ALVES, Isabella Fonseca (org.) Inteligência artificial e processo. Belo Horizonte: Editora D'Plácido. 2020. p. 148.
39. ARANTE. Camila Rioja; BLUM, Renato Ópice. A inteligência artificial e machine learning: o que a máquina é capaz de fazer por você?. In: MALDONADO, Viviane Nóbrega; FEIGELSON, Bruno (coords.). *Advocacia 4.0*. São Paulo: Editora Revista dos Tribunais. 2019. p. 84.
40. Ao estudar sobre uma inteligência artificial utilizada nos Estados Unidos para a área criminal, Cláudia Mara de Almeida Rabelo aponta que "em pesquisa realizada pela ProPublica, averiguou-se que o algoritmo utilizado tendia a classificar erroneamente acusados negros como prováveis reincidentes e, por outro lado, enquadrava, também, de forma equivocada, acusados brancos como indivíduos com baixo risco de reincidência" (VIEGAS, Cláudia Mara de Almeida Rabelo. Inteligência artificial: uma análise de sua aplicação no Judiciário Brasileiro. In: ALVES, Isabella Fonseca (org.) Inteligência artificial e processo. Belo Horizonte: Editora D'Plácido. 2020. p. 149).

Para piorar, não há qualquer publicidade sobre os algoritmos[41] que fundamentam os sistemas de inteligência artificial utilizados pelo Poder Judiciário, situação que impede o jurisdicionado de verificar a existência de vieses[42].

Não bastassem esses graves problemas, atualmente não há como uma inteligência artificial compreender (e aplicar) com perfeição os valores éticos e morais existentes em nossa sociedade, de forma que a decisão prolatada por essa tecnologia desconsideraria esses fatores, o que pode ser prejudicial para própria sociedade, afinal, as decisões judiciais estariam completamente desvinculadas da realidade social[43].

Carlos Affonso Pereira de Souza e Jordan Vinícius de Oliveira apontam ainda que, "consoante Sartor e Branting (1998, p. 105), o processo decisório de litígios envolve expertises legais, mas também competências cognitivas e emocionais. Os autores recordam que uma série de conceitos jurídicos possui valor indeterminado a priori, sendo completados graças a um conjunto dinâmico de percepções e sentimentos humanos de ordem íntima, leitura proativa de fatos sociais e interação dialética com a complexidade do real"[44].

Luciane Shinohara também partilha desse mesmo posicionamento ao defender que as máquinas "não possuem a capacidade de utilizar o senso crítica para apurar a interpretação do mundo como nós, humanos"[45].

---

41. Camila Rioja Arante e Renato Ópice Blum conceituam algoritmo como "um conjunto de passos para que um programa de computador execute determinada tarefa" (ARANTE. Camila Rioja; BLUM, Renato Ópice. A inteligência artificial e machine learning: o que a máquina é capaz de fazer por você?. In: MALDONADO, Viviane Nóbrega; FEIGELSON, Bruno (coords.). *Advocacia 4.0*. São Paulo: Editora Revista dos Tribunais. 2019. p. 73).
42. VIEGAS, Cláudia Mara de Almeida Rabelo. Inteligência artificial: uma análise de sua aplicação no Judiciário Brasileiro. In: ALVES, Isabella Fonseca (org.) Inteligência artificial e processo. Belo Horizonte: Editora D'Plácido. 2020. p. 151.
43. OLIVEIRA, Samuel Rodrigues de; COSTA, Ramon Silva. Pode a máquina julgar? considerações sobre o uso de inteligência artificial no processo de decisão judicial. In: *Revista de Direito e as Novas Tecnologias*, vol. 5, out-dez, 2019, São Paulo: Editora Revista dos Tribunais, versão eletrônica.
44. SOUZA, Carlos Affonso Pereira de; OLIVEIRA, Jordan Vinícius de. Sobre os ombros dos robôs? A inteligência artificial entre fascínios de desilusões. In: FRAZÃO, Ana; MULHOLLAND, Caitlin. *Inteligência Artificial e Direito: ética, regulação e responsabilidade*. São Paulo: Editora Revista dos Tribunais. 2019. p. 74.
45. SHINOHARA, Luciane. Inteligência Artificial, Machine Learning e Deep Learning. In: PINHEIRO, Patrícia Peck (coord.). *Direito Digital Aplicado 3.0*. São Paulo: Editora Revista dos Tribunais. 2018. P. 42.

Por esses motivos, Richard Sussking, um dos principais estudiosos no mundo sobre novas tecnológicas no Direito, declara, há tempos, que "judicial decision-making in hard casses, especially when judgers are called upon to handle complex issues of principle, policy, and morality, is well beyond the capabilities of current computer systems"[46].

Partilhamos desse posicionamento: o atual estágio tecnológico da inteligência artificial impede a substituição de juízes por robôs, que supostamente aplicariam a lei no caso concreto de forma célere e eficaz. Essa posição, contudo, não impede que a inteligência artificial seja utilizada pelo Poder Judiciário.

Em nossa visão, a inteligência artificial deve ser utilizada para auxiliar os magistrados no processo decisório[47], a fim de (i) garantir que as decisões proferidas estejam de acordo com posicionamento anteriores, (ii) ajudar na organização dos processos, (iii) facilitar a leitura de certos documentos e (iv) outras atividades que embora não exijam vasto conhecimento jurídico, demandam tempo.

De toda forma, mesmo esse sistema de inteligência artificial deverá seguir algumas regras para segurança do jurisdicionado, as quais devem ser preferencialmente concebidas pelo Poder Legislativo[48].

Entretanto, para não ficarmos a reboque de nosso processo legislativo, tomamos a liberdade de defender, neste trabalho, que o sistema de inteligência artificial utilizado pelo Poder Judiciário seja transparente, permitindo que qualquer pessoa possa verificar sua função e sobre seus limites[49].

---

46. SUSSKIND, Richard. Tomorrow's lawyer: an introduction to your future. 2º edition. Oxford: Oxford University Press. 2017. P. 102.
47. VIEGAS, Cláudia Mara de Almeida Rabelo. Inteligência artificial: uma análise de sua aplicação no Judiciário Brasileiro. In: ALVES, Isabella Fonseca (org.) Inteligência artificial e processo. Belo Horizonte: Editora D'Plácido. 2020. p. 152.
48. BISSOLI, Leandro. A corrido é com os robôs. In: PINHEIRO, Patrícia Peck (coord.). *Direito Digital Aplicado 3.0*. São Paulo: Editora Revista dos Tribunais. 2018. p. 35.
49. Concordamos com Wilson Engelmann e Augusto Werner, que defendem que "o trabalho realizado pelo sistema deverá respeitar determinados critérios ou princípios, isto é, a possibilidade de auditar o caminho percorrido (o passo a passo) pelo sistema para chegar a determinado resultado, seja de pesquisa ou de decisão; a transparência deste processamento e do resultado apresentado; dar conta da chamada aleatoriedade do resultado (aqui se percebe que apesar de ser um sistema de IA, 'não é exato', pois opera estatisticamente e por meio de probabilidade, buscando sempre percentuais crescentes de acerto" (ENGELMANN, Wilson; WERNER, Augusto. Inteligência Artificial e direito. In: FRAZÃO, Ana; MULHOLLAND, Caitlin. *Inteligência Artificial e Direito: ética, regulação e responsabilidade*. São Paulo: Editora Revista dos Tribunais. 2019. p. 172/173).

De forma mais específica e concordando com o posicionamento de Cláudia Mara de Almeida Rabelo Viegas, entendemos que "a integralidade dos dados, a rastreabilidade a motivação algorítmica da decisão judicial deve ser passível de aferição (auditoria) pelo ser humano, como forma de materialização do processo constitucional brasileiro"[50].

Além disso, os atos praticados pela inteligência artificial deverão ser motivados, de forma que cidadão possa compreender a decisão que foi tomada pela máquina[51]. Essa obrigação decorre do (i) art. 93, X, da Constituição Federal[52] e do (ii) art. 11 do Código de Processo Civil[53]: se toda decisão judicial deve ser motivada, não há motivo para eximir tal dever da inteligência artificial que se presta a auxiliar o Poder Judiciário.

Trata-se de regras simples que, caso respeitadas, trarão maior tranquilidade ao jurisdicionado sobre a utilização da inteligência artificial pelo Poder Judiciário.

4. Conclusão

Os avanços tecnológicos impactam todos os ramos do direito, sendo que, na seara processual, devem ser utilizados para garantir uma maior efetividade do princípio do acesso à justiça.

Por meio da tecnologia, podemos (i) conscientizar os cidadãos dos seus direitos e, principalmente, (ii) aprimorar o sistema multiportas de resolução de

---

50. VIEGAS, Cláudia Mara de Almeida Rabelo. Inteligência artificial: uma análise de sua aplicação no Judiciário Brasileiro. In: ALVES, Isabella Fonseca (org.) Inteligência artificial e processo. Belo Horizonte: Editora D'Plácido. 2020. p. 151.
51. De acordo com Nilton Correia da Silva, "interpretabilidade é a medida do grau de um observador humano, que tem de compreender as razões por trás de uma predição feita por um modelo de IA" (SILVA, Nilton Correia da. Inteligência Artificial. In: FRAZÃO, Ana; MULHOLLAND, Caitlin. *Inteligência Artificial e Direito: ética, regulação e responsabilidade*. São Paulo: Editora Revista dos Tribunais. 2019. p. 47).
52. Art. 93. Lei complementar, de iniciativa do Supremo Tribunal Federal, disporá sobre o Estatuto da Magistratura, observados os seguintes princípios: (...)
    X todos os julgamentos dos órgãos do Poder Judiciário serão públicos, e fundamentadas todas as decisões, sob pena de nulidade, podendo a lei limitar a presença, em determinados atos, às próprias partes e a seus advogados, ou somente a estes, em casos nos quais a preservação do direito à intimidade do interessado no sigilo não prejudique o interesse público à informação.
53. Art. 11. Todos os julgamentos dos órgãos do Poder Judiciário serão públicos, e fundamentadas todas as decisões, sob pena de nulidade.

conflitos, seja pela (a) criação de um novo mecanismo de pacificação de controvérsias. seja pelo (b) fortalecimento dos métodos existentes.

Nesse contexto, destaca-se a importância da inteligência artificial, tecnologia na qual máquinas/sistemas são capazes de exercer uma atividade humana após a análise de dados.

A inteligência artificial tem sido vastamente aplicada em uma série de tecnologias utilizadas em nosso cotidiano e, invariavelmente, será extremamente utilizada no direito.

Não é difícil imaginar que, no futuro, avançados sistemas de inteligência artificial serão responsáveis por atividades que atualmente são exercidas por advogados, como a elaboração e revisão de documentos jurídicos.

Como essa tecnologia também tem sido empregada para auxiliar magistrados, analisamos se, no futuro, os juízes seriam completamente substituídos por sistemas de inteligência artificial.

A resposta foi negativa em decorrência (i) da falibilidade desses sistemas, os quais podem adotar posturas enviesadas que implicarão a prolação de decisões preconceituosas, e (ii) da atual impossibilidade de aplicação de valores éticos e morais no processo decisório realizado por uma inteligência artificial.

Esses fatos, contudo, não impedem a utilização desses sistemas pelo Poder Judiciário. A inteligência artificial deve ser utilizada para auxiliar os magistrados no processo decisório, em especial para (i) garantir que não haja contradição entre decisões proferidas em processos semelhantes, (ii) ajudar na organização de processos, (iii) facilitar a leitura de documentos e (iv) realizar tarefas repetitivas que não exijam profundo conhecimento jurídico.

Embora haja uma limitação no escopo do trabalho da inteligência artificial, entendemos que os sistemas utilizados pelo Poder Judiciário devem respeitar regras básicas. No caso, defendemos (i) a publicidade dos algoritmos que fundamentam os sistemas de inteligência artificial utilizados pelo Poder Judiciário e (ii) a existência de motivação nos atos que forem praticados para auxiliar os juízes.

Em nossa opinião, a utilização da inteligência artificial dentro dos limites apontados neste trabalho aprimorará o Poder Judiciário, pois haverá um ganho de produtividade dos juízes que, no fim, trará benefícios ao jurisdicionado.

5. Referências bibliográficas

ARBIX, Daniel; MAIA, Andrea. Resolução online de disputas. In: FEIGELSON, Bruno et al (coords). *O Advogado do amanhã: estudos em homenagem ao professor Richard Susskind*. São Paulo: Editora Revista dos Tribunais. 2019.

BECKER, Daniel. O acesso à informação jurídica on-line como medida de garantia ao direito de acesso à justiça. In: MALDONADO, Viviane Nóbrega; FEIGELSON, Bruno (coords.). *Advocacia 4.0*. São Paulo: Editora Revista dos Tribunais. 2019.

BISSOLI, Leandro. A corrido é com os robôs. In: PINHEIRO, Patrícia Peck (coord.). *Direito Digital Aplicado 3.0*. São Paulo: Editora Revista dos Tribunais. 2018.

CABRAL, Thiago Dias Delfino. Impecuniosidade e Arbitragem: uma análise da ausência de recursos financeiros para a instauração do procedimento arbitral. Quartier Latin: São Paulo. 2019.

CONSULTOR JURÍDICO. Inteligência Artificial poderá reduzir 20% do estoque de processos. Disponível em: <https://www.conjur.com.br/2019-dez-29/inteligencia-artificial-reduzir-estoque-processos-20>. Acesso: 1º março 2020.

FEIGELSON, Bruno. Sandbox: primeiras reflexões a respeito do instituto. In: *Revista de Direito e as Novas Tecnologias*, vol. 1, out-dez, 2018, São Paulo: Editora Revista dos Tribunais, versão eletrônica.

JOGO da imitação. Direção de Morten Tyldum. Estados Unidos: Black Bear Pictures e Bristol Automotive, 2014. 1 DVD (114 min.).

MALDONADO, Viviane Nóbrega. O uso da tecnologia em prol da justiça: aonde podemos chegar? In: MALDONADO, Viviane Nóbrega; FEIGELSON, Bruno (coords.). *Advocacia 4.0*. São Paulo: Editora Revista dos Tribunais. 2019.

OLIVEIRA, Samuel Rodrigues de; COSTA, Ramon Silva. Pode a máquina julgar? considerações sobre o uso de inteligência artificial no processo de decisão judicial. In: *Revista de Direito e as Novas Tecnologias*, vol. 5, out-dez, 2019, São Paulo: Editora Revista dos Tribunais, versão eletrônica.

SHINOHARA, Luciane. Inteligência Artificial, Machine Learning e Deep Learning. In: PINHEIRO, Patrícia Peck (coord.). *Direito Digital Aplicado 3.0*. São Paulo: Editora Revista dos Tribunais. 2018.

SILVA, Nilton Correia da. Inteligência Artificial. In: FRAZÃO, Ana; MULHOLLAND, Caitlin. *Inteligência Artificial e Direito: ética, regulação e responsabilidade*. São Paulo: Editora Revista dos Tribunais. 2019.

SILVA, Rodrigo da Guia; PINTO, Melanie Dreyer Breitenbach. Contratos inteligentes (smart contracts): esses estranhos (des)conhecidos. In: *Revista de Direito e as Novas Tecnologias*, vol. 5, out-dez, 2019, São Paulo: Editora Revista dos Tribunais, versão eletrônica.

SIQUEIRA, Thiago. Oito usos curiosos para a inteligência artificial. Disponível em: https://www.techtudo.com.br/listas/2020/02/oito-usos-curiosos-para-a-inteligencia-artificial.ghtml.

SOUZA, Carlos Affonso Pereira de; OLIVEIRA, Jordan Vinícius de. Sobre os ombros dos robôs? A inteligência artificial entre fascínios de desilusões. In: FRAZÃO, Ana; MULHOLLAND, Caitlin. *Inteligência Artificial e Direito: ética, regulação e responsabilidade.* São Paulo: Editora Revista dos Tribunais. 2019.

STEIBEL, Fabro *et al*. Possibilidades e potenciais da utilização da inteligência artificial. In: FRAZÃO, Ana; MULHOLLAND, Caitlin. *Inteligência Artificial e Direito: ética, regulação e responsabilidade.* São Paulo: Editora Revista dos Tribunais. 2019.

SUPREMO TRIBUNAL FEDERAL. Inteligência artificial vai agilizar a tramitação de processos no STF. Disponível em: http://www.stf.jus.br/portal/cms/verNoticiaDetalhe.asp?idConteudo=380038. Acesso: 1º março 2020.

SUSSKIND, Richard. Tomorrow's lawyer: an introduction to your future. 2º edition. Oxford: Oxford University Press. 2017.

VALOR ECONÔMICO. Tribunais investem em robôs para reduzir volumes de ações. Disponível em: <https://valor.globo.com/noticia/2019/03/18/tribunais-investem-em-robos-para-reduzir-volume-de-acoes.ghtml>. Acesso: 1º março 2020.

VIEGAS, Cláudia Mara de Almeida Rabelo. Inteligência artificial: uma análise de sua aplicação no Judiciário Brasileiro. In: ALVES, Isabella Fonseca (org.) Inteligência artificial e processo. Belo Horizonte: Editora D'Plácido. 2020.

WEBER, Sandra Teófilo Tomazi Weber. Sua empresa está preparada para o home office após a reforma trabalhista? In: PINHEIRO, Patrícia Peck (coord.). *Direito Digital Aplicado 3.0.* São Paulo: Editora Revista dos Tribunais. 2018.

Decisão judicial por métodos estatísticos: novos horizontes para as causas repetitivas?

Edilson Vitorelli

Pós-Doutor em Direito pela Universidade Federal da Bahia, com estudos no Max Planck Institute for Procedural Law. Doutor em Direito pela Universidade Federal do Paraná, mestre pela Universidade Federal de Minas Gerais. Visiting scholar na Stanford Law School e visiting researcher na Harvard Law School. Professor da Universidade Presbiteriana Mackenzie, onde é também coordenador de pós-graduação e da Escola Superior do Ministério Público da União, onde é coordenador de ensino. Professor do mestrado da Universidade Católica de Brasília. Procurador da República.
edilsonvitorelli@gmail.com

Resumo: Este artigo explora as possibilidades de utilização de métodos estatísticos para o julgamento de causas cujos fatos sejam repetitivos e que, por isso, possam ser apurados com o auxílio de extrapolação estatística. Via de regra, esses casos não podem ser solucionados por aplicação de precedentes vinculantes, dado que não envolvem questões de direito, mas de fato. Isso exige a instrução e julgamento das causas uma a uma, o que eleva os custos do sistema jurisdicional. O artigo sustenta que seria justo que os casos fossem definidos estatisticamente, ainda que isso implique não atribuir a cada um exatamente aquilo a que faz jus.

Palavras-chave: Causas repetitivas; julgamento; estatísticas.

Sumário: 1. O problema. 2. Começando pelo básico: o que são estatísticas e o quão confiáveis elas são? 3. Litigância repetitiva faticamente variada: o método tradicional de decisão no Brasil e nos Estados Unidos. 4. Litigância repetitiva faticamente variada: o método estatístico de decisão. 4.1. Premissa: o problema metodológico. 4.2. Julgamentos por amostragem: *bellwether trials*. 4.3. Julgamento por amostragem: decisão de casos por extrapolação estatística. 4.4. Julgamento por categorias. 4.5. Julgamento por participação de mercado. 5. A decisão por estatísticas acarreta, de fato, redução na precisão do julgamento? 6. Julgamentos estatísticos seriam injustos com os autores? E com os réus? 7. Julgamentos estatísticos prejudicariam as pessoas que sofreram mais? 8. Seria justo que algumas pessoas recebessem mais e outras menos do que merecem? 9. Síntese conclusiva. Referências bibliográficas.

1. O problema

O propósito deste artigo é verificar a possibilidade de que o conteúdo de uma decisão judicial seja definido estatisticamente. Trata-se, primeiro, de avaliar se o juiz pode se convencer da procedência ou improcedência do pedido com base em estatísticas, sem a análise das circunstâncias e provas específicas do caso em julgamento. Segundo, cogita-se se o valor a ser pago ao autor pode ser definido não em virtude das provas concretas de quanto de prejuízo a conduta do réu provocou, mas por intermédio de uma estimativa estatística, que demonstre seu valor usual naquela situação, ainda que o valor real, sofrido pelo autor, possa ter sido maior ou menor.

Essa proposta é útil em casos de danos causados em massa, dos quais deriva um grande número de processos judiciais. No caso do desastre do Rio Doce, dano ambiental provocado pela empresa Samarco, milhares de pessoas ficaram por quase duas semanas sem abastecimento de água, em diversas cidades de dois estados do Brasil, em razão da ruptura de uma barragem de rejeitos de mineração, localizada na cidade de Mariana, Minas Gerais. Em poucas semanas, apenas em uma localidade, Governador Valadares, o Poder Judiciário recebeu 47 mil ações individuais com pedidos de indenização[1]. Em Colatina,

---

1. Conforme noticiado em <https://www.em.com.br/app/noticia/gerais/2018/08/27/interna_gerais,983681/tj-julga-se-uniformiza-sentenca-sobre-parte-de-processos-contra-samarc.shtml>. Acesso em 16.9.2018.

já no estado do Espírito Santo, foram mais de 13 mil[2]. Estima-se que o total de ações judiciais, embora desconhecido, deve chegar a 100 mil.

Nenhuma dessas ações discute se ficar sem água potável por dez dias é ou não causa para indenização. O problema é definir o quanto cada pessoa sofreu para determinar a indenização. A controvérsia, portanto, não é jurídica, mas fática. Isso significa que o sistema de precedentes, estruturado pelo CPC, não fornece soluções para essa situação. Todos os casos teriam que ser instruídos e julgados, um a um. O custo para o sistema judicial, para processar todos esses casos, é, evidentemente, muito significativo.

Embora todos os danos tenham origem no mesmo evento e sejam da mesma natureza, é impossível predefinir, de modo preciso, quanto cada pessoa sofreu. De maneira geral, pessoas pobres sofrem mais que pessoas ricas, já que não podem sair da cidade ou comprar água de outros locais. Idosos, crianças, doentes e outras pessoas em situação de vulnerabilidade sofrem mais que pessoas adultas e saudáveis. Mas cada caso é um caso. Pode ser que haja uma pessoa rica e saudável que, por circunstâncias especificamente ligadas ao seu caso, seja mais afetada que todos os grupos anteriores.

Isso significa que, mesmo que houvesse apenas uma ação coletiva, em vez de milhares de ações individuais, o problema aqui apresentado não seria resolvido. Após a condenação genérica, o art. 97 do CDC exigiria a propositura de milhares de liquidações e cumprimentos de sentença individuais, o que redundaria no mesmo problema.

O questionamento que se apresenta é se seria possível, em contextos como esse, utilizar outras técnicas para de julgamento, que não envolvessem o julgamento de cada caso, mas a definição da ocorrência e das dimensões da lesão por métodos estatísticos.

2. Começando pelo básico: o que são estatísticas e o quão confiáveis elas são?

A estatística é um ramo da matemática que se incumbe de ordenar e analisar dados, a fim de permitir que eles sejam exibidos (estatística descritiva) ou que deles se extraiam inferências (estatística inferencial). Desse conceito fundamental já é possível perceber que os resultados das análises dependerão,

---

2. Conforme noticiado em <http://g1.globo.com/espirito-santo/noticia/2016/06/justica--tem-mais-de-13-mil-acoes-contra-samarco-em-colatina.html>. Acesso em 16.9.2018.

fundamentalmente, da qualidade do banco de dados, ou seja, da amostra analisada (sua abrangência e confiabilidade), bem como do método analítico aplicado. Há, portanto, uma dupla incerteza que cerca qualquer análise estatística: a possibilidade de que o método não seja confiável, isto é, que haja um erro humano, imputável ao analista, ou que o banco de dados não seja confiável ("garbage in, garbage out"). Essa incerteza fomentou a popularidade de um dito alemão (falsamente atribuído a Winston Churchill, em algumas ocasiões), que assevera que "as únicas estatísticas em que se pode acreditar são aquelas que você mesmo falsificou"[3]. Se o banco de dados não for confiável, ou se a metodologia analítica não for adequada, os resultados serão imprestáveis.

Outro problema da análise estatística diz respeito às inferências que se pode fazer a partir de seu resultado. Por exemplo, se uma pesquisa com amostra abrangente de gestores públicos demonstra que 40% deles consulta as decisões dos órgãos de controle para definir políticas públicas, disso se poderia inferir que há excesso de influência da atividade de controle sobre a gestão pública, já que se supõe que a gestão pública seja preconizada pelo que mais interessa ao público, não por aspectos procedimentais. Mas também se poderia inferir, a partir do mesmo resultado, que 60% dos gestores toma decisões sem levar em conta o pensamento dos órgãos de controle e que, em um Estado de Direito, os fins não justificam os meios. Não se podem promover políticas corretas pelos meios errados. Nenhuma dessas inferências é falsa, a partir do resultado apresentado. O que se pode debater é se esse resultado, sozinho, é capaz de sustentar qualquer uma delas, mas isso não invalida o resultado em si.

Além de permitir a organização dos dados coletados, a partir de determinados critérios, as análises estatísticas podem ser utilizadas para permitir que as inferências sejam obtidas sem que toda a população ou todos os dados relevantes sejam coletados. É claro que, em tese, sempre é possível entrevistar todas as pessoas do país e saber exatamente, por exemplo, quantas delas têm mais de um televisor. Mas isso é caro, demorado e pouco prático. A proposta da análise estatística é obter a mesma informação por intermédio da coleta de dados de apenas uma fração relevante de toda a população. Se a amostra for representativa e a metodologia for adequada e a análise se ativer ao constructo que se pretende descrever, os resultados obtidos podem ser extrapolados para o todo[4].

---

3. "Traue keiner Statistik, die du nicht selber gefälscht hast".
4. Sobre os conceitos fundamentais de estatística, ver WHEELAN, Charles. *Naked Statistics*: Stripping the Dread from the Data. New York: W. W. Norton & Company, 2014;

Nesse sentido, embora nem toda análise estatística lide com a definição de probabilidades, essa é uma de suas grandes utilidades. Estima-se o quão provável é o fato p, desconhecido, dada a ocorrência, já determinada, de q. Nesse sentido, se toda decisão judicial pretende produzir conclusões prováveis, a partir de determinado contexto fático conhecido, não parece haver uma distância muito grande em se permitir que o próprio conteúdo da decisão seja determinado não em razão da comprovação integral dos fatos naqueles autos, mas da demonstração do grau de probabilidade da sua ocorrência, em determinado contexto.

Para ilustrar com um exemplo simples: se 40 mil pessoas foram vítimas de um evento e 90% delas sofreram prejuízos equivalentes a, em média R$ 300,00, o sistema jurídico tradicional individual exigiria que 40 mil ações fossem propostas, instruídas e julgadas para que se pudesse definir quem tem direito à quantia. 36 mil pessoas receberiam R$ 300,00 e 4 mil pessoas teriam seus pedidos julgados improcedentes. Seria injusto que, em vez disso, o réu fosse condenado a pagar R$ 270,00 a todas as pessoas que compareceram ao evento, sem que ninguém tivesse que demonstrar o prejuízo, mas apenas o comparecimento ao evento? Este texto pretende explorar esse tipo de possibilidade.

3. Litigância repetitiva faticamente variada: o método tradicional de decisão no Brasil e nos Estados Unidos

A situação descrita na introdução deste texto se enquadra no que pode ser denominado litigância repetitiva faticamente variada. Embora todos os autores tenham sofrido o mesmo dano, provocado pelo mesmo réu, cada um deles o experimentou de acordo com circunstâncias subjetivas próprias, que podem influenciar na intensidade de cada lesão. Assim, não se trata de uma controvérsia jurídica, que possa ser resolvida pela fixação de uma tese única ou de um precedente judicial, mas da necessidade de se avaliar quanto de dano, de fato, cada pessoa sofreu.

Tradicionalmente, o método para processar essa causa seria a condução de um processo para cada indivíduo. Nele, o autor teria que provar todos os elementos inerentes à responsabilidade civil, quais sejam, a conduta do réu, a ocorrência e dimensões do dano e o nexo de causalidade entre eles, a fim de que o juiz determine o valor da indenização. É precisamente desse modo que o

---

FREEDMAN, David; PISANI, Robert; PURVES, Roges. *Statistics*. 4. Ed. New York: W. W. Norton & Company, 2007.

processo vem sendo conduzido no Brasil. Foram propostas milhares de ações individuais nas quais se discute o dano que cada pessoa sofreu pela falta de água decorrente do desastre do Rio Doce.

A alternativa, já prevista pelo ordenamento jurídico, seria a propositura de uma ação coletiva, em favor de todas as vítimas. O problema dessa solução é que, conforme mencionado, na compreensão do Superior Tribunal de Justiça, a disposição do art. 97 do CDC exige que, uma vez obtida a sentença, seu cumprimento seja promovido por cada uma das vítimas, individualmente[5]. Nesse cenário, cada indivíduo teria que comprovar os danos pessoalmente sofridos e, com isso, os processos se multiplicariam, não como conhecimento, mas como cumprimento de sentença.

O impacto desse problema sobre o sistema judicial é expressivo. Para exemplificar apenas com o desastre do Rio Doce, na comarca de Governador Valadares, o Poder Judiciário realizou 34,8 mil audiências em processos relacionados ao litígio de corrente da falta de água[6]. Os Tribunais de Justiça de Minas Gerais e do Espírito Santo instauraram, cada um, um incidente de resolução de

---

5. "'Não obstante ser ampla a legitimação para impulsionar a liquidação e a execução da sentença coletiva, admitindo-se que a promovam o próprio titular do direito material, seus sucessores ou um dos legitimados do art. 82 do CDC, o art. 97 impõe uma gradação de preferência que permite a legitimidade coletiva subsidiariamente, uma vez que, nessa fase, o ponto central é o dano pessoal sofrido pelas vítimas. Assim, no ressarcimento individual (arts. 97 e 98 do CDC), a liquidação e a execução serão obrigatoriamente personalizadas e divisíveis, devendo prioritariamente ser promovidas pelas vítimas ou seus sucessores de forma singular, uma vez que o próprio lesado tem melhores condições de demonstrar a existência do seu dano pessoal, o nexo etiológico com o dano globalmente reconhecido, bem como o montante equivalente à sua parcela. Todavia, para o cumprimento de sentença, o escopo é o ressarcimento do dano individualmente experimentado, de modo que a indivisibilidade do objeto cede lugar à sua individualização. O art. 98 do CDC preconiza que a execução coletiva terá lugar quando já houver sido fixado o valor da indenização devida em sentença de liquidação, a qual deve ser – em sede de direitos individuais homogêneos – promovida pelos próprios titulares ou sucessores. A legitimidade do Ministério Público para instaurar a execução exsurgirá, se for o caso, após o prazo de um ano do trânsito em julgado, se não houver a habilitação de interessados em número compatível com a gravidade do dano, nos termos do art. 100 do CDC". REsp 869.583-DF, Rel. Min. Luis Felipe Salomão, julgado em 5/6/2012. Esse entendimento, apesar de prevalente, é equivocado e deveria ser revisto, à luz do que dispõe o art. 98 do CDC. A discussão dessa tese, no entanto, é irrelevante para os propósitos deste artigo.

6. Conforme noticiado em <https://g1.globo.com/mg/minas-gerais/desastre-ambiental-em--mariana/noticia/processos-e-acordos-marcam-30-meses-do-desastre-da-barragem-de--mariana.ghtml>. Acesso em 16.9.2018.

demandas repetitivas[7], para tentar estabelecer parâmetros jurídicos para a condução desses processos, com uma espécie de tarifação do dano moral. Embora essa providência possa facilitar o julgamento, ela não é capaz de evitar que cada causa seja processada e julgada, para que cada pessoa demonstre os prejuízos que experimentou.

Adicionalmente, cabe ressaltar que o IRDR julgado pelo TJES parece consistir em uma distorção do próprio modelo disposto no CPC. O art. 976 do Código é expresso no sentido de que o incidente é cabível apenas para resolver "questão unicamente de direito". O Tribunal, todavia, definiu que o valor da compensação por dano moral, devido pela falta de abastecimento de água, que decorreu do desastre, seria de R$ 1 mil. Isso não parece apropriado, eis que a intensidade com a qual alguém experimenta essa lesão depende de circunstâncias pessoais cuja determinação é fática, não jurídica. A decisão se torna ainda mais discutível quando se considera que o valor nela fixado é praticamente o mesmo que os réus já vinham oferecendo às vítimas, extrajudicialmente (um salário mínimo).

Problemas dessa natureza também ocorreram nos Estados Unidos, para a definição da classe atingida em lesões de massa (*mass torts*), especialmente quando envolviam exposição a agentes causadores de doenças. Os litígios relativos à exposição de trabalhadores ao pó de amianto (asbestos) e de militares ao *agent orange*, durante a guerra do Vietnã, são os dois maiores exemplos. Ambos os casos começaram com ações individuais que foram sendo progressivamente agregadas, tanto em *class actions*, quanto em outras formas de agregação.[8] Todavia, as situações de familiares de vítimas falecidas, pessoas que apresentavam a doença, mas com sintomas leves, pessoas gravemente doentes e pessoas expostas que ainda não adoeceram, podendo ou não vir a sofrer os efeitos da exposição, são muito díspares. Isso torna difícil definir se o tratamento coletivo é o mais adequado, à luz do requisito da presença de questões comuns entre elas,

---

7. No Tribunal de Justiça de Minas Gerais foi instaurado o IRDR 1.0105.16.000562-2/004, rel. Des. Amauri Pinto Ferreira. O caso ainda não foi julgado definitivamente. No Tribunal de Justiça do Espírito Santo, instaurou-se o IRDR N° 040/2016, registro n° 0017173-74.2015.8.08.0014.

8. O caso do agent orange é narrado em SCHUCK, Peter H. *Agent Orange on Trial: Mass Toxic Disasters in the Courts. Enlarged Edition*. Cambridge: The Belknap Press of Harvard University Press, 1988. Sobre a litigância relacionada ao amianto, ver BARNES, Jeb. *Dust-Up: Asbestos Litigation and the Failure of Commonsense Policy Reform*. Washington, DC: Georgetown University Press, 2011.

exigido pela *Rule 23*, das *Federal Rules of Civil Procedure*[9]. É difícil tratar coletivamente uma situação em que as peculiaridades fáticas individuais são variadas.

Apesar de todos esses fatores indicarem que o método tradicional, do processo individual, seria o mais adequado para tratamento dos litígios repetitivos faticamente variados, ele ignora que não existe processo grátis. O custo de processamento de cem mil causas é significativo para o Poder Judiciário, cujo orçamento, como se sabe, advém dos impostos vertidos por toda a sociedade. Particularmente no exemplo que conduz a discussão, a atividade jurisdicional será integralmente custeada pela sociedade, uma vez que, por política de acesso à justiça, causas cujo valor é inferior a 40 salários mínimos (aproximadamente R$ 40 mil ou US$ 10 mil) são gratuitas, tanto para o autor, quanto para o réu, independentemente de quem vença ou perca[10].

Embora não se saiba exatamente quanto custa um processo judicial (e esse custo varia de acordo com as características do caso), o Instituto de Pesquisas Econômicas Aplicadas – IPEA estimou o custo unitário de cada processo de execução fiscal, no ano de 2009, em R$4.685,39, um pouco mais US$ 1.100,00[11]. Transportado para valores atuais, o montante corresponderia a aproximadamente R$ 8.097,91 ou US$ 2 mil[12]. Isso significa que, admitindo esse custo unitário, tramitar as 100 mil ações de indenização decorrentes de falta de água em virtude do desastre do Rio Doce custaria algo em torno de R$ 800 milhões ou US$ 200 milhões.

Essa situação é agravada por outro fator, peculiar ao ordenamento jurídico brasileiro, que é o baixo índice de acordos judiciais. Ao contrário do que ocorre nos Estados Unidos, onde quase todos os processos terminam em acordo[13], o

---

9. NAGAREDA, Richard A. *Mass torts in a world of settlement*. Chicago: The University of Chicago Press, 2007. cap. 2.
10. Lei 9.099/1995, arts. 54 e 55.
11. INSTITUTO DE PESQUISA ECONÔMICA APLICADA. Custo Unitário do Processo de Execução Fiscal na Justiça Federal. Brasília: IPEA, 2009. A precisão desses dados, para os propósitos tratados no texto, é questionável, uma vez que se baseia em apenas um tipo de processo, que são as execuções fiscais. No entanto, como parâmetro, o dado é suficientemente ilustrativo.
12. A atualização foi feita pelo autor, pelo Índice Geral de Preços ao Mercado – IGPM.
13. Escrevendo em 1994, Yeazell afirma que, nos últimos 50 anos, a proporção de casos julgados nos Estados Unidos, em relação aos litígios civis ajuizados, diminuiu em 4/5 do total. YEAZELL, Stephen. The misunderstood consequences of modern civil process. In: *Wisconsin Law Review*, 1994. p. 631-678. Atualmente, a referência mais aceita é a de que apenas algo em torno de 2% de todos os litígios civis ajuizados nos

índice médio de solução consensual no Brasil não atinge os 20%[14]. Isso se deve ao explosivo coquetel que combina um processo lento, barato e com baixos valores de condenação. Esses três fatores constituem forte desestímulo para que os réus se interessem por quaisquer propostas de acordo, mesmo em casos cuja derrota é certa. Quanto mais processos existem, mais lento o sistema se torna e, com isso, o interesse nos acordos se reduz, retroalimentando o ciclo. Apenas muito recentemente, os chamados "grandes litigantes" começaram a se preocupar com medidas de redução da litigiosidade, as quais derivam mais de fatores extraprocessuais (exigências de *complience*, por exemplo), do que de estímulos fornecidos pelo próprio sistema processual.

Nesse cenário, processar o litígio relativo à falta de água decorrente do desastre do Rio Doce custaria ao contribuinte brasileiro, ao longo dos anos, algo em torno de R$ 800 milhões. Resta saber se o resultado em benefício das vítimas justificaria tal custo. Os fatores anteriores indicam que a resposta a tal questionamento seria negativa. As cem mil vítimas levariam vários anos para que seus processos chegassem ao final e, de acordo com as notícias, as indenizações têm variado entre R$ 1 mil e R$ 10 mil por processo. Assumindo uma média simples de R$ 5,5 mil por caso, o processamento de todas as causas redundaria em uma condenação final de R$ 550 milhões. Como é frequente nesse tipo de caso que os advogados recebam entre 20 e 30% do valor recuperado pelas vítimas, o ganho final para a sociedade, em termos de transferência de riqueza do réu para as pessoas que sofreram a lesão seria, na melhor das hipóteses, de R$ 440 milhões, um resultado negativo de R$ 360 milhões para a sociedade brasileira, que arcou com o custo dos processos. Pior ainda, se cada pessoa receber apenas R$ 1.000, como determinou o IRDR julgado pelo TJES, o valor de riqueza efetivamente transferida do réu para os autores seria, desconsiderados os honorários advocatícios, de apenas R$ 100 milhões, um oitavo do custo de transação necessário para realizar a transferência.

Estados Unidos são julgados. Ver BAKAI, John; KENT, Elizabeth; MARTIN, Pamela. A profile of settlement. *Court Law Review*, vol. 42, n. 3-4, p. 34-39, 2006. Ver também RESNIK, Judith. Courts: in and out of sight, site and cite. *Villanova Law Review*, vol. 53, p. 771-810, 2008, anotando que o índice de julgamentos não só é baixo, como vem decrescendo nos últimos anos.

14. De acordo com o Conselho Nacional de Justiça, os acordos correspondem a 17% dos casos na fase de conhecimento e 6% na fase de execução, perfazendo uma média geral de apenas 12% dos casos. CONSELHO NACIONAL DE JUSTIÇA. Justiça em números 2018. Brasília: CNJ, 2018, p. 137.

Ainda que se possa argumentar que o processo judicial cumpre outras funções, além da transferência de riqueza do causador do dano para as vítimas, tais como a prevenção de lesões futuras, o reforço à coercibilidade do sistema jurídico etc., é de se indagar se esses objetivos justificariam o custo social decorrente desse tipo de julgamento repetitivo e, sobretudo, se não haveria outras formas de se chegar aos mesmos resultados.

4. LITIGÂNCIA REPETITIVA FATICAMENTE VARIADA: O MÉTODO ESTATÍSTICO DE DECISÃO

A alternativa ao cenário descrito no item anterior é a possibilidade de que as vítimas sejam indenizadas não pelo valor que efetivamente perderam, mas a partir de critérios estatísticos, que pré-definissem valores de indenização, sem a necessidade de que cada processo fosse conduzido até o fim e que todas as provas pertinentes tivessem que ser produzidas. *Prima facie*, é possível notar que esse método teria como vantagem a redução do custo agregado dos processos, eis que a prova estatística supriria a necessidade de dilação probatória em todos eles. Como desvantagem, é visível a possibilidade de que algumas pessoas recebessem mais do que o valor devido e outras, menos. Resta ponderar se a vantagem se sobressai ou não sobre a desvantagem.

4.1. Premissa: o problema metodológico

O aspecto mais desafiador do uso de estudos estatísticos, tanto em geral, quanto no processo, é a escolha da amostra. Lahav aponta como características essenciais dessa definição a necessidade de que seja feita de modo imparcial e que se selecione um grupo suficientemente grande para produzir resultados confiáveis, de acordo com as variações existentes em seu interior. Para tanto, tais variações devem ser conhecidas e apreciadas, de maneira a determinar critérios para a classificação dos indivíduos em diferentes subgrupos, dos quais a amostra será colhida. Logo, o tamanho da amostra a ser pesquisada não depende do tamanho do grupo, mas sim do seu grau de homogeneidade. Um grande grupo, muito homogêneo, pode ser bem conhecido por uma amostra pequena, enquanto um grupo reduzido, mas altamente heterogêneo, demandará uma amostra maior, já que conterá em si diversos subgrupos.

Tais dificuldades não implicam a inviabilidade da tarefa. Escrevendo para o periódico da *American Statistical Association*, em 1947, Frederick Stephan e Philip McCarthy afirmavam que "um rápido progresso ocorreu, nas últimas duas décadas, nas medições de atitudes, pesquisas de opinião e análise do que os consumidores querem. A melhoria dos métodos de amostragem da população é responsável pela maior parte do avanço".[15] Retrocedendo um pouco mais, é possível encontrar, em 1931, artigo de D. D. Droba, catalogando cinco métodos utilizados por pesquisadores para mensurar a opinião pública.[16] A aplicação dessas técnicas ao processo não constitui qualquer tipo de excentricidade.

O *Manual for Complex Litigation* aconselha o juiz norte-americano a supervisionar os métodos para a definição da amostra, determinando que sejam adotados parâmetros estatísticos reconhecidos pela comunidade científica, especialmente em relação à sua representatividade. Quando a pesquisa envolver a aplicação de questionários, o juiz deve verificar, por exemplo, se as questões foram formuladas de modo claro e não tendencioso,[17] assim como se os procedimentos de entrevista foram seguidos pelos encarregados, de modo a garantir a objetividade do resultado.[18] O juiz também deve garantir que seja elaborado um relatório adequado sobre os dados obtidos e que sua análise se proceda de acordo com princípios estatísticos amplamente aceitos. É patente que, para a verificação desses parâmetros, o juiz terá necessidade de se valer de peritos.[19] Após a conclusão da prova e entrega do relatório, o Manual sugere que o juiz lhe atribua o valor que for cabível, de acordo com as circunstâncias do caso, ainda que haja objeções metodológicas.

Também é preciso que os indicadores sejam não apenas relevantes, mas objetivamente verificáveis, para facilitar a pesquisa e permitir seu controle pelo juízo e pelas partes.[20] Uma vez definidas as variáveis, a pesquisa mais ampla poderá ser conduzida pela seleção imparcial de amostras dentro de cada subgrupo predefinido. Lahav recomenda, para a preservação da imparcialidade, a

---

15. STEPHAN, Frederick F.; MCCARTY, Philip. Sampling opinion, attitudes, and consumer wants. In: *The American Statistician*, vol. 1, n. 3, p. 6-7, 1947, especialmente p. 6.
16. DROBA, D. D. Methods Used for Measuring Public Opinion. *American Journal of Sociology*, vol. 37, n. 3, p. 410-423, 1931.
17. "Quizzing the right group of people means nothing if you ask them the wrong questions or ask the questions the wrong way. Survey questions must be clear and relevant. They must not lead the interview subject". KELLER, Bruce. A survey of survey evidence. In: *Litigation*, vol. 19, n. 1, p. 23-71, 1992, especialmente p. 25.
18. FEDERAL JUDICIAL CENTER. *Manual for complex litigation*. 4. ed. Disponível em: [https://public.resource.org/scribd/8763868.pdf]. Acesso em: 20.11.2018, especialmente p. 103.
19. Idem.
20. LAHAV, Alessandra. Bellwether Trials. *George Washington Law Review*, vol. 76, n. 3, p. 576-638, 2008.

seleção aleatória,[21] embora, nos casos em que a pesquisa estatística vem sendo efetivamente aplicada no processo judicial norte-americano, os juízes tenham adotando a conduta de pedir ao autor e ao réu que indiquem indivíduos ou casos que consideram significativos para as suas próprias teses.[22]

Desse modo, desde que se defina uma amostra significativa de casos, que correspondam às eventuais subdivisões do grupo, será possível, por extrapolação, obter um perfil aproximado das características do todo.[23] É certo que, em qualquer método em que se procura o conhecimento do todo por intermédio da avaliação de uma amostra parcial, há uma margem de erro, mas existe metodologia também para controlá-la. Ainda que sujeitas a falhas, a utilização de métodos estatísticos tem potencial para gerar resultados mais precisos que a decisão individual de cada caso. É que, no julgamento individual, o réu sempre poderá contar com as limitações probatórias de cada autor, que pode não ser capaz de demonstrar os elementos necessários à obtenção da vitória.

A utilização de estatísticas no processo também pode se valer de bancos de dados disponíveis em bases externas, como é o caso de dados epidemiológicos, registros públicos e pesquisas que tenham sido realizadas, previamente, sobre a questão objeto da controvérsia. A epidemiologia foi amplamente utilizada em processos judiciais nos Estados Unidos, gerando controvérsias processuais e doutrinárias intensas, mas também viabilizando acordos bilionários, que possibilitaram reparações a vítimas de severos efeitos colaterais derivados do uso de medicamentos.[24]

---

21. LAHAV, Alessandra. Rough Justice (2010). Disponível em: [http://ssrn.com/abstract=1562677]. Acesso em: 25.11.18, p. 24.
22. Todo esse problema da metodologia dos julgamentos exemplificativos é muito polêmico na doutrina americana. Ver, por exemplo, FALLON, Eldon E.; GRABILL, Jeremy T.; WYNNE, Robert Pitard. Bellwether Trials in Multidistrict Litigation. *Tulane Law Review*, vol. 82, n. 6, 2008, p. 2323-2368. SHERMAN, Edward F. Segmenting Aggregate Litigation: Initiatives and Impediments for Reshaping the Trial Process. *Review of Litigation*, vol. 25, n. 4, p. 691-718, 2006.
23. Para uma abordagem introdutória e, mesmo assim, muito interessante, ver WHEELAN, Charles. *Naked Statistics*: Stripping the Dread from the Data. New York: W. W. Norton & Company, 2014.
24. Ver, por exemplo, PARKER, Bruce B. Understanding epidemiology and its use in drug and medical device litigation. *Defense Counsel Journal*, 1998. p. 35-61; BLACK, Bert; LILIENFELD, David E. Epidemiologic proof in toxic tort litigation. *Fordham Law Review*, vol. 52, p. 732-785, 1984; BRENNAN, Troyen A. Causal Chains and Statistical Links: The Role of Scientific Uncertainty in Hazardous-Substance Litigation. *Cornell Law Review*, vol. 73, n. 3, p. 469-533. A Suprema Corte se pronunciou

4.2. Julgamentos por amostragem: *bellwether trials*

Obtida, em contraditório, a análise estatística, com a possibilidade de participação plena de todos os interessados, o juiz poderá definir *grids* de indenização. Para tanto, ele pode se utilizar da técnica de *bellwether trials*, aplicada, por exemplo, no *Multidistrict Litigation* – MDL relativo ao medicamento Vioxx, droga acusada de aumentar o risco de doenças cardiovasculares.

Nesse caso, o juiz Fallon selecionou seis entre os 4 mil processos pendentes, em comum acordo com as partes, priorizando casos que tivessem características diferentes entre si, como o tempo de uso da droga, a idade do paciente e a lesão alegada.[25] Esses seis casos foram completamente instruídos e decididos, como forma de indicar às partes qual seria o resultado provável da controvérsia, nos demais. Após esse julgamento, a fabricante do medicamento fez um acordo para criar um fundo de aproximadamente US$ 4,85 bilhões para indenizar mais de 35 mil consumidores,[26] além de outros acordos paralelos, em processos específicos. Não chegou a haver, por parte do juízo, a extrapolação matemática para outros casos, mas a realização dos julgamentos firmou parâmetros para que as próprias partes o fizessem. Como diz Shermann, o valor dessa técnica é proporcionar um "teste de realidade" para os envolvidos, quanto ao potencial de suas pretensões.[27]

---

sobre essa questão em *Daubert v. Merrell Dow Pharmaceuticals*, 509 U.S. 579 (1993), ampliando a admissibilidade de provas científicas, mesmo em situação de incerteza, e incumbindo o juiz de distingui-las do que a Corte chamou de "junk science". A habilidade dos juízes para concretamente distinguir entre uma coisa e outra foi questionada pela doutrina. Ver FARRELL, Margaret G. Daubert v. Merrell Dow Pharmaceuticals, Inc.: Epistemology and Legal Process. *Cardozo Law Review*, vol. 15, n. 6, p. 2183-2218, 1994.

25. Ibidem, p. 698.
26. O acordo está disponível em [http://www.vioxxsettlement.com]. O caso se delongou por quase uma década, nos Estados Unidos, Austrália e outros países, em grande medida porque as evidências científicas sobre os efeitos colaterais alegados não são unânimes. A empresa fabricante do medicamento venceu várias ações antes de o acordo ser celebrado e nunca admitiu culpa pelo evento.
27. SHERMAN, Edward F. Segmenting Aggregate Litigation: Initiatives and Impediments for Reshaping the Trial Process. *The Review of Litigation*, vol. 24, n. 4, p. 691-718, 2006.

4.3. Julgamento por amostragem: decisão de casos por extrapolação estatística

Em *Cimino v. Raymark Industries, Inc*[28] o uso da extrapolação estatística ocorreu não apenas para estimular o acordo entre as partes, mas também para produzir decisões para casos não julgados. O juiz Robert Parker conduziu a utilização desse mecanismo para resolver 2.298 processos relativos à contaminação por amianto. O princípio é o de que decisões judiciais, assim como qualquer situação da vida, podem ser extrapoladas estatisticamente, desde que se tenha uma amostra razoável. O juiz Parker decidiu 160 desses casos, selecionados aleatoriamente e divididos em cinco categorias, de acordo com a gravidade das consequências sofridas pelas vítimas. A partir das decisões, foram extraídas condenações médias para cada uma das categorias, nas quais todos os demais casos foram enquadrados, sendo-lhes atribuídas as indenizações correspondentes ao respectivo posicionamento.[29]

Apesar do caso ter gerado intensa produção acadêmica[30] e ter sido acompanhado por um professor de estatística, que atuou como perito, o 5º Circuito de Apelações rejeitou a aplicação do método.[31] Isso não significa, todavia, que o uso de ferramentas estatísticas a esteja fora de questão nos Estados Unidos. O 8º Circuito de Apelações, em *Tyson Foods v. Bouaphakeo*, aceitou a utilização de

---

28. 751 F. Supp. 649 (E.D. Tex. 1990).
29. SHERMAN, Edward F. Segmenting Aggregate Litigation: Initiatives and Impediments for Reshaping the Trial Process. *The Review of Litigation*, vol. 24, n. 4, p. 699, 2006. Ian Ayres aponta que uma limitação da técnica de resolução por intermédio de estatísticas é que as provas que acarretam o enquadramento da vítima em uma das categorias devem ser baratas para produzir, mas caras para falsificar. Se forem caras para produzir, o empreendimento de estabelecer o *grid* de compensação não será justificável. Se forem baratas para falsificar, a existência do *grid* pode atrair queixas infundadas ou artificialmente elevadas. AYRES, Ian. Optimal pooling in claims resolution facilities. *Law and Contemporary Problems*, vol. 54, n. 4, p. 159-174, 1990.
30. Ver, por exemplo, BONE, Robert. Statistical Adjudication: Rights, Justice and Utility in a World of Process Scarcity. *Vanderbilt Law Review*, vol. 46, 1993, p. 561-663. BARTON, R. Joseph. Utilizing Statistics and Bellwether Trials in Mass Torts: What do the Constitution and Federal Rules of Civil Procedure Permit? *William and Mary Bill of Rights Journal*, vol. 8, n. 1, p. 199-240, 1999.
31. *Cimino v. Raymark Industries, Inc.*, 151 F.3d 297 (5th Cir. 1998). Para um comentário à decisão do 5.º Circuito, ver MULLENIX, Linda. *Complex Litigation*: 5th Circuit Rejects Trial Plan for Asbestos Class (1998). Disponível em: [http://ssrn.com/abstract=2281895]. Acesso em: 25.11.2018.

métodos estatísticos para a decisão de casos relativos a ilícitos trabalhistas.[32] No caso, os trabalhadores da empresa demandavam o pagamento de horas-extras referentes ao período necessário para colocar e retirar equipamentos de proteção individual. Em vez de instruir cada caso para determinar quanto tempo cada trabalhador levaria para desempenhar essa atividade, o juízo determinou a produção de um relatório estatístico produzido por um perito, cujo teor foi extrapolado para todos os autores[33].

Cabe notar que, em *Tyson Foods*, a Corte reconhece que nem todos os empregados levam o mesmo tempo para colocar e retirar o equipamento, o que faz com que alguns deles tivessem mais a receber do que outros e, pior ainda, que alguns não tivessem direito a qualquer valor em horas-extras. Apesar dessa constatação, a corte entendeu que, na falta de registros individualizados, mantidos pelo empregador, o estudo estatístico bastava para sustentar a decisão quanto a atribuição de horas-extras a todos os indivíduos pertencentes ao grupo dedicado à atividade laboral em julgamento[34].

4.4. Julgamento por categorias

A Organização das Nações Unidas – ONU aceitou a utilização de extrapolações estatísticas realizadas por Francis McGovern, para distribuir as indenizações a pagar pelo Iraque aos cidadãos do Kuwait, em decorrência da 1ª Guerra do Golfo. No início da década de 1990, o Iraque invadiu o Kuwait, causando danos de diversas espécies, a pessoas variadas. Cidadãos foram mortos, mutilados ou tiveram que deixar suas casas, patrimônio público e privado foi perdido, danos ambientais foram verificados. Ao final da guerra, o Iraque, derrotado, pagou US$ 352,5 bilhões à ONU, para serem distribuídos entre as

---

32. Case nº. 12–3753 (8th Cir.). Em junho de 2015, a Suprema Corte admitiu recurso no caso, exatamente com o objetivo de debater se as diferenças de situações individuais dos membros de uma classe podem ser ignoradas em uma *class action* na qual a responsabilidade e o dano sejam definidos estatisticamente, presumindo-se que o dano sofrido por cada um é equivalente à média observada na amostra.
33. Sobre o assunto, ver BONE, Robert. Tyson Foods and the Future of Statistical Adjudication. In: North Carolina Law Review, vol. 95, 2017, p. 607-671.
34. Para uma análise do caso, ver PARDO, Michael S. The paradoxes of legal proof: a critical guide. In: Bosto University Law Review, vol. 99, 2019, p. 233-290.

vítimas da guerra. A ONU recebeu 2,6 milhões de pedidos de indenização, apresentados por Estados nacionais, empresas e cidadãos comuns[35].

McGovern narra que a ONU cogitou contratar juízes e montar um tribunal para julgar cada um dos casos, individualmente. Esse intento foi abandonado quando se analisou a situação do *Iran-U.S. Claims Tribunal*, órgão estabelecido em 1981 para resolver os pedidos de indenização decorrentes da invasão da embaixada norte-americana no Iran, em 1979, a retenção do pessoal diplomático e o subsequente congelamento, pelos Estados Unidos, de ativos iranianos. Depois de 26 anos de trabalho, em 2005, suas atividades ainda não haviam sido concluídas[36].

McGovern então propôs um sistema para distribuir os recursos baseado em categorização dos pedidos, da seguinte forma:

- "A" – indivíduos que foram forçados a sair do Iraque ou do Kuwait (migração forçada);

- "B" – indivíduos que sofreram danos pessoais, de naturezas distintas do deslocamento;

- "C" – indivíduos que sofreram um de vinte e um tipos de perdas previamente definidas, incluindo danos psicológicos, perda de propriedade e de valores depositados em bancos, danos pessoais sérios e morte de parentes, até o limite de US$ 100 mil;

- "D" – indivíduos que sofreram um de numerosos outros tipos de danos pessoais pré-determinados, inclusive perdas de propriedades pessoais, imóveis, perda de rendas ou de lucros relacionados a negócios, cujos valores fossem superiores a US$ 100 mil;

- "E" – empresas e outras pessoas jurídicas, públicas e privadas, que sofreram prejuízos econômicos, inclusive decorrentes do embargo comercial imposto em razão da guerra. Essa categoria foi dividida em quatro subgrupos: E1, setor petrolífero; E2, outras

---

35. Ver MCGOVERN, Francis. Dispute System Design: The United Nations Compensation Commission. In: Harvard Negotiation Law Review, vol. 14, 2009, p. 171 e ss. Sobre esse caso, de modo geral, ver FEIGHERY, T. J. War reparations and the UN Compensation Commission: Designing compensation after conflict. New York: Oxford Univ. Press., 2015. McGovern esteve no Brasil, em 2018, a nosso convite, expondo esse caso em Congresso Internacional promovido na Universidade Presbiteriana Mackenzie.

36. MCGOVERN, Francis. Dispute System Design: The United Nations Compensation Commission. In: Harvard Negotiation Law Review, vol. 14, 2009, p. 174.

atividades empresariais; E3, empresas de engenharia não kuaitianas; E4 empresas kuaitianas de setores distintos do petróleo;

- "F" – Estados nacionais e organizações internacionais que sofreram prejuízos. Essa categoria também foi dividida em 4 subgrupos: F1, custos de evacuação e outros prejuízos; F2, pedidos da Jordânia e da Arábia Saudita; F3, Pedidos do Kuwait; F4, danos ambientais. Foi criada também uma categoria mista, que envolvia danos enquadráveis tanto em "E" quanto em "F", para lidar com pedidos envolvendo garantias de exportação e seguros.

A partir do desenvolvimento dessas categorias, as indenizações foram pagas por faixas, sem a necessidade de comprovação direta dos danos sofridos. Estabeleceram-se requisitos mínimos de comprovação e, a partir deles, aceitou-se que a decisão se desse por extrapolação. Os pagamentos foram feitos da seguinte forma:

- "A" – foram recebidos 920 mil pedidos de indenização. Os requisitos de comprovação foram mínimos. As datas de entrada e saída do indivíduo no país foram lançadas em um sistema de computador, que utilizou dados sobre o conflito para definir, por extrapolação, os prejuízos, de acordo com essas datas. 860 mil pedidos foram procedentes e cada família recebeu entre US$ 2,5 mil a US$ 5 mil, dependendo do número de pessoas da família[37]. US$ 3,2 bilhões foram pagos desse modo e todos os casos foram decididos até outubro de 1996, ou seja, em menos de 4 anos;

- "B" – foram pagos de US$ 2,5 mil a US$ 10 mil por indivíduo, por intermédio de um procedimento sumário de comprovação dos danos, que incluía a prova do nexo de causalidade entre o dano e o conflito. Houve menos de 6 mil pedidos nessa categoria e todos foram resolvidos até dezembro de 1995, com um pagamento total de US$ 13,4 milhões;

- "C" – foram pagos até US$ 100 mil por indivíduo, mediante processo expedito, mas que exigia graus variados de prova, de acordo com a natureza do dano alegado. Os árbitros foram orientados a levar em conta as dificuldades probatórias decorrentes do contexto do conflito, mas eles poderiam exigir uma instrução com maior

---

37. Se a família tivesse apresentado pedido apenas nessa categoria, o valor se elevaria para o mínimo de US$ 4 mil e o máximo de US$ 8 mil.

grau de robustez. Mais de 1,6 milhão de pedidos foram apresentados nessa categoria. Vários métodos estatísticos e de extrapolação foram utilizados para resolvê-los: árvores de decisão computadorizadas, categorização de casos (*case matching*), modelos analíticos de regressão, modelos de enquadramento de casos em faixas e algumas decisões caso a caso. Os pleitos que estavam em uma faixa de prejuízo estatisticamente previsível foram analisados de forma mais superficial que os considerados exorbitantes. Todos os casos foram resolvidos até junho de 1999, prazo aproximado de 7 anos, com pagamento total de US$ 5,2 bilhões;

- "D" – foram exigidas provas dos prejuízos, tendo em vista os elevados valores reclamados, o que transformou esses pleitos em processos de arbitragem mais tradicionais, com dilação probatória eventualmente longa e complexa. Foram apresentados aproximadamente 10,8 mil casos, que foram analisados individualmente. Elas foram concluídas em julho de 2003, mais de dez anos após o início dos trabalhos, com pagamento total de US$ 3,3 bilhões;

- "E" – foram recebidos 5,8 mil pedidos, que foram processados individualmente, assim como na categoria "D". O máximo que se pôde fazer foi uniformizar os casos por matéria e aplicar parâmetros estáveis de juros, taxas de câmbio, provas suficientes etc. Foi determinado o pagamento de US$ 26,3 bilhões aos postulantes dessa categoria;

- "F" – da mesma forma que em "D" e "E", os pedidos dessa categoria foram processados individualmente, valendo-se, inclusive, de provas periciais muito complexas, relativas aos danos ambientais. Foi determinado o pagamento de US$ 5,26 bilhões em decorrência dos prejuízos causados aos postulantes dessa categoria.

Como se percebe, a premissa do procedimento foi, pelo menos em relação às pessoas que pleiteavam valores menores, nas categorias "A" a "C", a economia de custos processuais em benefício da reserva dos recursos para a compensação das vítimas. Os recursos estatísticos e de extrapolação foram utilizados ora para definir se a pretensão seria aceita ou não, nas categorias menores, ora para demandar um escrutínio mais próximo do pedido, nas categorias maiores. A menor parte dos pedidos foi julgada individualmente. Para a maioria, a compensação foi estimada, com base em estatísticas e no enquadramento de faixas de prejuízo[38].

É claro que é possível que algumas pessoas tenham recebido mais do que mereciam e outras, menos. Porém, do ponto de vista do bem-estar do grupo, a solução adotada maximizou a riqueza disponível e abreviou o tempo de instrução, permitindo que as pessoas recebessem mais dinheiro, em menos tempo. Esse *trade-off* entre direitos processuais e direitos materiais precisa ser ponderado, a fim de que, por trás de uma ilusão de processo justo, as pessoas sejam materialmente prejudicadas.

4.5. Julgamento por participação de mercado

Outra possibilidade de julgamento por estatísticas é a condenação de uma empresa considerando a sua participação de mercado e não o nexo de causalidade direto entre a sua conduta e o dano experimentado por um indivíduo. Isso se dá quando há provas de que o consumidor foi lesado por um produto, fabricado por diversas empresas, sem que haja prova de qual delas manufaturou, especificamente, o que foi consumido pelo indivíduo.

Em *Sindell vs. Abbott Laboratories*[39], a Suprema Corte da Califórnia aceitou que os laboratórios fabricantes de um medicamento causador de câncer fossem responsabilizados na proporção de sua participação de mercado, à época dos fatos. Para tanto, exigiu-se, cumulativamente, que a) a ação fosse proposta contra todos os produtores que tivessem participação significativa no mercado relevante (não se exige, no entanto, que todos os produtores sejam réus, apenas todos os que tenham participações de mercado consideráveis); b) os réus devem ter atuado no mercado relevante no período de tempo apontado no processo como de ocorrência do dano; c) o produto fabricado por todos eles deve ter

---

38. Por exemplo, ver McGovern vem desenvolvendo, ao longo de décadas, técnicas e softwares para definir valores razoáveis de indenização, sem a necessidade de condução de métodos tradicionais de instrução e julgamento. Ele também atuou no caso Dalkon Shield, distribuindo um fundo de mais de US$ 2 bilhões entre 100 mil vítimas e diversos outros casos igualmente complexos. Ver MCGOVERN, Francis. From Charisma to Routine: Presiding over Catastrophe's Aftermath, In: Negotiation Journal, vol. 29, 2013, p. 119-123; MCGOVERN, Francis. Litigation After "Natural" Disasters, In: International Liability Forum, vol. 15, 2012, p. 13-22.
39. *Sindell vs. Abbott Laboratories*, 26 Cal. 3d 588 (1980).

composição idêntica ou muito similar; d) não há meios razoáveis para se identificar qual réu lesou qual autor[40].

Como se percebe, a decisão de imposição de responsabilidade, nesse método, não se funda em nexo de causalidade direto entre a conduta e o resultado, mas em um nexo estatístico. Há uma probabilidade de que o produtor tenha sido responsável por, digamos, 70% dos casos de câncer decorrentes da utilização do medicamento, então ele deve responder por 70% da indenização daí decorrente. Não há, no entanto, certeza de que o autor tenha consumido exatamente o produto fabricado por aquele laboratório o que, em uma decisão pelos métodos tradicionais, deveria acarretar improcedência por falta de provas.

Esse método pode ser utilizado tanto em ações individuais, nas quais cada réu deverá arcar com uma fração da indenização ao autor, correspondente a sua participação de mercado, quanto em ações coletivas, impondo a cada um deles que arque com a fração do montante total a ser indenizado ao grupo, também em proporção a suas respectivas atuações de mercado.

5. A DECISÃO POR ESTATÍSTICAS ACARRETA, DE FATO, REDUÇÃO NA PRECISÃO DO JULGAMENTO?

A objeção principal à utilização de estatísticas como técnica de julgamento é o seu potencial para reduzir a precisão da decisão. É possível que algumas pessoas recebam aquilo que não merecem e outras deixem de receber o que seria devido. Isso viola o senso de justiça que orienta a atividade processual, uma vez que se espera que ela seja capaz de produzir resultados racionais, razoáveis, precisos e não arbitrários. Essa ressalva é, no entanto, equivocada, por pelo menos três razões.

Em primeiro lugar, ela parte do pressuposto de que um julgamento completo seria capaz de atribuir às partes exatamente aquilo a que fariam jus. Em outras palavras, presume-se que a instrução é uma garantia de um resultado processual correspondente à realidade dos fatos. Evidentemente, isso não é verdade. Há um grau de incerteza em qualquer processo judicial, pela sua própria natureza de empreendimento humano, sujeito a diversas variáveis. Mesmo com uma instrução completa, resultados errados podem derivar da

---

40. SHEFFET, Mary Jane. Market Share Liability: A New Doctrine of Causation in Product Liability. In: Journal of Marketing, Vol. 47, No. 1 (1983), p. 35-43. Ver também EPSTEIN, Richard A. Cases and Materials on Torts. 8th edition. New York: Aspen Publishers, 2004.

inesclarecibilidade da situação, de deficiências no trabalho dos advogados envolvidos, de vieses cognitivos do juiz ou dos tribunais etc.

Em síntese, o máximo que se pode discutir é se o uso de estatísticas como regra de decisão incrementa o risco de decisões erradas, mas não se pode assumir que elas são causas de erros em um cenário que, em outras circunstâncias, deles estaria livre. Todo litigante está sujeito a riscos, derivados de diversos fatores, de que o seu caso, conquanto meritório, não seja decidido de forma apropriada. Não é adequado superestimar as possibilidades de sucesso de uma instrução "tradicional" apenas para desacreditar as decisões por estatísticas.

Em segundo lugar, como afirmou Antonin Scalia, o valor "precisão" nas decisões judiciais é frequentemente superestimado. Em casos complexos, é natural que haja diversos valores superpostos, sem que se possa definir, em abstrato, qual deles seria superior[41]. O tratamento igualitário das pessoas envolvidas no conflito é um desses valores, recorrentemente ignorado. Se uma decisão por estatísticas permite o tratamento igualitário dos envolvidos, então ela contribui para o aumento de precisão da decisão, quando medida por esse valor, em vez de, tão somente, pelo resultado do caso individual. Isso significa, adicionalmente, maior percepção de justiça por parte dos envolvidos, uma vez que sabem que sua decisão deriva de uma metodologia criteriosamente conduzida, aplicada igualitariamente para todos.

Por último, mas não menos importante, cabe questionar a premissa de que as estatísticas reduzem a precisão da decisão. Sacks e Blanck demonstraram que tal premissa deriva de um erro de perspectiva, que supõe que o resultado correto de um julgamento seria apenas aquele que foi encontrado após uma decisão com ampla instrução. Isso é, como dizem os autores, "uma potente – e, recorrentemente, desejável – ilusão resultante, em grande medida, do fato de que há mais elementos ocultos do que evidentes no que tange aos procedimentos de mensuração que subjazem ao processo legal"[42]. Na realidade, como o resultado do processo deriva de mais de um fator concorrente (as provas, o juiz, o trabalho dos advogados, o modo como os argumentos são apresentados etc.), é impossível supor que o resultado de uma decisão individual é correto apenas porque foi a ele que se chegou, ao final de um processo. O que se chama de decisão

---

41. SCALIA, Antonin. The Rule of Law as a Law of Rules. In: *The University of Chicago Law Review*, vol. 56, 1989, p. 1175-1188.
42. SACKS, Michael J.; BLANCK, Peter D. Justice improved: the unrecognized benefits of aggregation and sampling in the trial of mass torts. In: Stanford Law Review, vol. 44, 1992, p. 815 e ss.

precisa (ou justa) é apenas um, de muitos resultados aos quais se poderiam ter chegado, ao final do processo.

Essa afirmação se torna mais verificável quando se pensa que, não raro, pessoas com causas idênticas são julgadas de maneiras totalmente diversas, apenas porque têm a sorte ou o azar de terem determinados advogados, optarem por apresentar a causa com determinados argumentos, em vez de outros, e por serem aleatoriamente julgadas por determinado juiz ou câmara do tribunal, não por outro.

Não há necessidade de se aceitar essa afirmação teórica sem comprovação empírica. Diamond e Caspar realizaram um experimento em que ofereceram a diversos jurados o mesmo caso, para que avaliassem qual seria o valor adequado de indenização[43]. A média das condenações ficou em $193,088, mas um desvio padrão de $181,951. Embora todos considerassem o mesmo caso, as condenações variaram de menos de $11,131 a mais de $375,045[44]. Assim, o quanto um único indivíduo vai receber dependeria mais da sorte do que do caso. E a sorte, nesse caso, representa a diferença de mais de trinta vezes entre o menor e o maior resultado.

Se é verdade que os resultados justos não são apenas aqueles aos quais o processo efetivamente chega, talvez fosse mais adequado representar o resultado preciso como a média dos resultados que seriam obtidos após uma série hipotética de *n* julgamentos e não como o único resultado ao qual se chegou em um único caso. Embora essa série não exista para um único caso, o mesmo raciocínio se aplica quando se tem *n* casos iguais ou muito similares. Julgados separadamente, as decisões seguirão um padrão de dispersão, dado pela diversidade de fatores anteriormente apontados (os juízes, os advogados, o modo como os argumentos são apresentados etc.), que fará com que os resultados de todos ou quase todos eles sejam imprecisos. O julgamento de todos, por métodos estatísticos, favoreceria um resultado mais próximo da decisão justa, já que a mesma matriz de valoração seria aplicada a todos eles.

Em conclusão, talvez seja mais simples e mais justo julgar todos os casos idênticos ou similares por métodos estatísticos. Isso reduzirá o potencial de disparidade das decisões, bem como o risco de que um litigante "azarado" seja

---

43. Apesar de feito com jurados, nada indica que o experimento não tivesse resultados similares com juízes.
44. DIAMOND, Shari; CASPER, Jay. Blindfolding the Jury to Verdict Consequences: Damages, Experts and the Civil Jury. In: Law and Society Review, vol. 26, 1992, p. 513 e ss.

penalizado por fatores aleatórios, que pouco têm a ver com o seu caso, mas apenas com as circunstâncias nas quais o processo se desenvolve. Em um mundo no qual a maioria das pessoas é avessa a risco[45], o afastamento dessa chance de azar (de ter um mal advogado, de ter seu caso distribuído para um mal juiz) possivelmente compensaria, para a maioria dos sujeitos, a possibilidade de receber menos do que poderia ganharia em um processo com instrução e decisão individual.

Assim, compreendida de modo apropriado, a decisão por estatísticas tem potencial para elevar a precisão das decisões, quando o parâmetro de precisão a ser considerado não é o resultado de um único julgamento, mas o resultado médio de uma população de casos idênticos ou análogos. Também tem potencial para elevar a percepção de justiça entre as vítimas, eis que todas serão tratadas da mesma forma. E ainda tende a aumentar a percepção de valor do julgamento, em razão da redução do risco de que fatores externos e aleatórios interfiram com o resultado de cada caso. Julgamentos estatísticos não são, portanto, inerentemente injustos.

6. Julgamentos estatísticos seriam injustos com os autores? E com os réus?

Decisões judiciais são empreendimentos inerentemente arriscados. Quando as partes legam a um terceiro a decisão de seu conflito, precisam ter a consciência de que perdem o controle do resultado, controle que manteriam caso utilizassem um método autocompositivo. Nesse contexto, é preciso indagar se a utilização de estatísticas como método de decisão prejudicaria, de modo mais pronunciado, os autores ou os réus. Parte-se da premissa, para esse estudo, do que ordinariamente ocorre: muitos autores propõem ações contra um ou poucos réus. Em regra, tanto no Brasil, quanto nos Estados Unidos, a dispersão, nesse tipo de caso, está no polo ativo, não no passivo. As chamadas ações coletivas passivas, tanto aqui quanto lá, são excepcionais[46].

---

45. A intensidade da aversão ao risco varia de acordo com o caso, mas é reconhecida como preponderante tanto por economistas quanto por psicólogos. Ver, por exemplo, RABIN, Mathew e TYLER, Richard. Anomalies: Risk aversion. In: Journal of Economic Perspectives, vol. 15, n. 1, 2001, p. 219-232.
46. Em nossa visão, felizmente não há muitas ações coletivas passivas. Ver VITORELLI, Edilson. Ações coletivas passivas: porque elas não existem nem deveriam existir. In: Revista de Processo, vol. 278, 2018, p. 297-335.

Embora sejam os réus quem usualmente oferecem resistência a esse método, é muito pouco provável que ela seja justificada. Em vez de responder a milhares de processos, arcando com os custos de todos eles, o réu tem a oportunidade de responder a apenas um. Ainda que, nesse um, as apostas sejam maiores, não se pode imaginar que essa circunstância seja injusta. Afinal, no cenário mais frequente, o réu é o protagonista de um litígio coletivo que, em outro trabalho, definimos como "conflito de interesses que se instala envolvendo um grupo de pessoas, mais ou menos amplo, sendo que essas pessoas são tratadas pela parte contrária como um conjunto, sem que haja relevância significativa em qualquer de suas características estritamente pessoais"[47]. Seria difícil sustentar que esse réu tem direito de ser demandado apenas individualmente, pelas pessoas que são por ele tratadas coletivamente.

Para causar prejuízo real ao réu, seria preciso demonstrar que os custos totais do julgamento por estatísticas, considerados os custos das condenações e os custos de transação (despesas processuais em sentido amplo), seriam maiores nessa modalidade do que nos julgamentos individuais, pelo método tradicional. Esse argumento, que teoricamente parece improvável, foi tentado, empiricamente, no caso *Cimino*, e foi rejeitado[48]. Se isso não for verificado, a resistência do réu deve ser atribuída ao interesse em se beneficiar, indevidamente, das limitações do sistema processual, e das externalidades negativas provocadas por seu próprio comportamento. Pretensões desse tipo não são aceitáveis, já que a ninguém é dado beneficiar-se de sua própria torpeza.

Do lado dos autores, a questão parece mais delicada. São eles que abririam mão da oportunidade e provar integralmente os seus casos e, com isso, de obter uma condenação maior do que a estatisticamente determinada. Em *Cimino*, os autores espontaneamente concordaram com essa metodologia, de modo que a questão não precisou ser decidida para que o método estatístico fosse aplicado.

No entanto, não parece correto afirmar que o uso das estatísticas acarreta, por si, prejuízo aos autores. Eles também têm a ganhar na redução das despesas processuais, na sinergia da produção de provas e no aumento da facilidade de compreensão, pelo juiz, do caso como um todo. Como percebeu David

---

47. VITORELLI, Edilson. Levando os conceitos a sério: processo estrutural, processo coletivo, processo estratégico e suas diferenças. In: Revista de Processo, 284, 2018, p. 333 e ss.

48. Como relatam SACKS, Michael J.; BLANCK, Peter D. Justice improved: the unrecognized benefits of aggregation and sampling in the trial of mass torts. In: Stanford Law Review, vol. 44, 1992, p. 815 e ss.

Rosenberg, os produtores desfrutam de uma "assimetria estrutural" em seu favor, uma vez que lesam coletivamente, enquanto as vítimas experimentam a lesão individualmente. O sistema tradicional de decisão caso a caso permite aos réus diluir os custos processuais em centenas ou milhares de processos similares.[49] Logo, para o causador da lesão, sempre existe uma ação coletiva "de fato" quando ele litiga contra um grande número de indivíduos, dada a possibilidade de que ele contrate apenas um escritório de advocacia, invista na produção de provas aplicáveis a todos os casos, na contratação de pareceres jurídicos que serão reproduzidos exaustivamente e na obtenção de precedentes judiciais favoráveis, que poderão ser explorados com mais facilidade do que pela parte contrária. Em uma situação limite, o réu tem possibilidade de entabular acordos judiciais com os credores que tiverem queixas mais fundadas, acobertando-os com cláusulas de sigilo para, a um só tempo, primeiro ocultar as situações individualmente mais graves e, segundo, fazer com que os tribunais decidam primeiramente os casos menos fundados, potencializando a prolação de decisões em favor de sua tese defensiva. Isso significa que o sistema processual, de modo geral, é favorável ao causador de lesões massificadas.[50] Logo, se um sistema de decisão por método estatístico reduz essas vantagens do réu, ele gera valor para os autores e é ponderável que esse valor reduza o prejuízo decorrente da ausência de decisões individualizadas.

Além disso, quando se avalia a situação concreta dos autores, em lesões massificadas, o que existe é uma ilusão de controle individual do processo. Em realidade, a lógica econômica fará com que tanto advogados, quanto juízes, promovam uma agregação informal de caso, repetindo petições e decisões, como rotineiramente se percebe nos juizados especiais brasileiros e se debate, há pelo menos uma década nos Estados Unidos.[51] O apego à visão do indivíduo como

---

49. ROSENBERG, David. Mass Tort Class Actions: What Defendants Have and Plaintiffs Don't. *Harvard Journal on Legislation*, vol. 37, 2000, p. 393-431. Ressalve-se que Rosenberg aplica a própria teoria também para a situação de *mass torts*, que serão tratados separadamente, na sequência.
50. LAHAV, Alexandra. Symmetry and class action litigation. *UCLA Law Review*, vol. 60, p. 1494-1522, 2013.
51. ERICHSON, Howard M. Informal aggregation: procedural and ethical implications of coordination among counsel in related lawsuits. *Duke Law Journal*, vol. 50, n. 2, p. 381-471, 2000. O autor afirma que "true litigant autonomy may be unattainable in many situations involving multiple related claims". No mesmo sentido, HENSLER, Deborah R. As times goes by: asbestos litigation after Amchem and Ortiz. *Texas Law Review*, vol. 80, 2002, p. 1898-1924 e ISSACHAROFF, Samuel. Shocked: Mass Torts and Aggregate Asbestos Litigation after Amchem and Ortiz *Texas Law Review*, vol. 80, n. 7,

dominus litis representa a fidelidade nostálgica a um passado não mais existente.[52] Ele serve apenas para sustentar entendimentos que privam os lesados do processo coletivo, sem lhes atribuir, concretamente, qualquer vantagem contraposta.

Assim, não parece que o sistema processual seja injusto, nem com o autor, nem com o réu, se promove decisões baseadas em métodos estatísticos. Essa metodologia proporciona ganhos de eficiência para o sistema judicial – que, como se sabe, é sustentado com recursos predominantemente públicos[53] – sem acarretar às partes ônus superiores aos que já teriam para litigar individualmente. Pelo contrário, ambos os lados se beneficiariam com a economia produzida.

7. Julgamentos estatísticos prejudicariam as pessoas que sofreram mais?

Quando se alude a julgamentos estatísticos, o leigo tende a imaginar que as decisões serão tomadas apenas atribuindo-se a todos os indivíduos o valor médio das lesões sofridas por todos. Disso deriva a objeção de que as

---

p. 1925-1942, 2002. No Brasil, a leitura de diferentes processos individuais de servidores públicos pleiteando o mesmo reajuste de vencimentos bastaria para comprovar a tese. É fácil verificar que as petições das partes constituem mera reprodução de casos anteriores, do mesmo modo que as decisões judiciais, os recursos e os acórdãos dos Tribunais. Supor a existência de controle individual sobre os litígios de massa, apenas porque a ação é individual, é desconhecer a realidade.

52. No sentido do texto, afirma Erichson: "As long as the economy features mass marketing, mass employment, mass entertainment, mass transportation, mass production of goods, and mass provision of services, disputes will arise in which a mass of claimants seek relief from a common defendant or set of defendants. Lawyers on both sides naturally handle such matters collectively rather than individually. With or without the judicial imprimatur of class certification, multi– claimant disputes routinely are litigated and resolved on a collective basis. The real question is not whether there will be mass litigation, but whether mass litigation will be subject to formal procedural safeguards or will in– stead proceed without clearly defined ethical duties or meaningful judicial supervision". ERICHSON, Howard M. Mississippi class actions and the inevitability of mass aggregate litigation. *Mississippi College Law Review*, vol. 24, p. 285-308, 2005.

53. Não se deve esquecer que, de acordo com o Relatório Justiça em Números, o Poder Judiciário custou, em 2019, mais de R$ 90 bilhões e arrecadou apenas R$ 9,8 bilhões em custas. Assim, quase 90% do custeio da atividade jurisdicional provém da sociedade, não dos litigantes. CONSELHO NACIONAL DE JUSTIÇA. Justiça em números. Brasília: CNJ, 2018, p. 60.

pessoas que sofreram mais seriam prejudicadas, pois receberiam menos do que fazem jus.

Em realidade, julgamentos estatísticos não são apenas médias, mas sim, a extrapolação dos resultados da análise de uma amostra limitada a uma população mais ampla. Logo, uma boa decisão estatística pressupõe que a amostra analisada é suficientemente similar ao grupo sobre o qual o resultado será aplicado. Se não for, se tudo for resolvido apenas pela média, o método não está sendo aplicado apropriadamente.

O caso *Cimino*, já mencionado, bem exemplifica a metodologia. Nele, 160 casos relacionados a doenças decorrentes do amianto foram julgados e seus resultados foram extrapolados para resolver 2298 processos. No entanto, esses 160 casos foram escolhidos de acordo com as diferentes características encontradas na população. Quanto mais uniforme fosse esta, menor seria o número de casos necessários para que se pudesse conhecer, estatisticamente, o todo. Quanto mais diverso for o subgrupo de casos, maior será o tamanho da amostra a ser analisada. Assim, em Cimino, o juiz, com o auxílio de um perito estatístico, fez a seguinte seleção:

Tabela 1 - Formação da amostra no caso Cimino

Doença	Total de processos pendentes	Amostra de casos julgados	Percentual da amostra em relação à população
Mesotelioma	32	15	46,8%
Câncer de pulmão	186	25	13%
Outros tipos de câncer	58	20	34,4%
Asbestose	1050	50	4,7%
Doenças da pleura	972	50	5,1%

Fonte: SHERMAN, Edward F. Segmenting Aggregate Litigation: Initiatives and Impediments for Reshaping the Trial Process. *The Review of Litigation*, vol. 24, n. 4, p. 699, 2006.

Como se pode notar, os casos de asbestose e doenças da pleura, embora mais numerosos, tinham condições clínicas mais uniformes, permitindo que seus fatos relevantes fossem conhecidos apenas com a análise de uma pequena amostra do total e, com isso as indenizações fossem definidas de modo apropriado, sem que mais de 90% dos casos fossem julgados. Por outro lado, nas hipóteses de mesotelioma, o juízo entendeu importante julgar quase 50% dos processos pendentes para formar uma amostra confiável, cujos resultados pudessem ser extrapolados. Ainda assim, a economia processual obtida não é irrelevante.

Dado esse cenário, fica claro que as "médias" estão longe de representar a riqueza do método estatístico. Em realidade, sua aplicação às decisões judiciais deve ser rigorosamente controlada pelo juiz, com o auxílio pericial, assegurada às partes, inclusive, a atuação por intermédio de assistentes técnicos.

Assim, partindo do pressuposto de que o método seja aplicado de modo apropriado, ele seguramente não prejudicaria as pessoas que perderam mais, uma vez que os casos que comporiam as amostras cujos resultados seriam a elas extrapolados seriam, igualmente, casos de pessoas que perderam muito. Além disso, Hensler também constatou que, no método tradicional de julgamento caso a caso, o mais frequente é que as pessoas que sofreram lesões mais significativas sejam menos compensadas. A autora realizou pesquisas empíricas que demonstraram que, em casos cujos valores são de até $ 10 mil, as pessoas receberam $7,27 por dólar perdido. Porém, para lesões acima de $ 1 milhão, a taxa de recuperação foi de $ 0,25 por dólar[54]. Logo, a aplicação de um método estatístico não tem potencial para causar uma distorção em desfavor das pessoas que sofrem mais, mas de reduzir um problema já existente.

8. Seria justo que algumas pessoas recebessem mais e outras menos do que merecem?

A pergunta final, em relação à possibilidade de se definir casos sem a comprovação plena das causas, mas por métodos estatísticos, se refere ao risco de que pessoas recebam mais ou menos do que efetivamente têm direito, ou mesmo, em casos extremos, não recebam nada, ainda que algo lhes fosse devido, ou recebam algo, ainda que nada lhes fosse devido. Como mencionado, essa questão foi expressamente debatida em *Tyson Foods*.

Abraham e Robinson sustentam a ideia de que o autor de uma causa repetitiva deveria receber uma indenização equivalente à média de todos os acordos e decisões passadas, relativos a casos similares ao seu, similaridade esta definida

---

54. HENSLER, Deborah. Resolving Mass Toxic Torts: Myths and Realities. In: University of Illinois Law Review, 1989, p. 89 e ss.

a partir de critérios estatísticos.⁵⁵ Há acadêmicos que afirmam que a decisão de casos repetitivos por estatística é hábil não apenas a reduzir imensamente os custos processuais, como também a produzir decisões mais justas que julgamentos individuais.⁵⁶

Se a decisão por estatística pode parecer aleatória, é preciso perceber que, em um mundo de oportunidades processuais escassas, ou seja, em que não há como garantir que todos que têm uma ação meritória conseguirão que ela seja julgada em tempo hábil para obter a compensação adequada, já existe um risco estatístico a que todos os demandantes estão sujeitos. A única diferença é que, no esquema tradicional, alguns obterão a tutela tempestiva e outros suportarão integralmente os ônus do sistema, que não tem capacidade para o atendimento total da demanda. O julgamento estatístico apenas distribuiria esse ônus, hoje concentrado em alguns litigantes "azarados", entre todos os envolvidos.⁵⁷ Quando se amplia o foco dessa maneira, percebe-se que as críticas a um julgamento por estatísticas decorrem de sua comparação com a hipótese irrealista de que todas as pessoas que têm uma causa meritória serão capazes de propor suas ações e que elas serão julgadas em tempo hábil e em condições que sejam úteis aos direitos materiais. É preciso comparar a opção estatística com o mundo processual que efetivamente existe, no qual os julgamentos são caros, demorados, ineficientes e economicamente seletivos, não com uma idealização.

Nesse mesmo sentido, Bruce Hay discute se a satisfação das partes com o processo deveria ser um critério para avaliar a sua adequação. O autor sustenta que essa satisfação com o método de resolução do conflito é condicionada pelo momento em que a pergunta é feita. Se as pessoas forem indagadas, por trás de um véu de ignorância, se prefeririam um sistema processual que assegurasse reparação integral a todas as vítimas, mediante direito à condução de um processo individual, a um elevado custo social, ou um processo em que a decisão coletiva do caso fosse a regra, com o estabelecimento de extrapolações matemáticas que

---

55. ABRAHAM, Kenneth; ROBINSON, Glen. Collective justice in tort law. *Virgina Law Review*, vol. 78, n. 7, p. 1481-1519, 1992.
56. SAKS, Michael J.; BLANCK, Peter D. Justice Improved: The Unrecognized Benefits of Aggregation and Sampling in the Trial of Mass Torts. *Stanford Law Review*, vol. 44, 1992, p. 815-852; CHENG, Edward K. When 10 trials are better than 1000: an evidentiary perspective on trial sampling. *University of Pennsylvania Law Review*, vol. 160, p. 955-965, 2012; ROSENBERG, David; Hay, Bruce. The Individual Justice of Averaging. In: *The Harvard John M. Olin Discussion Paper Series*, 2000.
57. BONE, Robert. Statistical Adjudication: Rights, Justice and Utility in a World of Process Scarcity. *Vanderbilt Law Review*, vol. 46, p. 561-663, 1993.

impliquem o risco de erro, mas com redução do custo social, a maioria das pessoas optaria por esse segundo método. Depois de o processo existir, todavia, há indícios de que essa opção não seja a mesma, já que o conhecimento acerca das características do conflito induziria os indivíduos a optar por formas processuais que parecessem mais favoráveis a suas próprias pretensões[58]. Assim, pessoas com os casos merecedores de compensações maiores ou mais fáceis de comprovar prefeririam, *ex-post*, processos individuais.

Hay considera que a solução justa é adotar a forma processual que as partes escolheriam antes do conflito, quando ainda havia sobre ele um "véu de ignorância". Afinal, a premissa do trabalho de Rawls[59], que embasa esse raciocínio, é a de que as escolhas feitas por trás do véu têm maior probabilidade de serem justas do que aquelas realizadas depois que a pessoa já sabe qual posição ocupa na sociedade – no exemplo, depois que a pessoa já sabe se litigará ou não, se seu caso é forte ou fraco e se é ou não vantajoso que ele seja litigado individualmente, em vez de solucionado pela média. Ironicamente, isso significa que, em determinadas circunstâncias, um sistema processual justo deverá desagradar a uma das partes ou, eventualmente, ambas.

Indo além desse ponto, em trabalho conjunto com David Rosenberg, Hay especula que seria possível até mesmo obrigar as partes, em um litígio de massa, a um processo coletivo que considerasse apenas a média dos casos, e não as especificidades de cada um. Isso porque, antes de saber se seu caso é forte ou fraco, a parte provavelmente concordaria com um julgamento pela média.[60] Nesses termos, evidencia-se que a satisfação concreta das partes com um modelo processual não significa que ele seja justo, da mesma forma que sua insatisfação não acarreta a conclusão de que ele seja injusto. As impressões dos indivíduos

---

58. HAY, Bruce L. Procedural justice-ex ante vs. ex post. *UCLA Law Review*, vol. 44, 1997, p. 1803-1850. Robert Bone também expõe esse argumento, nos seguintes termos: "a procedure is fair to a party if a rational person in the position of the party would have agreed to the procedure before the dispute arose. In deciding whether to agree, a rational person weighs the costs and benefits that he expects from the procedure". BONE, Robert G. Agreeing to Fair Process: The Problem with Contractarian Theories of Procedural Fairness. *Boston University Law Review*, vol. 83, p. 485-552, 2003.
59. Ver RAWLS, John. *A theory of justice*. Revised Edition. Cambridge: Harvard University Press, 1999 e RAWLS, John. *Justice as fairness: a restatement*. Cambridge: Harvard University Press, 2001.
60. HAY, Bruce L.; ROSENBERG, David. The individual justice of averaging. *Harvard Law School John M. Olin Center for Law, Economics and Business Discussion Paper Series*. Paper 285, 2000. Trata-se de um trabalho não oficialmente finalizado pelos autores.

quanto ao processo são inevitavelmente contaminadas pelos horizontes que ele proporciona, relativamente ao resultado material por elas desejado, em seu próprio caso.

9. SÍNTESE CONCLUSIVA

O presente estudo teve como pretensão investigar as possibilidades de utilização das estatísticas como ferramentas de decisão no processo civil. Ninguém discute que estudos estatísticos podem ser coadjuvantes interessantes na análise de um caso. O questionamento posto é se eles podem ser mais do que isso.

A partir do que aqui se desenvolveu, é possível concluir que é justo utilizar estatísticas para definir não apenas a procedência ou improcedência de um pedido, como também o montante devido a diversas pessoas que sofreram danos decorrentes do mesmo evento, sem levar em consideração os aspectos pessoais da lesão sofrida por cada uma delas. Ainda que isso possa fazer com que uma pessoa seja compensada mais ou menos do que o dano que efetivamente sofreu, esse mecanismo teria o potencial de economizar recursos sociais valiosos, evitando que a sociedade se prejudique pela necessidade de garantir a cada pessoa *a full blown day in court*. Por trás de um véu de ignorância, em uma posição *ex-ante*, os indivíduos concordariam com essa solução.

Além disso, demonstrou-se que o método tradicional de decisão carrega em si uma ilusão de precisão, que não é confirmada empiricamente. Em realidade, diversos fatores desconectados do direito material influenciam na vitória ou na derrota de um litigante, de modo que as decisões tomadas individualmente derivam de fatores aleatórios, tais como a qualidade do advogado, os entendimentos do juiz ou do tribunal sorteados, o modo como os argumentos são apresentados etc. Assim, a decisão estatística tem potencial para reduzir as incertezas a que os litigantes estão submetidos no contexto real do sistema jurisdicional, elevando, com isso, a uniformidade de tratamento e a percepção de justiça.

Há necessidade, nesse contexto, de avançar com as discussões e, eventualmente, aplicá-las em um cenário experimental, para seguir com a verificação de seu potencial concreto. As evidências coletadas do direito comparado denotam que, pelo menos nos Estados Unidos, há interesse acadêmico intenso, bem como experiências jurisprudenciais incipientes na aplicação da tese aqui defendida. Nada indica que o Brasil, com mais de 80 milhões de processos pendentes, possa desconsiderar essa alternativa.

Referências bibliográficas

ABRAHAM, Kenneth; ROBINSON, Glen. Collective justice in tort law. In: *Virgina Law Review*, vol. 78, n. 7, p. 1481-1519, 1992.

AYRES, Ian. Optimal pooling in claims resolution facilities. In: *Law and Contemporary Problems*, vol. 54, n. 4, p. 159-174, 1990.

BAKAI, John; KENT, Elizabeth; MARTIN, Pamela. A profile of settlement. In: *Court Law Review*, vol. 42, n. 3-4, p. 34-39, 2006.

BARNES, Jeb. *Dust-Up: Asbestos Litigation and the Failure of Commonsense Policy Reform*. Washington, DC: Georgetown University Press, 2011.

BARTON, R. Joseph. Utilizing Statistics and Bellwether Trials in Mass Torts: What do the Constitution and Federal Rules of Civil Procedure Permit? In: *William and Mary Bill of Rights Journal*, vol. 8, n. 1, p. 199-240, 1999.

BLACK, Bert; LILIENFELD, David E. Epidemiologic proof in toxic tort litigation. In: *Fordham Law Review*, vol. 52, p. 732-785.

BRENNAN, Troyen A. Causal Chains and Statistical Links: The Role of Scientific Uncertainty in Hazardous-Substance Litigation. In: *Cornell Law Review*, vol. 73, n. 3, p. 469-533.

BONE, Robert. Statistical Adjudication: Rights, Justice and Utility in a World of Process Scarcity. *Vanderbilt Law Review*, vol. 46, 1993, p. 561-663.

BONE, Robert G. Agreeing to Fair Process: The Problem with Contractarian Theories of Procedural Fairness. *Boston University Law Review*, vol. 83, p. 485-552, 2003.

BONE, Robert. Tyson Foods and the Future of Statistical Adjudication. In: North Carolina Law Review, vol. 95, 2017, p. 607-671.

CHENG, Edward K. When 10 trials are better than 1000: an evidentiary perspective on trial sampling. *University of Pennsylvania Law Review*, vol. 160, p. 955-965, 2012.

COLE, Simon. *Suspect Identities*: A History of Fingerprinting and Criminal Identification. Cambridge: Harvard University Press, 2001.

CONSELHO NACIONAL DE JUSTIÇA. *Justiça em números* 2018. Brasília: CNJ, 2018.

DROBA, D. D. Methods Used for Measuring Public Opinion. In: *American Journal of Sociology*, vol. 37, n. 3, p. 410-423, 1931.

EDMOND, Gary. *Legal versus scientific approaches to expert evidence (latent fingerprint evidence, for example)*: Admission, evaluation and legal system performance. Manuscrito.

EDMOND, Gary. The 'Science' of Miscarriages of Justice. In: *University of New South Wales Law Journal*, vol. 37, n. 1, 2014, p. 376 e ss.

FALLON, Eldon E.; GRABILL, Jeremy T.; WYNNE, Robert Pitard. Bellwether Trials in Multidistrict Litigation. In: *Tulane Law Review*, vol. 82, n. 6, 2008, p. 2323-2368.

FARRELL, Margaret G. Daubert v. Merrell Dow Pharmaceuticals, Inc.: Epistemology and Legal Process. In: *Cardozo Law Review*, vol. 15, n. 6, p. 2183-2218, 1994.

FEDERAL JUDICIAL CENTER. *Manual for complex litigation*. 4. ed. Disponível em: <https://public.resource.org/scribd/8763868.pdf>.

FEIGHERY, T. J. *War reparations and the UN Compensation Commission*: Designing compensation after conflict. New York: Oxford Univ. Press., 2015.

FREEDMAN, David; PISANI, Robert; PURVES, Roges. *Statistics*. 4. Ed. New York: W. W. Norton & Company, 2007.

HAY, Bruce L. Procedural justice-ex ante vs. ex post. *UCLA Law Review*, vol. 44, 1997, p. 1803-1850.

INSTITUTO DE PESQUISA ECONÔMICA APLICADA. *Custo Unitário do Processo de Execução Fiscal na Justiça Federal*. Brasília: IPEA, 2009.

KELLER, Bruce. A survey of survey evidence. In: *Litigation*, vol. 19, n. 1, p. 23-71, 1992.

LAHAV, Alessandra. Bellwether Trials. In: *George Washington Law Review*, vol. 76, n. 3, p. 576-638, 2008.

LAHAV, Alessandra. *Rough Justice* (2010). Disponível em: <http://ssrn.com/abstract=1562677>.

MCGOVERN, Francis. Dispute System Design: The United Nations Compensation Commission. In: *Harvard Negotiation Law Review*, vol. 14, 2009, p. 171 e ss.

MCGOVERN, Francis. From Charisma to Routine: Presiding over Catastrophe's Aftermath, In: *Negotiation Journal*, vol. 29, 2013, p. 119-123.

MCGOVERN, Francis. Litigation After "Natural" Disasters, In: *International Liability Forum*, vol. 15, 2012, p. 13-22.

MULLENIX, Linda. *Complex Litigation*: 5th Circuit Rejects Trial Plan for Asbestos Class (1998). Disponível em: <http://ssrn.com/abstract=2281895>. Acesso em: 25.11.2018.

NAGAREDA, Richard A. *Mass torts in a world of settlement*. Chicago: The University of Chicago Press, 2007.

PARKER, Bruce B. Understanding epidemiology and its use in drug and medical device litigation. *Defense Counsel Journal*, 1998. p. 35-61.

RESNIK, Judith. Courts: in and out of sight, site and cite. *Villanova Law Review*, vol. 53, 2008, p. 771-810.

RISINGER, Michael. Innocents Convicted: An Empirical Justified Factual Wrongful Conviction Rate. In: *Journal of Criminal Law and Criminology*, vol. 97, 2007, p. 761 e ss.

ROSENBERG, David; Hay, Bruce. The Individual Justice of Averaging. In: *The Harvard John M. Olin Discussion Paper Series*, 2000.

SAKS, Michael J.; BLANCK, Peter D. Justice Improved: The Unrecognized Benefits of Aggregation and Sampling in the Trial of Mass Torts. *Stanford Law Review*, vol. 44, 1992, p. 815-852.

SHERMAN, Edward F. Segmenting Aggregate Litigation: Initiatives and Impediments for Reshaping the Trial Process. *The Review of Litigation*, vol. 24, n. 4, p. 699, 2006.

SCHUCK, Peter H. *Agent Orange on Trial: Mass Toxic Disasters in the Courts. Enlarged Edition*. Cambridge: The Belknap Press of Harvard University Press, 1988.

STEPHAN, Frederick F.; MCCARTY, Philip. Sampling opinion, attitudes, and consumer wants. In: *The American Statistician*, vol. 1, n. 3, p. 6-7, 1947.

VITORELLI, Edilson. Ações coletivas passivas: porque elas não existem nem deveriam existir. In: Revista de Processo, vol. 278, 2018, p. 297-335.

VITORELLI, Edilson. Levando os conceitos a sério: processo estrutural, processo coletivo, processo estratégico e suas diferenças. In: Revista de Processo, 284, 2018, p. 333 e ss.

WHEELAN, Charles. *Naked Statistics*: Stripping the Dread from the Data. New York: W. W. Norton & Company, 2014.

Algoritmos no controle: transparência e resolução de disputas

ISABELLA FONSECA ALVES

Mestre em Direito Processual pelo Programa de Pós-Graduação em Direito da PUC MINAS, Professora de Direito Processual Civil na Pós-graduação e na Graduação da PUC MINAS e UNIESP, membra do Instituto Brasileiro de Direito Processual, Membra da ACADEPRO, autora do Livro "A Cooperação Processual no Código de Processo Civil", coordenadora e uma das autoras do livro Inteligência Artificial e Processo, Organizadora do 1º Seminário de Inteligência Artificial e Processo de MG, advogada.

MARCÍLIO HENRIQUE GUEDES DRUMMOND

Advogado. Especialista em Design de Serviços e Produtos pelo MIT – Massachusetts Institute of Technology. É um dos líderes do Legal Hackers no Brasil. É um dos primeiros Legal Growth Hackers da América Latina. Especialista do ecossistema de startups na América Latina. Professor de inovação no direito em países da América Latina (principalmente Brasil, Uruguai, Argentina, Chile e Colômbia). CEO e Professor da Edtech "Advogado de Startups Academy". Mestrando em Direito das Relações Internacionais (Universid de la Empresa, Uruguai). Membro da Comissão de Direito para Startups da OAB/MG. Membro Convidado da Comissão de Inovação da OAB Santos/SP. Membro do Global Legal Blockchain Consortium. Membro do M.O.V.E.M. (Movimento para a Nova Economia Mineira). Coordenador Nacional em Direito das Startups na LawTalks. Professor de Pós-Graduação na Verbo Jurídico.

Mentor de diversos programas de criação e aceleração de Startups. É Co-Founder do Silicon Drinkabout capítulo Belo Horizonte/MG. Professor, Palestrante e autor sobre temas de direito, tecnologia, futurismo, Inovação e empreendedorismo. Já participou, como autor, coautor ou coordenador, de 8 obras dedicadas à inovação, empreendedorismo, tecnologia, direito, mercado e futurismo. Sócio e investidor em startups e empresas offline. Arquiteto Jurídico, com base em Python e Lawtex. Foi um dos primeiros Heads de Inovação de escritório de advocacia na América Latina (Marcelo Tostes Advogados).

Sumário: I. Introdução. II. O desenvolvimento da tomada de decisão algorítmica e a contestabilidade necessária das premissas utilizadas. III. Transparência e responsabilidade algorítmicas. III.1. Critérios para a Transparência. IV. A resolução on-line de conflitos. V. Conclusão. Referências bibliográficas.

I. Introdução

A sociedade coleta mais dados do que nunca e a tendência, com o surgimento da computação quântica, é termos ainda mais informações.[1] A abundância de dados disponíveis e o custo decrescente da capacidade de computação levam à digitalização e automação da tomada de decisões dos setores público e privado.

As áreas de aplicação no governo abrangem desde gerenciamento de tráfego, orçamento do setor público, monitoramento de segurança de alimentos até segurança cibernética.[2]

---

1. FAN, Shelly. Singularity Hub. Quantum Computing, Now and in the (Not Too Distant) Future. Disponível em: <https://singularityhub.com/2019/02/26/quantum-computing-now-and-in-the-not-too-distant-future/>. Acesso em 25 jan. 2020.
2. Janssen, M., Charalabidis, Y., & Zuiderwijk, A. 2012. Benefits, adoption barriers and myths of open data and open government. Information Systems Management (pp. 258-268). Disponível em: <https://www.tandfonline.com/doi/abs/10.1080/10580530.2012.716740>. Acesso em 23 jan. 2020.

Por sua vez, o setor privado também adotou o algoritmo[3], com uso desde aplicativos do comércio eletrônico à logística.[4] Há ainda alguns algoritmos usados tanto no setor público quanto no privado, como sistemas de criação de perfis de pessoas.[5]

Há também os algoritmos que o público em geral se utiliza, que incluem o algoritmo de ranqueamento de páginas do Google – que nos fornece resultados de pesquisa relevantes –, o algoritmo semanal de recomendação de músicas do Spotify, bem como modelos dinâmicos de preços que tentam melhorar o valor que pagamos por bens e serviços.

O rápido desenvolvimento e a disseminação da ciência de dados estabeleceram grandes expectativas, com o desenvolvimento de modelos preditivos altamente precisos, que em geral servem para identificar padrões e mostrar o que pode acontecer de acordo com os dados analisados.[6]

A verdade é que esses algoritmos têm um potencial considerável para solucionar alguns dos problemas mais importantes da nossa sociedade, como migração em massa e mudanças climáticas, por exemplo.[7]

É nesse contexto que as decisões que afetam a vida de milhões de pessoas são cada vez mais sustentadas por evidências criadas com algoritmos. Em alguns casos, esses algoritmos podem ter mais peso do que os tomadores de decisão humanos ou substituir completamente a tomada de decisão humana. Do ponto de vista organizacional, big data e ciência de dados são percebidas como técnicas

---

3. Algoritmo é uma expressão textual das etapas da resolução de algum problema, ou seja, é uma sequência de comandos, construídos por meio de uma ou mais linguagens de programação existentes.
4. Chen, H., Chiang, R., & Storey, V. 2012. Business intelligence and analytics: From Big data to Big impact. MIS Quarterly (pp. 1165-1188). Disponível em: <https://www.jstor.org/stable/41703503?seq=1>. Acesso em 24 jan. 2020.
5. Hildebrandt, M. 2006. Profiling: From data to knowledge. Datenschutz Und Datensicherheit-DuD. 548-552. Disponível em: <https://link.springer.com/article/10.1007/s11623-006-0140-3>. Acesso em 25 jan. 2020.
6. TAURION, César. Computerworld. Você sabe o que é um modelo preditivo? Disponível em: <https://computerworld.com.br/2014/12/16/voce-sabe-o-que-e-um-modelo-preditivo/>. Acesso em 20 jan. 2020.
7. ridi, L., & Taddeo, M. 2016. What is data ethics? Philosophical Transactions of the Royal So-Ciety A: Mathematical, Physical and Engineering Sciences. 374. Disponível em: <https://royalsocietypublishing.org/doi/full/10.1098/rsta.2016.0360>. Acesso em 25 jan. 2020.

que podem ajudar a reduzir custos e reduzir a burocracia, com isso permitindo que as organizações tomem decisões mais eficazes.[8]

O contexto do Direito segue igualmente influenciado pelos algoritmos. Os serviços jurídicos estão entrando em um período de grandes mudanças causadas por novas tecnologias, muitas delas implementadas em startups jurídicas (Law Techs), utilizando-se sobretudo das inovações da Indústria 4.0, como inteligência artificial (AI), Internet das Coisas (IoT) e Blockchain.[9]

E uma área que já está passando por grandes inovações é a de resolução de disputas. Nesse contexto temos as *ADR (Alternative Dispute Resolution)* que são os meios alternativos de resolução de conflitos ora do Poder Estatal, também denominados de "meios alternativos de resolução de controvérsias" (MASCs) ou ainda "meios extrajudiciais de resolução de controvérsias" (MESCs).[10]

Do ponto de vista tecnológico relacionado aos "meios alternativos de resolução de controvérsias" ressalta-se especialmente a resolução de disputas on-line, no inglês *Online Dispute Resolution (ODR)*.

As ODR podem ser divididas em (a) Consumer ODR – utiliza tecnologia para facilitar a resolução de disputas entre as partes do comércio eletrônico, normalmente fornecedores e consumidores on-line; (b) ODR judicial – descobre qualquer meio de resolver disputas 'comuns' onde há uma audiência (usando tecnologia), mas fora das salas do Poder Judiciário, como casos de divórcio ou danos pessoais; e (c) o ODR corporativo – o uso da tecnologia para gerenciar a resolução de quaisquer disputas contratuais que possam surgir de grandes projetos de parceiros múltiplos ou transações financeiras.[11]

---

8. Janssen, M., & Kuk, G. 2016. The challenges and limits of big data algorithms in technocratic governance. Government Information Quarterly. 371-377. Disponível em: <https://www.sciencedirect.com/science/article/pii/S0740624X16301599>. Acesso em 25 jan. 2020.
9. DRUMMOND, Marcílio. Inteligência Artificial e Processo. ALVES, Isabella Fonseca. [Orgs.] – Belo Horizonte: Editora D'Plácido, 2019. 220 p.
10. CABRAL, Antônio. CUNHA, Leonardo da. Métodos Alternativos de Solução de Conflitos – ADR. Disponível em:<http://www.mpsp.mp.br/portal/page/portal/documentacao_e_divulgacao/doc_biblioteca/bibli_servicos_produtos/bibli_boletim/bibli_bol_2006/RPro_n.259.18.PDF>. Acesso em 22 jan.2020.
11. ROSA, Camila da. SPALER, Mayara. Revista Jurídica da Escola Superior de Advocacia da OAB-PR. Experiências Privadas de ODR no Brasil. Disponível em:<http://revistajuridica.esa.oabpr.org.br/wp-content/uploads/2018/12/revista_esa_8_10.pdf>. Acesso em 23 jan. 2020.

Assim, neste cenário, nos aprofundaremos no mundo dos algoritmos – que, de forma simples, é um passo a passo de comandos computacionais criados para se alcançar um resultado específico. Discutiremos o crescimento da tomada de decisão algorítmica na sociedade, a influência disso no direito em geral – e especificamente na resolução de conflitos, os principais tipos de resolução de disputas online, juntamente com parâmetros para responsabilidade e transparência algorítmica.

II. O DESENVOLVIMENTO DA TOMADA DE DECISÃO ALGORÍTMICA E A CONTESTABILIDADE NECESSÁRIA DAS PREMISSAS UTILIZADAS

Para que se possa entender como os algoritmos foram alçados a uma condição de decisores de disputas, é importante avaliar o caminho do crescimento da tomada de decisão algorítmica. Além disso, é importante abordar a contestabilidade das premissas decisórias utilizadas.

A sociedade é cada vez mais impulsionada por sistemas inteligentes e pelo processamento automático de grandes quantidades de dados. A mediação da vida por meio da computação significa que previsões, classificações e decisões podem ser feitas sobre as pessoas, com base em modelos algorítmicos treinados em grandes conjuntos de dados de tendências históricas.[12]

As plataformas personalizadas criam perfis detalhados dos atributos e comportamento de seus usuários, que determinam o conteúdo que visualizam, os produtos que veem e os resultados de pesquisa que recebem.[13]

Nesse contexto, onde os mutuários já foram avaliados para empréstimos financeiros em uma estreita faixa de fatores históricos e qualitativos, agora podem enfrentar avaliações opacas – sem transparência – com base em uma ampla variedade de atributos aparentemente não relacionados.[14]

Os credores on-line, por exemplo, observam comportamentos que se correlacionam com a capacidade de crédito, como a velocidade com que os

---

12. DRUMMOND, Marcílio. Inteligência Artificial e Processo. ALVES, Isabella Fonseca. [Orgs.] – Belo Horizonte: Editora D'Plácido, 2019. 220 p.
13. Tufekci, Z. 2014. Engineering the public: big data, surveillance and computational politics. First Monday. Disponível em: <https://journals.uic.edu/ojs/index.php/fm/article/view/4901>. Acesso em 25 jan. 2020.
14. Deville, J. 2013. "Leaky Data: How Wonga Makes Lending Decisions." Charisma: Consumer Market Studies. Disponível em: <https://www.charisma-network.net/finance/leaky-data-how-wonga-makes-lending-decisions>. Acesso em 25 jan. 2020.

potenciais tomadores de empréstimo percorrem seu site ou ainda se usam letras maiúsculas corretamente no preenchimento de formulários.[15]

Um outro exemplo se relaciona aos empregadores, que podem usar sistemas semelhantes para escolher seus funcionários, monitorando suas atividades para mantê-los produtivos e saudáveis e até mesmo prever probabilidades de fracasso, sucesso, renúncia ou até suicídio, para que medidas iniciais possam ser tomadas para mitigar os riscos.[16]

Todos esses sistemas exemplificativos são "algorítmicos", no sentido em que recebem determinadas entradas de informações (*input*) e produzem determinadas saídas de conteúdos (*output*) por meios computacionais. Alguns deles, já mais antigos, envolvem etapas explicitamente programadas, nas quais o conhecimento existente sobre o mundo é formalmente representado, permitindo que os agentes de software façam inferências e raciocinem com base nesse conhecimento.[17] Por outro lado, outros são baseados no *'machine learning'* – aprendizado de máquina – um paradigma mais recente em inteligência artificial.[18]

O aprendizado de máquina envolve modelos de treinamento com algoritmos de aprendizado, usando grandes conjuntos de dados de fenômenos passados relevantes (geralmente gerados como um subproduto da atividade humana mediada digitalmente), para classificar ou prever fenômenos futuros.

Embora essas duas abordagens sejam diferentes na forma como derivam suas funções preditivas e classificatórias, ambas podem ser consideradas exemplos de sistemas de tomada de decisão algorítmica, na medida em que derivam automaticamente saídas de informações relevantes para a decisão de determinadas entradas de conteúdo.

---

15. Lobosco, K. 2013. "Facebook Friends Could Change Your Credit Score." *CNNMoney*. Disponível em: <https://money.cnn.com/2013/08/26/technology/social/facebook-credit-score/index.html>. Acesso em 25 jan. 2020.
16. Kim, E. 2015. "Workday Helps You Predict When Your Best Employees Will Leave." *Business Insider*. Disponível em: <https://www.businessinsider.com/workday-talent-insights-can-predict-when-employees-will-leave-2015-4?r=UK>. Acesso em 26 jan. 2020.
17. Shadbolt, N., Motta, E., & Rouge, A. (1993). Constructing knowledge-based systems. IEEE Software, (pp. 34-38). Disponível em: <https://ieeexplore.ieee.org/document/241964>. Acesso em 26 jan. 2020.
18. Russel, S., & Norvig, P. 1995. "Artificial Intelligence: A Modern Approach". EUA: Prentice Hall. Disponível em: <https://www.cin.ufpe.br/~tfl2/artificial-intelligence-modern-approach.9780131038059.25368.pdf>. Acesso em 26 jan. 2020.

No contexto jurídico, pensando no sentido técnico da Ciência da Computação, a usabilidade dos algoritmos é plenamente possível da mesma forma: o recebimento de determinadas entradas de informações produz determinadas saídas de conteúdos por meios computacionais.

Nesse contexto é importante a reflexão sobre a contestabilidade necessária das premissas utilizadas por esses algoritmos.

O entendimento de que a substituição de tomadores de decisão humanos por sistemas automatizados tem o potencial de reduzir o viés humano[19], porém as formas de tomada de decisão algorítmica baseadas no conhecimento e no aprendizado de máquina –*machine learning* – também têm o potencial de incorporar valores e reproduzir vieses.[20] Por isso, é importante que as premissas decisórias utilizadas possam ser analisadas e contestadas. Inclusive, esse ponto se assemelha à forma como um Processo Judicial constrói a prestação jurisdicional final.

No caso de sistemas baseados no conhecimento, o conhecimento que é alimentado no sistema e as suposições envolvidas na modelagem dele podem refletir vieses dos projetistas do sistema e do processo de coleta de dados.[21] Para sistemas de tomada de decisão algorítmica derivados do aprendizado de máquina, existe outra fonte potencial de discriminação.

Para este segundo caso, veja que se um algoritmo é treinado em dados tendenciosos ou que refletem desigualdades estruturais injustas de gênero, raça ou outros atributos sensíveis, ele pode "aprender" a discriminar usando esses atributos. Dessa forma, decisões baseadas em algoritmos de aprendizado de máquina podem acabar reforçando as desigualdades sociais subjacentes.[22] Esse

---

19. Zarsky, T. 2016. The trouble with algorithmic decisions: an analytic road map to examine efficiency and fairness in automated and opaque decision making. Science, Technology & Human Values. SAGE Publications Sage CA: Los Angeles, CA), (pp 118–132). Disponível em: <https://journals.sagepub.com/doi/10.1177/0162243915605575>. Acesso em 26 jan. 2020.
20. Nissenbaum, H. (2001). How computer systems embody values. *Computer,* (pp 120-119). Disponível em: <https://ieeexplore.ieee.org/document/910905>. Acesso em 26 jan. 2020.
21. Friedman, B., & Nissenbaum, H. (1996). Bias in computer systems. ACM Transactions on Information and System Security, 14(3). New York, NY, USA: ACM), (pp 330-347). Disponível em: <https://vsdesign.org/publications/pdf/64_friedman.pdf>. Acesso em 24 jan. 2020.
22. Barocas, S., & Selbst, A. D. 2016. Big Data's Disparate Impact. California Law Review. Disponível em: <https://www.courts.ca.gov/documents/BTB24-2L-2.pdf>. Acesso em 24 jan. 2020.

tipo de problema pode surgir quando modelos preditivos são usados em áreas como seguros, empréstimos, habitação e policiamento, por exemplo.

Especificamente no meio jurídico, ficou muito famoso – e foi muito contestado – o caso da utilização do questionário conhecido como *Compas*,[23] sigla em inglês para Correctional Offender Management Profiling for Alternative Sanctions – em português, algo como perfil corretivo do gerenciamento de infratores para sanções alternativas. Trata-se de um algoritmo usado no Estado americano do Wisconsin para determinar o grau de periculosidade de criminosos, em um resultado que acabaria por influenciar as suas penas.

Nesse contexto geral, se historicamente, os membros de certos grupos são mais propensos a deixar de pagar seus empréstimos, ou mais propensos a serem condenados por um crime, o modelo pode atribuir uma pontuação de risco mais alta aos indivíduos desses grupos.[24]

Assim, os tipos de valores implícitos inerentes aos sistemas automatizados de tomada de decisão são contestáveis tanto em bases epistêmica, ou seja, enquanto ciência criadora de decisões automatizadas, quanto em bases normativas jurídico-éticas.

Quanto ao primeiro ponto, muitos aspectos epistêmicos dos modelos algorítmicos estão abertos a questionamentos em vários contextos. Isso inclui questões tanto internas, quando externas.

Quanto às questões internas, pode-se analisar a prática de design de algoritmos e aprendizado de máquina, por exemplo, averiguando se um modelo é generalizável, super ajustado ou super treinado e outras questões relacionadas ao desempenho desses algoritmos de *machine learning*.[25]

Externamente, também pode haver questões epistemológicas mais fundamentais levantadas pela tomada de decisão algorítmica. Por exemplo, devemos considerar os resultados dos modelos baseados em aprendizado de máquina em

---

23. BBC NEWS. Sistema de algoritmo que determina pena de condenados cria polêmica nos EUA. 2016. Disponível em: <https://www.bbc.com/portuguese/brasil-37677421>. Acesso em 24 de jan. 2020.
24. Pedreschi, D., Ruggieri, S., & Turini, F. 2009. Measuring Discrimination in Socially-Sensitive Decision Records. In Proceedings of the 2009 SIAM International Conference on Data Mining. Disponível em: <http://pages.di.unipi.it/ruggieri/Papers/sdm09.pdf>. Acesso em 23 jan. 2020.
25. Japkowicz, N., & Shah, M. (2011). Evaluating learning algorithms: a classification perspective. UK: Cambridge University Press. Disponível em: <https://pdfs.semanticscholar.org/fdd3/ff90a0a200aaa99089583abbf44bd8ae6811.pdf>. Acesso em 20 jan. 2020.

pé de igualdade com o tipo de modelo baseado em um banco de dados de conhecimentos?[26] Importa se eles não conseguem distinguir causa e correlação?[27]

É importante entender que sempre que se implanta um sistema algorítmico, está adotando uma posição implícita em pelo menos algumas dessas questões. Nesse sentido, quem escolheria a posição adotada por determinado algoritmo de decisão judicial automatizada? Seria baseado na jurisprudência dominante, ou determinado pelo legislador? Respostas a questões como essas ainda estão longe de possuírem um consenso prático.

Quanto à clareza da escolha dessas posições, às vezes elas são explicitadas, como posicionamentos, por exemplo, de Peter Norvig – diretor de pesquisas do Google –, e um dos autores mais lidos em todo o mundo sobre aprendizado de máquina, que incentiva os cientistas de dados a lembrarem que "essencialmente, todos os modelos de decisões algorítmicas estão errados, mas alguns são úteis".[28]

Em outras situações, como no caso *Compas* não é possível saber como a classificação de periculosidade algorítmica ocorre, porque o algoritmo é propriedade de uma empresa privada e essa informação é protegida por um segredo comercial. Uma outra questão ainda é o fato dos formuladores de políticas públicas poderem entender como aceitável a incapacidade dos modelos baseados em aprendizado de máquina para fornecerem explicações causais para suas constatações, nos casos, por exemplo, em que eles exigem apenas a capacidade de prever – e não de emitir uma decisão.[29]

O ponto aqui não é argumentar a favor ou contra nenhuma dessas posições em particular; mas, antes, mostrar que os sistemas algorítmicos de tomada de decisão se referem necessariamente a reivindicações epistemológicas contestáveis

---

26. Pietsch, W. 2016. The causal nature of modeling with big data. Philosophy & Technology. Springer Netherlands), 137–171. Disponível em: <http://www.wolfgangpietsch.de/pietsch-dataint_causality-f.pdf>. Acesso em 23. Jan. 2020.
27. Mckinlay, S. T. 2017. "Evidence, Explanation and Predictive Data Modelling." Philosophy & Technology, January. Springer Netherlands, 1-13. Disponível em: <https://link.springer.com/article/10.1007/s13347-016-0248-9>. Acesso em 23. Jan. 2020.
28. Halevy, A., Norvig, P., & Pereira, F. 2009. The unreasonable effectiveness of data. IEEE Intelligent Systems, (pp 8–12). Disponível em: <https://storage.googleapis.com/pub-tools-public-publication-data/pdf/35179.pdf>. Acesso em 22. jan. 2020.
29. Kleinberg, J., Ludwig, J., Mullainathan, S., & Obermeyer, Z. 2015. Prediction policy problems. The American Economic Review, (pp 491-495). Disponível em: <https://www.ncbi.nlm.nih.gov/pmc/articles/PMC4869349/>. Acesso em 23. jan. 2020.

que podem precisar de justificativa e sobre as quais as pessoas podem discordar razoavelmente.

Tratando agora de outro ponto, ou seja, deixando de lado essas questões epistêmicas, qualquer pessoa que implemente modelos algorítmicos inevitavelmente também engaja um conjunto de princípios normativos (pelo menos implicitamente).

Assim, independentemente de as organizações tentarem ou não incluir explicitamente restrições de detecção de discriminação e justiça em seus modelos, fica claro que a implantação de sistemas algorítmicos inevitavelmente incorpora certas suposições éticas. Se é justo tratar um indivíduo de uma certa maneira, com base na análise agregada do comportamento de outras pessoas, é uma questão moral sutil, que provavelmente dependerá de múltiplos fatores contextuais. Veja então que ao tentar modificar um modelo para remover a discriminação algorítmica com base em raça, gênero, religião ou outros atributos protegidos, o cientista de dados inevitavelmente precisará incorporar, de maneira matematicamente explícita, um conjunto de restrições morais e políticas.

Nesse cenário, podemos concluir que os algoritmos tomadores de decisão (implícita ou explicitamente) sempre incorporam suposições epistêmicas e normativas. Como a responsabilidade e a transparência algorítmica envolve fornecer razões, explicações e justificativas para suas decisões, é importante que essas informações sejam claras para todos que possam ser influenciados pela respectiva decisão automatizada. Afinal, como lembra Peter Norvig – diretor de pesquisas do Google – "essencialmente, todos os modelos de decisões algorítmicas estão errados, mas alguns são úteis"[30] e serão cada vez mais utilizados, como demonstra a tendência da ascensão algorítmica apresentada.

III. Transparência e responsabilidade algorítmicas

Após a abordagem do desenvolvimento da decisão algorítmica, bem como da noção de que as premissas algorítmicas decisórias são necessariamente contestáveis, cabe agora aprofundar nos contextos de transparência e responsabilidade algorítmica.

Isso porque, proteger a qualidade da tomada de decisão informada por um algorítmico requer um exame minucioso da qualidade dos dados e de todas as

---

30. Halevy, A., Norvig, P., & Pereira, F. 2009. The unreasonable effectiveness of data. IEEE Intelligent Systems, (pp 8–12). Disponível em: <https://storage.googleapis.com/pub-tools-public-publication-data/pdf/35179.pdf>. Acesso em 22. jan. 2020.

etapas subsequentes da chamada cadeia de valor dos dados.[31] Inclusive, essa garantia de qualidade sempre fez parte da tomada eficaz de decisões organizacionais.

Porém, o recente aumento no uso de big data e a complexidade crescente de algoritmos alteraram drasticamente a complexidade dessa garantia de qualidade[32]. Além disso, a velocidade com que novas técnicas, ferramentas e bibliotecas de ciência de dados são desenvolvidas e lançadas é sem precedentes.

Nesse contexto, o crescente destaque de algorítmicos na tomada de decisões organizacionais e a velocidade com que novas técnicas de ciência de dados são desenvolvidas e adotadas têm sido motivo de preocupação e levaram muitos a exigir maior transparência.[33]

A transparência pode ser entendida como a *"compreensibilidade de um modelo específico"*[34] e é vista como um requisito para a responsabilização algorítmica.

Inclusive, quando se fala de algoritmos utilizados pelo Poder Público, a questão é ainda mais relevante. Porém, não é simples, já que não há um consenso quanto à transparência algorítmica.

Há quem sugira que a publicação de conjuntos de dados e outros esquemas de acesso aberto pode trazer ganhos de transparência, responsabilidade e

---

31. Miller, H. G., & Mork, P. 2013. From data to decisions: A value chain for big data. IT Professional, (pp 57–59). Disponível em <https://cic.unb.br/~alchieri/disciplinas/posgraduacao/agi/DataCenter/Decisions.pdf>. Acesso em 21 jan. 2020.
32. Peng, G., Ritchey, N. A., Casey, K. S., Kearns, E. J., Privette, J. L., Saunders, D., & Ansari, S. 2016. Scientific stewardship in the open data and big data era – roles and responsibilities of stewards and other major product stakeholders. D-Lib Magazine. Disponível em: <https://repository.library.noaa.gov/view/noaa/15749/noaa_15749_DS1.pdf>. Acesso em 21 jan. 2020.
33. Janssen, M., Charalabidis, Y., & Zuiderwijk, A. 2012. Benefits, adoption barriers and myths of open data and open government. Information Systems Management (pp. 258-268). Disponível em: <https://www.tandfonline.com/doi/abs/10.1080/10580530.2012.716740>. Acesso em 23 jan. 2020.
34. Lepri, B., Oliver, N., Letouzé, E., Pentland, A., & Vinck, P. 2017. Fair, transparent, and accountable algorithmic decision-making processes the premise, the proposed solutions, and the open challenges. Philosophy and Technology.p.9. Disponível em: <https://dspace.mit.edu/bitstream/handle/1721.1/122933/13347_2017_279_ReferencePDF.pdf?sequence=2&isAllowed=y>. Acesso em 24 jan. 2020.

justiça.[35] Ao mesmo tempo, as limitações da transparência são constante objeto de debate.

Há quem sugira que a transparência não pode ser uma característica de um modelo algorítmico.[36] Nesse caso, a opacidade – ou fala de transparência – dos algoritmos deve ser considerada para o público em geral, havendo uma transparência apenas em espécies de assembleias sociotécnicas de algoritmos e pessoas.

Enfim, a que pese existirem alguns pensamentos contrários a uma ampla transparência algorítmica, alguns modelos interessantes para que ocorra essa transparência já foram criados e são aplicados por muitos cientistas de dados.

III.1. Critérios para a transparência

Apesar do grande aumento sem precedentes dos desafios relacionados ao uso de algoritmos, a necessidade de transparência em si não é nova. Exemplos de algoritmos desonestos e uso inadequado de evidências produzidas por algoritmos na tomada de decisões organizacionais são múltiplos.

O exemplo inicial mais notável é dos algoritmos do *Google Trends* – Google tendências – que previu, erroneamente, mais que o dobro da proporção de consultas médicas para doenças semelhantes à gripe influenza.[37]

Outros casos anteriores de grande relevância incluem o incidente de inundação do Rio Vermelho – *Red River* – nos Estados Unidos, no qual a interpretação incorreta dos resultados fornecidos pelos algoritmos levou o governo norte-americano a assumir erroneamente que os diques eram altos o suficiente[38]

---

35. Lathrop, D., & Ruma, L. (2010). Open government: Collaboration, transparency, and participation in practice. Sebastopol, CA: O'Reilly Media. Disponível em: <https://archive.org/stream/OpenGovernment/open_government_djvu.txt>. Acesso em 20 jan. 2020.
36. Annany, M., & Crawford, K. (2016). Seeing without knowing: Limitations of the transparency ideal and its application to algorithmic accountability. New Media & Society, (pp 973-989). Disponível em: <http://ananny.org/papers/anannyCrawford_seeingWithoutKnowing_2016.pdf>. Acesso em 20 jan. 2020.
37. Lazer, D., Kennedy, R., King, G., & Vespignani, A. 2014. The parable of Google Flu: Traps in Big Data Analysis David. Policy Forum, (pp 1203-1205). Disponível em: <https://dash.harvard.edu/bitstream/handle/1/12016836/The%20Parable%20of%20Google%20Flu%20%28WP-Final%29.pdf?sequence=1>. Acesso em 21 jan. 2020.
38. Pielke, R. A. 1999. Who decides? Forecasts and Responsibilities in the 1997 Red River Flood. Applied Behavioral Science Review, (pp 83-101). Disponível em: <https://sciencepolicy.colorado.edu/admin/publication_files/resource-81-1999.16.pdf>. Acesso em 21 jan. 2020.

e, mais recentemente, os erros no processo de licitação da costa oeste do Reino Unido, o que levou ao cancelamento do que havia sido contratado.

Estes e outros diversos problemas relacionados às falhas dos algoritmos despertam o interesse dos formuladores de políticas e inspiram a criação de diretrizes para o desenvolvimento responsável do uso de algoritmos.

A título de exemplo, o governo Britânico publicou uma revisão de todos os algoritmos de decisões governamentais que informam a formulação de políticas públicas na Inglaterra.[39] O que este relatório enfatiza é a importância da garantia de uma qualidade proporcional aos benefícios garantidos por essa análise automatizada, afirmando ainda que os algoritmos devem ser adequados à finalidade para a qual foram criados.

Porém, é importante frisar que essas diretrizes sobre o uso adequado de algoritmos já existem há algum tempo, o que demonstra que as diretrizes por si só não são necessariamente eficazes na prevenção de problemas algorítmicos.

O interesse sobre a responsabilidade algorítmica teve um recente crescimento, o que gerou por todo mundo uma nova onda de estudos sobre diretrizes para o gerenciamento adequado de dados e o uso responsável de modelos algorítmicos. Embora não possa ser visto como um campo integrado de investigação, o recente surgimento dessas ideias é chamado de *Responsible Data Science* – ciência de dados responsável'.[40]

Entre as diretrizes existentes, é interessante mencionar a *"FAIR"*[41], acrônimo em inglês para *"Findable, Accessible, Interoperable, and Reusable"* – em português, Localizável, Acessível, Interoperável e Reutilizável.

A *"FAIR"* está relacionada à academia de produção científica, área em que a rápida digitalização da sociedade foi impactada profundamente em seu cotidiano. Nesse contexto, plataformas on-line para colaborações, mecanismos de recomendação de literatura, sites de pré-publicação e métricas em tempo real

---

39. Macpherson, N. 2013. Review of quality assurance of government models. London: HM Treasury. Disponível em: <https://www.gov.uk/government/publications/review-of-quality-assurance-of-government-models>. Acesso em 21 jan. 2020.
40. Stoyanovich, J., Howe, B., Abiteboul, S., Miklau, G., Sahuguet, A., & Weikum, G. (2017). Fides: Towards a platform for responsible data science. International Conference on Scientific and Statistical Database Management, Chicago. Disponível em: <https://hal.inria.fr/hal-01522418/document>. Acesso em 21 jan. 2020.
41. Wilkinson, M. D. 2016. The FAIR guiding principles for scientific data management and stewardship. Scientific Data. Disponível em; <https://www.nature.com/articles/sdata201618.pdf?origin=ppub>. Acesso em 21 jan. 2020.

são alguns exemplos de novas ferramentas que impactam a pesquisa acadêmica. Ao mesmo tempo, o rápido aumento da quantidade de dados disponíveis e a crescente complexidade dos métodos usados para armazenar, analisar e modelar esses dados apresentam desafios para o processo de pesquisa acadêmica.[42]

Nesse contexto, foram criados os princípios orientadores da *"FAIR"* para gerenciamento e administração de dados científicos.

Veja que apesar desses princípios orientadores girarem em torno do gerenciamento de dados na academia, seu impacto se estende muito além do âmbito das universidades, órgãos financiadores e editores, por isso é importante ser mencionado aqui.

Os princípios talhados na *"FAIR"* foram originados em um workshop realizado no Centro Lorentz, na cidade de Leiden, na Holanda.

O que as discussões por lá demonstraram foi que existia um amplo consenso para o desenvolvimento de princípios orientadores mínimos para o gerenciamento de dados de pesquisa, o que resultou na definição dos princípios da *"FAIR"*.

Assim, os princípios orientadores da *"FAIR"* possuem o objetivo de publicar dados em um formato Localizável, Acessível, Interoperável e Reutilizável por máquinas e usuários humanos, ou de forma mais detalhada:

> localizável – os dados devem ser identificados usando identificadores globalmente únicos, resolvíveis e persistentes e devem incluir informações contextuais acionáveis por máquina que podem ser indexadas para apoiar a descoberta humana e por máquina desses dados;
>
> acessível – os dados identificados devem estar acessíveis, de maneira ideal tanto por humanos quanto por máquinas, usando um protocolo claramente definido e, se necessário, com regras claramente definidas para autorização / autenticação;
>
> interoperável – os dados se tornam interoperáveis quando acionáveis por máquina, usando vocabulários e / ou ontologias compartilhadas, dentro de um formato acessível por máquina, sintática e semanticamente;

---

42. Wilkinson, M. D., Verborgh, R., Bonino da Silva Santos, L. O., Clark, T., Swertz, M. A., Kelpin, F. D. L., Dumontier, M. 2017. Interoperability and FAIRness through a novel combination of Web technologies. PeerJ Computer Science. Disponível em: <https://peerj.com/articles/cs-110/?utm_source=TrendMD&utm_campaign=PeerJ_TrendMD_1&utm_medium=TrendMD>. Acesso em 22 jan. 2020.

reutilizáveis – os dados reutilizáveis primeiro serão compatíveis com os princípios F, A e I, mas ainda serão suficientemente bem descritos com, por exemplo, informações contextuais, para que possam ser vinculados ou integrados com precisão, de maneira semelhante, com outras fontes de dados. Além disso, deve haver informações de proveniência suficientemente ricas para que os dados reutilizados possam ser adequadamente citados.

(tradução livre).[43]

Nesse ponto é muito interessante observar que esses quatro princípios da *"FAIR"* são válidos igualmente para humanos e máquinas.

Apesar dos princípios da *"FAIR"* terem uma utilidade norteadora também fora da academia, sua principal preocupação é melhorar o gerenciamento de dados para empreendimentos acadêmicos.

Nesse contexto, outros pensadores apresentaram princípios orientadores para o armazenamento, análise e modelagem de dados em uma perspectiva mais ampla, com a criação do *"FACT"*[44], acrônimo para *Fairness, Accuracy, Confidentiality, and Transparency* – em português, Equidade/Justiça, Precisão, Confidencialidade e Transparência.

Os princípios do *"FACT"* foram posicionados como uma antítese aos quatro "Vs" – Volume, Variedade, Velocidade e Veracidade – do Big Data amplamente utilizados na área da tecnologia.

O que os defensores do *"FACT"* argumentam é que os desafios enfrentados pela ciência de dados não são, por si só, novos. Isso porque, em estatística e economia, os vieses cognitivos das pessoas (por exemplo, viés de confirmação) e vieses analíticos (por exemplo, viés de seleção) têm sido objeto de investigação por muitas décadas e são relativamente bem compreendidos.[45]

---

43. Wilkinson, M. D., Verborgh, R., Bonino da Silva Santos, L. O., Clark, T., Swertz, M. A., Kelpin, F. D. L., Dumontier, M. 2017. Interoperability and FAIRness through a novel combination of Web technologies. PeerJ Computer Science. p. 3. Disponível em: <https://peerj.com/articles/cs-110/?utm_source=TrendMD&utm_campaign=PeerJ_TrendMD_1&utm_medium=TrendMD>. Acesso em 22 jan. 2020.
44. Responsible Data Science Initiative. 2016. Responsible data science. Disponível em: <http://www.responsibledatascience.org/.>. Acesso em 21 jan. 2020.
45. Tversky, A., & Kahneman, D. 1974. Judgment under uncertainty: Heuristics and biases. Science, 185, (pp 1124-1131). Disponível em: <https://apps.dtic.mil/dtic/tr/fulltext/u2/767426.pdf>. Acesso em 23 jan. 2020.

Assim, os autores do *"FACT"* sugerem que o big data e a ciência de dados, no entanto, trazem algo novo ao domínio da estatística, sobretudo maior amplitude e assertividade, o que exige o desenvolvimento de novas diretrizes[46]. Nesse contexto, a Transparência do "FACT" pode ser assim descrito:

> *Transparência – a ciência de dados deve fornecer transparência. Como esclarecer as respostas de tal maneira que se tornem indiscutíveis? A ciência de dados só pode ser eficaz se as pessoas confiarem nos resultados e conseguirem inferir e interpretar corretamente os resultados. A ciência de dados não deve, portanto, ser vista como uma caixa preta que magicamente transforma dados em valor. Muitas opções de design precisam ser feitas em um 'pipeline de ciência de dados' típico. A jornada de dados brutos para conclusões significativas envolve várias etapas e atores; portanto, responsabilidade e compreensibilidade são fundamentais para a transparência (tradução livre).*[47]

É importante ressaltar ainda que os princípios do *"FACT"* devem ser aplicados não apenas ao uso de algoritmos, mas também são importantes na fase de projeto, desenvolvimento, modelagem e implementação deles.

Como mais um elemento para essa temática é interessante mencionar que o Conselho de Políticas Públicas dos EUA da *Association for Computing Machinery* (USACM) emitiu, em janeiro de 2017, uma declaração e uma lista de sete princípios sobre transparência e responsabilidade algorítmica.[48]

A declaração do USACM fornece um contexto para o que são os algoritmos, como eles tomam decisões, bem como os desafios e oportunidades técnicas para lidar com tendências potencialmente prejudiciais nos sistemas algorítmicos. O USACM acredita que esse conjunto de princípios, consistente no Código de

---

46. Aalst, W. M. P., Bichler, M., & Heinzl, A. 2017. Responsible data science. Business & Infor-Mation Systems Engineering, (pp 2-4). Disponível em: <https://link.springer.com/article/10.1007/s12599-017-0487-z>. Acesso em 24 jan. 2020.
47. Responsible Data Science Initiative. 2016. Responsible data science. Disponível em: <http://www.responsibledatascience.org/.>. Acesso em 21 jan. 2020.
48. Association for Computing Machinery US Public Policy Council (USACM). 2017. Statement on Algorithmic Transparency and Accountability. Disponível em: <https://www.acm.org/binaries/content/assets/public-policy/2017_usacm_statement_algorithms.pdf>. Acesso em 20 jan. 2020.

Ética da ACM – *Association for Computing Machinery* –, deve ser implementado durante todas as fases do desenvolvimento para mitigar possíveis danos.[49]

Os sete princípios são: (1) conscientização, (2) acesso e reparação, (3) prestação de contas, (4) explicação, (5) proveniência de dados, (6) auditoria e (7) validação e teste. São assim explicados:

> 1. Consciência: Proprietários, designers, construtores, usuários e outras partes interessadas dos sistemas analíticos devem ser ciente dos possíveis vieses envolvidos em seu design, implementação e uso e os possíveis danos que preconceitos podem causar aos indivíduos e à sociedade.
>
> 2. Acesso e reparação: Os reguladores devem incentivar a adoção de mecanismos que permitam questionamento e reparação para indivíduos e grupos afetados adversamente por algoritmos decisões informadas.
>
> 3. Responsabilização: as instituições devem ser responsabilizadas pelas decisões tomadas pelos algoritmos que eles mesmo que não seja viável explicar em detalhes como os algoritmos produzem seus resultados.
>
> 4. Explicação: Sistemas e instituições que usam a tomada de decisão algorítmica são incentivados a produzir explicações sobre os procedimentos seguidos pelo algoritmo e as especificidades decisões que são tomadas. Isso é particularmente importante em contextos de políticas públicas
>
> 5. Proveniência dos Dados: Uma descrição da maneira pela qual os dados de treinamento foram coletados deve ser mantida pelos criadores dos algoritmos, acompanhada de uma exploração dos possíveis vieses induzida pelo processo humano ou algorítmico de coleta de dados. O escrutínio público dos dados fornece oportunidade máxima para correções. No entanto, preocupações com privacidade, proteção de segredos comerciais ou revelação de análises que podem permitir que atores mal-intencionados joguem no sistema pode justificar a restrição de acesso a indivíduos qualificados e autorizados.

---

49. Association for Computing Machinery US Public Policy Council (USACM). 2017. Statement on Algorithmic Transparency and Accountability. Disponível em: <https://www.acm.org/binaries/content/assets/public-policy/2017_usacm_statement_algorithms.pdf>. Acesso em 20 jan. 2020.

6. Auditabilidade: Modelos, algoritmos, dados e decisões devem ser registrados para que possam ser auditados nos casos em que há suspeita de dano.

7. Validação e Teste: As instituições devem usar métodos rigorosos para validar seus modelos e documentar esses métodos e resultados. Em particular, eles devem realizar rotineiramente testes para avaliar e determinar se o modelo gera danos discriminatórios. Instituições são incentivadas a fazer resultados de tais testes públicos (tradução livre).[50]

A apresentação aqui, destas três diretrizes relacionadas à transparência algorítmica, quais sejam, "FAIR", "FACT" e a Declaração da USACM possui o objetivo de demonstrar caminhos principiológicos a serem incorporados pelo Direito Brasileiro neste percurso sem volta que é o uso cada vez maior da tecnologia para a resolução de conflitos, temática essa a ser explorada no próximo item.

IV. A RESOLUÇÃO ON-LINE DE CONFLITOS

Após abordarmos o funcionamento da lógica algorítmica, que é a base de qualquer tecnologia, juntamente com o crescimento do uso de algoritmos nas diversas áreas da sociedade, passando pelo importante caminho da transparência e responsabilidade algorítmicas, neste ponto teremos uma abordagem mais específica, focada nas plataformas de *Online dispute resolution* (ODR) – Resolução de Disputas Online.

Isso porque, o contexto fático que temos é, de um lado uma imensa quantidade de processos judiciais ativos no Brasil[51] – em um sistema extremamente moroso, por outro, de ampla digitalização de todos os elementos da sociedade, em um contexto valorativo de um Direito Dataísta,[52] no qual os valores má-

---

50. Association for Computing Machinery US Public Policy Council (USACM). 2017. Statement on Algorithmic Transparency and Accountability. Disponível em: <https://www.acm.org/binaries/content/assets/public-policy/2017_usacm_statement_algorithms.pdf>. Acesso em 20 jan. 2020.
51. BRASIL, Agência. Pesquisa do CNJ aponta 80 milhões de processos em tramitação no país.2018. Disponível em: <http://agenciabrasil.ebc.com.br/justica/noticia/2018-08/pesquisa-do-cnj-aponta-80-milhoes-de-processos-em-tramitacao-no-pais>. Acesso em 20 jan. 2020.
52. DRUMMOND, Marcílio. Inteligência Artificial e Processo. ALVES, Isabella Fonseca. [Orgs.] – Belo Horizonte: Editora D'Plácido, 2019. 220 p.

ximos da sociedade passam a ser a velocidade da informação/ fluxo de dados – o que no Direito significa resoluções ágeis de conflitos.

Nesse cenário, apresenta-se as plataformas de ODRs como divisíveis em (a) *Consumer ODR* – que utiliza tecnologia para facilitar a resolução de disputas entre as partes do comércio eletrônico, normalmente fornecedores e consumidores on-line; (b) ODR "Judicial" – que abrange qualquer meio de resolver disputas "comuns" onde há uma audiência (normalmente em um sala virtual), mas fora das salas e do âmbito do Poder Judiciário, como casos de divórcio ou danos pessoais; e (c) o ODR Corporativo – com o uso da tecnologia para gerenciar a resolução de quaisquer disputas contratuais que possam surgir de grandes projetos de parceiros múltiplos ou transações financeiras.[53]

Inicialmente, sobre a ODR de Consumidor é interessante mencionar o livro "Digital Justice".[54] Nesta obra, os autores revisam a tecnologia voltada para resolver problemas da economia "sob demanda", como ser assediado no Twitter ou ter uma crítica negativa no Airbnb, por exemplo.

O uso de ODR para resolver disputas de consumidores, especialmente no comércio eletrônico, está cada vez mais bem estabelecido, inclusive pela adoção de plataformas transfronteiriças pela União Europeia[55] e pela Comissão das Nações Unidas para o Comércio Internacional.[56]

A plataforma de *Consumer ODR*, ou seja, de Resolução de Conflitos Online de demandas de consumo, é normalmente um site interativo que oferece um ponto de entrada único para consumidores e comerciantes que buscam solucionar disputas extrajudiciais que surgiram de transações on-line. Neste local digital, permite-se que consumidores e comerciantes enviem reclamações por meio de um simples preenchimento de um formulário eletrônico, podendo ainda anexar documentos relevantes, transmitindo reclamações a uma entidade

---

53. ROSA, Camila da. SPALER, Mayara. Revista Jurídica da Escola Superior de Advocacia da OAB-PR. Experiências Privadas de ODR no Brasil. Disponível em: <http://revistajuridica.esa.oabpr.org.br/wp-content/uploads/2018/12/revista_esa_8_10.pdf>. Acesso em 23 jan. 2020.
54. Katsh, E. and Rabinovich-Einy, O. 2017. Digital Justice, Technology and the Internet of Disputes. Oxford University Press, Oxford.
55. EU Alternative and Online Dispute Resolution (ADR/ODR). 2017. Disponível em: <http://ec.europa.eu/consumers/solving_consumer_disputes/non-judicial_redress/adr-odr/index_en.htm.>. Acesso em 21 jan. 2020.
56. UNCITRAL Model Law on International Arbitration. 2006. Disponível em: <www.uncitral.org/pdf/english/texts/arbitration/ml-arb/07-86998_Ebook.pdf>. Acesso em 21 jan. 2020.

não judicial competente para lidar com a disputa em questão e oferecer uma ferramenta eletrônica de gerenciamento de casos.[57]

Como exemplo, pode-se mencionar a plataforma governamental de ODR da União Europeia[58], o centro comercial de resolução do eBay[59], a plataforma de negociação do Mercado Livre[60] e até mesmo a plataforma de negociação do próprio Ministério da Justiça Brasileira[61].

Inclusive, quanto ao centro comercial de resolução do eBay, é talvez o serviço de ODR consumerista mais conhecido no mundo, que resolve cerca de 60 milhões de discordâncias todos os anos. Nesse caso, o eBay oferece dois serviços: um fórum gratuito na Web que permite aos usuários tentar resolver suas diferenças por conta própria ou, se necessário, o uso de um mediador profissional (humano).[62]

Ainda sobre este exemplo do eBay, a resolução de disputas por falta de pagamento ou reclamações de que os produtos não correspondiam à descrição são incentivadas a serem resolvidas pelas próprias partes por meio de negociação, com conselhos práticos oferecidos para evitar mal-entendidos e evitar a proliferação da disputa. Se isso não funcionar, as partes apresentam seu argumento a um membro da equipe que emite um resultado vinculativo sob a Garantia de Devolução do Dinheiro.[63]

O eBay se oferece para revisar as informações fornecidas dentro de 48 horas, reembolsar completamente as não entregas usando o PayPal e ajudar com devoluções – desde que essa forma de pagamento tenha sido usada para a compra. A plataforma do Mercado Livre funciona de maneira muito semelhante.

---

57. EBAY. Resolution Center. Disponível em: <https://resolutioncenter.ebay.com/>. Acesso em 27 de jan. 2020.
58. EU Alternative and Online Dispute Resolution (ADR/ODR). 2017. Disponível em: <http://ec.europa.eu/consumers/solving_consumer_disputes/non-judicial_redress/adr-odr/index_en.htm.>. Acesso em 21 jan. 2020.
59. EBAY. Resolution Center. Disponível em: <https://resolutioncenter.ebay.com/>. Acesso em 27 de jan. 2020.
60. MERCADO LIVRE. Compra Garantida. Disponível em: <https://www.mercadolivre.com.br/compra-garantida>. Acesso em 27 de jan. 2020.
61. CONSUMIDOR.GOV. Disponível em: <https://www.consumidor.gov.br/>. Acesso em 27 de jan. 2020.
62. EBAY. Resolution Center. Disponível em: <https://resolutioncenter.ebay.com/>. Acesso em 27 de jan. 2020.
63. EBAY. Resolution Center. Disponível em: <https://resolutioncenter.ebay.com/>. Acesso em 27 de jan. 2020.

Vê-se, então, que algumas plataformas de ODR usam a negociação eletrônica, que é o processo pelo qual duas ou mais partes negociam multilateralmente acordos de ganho mútuo, usando um software inteligente. Essa negociação eletrônica normalmente não exige que as partes cheguem a um acordo, então um agente pode escolher "não negociar" se entender que não é possível chegar a um denominador comum satisfatório.

Por outro lado, é interessante mencionar que há ambientes de negociação variados, que podem ser tanto "fechados" – com base em um conjunto predefinido de usuários que se inscrevem neste ambiente e concordam previamente com um conjunto de regras –, ou abertos, quando os agentes são convidados a entrar e sair a qualquer momento e não são obrigados a concordar com nenhuma regra.[64]

Além de ODR de Consumo, é possível mencionar a ODR "Judicial", que é um tipo de plataforma de resolução arbitrada de disputas, usada para resolver disputas gerais "comuns" (tal como o Poder Judiciário) situação em que há uma audiência (que ocorre por meio da tecnologia), mas fora de uma sala do Poder Judiciário, particularmente em temas relacionados a danos pessoais, saúde, mídia social, trabalho e direito de família, com um terceiro neutro resolvendo a disputa. São casos então de mediação, conciliação e arbitragem extrajudiciais.

A automação é usada para reunir as partes em torno de uma "agente neutro" que irá decidir o caso ou propor uma solução para a resolução da disputa, produzindo realmente uma decisão ou recomendação de solução.

Um exemplo desse tipo de solução no Brasil é a Startup D'Acordo,[65] que pode ser utilizada por um totem físico ou por uma plataforma digital.

Por fim, destaca-se a ODR Corporativa[66], pensada para gerenciar a resolução de grandes projetos de múltiplos parceiros ou disputas contratuais financeiras. O princípio central de um sistema ou serviço de ODR corporativo é que as partes envolvidas em um grande projeto comercial devem concordar, antes do início do projeto, que quaisquer disputas serão encaminhadas ao sistema em primeira instância.

---

64. Feixe, C. e Segev, UMA. 1996. Negociações automatizadas, uma pesquisa sobre o estado da arte. Universidade da Califórnia em Berkley. Disponível em <www.cs.uu.nl/docs/vakken/vm/agents-negotiation.pdf>. Acesso em 22 de jan. 2020.
65. DACORDO. Disponível em: <http://www.dacordo.com.br/>. Acesso em 20 jan. 2020.
66. Barnett, J. (2003) O tribunal virtual e a resolução de litígios em linha, Proc. UNECE. 2003. Disponível em: <www.mediate.com/Integrating/docs/Barnett(1).pdf>. Acesso em 22 jan. 2020.

Por exemplo, a autenticidade e procedência de documentos costumam ser um problema em qualquer litígio. No entanto, agora a tecnologia blockchain pode ser usada para criar um repositório de documentos confiável e específico de domínio, dentro dessa plataforma corporativa.

Portanto, com o crescimento e desenvolvimento do uso de algoritmos e, portanto, das tecnologias de resolução de conflitos online é possível se ter resoluções de disputas diversas de forma mais neutra, transparente e rápida, ou seja, em uma realidade bem diferente daquela que vivenciamos atualmente na Função Jurisdicional.

V. CONCLUSÃO

Conforme destacado, o entendimento de que a substituição de tomadores de decisão humanos por sistemas que trabalham com Inteligência Artificial tem o potencial de reduzir o viés humano, parte de premissa falaciosa, porque as formas de tomada de decisão algorítmica baseadas no conhecimento e no aprendizado de máquina (*machine learning*) também têm o potencial de incorporar valores e reproduzir vieses.

Para sistemas de tomada de decisão algorítmica derivados do aprendizado de máquina, existe outra fonte potencial de discriminação. Ora, um algoritmo é treinado em dados tendenciosos ou que refletem desigualdades estruturais injustas de gênero, raça ou outros atributos sensíveis, ele pode "aprender" a discriminar usando esses atributos. Dessa forma, decisões baseadas em algoritmos de aprendizado de máquina podem acabar reforçando as desigualdades sociais subjacentes

Por isso torna-se conclusivo que os sistemas algorítmicos de tomada de decisão se referem necessariamente a reivindicações epistemológicas contestáveis que podem precisar de justificativa e sobre as quais as pessoas possam discordar razoavelmente.

Nesse prisma, os algoritmos tomadores de decisão (implícita ou explicitamente) sempre incorporam suposições epistêmicas e normativas. Como a responsabilidade e a transparência algorítmica é necessário fornecer razões, explicações e justificativas para suas decisões, é importante que essas informações sejam claras para se for o caso possam ser impugnadas.

Por isso a transparência pode ser entendida como a compreensibilidade de um modelo específico e é vista como um requisito para a responsabilização algorítmica e que não podemos abrir mão.

No que tange algumas plataformas de ODR são três importantes diretrizes relacionadas à transparência algorítmica, quais sejam, "FAIR", "FACT" e a Declaração da USACM possui o objetivo de demonstrar caminhos principiológicos a serem incorporados pelo Direito Brasileiro, quando se questiona a necessidade de transparência algorítmica. Por isso, esse conjunto de princípios, consistente no Código de Ética da ACM (*Association for Computing Machinery*), deve ser implementado durante todas as fases do desenvolvimento para mitigar possíveis danos.

Algumas plataformas de ODR usam a negociação eletrônica, que é o processo pelo qual duas ou mais partes negociam multilateralmente acordos de ganho mútuo, usando um software inteligente. E nesse caso, é possível vislumbrar que a IA é usada para reunir as partes em torno de uma "agente neutro" que irá decidir o caso ou propor uma solução para a resolução da disputa, produzindo realmente uma decisão ou recomendação de solução.

Com o crescimento e desenvolvimento do uso de algoritmos e, portanto, das tecnologias de resolução de conflitos online é possível se ter resoluções de disputas diversas de forma mais neutra, transparente e célere, ou seja, em uma realidade bem diferente daquela que vivenciamos atualmente na Função Jurisdicional, quando efetivamente implementadas as três importantes diretrizes relacionadas à transparência algorítmica, quais sejam, "FAIR", "FACT" e a Declaração da USACM.

Referências bibliográficas

Aalst, W. M. P., Bichler, M., & Heinzl, A. 2017. Responsible data science. Business & Infor-Mation Systems Engineering, (pp 2-4). Disponível em: <https://link.springer.com/article/10.1007/s12599-017-0487-z>. Acesso em 24 jan. 2020.

ALVES, Isabella Fonseca et el. Inteligência Artificial e processo. Belo Horizonte: Editora D'Plácido, 2019.

Annany, M., & Crawford, K. (2016). Seeing without knowing: Limitations of the transparency ideal and its application to algorithmic accountability. *New Media & Society*, (pp 973–989). Disponível em: <http://ananny.org/papers/anannyCrawford_seeingWithoutKnowing_2016.pdf>. Acesso em 20 jan. 2020.

Barnett, J. (2003) O tribunal virtual e a resolução de litígios em linha, Proc. UNECE. 2003. Disponível em: <www.mediate.com/Integrating/docs/Barnett(1).pdf>. Acesso em 22 jan. 2020.

Barocas, S., & Selbst, A. D. 2016. Big Data's Disparate Impact. California Law Review. Disponível em: <https://www.courts.ca.gov/documents/BTB24-2L-2.pdf>. Acesso em 24 jan. 2020.

BBC NEWS. Sistema de algoritmo que determina pena de condenados cria polêmica nos EUA. 2016. Disponível em: <https://www.bbc.com/portuguese/brasil-37677421>. Acesso em 24 de jan. 2020.

BRASIL, Agência. Pesquisa do CNJ aponta 80 milhões de processos em tramitação no país.2018. Disponível em: <http://agenciabrasil.ebc.com.br/justica/noticia/2018-08/pesquisa-do-cnj-aponta-80-milhoes-de-processos-em-tramitacao-no-pais>. Acesso em 20 jan. 2020.

Cabral, Antônio. Cunha, Leonardo da. Métodos Alternativos de Solução de Conflitos– ADR. Disponível em:<http://www.mpsp.mp.br/portal/page/portal/documentacao_e_divulgacao/doc_biblioteca/bibli_servicos_produtos/bibli_boletim/bibli_bol_2006/RPro_n.259.18.PDF>. Acesso em 22 jan.2020.

Chen, H., Chiang, R., & Storey, V. 2012. Business intelligence and analytics: From Big data to Big impact. MIS Quarterly (pp. 1165–1188). Disponível em: <https://www.jstor.org/stable/41703503?seq=1>. Acesso em 24 jan. 2020.

Conference on Data Mining. Disponível em: <http://pages.di.unipi.it/ruggieri/Papers/sdm09.pdf>. Acesso em 23 jan. 2020.

DACORDO. Disponível em: <http://www.dacordo.com.br/>. Acesso em 20 jan. 2020.

Deville, J. 2013. "Leaky Data: How Wonga Makes Lending Decisions." Charisma: Consumer Market Studies. Disponível em: <https://www.charisma-network.net/finance/leaky-data-how-wonga-makes-lending-decisions>. Acesso em 25 jan. 2020.

EBAY. Resolution Center. Disponível em: <https://resolutioncenter.ebay.com/>. Acesso em 27 de jan. 2020.

EU Alternative and Online Dispute Resolution (ADR/ODR). 2017. Disponível em: <http://ec.europa.eu/consumers/solving_consumer_disputes/non-judicial_redress/adr-odr/index_en.htm.>. Acesso em 21 jan. 2020.

EU Alternative and Online Dispute Resolution (ADR/ODR). 2017. Disponível em: <http://ec.europa.eu/consumers/solving_consumer_disputes/non-judicial_redress/adr-odr/index_en.htm.>. Acesso em 21 jan. 2020.

FAN, Shelly. Singularity Hub. Quantum Computing, Now and in the (Not Too Distant) Future. Disponível em: <https://singularityhub.com/2019/02/26/quantum--computing-now-and-in-the-not-too-distant-future/>. Acesso em 25 jan. 2020.

Feixe, C. e Segev, UMA. 1996. Negociações automatizadas, uma pesquisa sobre o estado da arte. Universidade da Califórnia em Berkley. Disponível em <www.cs.uu.nl/docs/vakken/vm/agents-negotiation.pdf>. Acesso em 22 de jan. 2020.

Friedman, B., & Nissenbaum, H. (1996). Bias in computer systems. ACM Transactions on Information and System Security, 14(3). New York, NY, USA: ACM), (pp 330–347). Disponível em: <https://vsdesign.org/publications/pdf/64_friedman.pdf>. Acesso em 24 jan. 2020.

Halevy, A., Norvig, P., & Pereira, F. 2009. The unreasonable effectiveness of data. IEEE Intelligent Systems, (pp 8–12). Disponível em: <https://storage.googleapis.com/pub-tools-public-publication-data/pdf/35179.pdf>. Acesso em 22. jan. 2020.

Hildebrandt, M. 2006. Profiling: From data to knowledge. Datenschutz Und Datensicherheit-DuD. 548-552. Disponível em: <https://link.springer.com/article/10.1007/s11623-006-0140-3>. Acesso em 25 jan. 2020.

Janssen, M., Charalabidis, Y., & Zuiderwijk, A. 2012. Benefits, adoption barriers and myths of open data and open government. Information Systems Management (pp. 258–268). Disponível em: <https://www.tandfonline.com/doi/abs/10.1080/10580530.2012.716740>. Acesso em 23 jan. 2020.

Janssen, M., & Kuk, G. 2016. The challenges and limits of big data algorithms in technocratic governance. Government Information Quarterly. 371-377. Disponível em: <https://www.sciencedirect.com/science/article/pii/S0740624X16301599>. Acesso em 25 jan. 2020.

Japkowicz, N., & Shah, M. (2011). Evaluating learning algorithms: a classification perspective. UK: Cambridge University Press. Disponível em: <https://pdfs.semanticscholar.org/fdd3/ff90a0a200aaa99089583abbf44bd8ae6811.pdf>. Acesso em 20 jan. 2020.

Katsh, E. and Rabinovich-Einy, O. 2017. Digital Justice, Technology and the Internet of Disputes. Oxford University Press, Oxford.

Kim, E. 2015. "Workday Helps You Predict When Your Best Employees Will Leave." *Business Insider.* Disponível em: < https://www.businessinsider.com/workday-talent-insights-can-predict-when-employees-will-leave-2015-4?r=UK>. Acesso em 26 jan. 2020.

Kleinberg, J., Ludwig, J., Mullainathan, S., & Obermeyer, Z. 2015. Prediction policy problems. The American Economic Review, (pp 491-495). Disponível em: <https://www.ncbi.nlm.nih.gov/pmc/articles/PMC4869349/>. Acesso em 23. jan. 2020.

Lathrop, D., & Ruma, L. (2010). Open government: Collaboration, transparency, and participation in practice. Sebastopol, CA: O'Reilly Media. Disponível em: <https://archive.org/stream/OpenGovernment/open_government_djvu.txt>. Acesso em 20 jan. 2020.

Lazer, D., Kennedy, R., King, G., & Vespignani, A. 2014. The parable of Google Flu: Traps in Big Data Analysis David. Policy Forum, (pp 1203-1205). Disponível em: <https://dash.harvard.edu/bitstream/handle/1/12016836/The%20Parable%20of%20Google%20Flu%20%28WP-Final%29.pdf?sequence=1>. Acesso em 21 jan. 2020.

Lepri, B., Oliver, N., Letouzé, E., Pentland, A., & Vinck, P. 2017. Fair, transparent, and accountable algorithmic decision-making processes the premise, the proposed solutions, and the open challenges. Philosophy and Technology. p. 9. Disponível em:

<https://dspace.mit.edu/bitstream/handle/1721.1/122933/13347_2017_279_ReferencePDF.pdf?sequence=2&isAllowed=y>. Acesso em 24 jan. 2020.

Lobosco, K. 2013. "Facebook Friends Could Change Your Credit Score." *CNNMoney*. Disponível em: <https://money.cnn.com/2013/08/26/technology/social/facebook-credit-score/index.html>. Acesso em 25 jan. 2020.

Macpherson, N. 2013. Review of quality assurance of government models. London: HM Treasury. Disponível em: <https://www.gov.uk/government/publications/review-of-quality-assurance-of-government-models>. Acesso em 21 jan. 2020.

Mckinlay, S. T. 2017. "Evidence, Explanation and Predictive Data Modelling." Philosophy & Technology, January. Springer Netherlands, 1-13. Disponível em: <https://link.springer.com/article/10.1007/s13347-016-0248-9>. Acesso em 23. Jan. 2020.

MERCADO LIVRE. Compra Garantida. Disponível em: <https://www.mercadolivre.com.br/compra-garantida>. Acesso em 27 de jan. 2020.

CONSUMIDOR.GOV. Disponível em: <https://www.consumidor.gov.br/>. Acesso em 27 de jan. 2020.

Miller, H. G., & Mork, P. 2013. From data to decisions: A value chain for big data. IT Professional, (pp 57-59). Disponível em <https://cic.unb.br/~alchieri/disciplinas/posgraduacao/agi/DataCenter/Decisions.pdf>. Acesso em 21 jan. 2020.

Nissenbaum, H. (2001). How computer systems embody values. *Computer*, (pp 120-119). Disponível em: <https://ieeexplore.ieee.org/document/910905>. Acesso em 26 jan. 2020.

NUNES, Dierle; VIANA, Aurélio. Deslocar função estritamente decisória para máquinas é muito perigoso. Conjur, 2018. Disponível em: https://www.conjur.com.br/2018-jan-22/opiniao-deslocar-funcao-decisoria-maquinas-perigoso - Acesso em 26 jan. 2020.

NUNES, Dierle; LUD, Natanael, PEDRON, Flávio Quinaud. Desconfiando da imparcialidade dos sujeitos processuais: um estudo sobre os vieses cognitivos, a mitigação de seus efeitos e o debiasing. Salvador: JusPodivm, 2018.

NUNES, Dierle; MARQUES, Ana Luíza Coelho. Inteligência artificial e direito processual: vieses algorítmicos e os riscos de atribuição de função decisória às máquinas. Revista de Processo, vol. 258/2018, p. 421-447, nov. 2018.

NUNES, Marcelo Guedes. Jurimetria: como a estatística pode reinventar o Direito. São Paulo: Editora Revista dos Tribunais, 2016.

Pedreschi, D., Ruggieri, S., & Turini, F. 2009. Measuring Discrimination in Socially-Sensitive Decision Records. In Proceedings of the 2009 SIAM International.

Peng, G., Ritchey, N. A., Casey, K. S., Kearns, E. J., Privette, J. L., Saunders, D., & Ansari, S. 2016. Scientific stewardship in the open data and big data era – roles and responsibilities of stewards and other major product stakeholders. D-Lib Magazine.

Disponível em: <https://repository.library.noaa.gov/view/noaa/15749/noaa_15749_DS1.pdf>. Acesso em 21 jan. 2020.

Pielke, R. A. 1999. Who decides? Forecasts and Responsibilities in the 1997 Red River Flood. Applied Behavioral Science Review, (pp 83–101). Disponível em: <https://sciencepolicy.colorado.edu/admin/publication_files/resource-81-1999.16.pdf>. Acesso em 21 jan. 2020.

Petisco, W. 2016. The causal nature of modeling with big data. Philosophy & Technology. Springer Netherlands), 137-171. Disponível em: <http://www.wolfgangpietsch.de/pietsch-dataint_causality-f.pdf>. Acesso em 23. Jan. 2020.

Responsible Data Science Initiative. 2016. Responsible data science. Disponível em: <http://www.responsibledatascience.org/.>. Acesso em 21 jan. 2020.

ridi, L., & Taddeo, M. 2016. What is data ethics? Philosophical Transactions of the Royal So-Ciety A: Mathematical, Physical and Engineering Sciences. 374. Disponível em: <https://royalsocietypublishing.org/doi/full/10.1098/rsta.2016.0360>. Acesso em 25 jan. 2020.

Rosa, Camila da. Spaler, Mayara. Revista Jurídica da Escola Superior de Advocacia da OAB-PR. Experiências Privadas de ODR no Brasil. Disponível em: <http://revistajuridica.esa.oabpr.org.br/wpcontent/uploads/2018/12/revista_esa_8_10.pdf>. Acesso em 23 jan. 2020.

Russel, S., & Norvig, P. 1995. "Artificial Intelligence: A Modern Approach". EUA: Prentice Hall. Disponível em: <https://www.cin.ufpe.br/~tfl2/artificial-intelligence-modern-approach.9780131038059.25368.pdf> Acesso em 26 jan. 2020.

Sagiroglu, S., & Sinanc, D. 2013. Big data: A review. International conference on collaboration technologies and systems (CTS), San Diego, CA (pp. 42-47). IEEE. Disponível em: <https://ieeexplore.ieee.org/abstract/document/6567202>. Acesso em 24 jan. 2020.

Shadbolt, N., Motta, E., & Rouge, A. (1993). Constructing knowledge-based systems. IEEE Software, (pp. 34–38). Disponível em: <https://ieeexplore.ieee.org/document/241964>. Acesso em 26 jan. 2020.

Stoyanovich, J., Howe, B., Abiteboul, S., Miklau, G., Sahuguet, A., & Weikum, G. (2017). Fides: Towards a platform for responsible data science. International Conference on Scientific and Statistical Database Management, Chicago. Disponível em: <https://hal.inria.fr/hal-01522418/document>. Acesso em 21 jan. 2020.

Taurion, César. Computerworld. Você sabe o que é um modelo preditivo? Disponível em: <https://computerworld.com.br/2014/12/16/voce-sabe-o-que-e-um-modelo-preditivo/.>. Acesso em 20 jan. 2020.

Tversky, A., & Kahneman, D. 1974. Judgment under uncertainty: Heuristics and biases. Science, 185, (pp 1124-1131). Disponível em: <https://apps.dtic.mil/dtic/tr/fulltext/u2/767426.pdf>. Acesso em 23 jan. 2020.

Tufekci, Z. 2014. Engineering the public: big data, surveillance and computational politics. First Monday. Disponível em: <https://journals.uic.edu/ojs/index.php/fm/article/view/4901>. Acesso em 25 jan. 2020.

UNCITRAL Model Law on International Arbitration. 2006. Disponível em: <www.uncitral.org/pdf/english/texts/arbitration/ml-arb/07-86998_Ebook.pdf>. Acesso em 21 jan. 2020.

USACM. Association for Computing Machinery US Public Policy Council (USACM). 2017. Statement on Algorithmic Transparency and Accountability. Disponível em: <https://www.acm.org/binaries/content/assets/public-policy/2017_usacm_statement_algorithms.pdf>. Acesso em 20 jan. 2020.

Wilkinson, M. D. 2016. The FAIR guiding principles for scientific data management and stewardship. Scientific Data. Disponível em; <https://www.nature.com/articles/sdata201618.pdf?origin=ppub>. Acesso em 21 jan. 2020.

Wilkinson, M. D., Verborgh, R., Bonino da Silva Santos, L. O., Clark, T., Swertz, M. A., Kelpin, F. D. L., Dumontier, M. 2017. Interoperability and FAIRness through a novel combination of Web technologies. PeerJ Computer Science. Disponível em: <https://peerj.com/articles/cs-110/?utm_source=TrendMD&utm_campaign=PeerJ_TrendMD_1&utm_medium=TrendMD>. Acesso em 22 jan. 2020.

Wilkinson, M. D., Verborgh, R., Bonino da Silva Santos, L. O., Clark, T., Swertz, M. A., Kelpin, F. D. L., Dumontier, M. 2017. Interoperability and FAIRness through a novel combination of Web technologies. PeerJ Computer Science. p. 3. Disponível em: <https://peerj.com/articles/cs-110/?utm_source=TrendMD&utm_campaign=PeerJ_TrendMD_1&utm_medium=TrendMD>. Acesso em 22 jan. 2020.

Zarsky, T. 2016. The trouble with algorithmic decisions: an analytic road map to examine efficiency and fairness in automated and opaque decision making. Science, Technology & Human Values. SAGE Publications Sage CA: Los Angeles, CA), (pp 118-132). Disponível em: <https://journals.sagepub.com/doi/10.1177/0162243915605575>. Acesso em 26 jan. 2020.

Zeleznikov, J., Nevas, J. 2009. Using BATNAs and WATNAs'. In ODR Francisco Andrade, Paulo Novais, Davide Carniero, Vol. 6284 Lecture Notes in Computer Science, Springer, Berlin. Disponível em: <https://core.ac.uk/download/pdf/55619486.pdf>. Acesso em 24 jan. 2020.

A utilização de sistemas preditivos em operações de financiamento de litígios por terceiros

BERNARDO LATGÉ

Mestre em Direito Processual pela Universidade do Estado do Rio de Janeiro. Professor convidado dos programas de Pós-graduação da Universidade do Estado do Rio de Janeiro, Fundação Getulio Vargas e Escola Superior de Advocacia Pública. Advogado.

Sumário: 1. Introdução. 2. *Third-party funding*: aproximação conceitual. 3. A expansão do financiamento de litígios por terceiros. 4. A avaliação do caso a ser financiado. 5. O uso de sistemas preditivos como ferramenta para a avaliação do caso pelo financiador. 6. Dificuldades de implementação dos sistemas preditivos baseados em algoritmos em operações de *third-party funding*. 7. Conclusão. Referências bibliográficas.

1. Introdução

Nos últimos anos, assistiu-se a um crescente desenvolvimento do mercado de financiamento de processos judiciais e arbitrais por terceiros. A escassez de recursos causada pelas crises econômicas das últimas décadas, ao mesmo tempo em que provocou um aumento de demandas em razão do crescimento da inadimplência, fez com que diversas empresas buscassem alternativas para custear seus litígios.[1]

Essas empresas, com efeito, conquanto em regra não possam se valer dos benefícios destinados àqueles mais necessitados[2], constantemente se veem diante do complexo paradoxo do aumento do número de demandas contrastado com a diminuição de recursos disponíveis em caixa para fazer frente aos custos correlatos[3].

Assim, a ideia de não ter que afundar recursos em uma empreitada judicial ou arbitral, com todas as incertezas a ela inerentes, e mesmo assim buscar o crédito detido, pareceu muito bem se adequar à realidade econômica dos últimos anos.

Por outro lado, investidores institucionais estão em permanente busca por novos tipos de investimentos, alternativos aos tradicionais, como forma de diversificar seu portfólio e maximizar a rentabilidade de seus recursos.

Essa conjunção de fatores, portanto, fez surgir um mercado de financiamento de demandas judiciais e arbitragens por terceiros, sobretudo voltado para causas de valor econômico relevante. Por meio dessa nova modalidade de investimento, o financiador se propõe a arcar com as despesas do litígio de uma das partes do processo, em troca de uma remuneração contingente ao sucesso

---

1. STEINITZ, Maya. *Whose Claim is This Anyway?* In: Minesota Law Review, v. 95, 2011. p. 1270-1271.
2. Vale registrar que o art. 98 do Código de Processo Civil autoriza a concessão de gratuidade de justiça para pessoas jurídicas. Não obstante, para a obtenção de tal benefício, as entidades de direito privado (sobretudo aquelas que possuem fins lucrativos) devem comprovar sua hipossuficiência, o que, em muitos casos, afigura-se tarefa de difícil consecução. Sobre o tema: SILVA, Ticiano Alves e. *Os entendimentos divergentes do STJ e do STF acerca do procedimento para a concessão do benefício da justiça gratuita às pessoas jurídicas com e sem fins lucrativos.* In: Revista de Processo, v. 151, 2007. p. 195-204.
3. ALVES, Rafael Francisco; VERONESE, Lígia Espolaor. *Arbitragem e empresas em crise: o novo mercado de financiamento por terceiros.* Disponível em: <https://www.jota.info/opiniao-e-analise/artigos/arbitragem-e-empresas-em-crise-o-novo-mercado-de-financiamento-por-terceiros-05082016>. Acesso: 02.08.2018.

na demanda, a qual geralmente é mensurada sob percentual do benefício econômico obtido ou sob um múltiplo do montante investido.

A decisão a respeito do investimento ou não em um determinado processo judicial ou arbitral pelo terceiro financiador, no entanto, perpassa por uma avaliação dos riscos envolvidos na empreitada, seja quanto às perspectivas de sucesso no contencioso, seja no que diz respeito ao tempo estimado para a duração da disputa. Com efeito, é natural que, para investir recursos próprios em processo alheio, a entidade financiadora reserve para si o direito de examinar a qualidade da pretensão da parte financiada.

Nesse contexto, o uso da tecnologia pode despontar como interessante mecanismo à disposição dos investidores, servindo de suporte para a tomada de decisões. Isso porque, ao longo dos últimos anos, sistemas preditivos baseados em algoritmos vêm sendo desenvolvidos, de modo a oferecer provisionamentos cada vez mais certeiros das perspectivas de sucesso de determinados processos.

O presente artigo tem por objetivo apresentar um breve panorama sobre o fenômeno do financiamento de demandas judiciais e arbitrais por terceiros (*third-party funding*), dando enfoque na possibilidade de utilização de sistemas preditivos no processo de tomada de decisão a respeito do investimento.

2. *THIRD-PARTY FUNDING:* APROXIMAÇÃO CONCEITUAL

A ideia de um terceiro financiar um litígio não é propriamente uma novidade, seja no cenário brasileiro ou internacional. Já há muito, advogados se dispõem a "financiar" demandas de seu cliente em troca de uma parcela (geralmente mensurada em percentual) do benefício econômico em jogo.[4] O fenômeno do financiamento também pode ocorrer através de seguros contra ações cíveis e procedimentos arbitrais, ou até mesmo por meio de um simples mútuo tomado pela parte junto a uma instituição financeira. Contudo, nenhuma dessas

---

4. Trata-se do chamado *pacto de quota litis*. No Brasil, o *pacto de quota litis* surgiu com a edição do Decreto nº 5.737, de 2 de setembro de 1874. Desde então, é autorizado aos causídicos postergarem o recebimento de seus honorários para o final da causa, a depender do resultado do litígio. (ARAÚJO, Fabiana Azevedo. *A remuneração do advogado*: investigações acerca da natureza jurídica dos honorários de sucumbência. Disponível: <http://www.agu.gov.br/page/download/index/id/521907>. Acesso: 23.08.2018. No mesmo sentido: BARBI, Celso Agrícola. *Da condenação em honorários de advogado na ação declaratória*. Disponível em: <https://www.direito.ufmg.br/revista/index.php/revista/article/download/565/532>. Acesso: 23.08.2018).

formas de financiamento dos custos que envolvem o processo interessam a este trabalho.

O fenômeno que aguça as presentes linhas é o do *third-party funding*, que consiste no financiamento dos custos de um litígio por um terceiro, em troca de uma remuneração – geralmente uma parcela do benefício econômico da parte ou um múltiplo do montante investido – contingente ao resultado da controvérsia. Deveras, a evolução sobre a forma de financiamento de litígios é um reflexo direto da atual realidade da litigância.

Não é simples a tarefa de buscar uma definição sobre o que seria um *third-party funding* ou um *third-party funder*, não havendo propriamente um consenso no âmbito da doutrina. Nesse sentido, Duarte Gorjão Henriques anota que questões atinentes à forma segundo a qual a operação é estruturada, o tipo de financiadores e de financiados, o nível de participação que o terceiro tem no processo, dentre outras, introduzem um nível de complexidade acima do esperado à tarefa.[5]

O modelo mais usual que vem se desenvolvendo nos últimos anos segue, basicamente, a seguinte linha: o terceiro procede ao adiantamento das despesas que envolvem o litígio (que podem incluir, inclusive, o pagamento dos honorários dos advogados, despesas com a produção de provas, dentre outros), sem a garantia de que terá um retorno sobre o capital investido. Apenas no caso de sucesso da parte financiada no litígio é que o financiador terá direito a uma parcela do benefício econômico concedido pela sentença, um valor calculado sobre o montante investido, ou, ainda a combinação de ambos.[6]

Interessante notar que o financiamento em uma demanda pode ser realizado por entidades distintas e com diversos propósitos. Como mencionado anteriormente, o proveito econômico objeto da disputa pode despertar em advogados o interesse em postergar os seus honorários para o final da causa, condicionando seu recebimento a uma parcela do êxito. Também não é raro encontrar associações, organizações não governamentais e até mesmo pessoas físicas que se predispõem a custear causas com repercussões sociais relevantes, em nome de uma bandeira por eles defendidas.

---

5. HENRIQUES, Duarte Gorjão. *Arbitrating disputes in Third-Party Funding*: a parallel with arbitration in the financing sector. Disponível em: <https://papers.ssrn.com/sol3/papers.cfm?abstract_id=3285723>. Acesso: 03.01.2019.
6. HENRIQUES, Duarte Gorjão. *Arbitrating disputes in Third-Party Funding*: a parallel with arbitration in the financing sector. Disponível em: <https://papers.ssrn.com/sol3/papers.cfm?abstract_id=3285723>. Acesso: 03.01.2019.

Embora tais advogados e entidades não possam ser classificadas propriamente como terceiros financiadores – seja porque almejam apenas a remuneração por um trabalho prestado[7] (ainda que de forma diferida), seja porque não receberão retorno sobre o capital investido –, é certo que se apresentam como um ingrediente adicional à tarefa conceitual. A toda evidência, devem ser considerados como terceiros financiadores – ao menos para os propósitos do fenômeno do *third-party funding* – apenas aqueles que investem recursos em um litígio com o objetivo de obter lucro sobre o capital investido.

Por outro lado, igualmente não se vislumbra uma homogeneidade naqueles que buscam o financiamento. Diversas são as razões que podem levar uma parte a buscar um terceiro para lhe financiar em um conflito, como um momento de dificuldade financeira transitório, um receio de assumir sozinho os riscos do litígio ou mesmo uma política de gestão financeira com o propósito de liberar recursos próprios para outras finalidades.

Outro interessante elemento que acaba por dificultar a delimitação do tema é o grau de participação do terceiro financiador na condução do processo em que investe seus recursos. A decisão pelo investimento em uma causa perpassa por uma avaliação de diversos níveis, pressupondo um exame de probabilidade de sucesso, dos custos envolvidos e do tempo de duração do processo. Alguns investidores, no entanto, não se limitam à avaliação inicial sobre investir ou não no litígio, também exigindo que tenham um maior poder sobre a condução do caso, que pode envolver desde o mero acompanhamento, até mesmo a indicação de advogados para atuar na equipe e a aprovação das teses que serão utilizadas no processo.

De uma forma ou de outra, a despeito da existência de todas essas circunstâncias que outorgam certa complexidade à tarefa conceitual, a doutrina não vem se furtando a apresentar definições para o fenômeno. Yves Derains[8], por exemplo, assim o fez:

> It's a scheme where a party unconnected to a claim finances all or part of one parties' arbitration costs, in most cases the claimant. The

---

7. Nesse sentido, Maya Steinitz esclarece que o principal elemento que diferencia o *pacto de quota litis* e a *third party funding* consiste justamente no fato de que, neste último, os financiadores não prestam um serviço por uma remuneração e sim investem em uma ação/ativo (STEINITZ, Maya. *Whose Claim is This Anyway?* In: Minesota Law Review, v. 95, 2011. p. 1293-1294).
8. DERANIS, Yves. In: CREMADES, Bernardo; DIMOLITSA, Antonias. Third-party funding in International Arbitration. Dossiers – ICC. Paris, 2013. p. 5.

funder is remunerated by an agreed porcentage of the proceeds of the award, a success fee, a combination of the two or through more sophisticated devices. In the case of an unfavourable award, the funder's investment is lost.

Da mesma forma, Maya Steinitz[9] afirma que "*third-party litigation funding is 'a group of funding methods that rely on funds from the insurance markets or capital markets instead of, or in addition to, a litigant's own funds.' In other words, it is the provision of funds by companies who have no other connection with the litigation*".

Para Lawrence S. Schaner e Tomas G. Appleman[10], "'*third-party litigation funding' is funding, by an outside party, of all or parts of a plaintiff's litigation costs in exchange for an agreed share of any recovered proceeds*". Segundo os autores, "*if the claim is successful, either in litigation or settlement, the funder receives a portion or percentage of the recovery [...]. If the claim is not successful, the funder does not recoup the litigation costs, which are the principal of its loan*".

No ano de 2013, o *International Council for Commercial Arbitration*, em parceria com a *Queen Mary University*, reuniu um grupo de pesquisadores com atuação e experiência em diversas áreas, liderados pelos professores Stavros Brekoulakis, William W. ("Rusty") Park e Catherine A. Rogers, em uma espécie de *task force* para estudar o fenômeno do *third-party funding*. No relatório final[11], publicado cinco anos mais tarde, em 2018, os pesquisadores apresentaram o seguinte conceito para o instituto:

> The term "third-party funding" refers to an agreement by an entity that is not a party to the dispute to provide a party, an affiliate of that party or a law firm representing that party,
>
> a) funds or other material support in order to finance part or all of the cost of the proceedings, either individually or as part of a specific range of cases, and

---

9. STEINITZ, Maya. *Whose Claim is This Anyway?* In: Minesota Law Review, v. 95, 2011. p. 1275-1276.
10. SCHANER, Lawrence S.; APPLEMAN, Tomas G. *Third-party litigation funding in the United States*. In: Revista de Arbitragem e Mediação, v. 32, 2012. p. 177.
11. BREKOULAKIS, Stavros; PARK, William W. (Rusty) Park; ROGERS, Catherine A. (Coord.). *Report of the ICCA-Queen Mary Task Force on Third-Party Funding in International Arbitration*. Disponível em: <https://www.arbitration-icca.org/media/10/40280243154551/icca_reports_4_tpf_final_for_print_5_april.pdf>. Acesso: 05.12.2018.

b) such support or financing is either provided in exchange for remuneration or reimbursement that is wholly or partially dependent on the outcome of the dispute, or provided through a grant or in return for a premium payment.

Um conceito mais extenso e detalhado também pode ser encontrado em artigo publicado por Victoria Shannon Sahani[12] na *UCLA Law Review*:

> Third-party funding is an arrangement where a party involved in a dispute seeks funding from an outside entity for its legal representation. The outside entity—a third-party funder—finances the party's legal representation in anticipation of making a profit. The third-party funder could be a bank, hedge fund, insurance company, or some other entity or individual. If the funded party is the plaintiff, then the funder contracts to receive a percentage or fraction of the proceeds if the plaintiff wins the case. Unlike a loan, the funded plaintiff does not have to repay the funder if it loses the case or does not recover any money. If the funded party is the defendant, then the funder contracts to receive a predetermined payment from the defendant, similar to an insurance premium, and the agreement may include an extra payment to the funder if the defendant wins the case.

Por aqui, a doutrina nacional também vem apresentando definições para o financiamento de demandas por terceiros. Marcel Carvalho Engholm Cardoso, por exemplo, afirma que *"pode-se definir o third-party funding como o investimento feito por um terceiro em um ou mais litígios com os quais ele não possui qualquer outra ligação, por meio da qual parcela (ou a totalidade) dos custos da demanda (e, consequentemente, dos riscos) são repassados ao financiador, cuja remuneração está vinculada ao sucesso da demanda"*[13]. Napoleão Casado Filho[14], por sua vez, aduz que:

---

12. SAHANI, Victoria Shannon. *Judging Third-Party Funding*. In: UCLA Law Review, v. 63, 2016. p. 392-393.
13. CARDOSO, Marcel Carvalho Engholm. *Financiamento de Litígios por terceiros (third-party litigation funding) em processos cíveis (judiciais e arbitrais)*. 255 p. Dissertação (Mestrado em Direito). Faculdade de Direito da Universidade do Estado de São Paulo, 2017. p. 49.
14. CASADO FILHO, Napoleão. *Arbitragem comercial internacional*: o novo paradigma do third party funding. 218 p. Tese (Doutorado em Direito). Faculdade de Direito da Pontifícia Universidade Católica de São Paulo, 2014. p. 172-173.

Parece-nos que o financiamento de terceiros, em processos judiciais ou arbitrais, pode ser definido como um método de financiamento no qual uma entidade, que não faz parte de um conflito, suporta as despesas do processo no lugar de uma das partes, arcando com os honorários dos advogados, dos julgadores e com as demais despesas necessárias à produção de provas e administração do processo. Em retorno, a entidade financiadora recebe uma porcentagem dos ganhos decorrentes da decisão final. Trata-se de contrato aleatório, pois o financiador pode não receber nada em caso de insucesso do processo.

E Leonardo de Faria Beraldo[15] conclui:

> Pode-se conceituar esse negócio como um contrato pelo qual uma pessoa, quase sempre terceiro em relação a convenção de arbitragem (financiador), financiará os gastos de uma outra pessoa (financiado) com o processo arbitral, tais como taxas de instauração e manutenção da arbitragem, honorários do árbitro, advocatícios (contratuais e sucumbenciais), do perito. O valor pode ser para cobrir todos esses dispêndios ou apenas parte deles. Em contrapartida, o financiador receberá, do financiado, caso este logre êxito na demanda arbitral, um percentual ou valor previamente fixado sobre aquilo que ele vier a receber. Caso a lide não resulte em ganho financeiro real e imediato, deverá o financiador pagar aquilo que combinou antecipadamente com o financiador.

Como se vê, sobressai de todas as definições anteriormente citadas que os elementos centrais do conceito repousam, primeiramente, (i) no adiantamento de recursos por um terceiro, que viabiliza a instauração e desenvolvimento do processo; e, em um segundo momento, (ii) no retorno à entidade financiadora do montante investido, acrescido de um lucro sobre este, o que ocorrerá apenas em caso de sucesso na contenda judicial ou arbitral.

3. A EXPANSÃO DO FINANCIAMENTO DE LITÍGIOS POR TERCEIROS

Surgido nos países de tradição anglo-saxã, o *third-party funding* vem ganhando adeptos de forma exponencial nos últimos anos, sobretudo em países

---

15. BERALDO, Leonardo de Faria. *Curso de Arbitragem*: nos termos da Lei nº 9.307/96. São Paulo: Atlas, 2014. p. 145.

como Austrália, Áustria, Inglaterra, Alemanha, Suíça, País de Gales e Estados Unidos da América. Conforme anotou Duarte Gorjão Henriques[16]:

> O inquérito conduzido em 2013 pela "School of International Arbitration" da Universidade Queen Mary em Londres, juntamente com a "Price Waterhouse Coopers", dava conta de serem poucas as entidades que podiam relatar experiências de "third party funding" (apenas 6% dos inquiridos afirmaram ter tido experiências neste tipo de financiamento e 89% dos inquiridos afirmaram que nos últimos 5 anos não se viram forçados a abandonar arbitragens por si iniciadas devido a falta de financiamento). No inquérito realizado em 2015 pela mesma Universidade, desta feita em conjunto com a "White & Case", os resultados davam conta de números superiores: 39% dos inquiridos afirmaram ter usado (12%) ou saberem de casos (27%) em que foi usado o financiamento por terceiros, enquanto 51% afirmaram ter conhecimento do que é este modelo de financiamento; dos inquiridos que afirmaram ter recorrido ao financiamento de terceiros, 51% revelaram uma apreciação positiva, contra 18% que relatam ter tido experiências negativas.

De fato, desde a atenuação das regras limitadoras de auxílio e/ou financiamento de litígios por terceiros (*champerty* e *maitenance*) no cenário internacional[17], o mercado vem se desenvolvendo, aumentando-se a cada ano o volume de recursos investidos em processos. Cento Veljanovski, nessa esteira, registra que, embora ainda tenha enorme potencial de crescimento, o mercado de *third--party funding* no Reino Unido em 2011 já contava com investimentos da ordem de cento e cinquenta e sete milhões de libras, excluindo-se do cálculo os fundos *Buford* e *Juridica*, que reuniam naquele ano mais trezentos milhões de dólares

---

16. HENRIQUES, Duarte Gorjão. *Arbitrating disputes in Third-Party Funding*: a parallel with arbitration in the financing sector. Disponível em: <https://papers.ssrn.com/sol3/papers.cfm?abstract_id=3285723>. Acesso: 03.01.2019.

17. Para melhor compreensão da superação das doutrinas da *maintenance* e *champerty*, ver: CARDOSO, Marcel Carvalho Engholm. *Financiamento de Litígios por terceiros (third--party litigation funding) em processos cíveis (judiciais e arbitrais)*. 255 p. Dissertação (Mestrado em Direito). Faculdade de Direito da Universidade do Estado de São Paulo, 2017. Ver, também, LATGÉ, Bernardo da Silveira. *Aspectos processuais do third party funding*. 189 p. Dissertação (Mestrado em Direito Processual) – Universidade do Estado do Rio de Janeiro (UERJ), Rio de Janeiro, 2019.

em investimentos dessa natureza.[18] Nos dias de hoje, certamente tais valores são superiores.

No Brasil, embora seja de longa data a cultura de compra de créditos judiciais, o financiamento de arbitragens e ações ainda se encontra em estágio inicial. Do que se tem notícia, o caso precursor envolvendo um financiamento processual por aqui se tratou de uma associação entre o cantor e compositor João Gilberto e o Banco Opportunity no âmbito de um processo movido pelo primeiro contra a Emi-Odeon[19].

A controvérsia havia sido instaurada por João Gilberto sob o fundamento de que a Emi-Odeon havia alterado gravações de alguns de seus álbuns – dentre os quais aquele que contava a música "Chega de Saudade" – no processo de remasterização. Além disso, a disputa também envolvia a cobrança de *royalties*, que João Gilberto alegava não terem sido pagos pela Emi-Odeon por força da comercialização dos álbuns. No curso do processo, João Gilberto celebrou um contrato com o Banco Opportunity por meio do qual convencionou receber uma antecipação de R$ 10.000.000,00 (dez milhões de reais), se comprometendo a repassar à instituição financeira 60% (sessenta por cento) dos valores obtidos da Emi-Odeon em caso de sucesso na contenda judicial, em uma espécie de financiamento processual.[20]

Na ocasião, segundo relata artigo publicado na Revista Piauí, Daniel Pedreira, à época executivo do Banco, foi indagado sobre o interesse do Opportunity em se envolver na disputa judicial, considerando que tal atividade não fazia parte do portfólio de investimentos da instituição financeira. Em resposta, o executivo afirmou que "havia algum tempo [...] que os advogados vinham estudando a possibilidade de criar uma área chamada *Litigation Finance* – ou Litígio Financeiro, muito comum nos Estados Unidos"[21].

---

18. VELJANOVSKI, Cento. *Third-Party Litigation Funding in Europe*. Journal of Law, Economics & Policy. vol. 8, 2012. p. 414-416.
19. WALD, Arnoldo. *Alguns aspectos positivos e negativos do financiamento da arbitragem*. In: Revista de Arbitragem e Mediação, v. 49, 2016. p. 39.
20. Ao que se tem conhecimento, na prática, o Banco Oppotunity apenas pagou R$ 5.000.000,00 (cinco milhões de reais) a João Gilberto.
21. Sobre o caso, confira-se interessante artigo publicado na Revista Piauí, na edição nº 112, de janeiro de 2016: DIEGUEZ, Consuelo. *Esperando o João*. Revista Piauí, jan. 2016. Disponível em: <https://piaui.folha.uol.com.br/materia/esperando-joao/>. Acesso: 07.01.2019.

O caso de João Gilberto certamente não será o último que contará com um financiamento processual no Brasil. Rafael Francisco Alves e Lígia Espolaor Veronese apontam que, "com o aprofundamento da crise econômica e o aumento das demandas arbitrais [...] o mercado brasileiro conta atualmente com fundos altamente especializados em avaliação de risco e financiamento de disputas, dispondo, inclusive, de produtos diversificados"[22-23] A estes fatores ainda se agrega o fato de que o Brasil é um dos países líderes em números de arbitragens no mundo, o que contribui bastante para o promissor ambiente para o desenvolvimento de um mercado sólido de financiamento de litígios por terceiros. Afinal, esse tipo de negócio destina-se a causas cujo valor econômico em jogo é relevante, as quais cada vez mais são atraídas para o espectro da arbitragem.

A doutrina nacional também vem se preocupando com o tema do *third-party funding*, podendo-se citar os trabalhos de Arnoldo Wald[24], Antonio do Passo Cabral[25], Napoleão Casado Filho[26], Fabiana Mendonça Martins de Almeida[27], Fátima Cristina Bonassa Bucker[28], Marcel Carvalho Engholm Cardoso[29], Elisa

---

22. ALVES, Rafael Francisco; VERONESE, Lígia Espolaor. *Arbitragem e empresas em crise:* o novo mercado de financiamento por terceiros. Disponível em: <https://www.jota.info/opiniao-e-analise/artigos/arbitragem-e-empresas-em-crise-o-novo-mercado-de-financiamento-por-terceiros-05082016>. Acesso: 02.08.2018.

23. Reportagem do Valor Econômico de 05.10.2016, a propósito, dá conta de que fundos de investimentos brasileiros estão sendo criados para financiar disputas judiciais e arbitrais (https://www.valor.com.br/video/5155739598001/fundos-brasileiros-comecam-a-investir-em-disputas-arbitrais). Acesso: 07.01.2019.

24. WALD, Arnoldo. *Alguns aspectos positivos e negativos do financiamento da arbitragem.* In: Revista de Arbitragem e Mediação, v. 49, 2016, p. 33-41.

25. CABRAL, Antonio do Passo. *Convenções sobre os custos da litigância (II)*: introdução ao seguro e ao financiamento processuais. In: Revista de Processo, v. 277, 2017. p. 47-78.

26. CASADO FILHO, Napoleão. *Arbitragem comercial internacional:* o novo paradigma do third party funding. 218 p. Tese (Doutorado em Direito). Faculdade de Direito da Pontifícia Universidade Católica de São Paulo, 2014.

27. ALMEIDA, Fabiana Mendonça Martins de. *Third Party Litigation Funding*: análise à luz do direito brasileiro. 154 p. Monografia (Graduação em Direito). Faculdade de Direito da Pontifícia Universidade Católica do Rio de Janeiro, 2012.

28. BUCKER, Cristina Bonassa. *Demandas financiadas*: Third Party Funding. In: Revista do Advogado, n. 131. Associação dos Advogados de São Paulo, outubro/2016, p. 72-82.

29. CARDOSO, Marcel Carvalho Engholm. *Financiamento de Litígios por terceiros (third-party litigation funding) em processos cíveis (judiciais e arbitrais).* 255 p. Dissertação (Mestrado em Direito). Faculdade de Direito da Universidade do Estado de São Paulo. 2017.

Shmidlin Cruz[30], Flavia Bitar Neves[31], Bruno Barreto de Azevedo Teixeira[32] e Leonardo de Faria Beraldo[33], dentre outros.

4. A AVALIAÇÃO DO CASO A SER FINANCIADO

Tema de relevante importância no âmbito do financiamento de uma demanda judicial ou arbitral por terceiro consiste na avaliação do caso a ser financiado. Isso porque tal avaliação, além de orientar a decisão do investidor pelo investimento ou não em determinada causa, também servirá de baliza para a precificação do negócio a ser celebrado.

A toda evidência, sob a perspectiva do financiador, o caso deve se enquadrar dentro de certos critérios preestabelecidos, pois os fundos que dedicam sua atividade a financiar litígios judiciais e arbitrais de terceiros podem ter portfólios de investimentos distintos, cada qual preferindo aplicar recursos em demandas de uma determinada natureza.[34]

---

30. CRUZ, Elisa Shmidlin. *Arbitragem comercial financiada por terceiros*: um estudo da perspectiva regulatória a partir da nova economia institucional. 170 p. Dissertação (Mestrado em Direito). Faculdade de Direito da Pontifícia Universidade Católica do Paraná. 2017.
31. NEVES, Flávia Bittar. *Financiamento de arbitragem por terceiros – Uma alternativa apenas em tempos de crise?*. In: NASCIMBENDI, Asdrubal Franco; BERTASI, Maria Odete Duque; RANZOLIN, Ricardo Borges (coord.). Temas de Mediação e Arbitragem. São Paulo: Lex Produtos Jurídicos, 2017. p. 179-182.
32. TEIXEIRA, Bruno Barreto de Azevedo. *O Financiamento da Arbitragem por Terceiros e o Dever de Revelação*. Disponível em: <http://www.cbar.org.br/blog/artigos/o-financiamento-da-arbitragem-por-terceiros-e-o-dever-de-revelacao>. Acesso: 15.10.2018.
33. BERALDO, Leonardo de Faria. *Curso de Arbitragem*: nos termos da Lei nº 9.307/96. São Paulo: Atlas, 2014. p. 145-156.
34. Nos Estados Unidos da América, por exemplo, é possível encontrar financiadores voltados exclusivamente para causas consumeristas, para demandas comerciais e até mesmo para advogados (RADEK, Goral. *Justice Dealers*: The Ecosystem of American Litigation Finance. Disponível em: <https://papers.ssrn.com/sol3/papers.cfm?abstract_id=2530798>. Acesso: 06.12.2018). Na Austrália, por sua vez, já se fazem presentes entidades financiadoras especializadas em ações coletivas (LEGG, Michael; TRAVERS, Louisa. *Necessity is the Mother of Invention:* The Adoption of Third-Party Litigation Funding and the Closed Class in Australian Class Actions. University of New South Wales Faculty of Law Research Series, v. 12, 2010). Já no Reino Unido os fundos em geral possuem predileção por demandas de natureza comercial e falimentar (VELJANOVSKI, Cento. *Third-Party Litigation Funding in Europe*. Journal of Law, Economics & Policy. vol. 8, 2012. p. 418).

Do mesmo modo, grande parte dos fundos de investimentos possuem preferência por demandas que possuem um elevado valor econômico envolvido, sendo certo que muitos deles contam com patamares mínimos para que a causa possa vir a ser financiada. Isso porque, conforme explica Nick Rowles-Davis[35]:

> There is usually a minimum value of case below which funders will not consider funding. [...] The reason for this is the ratio between likely damages awarded and the amount of the budget. Many funders work on a minimum ratio of 4 to 1. Others require 10 to 1.
>
> On a ratio 4 to 1, a case with a £3m value could have budget of £750k. If the funder required a 10 to 1 ratio then the budget could only be £300k. The funders that require the higher ratios tend to have a higher minimum value for this reason.
>
> The theory behind the ratios is simple. In the experience of many funders, in most cases the budget increases and the quantum assessment decreases. If the funder has anticipated that possibility by insisting on a funding a ratio of 10 to 1, then when these things happen, there should still be enough money available at the end of the case to ensure the funder and the client receive what they expected.
>
> When a funder considers the value of a case it will be looking to ensure that the value can provide the required return on capital invested from the damages. This depends upon the size of the budget, the size of the damages, and also the pricing demanded from the funder.
>
> The more the funder wants the higher the damages need to be.

Assim, em um primeiro momento, é preciso que o financiador verifique a existência de uma convergência entre sua área de atuação e a natureza e o vulto econômico da causa que necessita de recursos para ser viabilizada.

Por outro lado, também se faz mister que a causa a ser financiada e o perfil da parte que necessita de recursos atenda a determinados padrões que são exigidos pelas entidades financiadoras para tornar rentável o investimento a ser realizado. É que, exatamente por firmarem o negócio com objetivo de maximizar seu investimento, fundos avaliam não só a natureza da causa, mas também os riscos envolvidos na operação.

---

35. ROWLES-DAVIES, Nick. *Third Party Litigation Funding*. Estados Unidos: Oxford University Press, 2014. E-book. Item 3.44 a 3.48.

Nessa esteira, ao decidirem por investir ou não no litígio que lhes é apresentado e ao precificarem o seu investimento, entidades financiadoras levam em consideração o perfil do indivíduo que é detentor do direito vindicado. Como através do financiamento é formada uma parceria com a parte financiada, é natural que o financiador avalie o sujeito que busca o financiamento, de modo a evitar eventuais tensões no curso da relação. Até mesmo porque, na qualidade de parte propriamente do processo, será o sujeito que buscou o financiamento o responsável pela defesa dos interesses em jogo no processo e, consequentemente, pela gestão do investimento realizado.

Essa avaliação, aliás, não se limita ao perfil da parte financiada, atingindo também o de seu advogado. Afinal, como o retorno do investimento depende do êxito na causa, financiadores tomam o cuidado de examinar a qualidade profissional do patrono responsável por conduzir a estratégia processual.

No processo de tomada de decisão sobre o investimento, financiadores também levam em consideração a jurisdição sob a qual será processado o litígio[36] e a capacidade da parte adversária de efetivamente fazer frente aos custos decorrentes de sua eventual condenação na demanda[37].

Com efeito, em razão dos riscos envolvidos, financiadores também tendem a evitar litígios que têm como foro jurisdições em relação às quais há desconfiança quanto à aplicação do direito, ao mesmo tempo em que não concedem financiamentos para casos cuja execução da condenação possa ser frustrada pela impossibilidade de a parte adversária (sucumbente) fazer frente ao pagamento determinado.

Sem prejuízo, o fator de maior relevância na decisão de investidores por alocar recursos em um processo se encontra na probabilidade de êxito da causa da parte financiada, porquanto é contra a natureza do negócio investir em demandas que trazem poucas perspectivas de sucesso. Nessa toada, entrevistas conduzidas por Maxi Sherer, Aren Goldsmith e Camille Flechet em Paris no ano de 2012 apontaram que determinados fundos somente investem em causas que acreditam ter 70% (setenta por cento) de chances de êxito[38].

---

36. SCHERER, Maxi; GOLDSMITH, Aren; FLECHET, Camille. *Third party funding in international arbitration in Europe*: Part 1: funders´ perspective. In: International Business Law Journal, vol. 2, 2012.
37. VELJANOVSKI, Cento. *Third-Party Litigation Funding in Europe*. In: Journal of Law, Economics & Policy. vol. 8, 2012. p. 420.
38. SCHERER, Maxi; GOLDSMITH, Aren; FLECHET, Camille. *Third party funding in international arbitration in Europe*: Part 1: funders´ perspective. In: International Business Law Journal, vol. 2, 2012.

Para tanto, antes de firmarem o contrato de financiamento processual, entidades financiadoras têm por hábito realizar uma espécie de *due diligence* sobre o caso da parte financiada, por meio da qual avaliam todas as informações e provas disponíveis, de modo a estimar a perspectiva de sucesso da causa e, consequentemente, se ela possui ou não viabilidade de ser financiada. Uma detalhada descrição desse processo de *due diligence* é feita por Nick Rowles-Davies[39]:

> From the litigation funder´s perspective the most important part of the funding process is the detailed due diligence. This is stage of the process where the funder will dive down into the detail of the case. The initial stages of review look at the law and the merits of an action on the basis that everything they have been told is accurate. During this due diligence stage, the litigation funder will test all of the assumptions presented and, to the extent it is possible, the evidence. This will involve a thorough examination of the facts presented. The funder will want to meet the lawyers to discuss the case and to meet with the clients and any key witnesses to assess for themselves the strength of any proposed evidence. The funders will also want to meet with the instructed leading and junior consuel to discuss the views on the case and the strategy to be employed. All of the information placed before the funder in the application will be tested and verified. However, the process will include investigation into wider areas. There will be some backgrounds checks carried out on the client to ensure that the they have the authority to enter into agreements – the funder will want to have sight of the usual 'know your client' information provided to the lawyers. The funder will also want to know what is driving the client and what the client wants for litigation. Funders have no interest in clients that are out for revenge or trying to create new law. He funder needs to be contented that the client will make a commercial decision at the appropriate time, given that the funder will not be able to influence any of the decisions. Importantly the funders will also look into the proposed defendants to extent that they can. They will want to assess the ability of the defendant to meet any judgment. They may carry research into the litigation that has been faced by the defendant previously and how they have behaved, who they instructed, and their approach generally. [...] Ultimately, having examined and tested the information available and completed any possible research, the litigation funder will decide whether there are comfortable with the case

---

39. ROWLES-DAVIES, Nick. *Third Party Litigation Funding*. Estados Unidos: Oxford University Press, 2014. E-book. Itens 5.65 a 5.72.

and the lawyers and prepared to enter into a business relationship with the clients. If they are uncertain on any of these points then they may not fund the case. The due diligence process is a condensed version of what litigation funding is about. Funders must examine the case and the stakeholders in the case to identify and highlight the likelihood of those risks coming to pass and the effect of them if they do so.

De fato, conforme Nicolò Landi[40], "*in deciding to fund a case, funding providers often rely on an extensive and stringent due diligence analysis of the case, mainly based on the documents made available by the litigant and its lawyer (e.g., an overview memorandum and/or a draft of the statement of claims and its exhibits)*"[41].

Essa avaliação das perspectivas de sucesso da causa, portanto, se afigura de extrema relevância para o financiador, seja para a tomada da decisão a respeito do investimento, seja para a fixação do preço do negócio. Afinal, quanto menores as chances de êxito na causa, maiores serão os riscos assumidos pela entidade financiadora.

5. O USO DE SISTEMAS PREDITIVOS COMO FERRAMENTA PARA A AVALIAÇÃO DO CASO PELO FINANCIADOR

Como se viu anteriormente, uma das atividades desenvolvidas no contexto de operações de *third-party funding* consiste na avaliação dos riscos envolvidos na causa objeto do financiamento. Deveras, como forma de tomar a decisão pelo investimento ou não em determinada demanda judicial ou arbitral e de

---

40. LANDI, Nicolò. *The Arbitrator and the Arbitration Procedure:* Third Part Funding in International Comercial Arbitration – An Overview. Disponível em: <www.kluwerarbitration.com>. Acesso: 20.11.2018.
41. Confira-se também: "*Before investing hundreds of thousands or even millions of dollars in a commercial dispute, third party funders routinely conduct extensive due diligence into the factual and legal background of the dispute. Ultimately, of course, the purpose of such due diligence is to enable the third party funder to make an informed decision as to whether there is a sufficient likelihood of success on the merits to justify the funder's investment. A prudent funder will base its investment decision on a comprehensive assessment of the strengths and weaknesses of the claimant's position. That assessment will often require access to documents and other evidence as well as candid discussions with counsel.*" (FRISCHKNECHT, Andreas; SCHMIDT, Vera. *Privilege and Confidentiality in Third Party Funder Due Diligence*: The Positions in the United States and Switzerland and the Resulting Expectations Gap in International Arbitration. Transnacional Dispute Manageent, v. 8, 2011).

precificar seu investimento, o financiador procede a um exame das perspectivas de sucesso da causa a ser financiada.

Nesse sentido, ferramentas que podem trazer maior confiabilidade no processo de avaliação da causa objeto do financiamento consistem nos sistemas preditivos baseados em algoritmos. Isso porque, nos últimos anos, vêm sendo desenvolvidos diferentes sistemas cujo escopo se afigura exatamente a realização de prognóstico de decisões judiciais, com base em dados e informações passados.

Conforme esclarece Henrique Raimundo do Sperandio[42], a disseminação do uso internet e o desenvolvimento de plataformas que acumulam dados fornecidos pelos usuários cria um ambiente propício para a criação de sistemas preditivos. Com efeito, através de mecanismos de processamentos desses dados, é possível extrair conclusões acerca de um cenário consequencial.

Assim, a partir do momento em que informações a respeito dos processos que tramitam em um determinado Tribunal passam a estar disponíveis em um banco de dados na internet, podem elas ser catalogadas e utilizadas como *inputs* a serem processados por algoritmos com o objetivo de se identificar padrões decisórios.

A corroborar o ora exposto, basta verificar que, por meio de um sistema desenvolvido no ano de 2016 por Nikolaos Aletras, Dimitrios Tsarapatsanis, Daniel Preotiuc-Pietro e Vasileios Lampo, uma análise preditiva dos julgamentos da Corte Europeia de Direitos Humanos (CEDH) resultou em um algoritmo com precisão de 79%[43]. Neste caso, utilizou-se de uma classificação binária para a previsão dos julgamentos: se houve ou não violação de um artigo da Convenção Europeia de Direitos Humanos.

O *input*, no caso, foram *"the textual information extracted from relevant sections of ECtHR judgements"*[44], ou seja, o texto de decisões antigas, separado de acordo com as diferentes seções da petição apresentada pela parte e da decisão em si. Com base nas palavras utilizadas e nas referências às peças nos julgados

---

42. SPERANDIO, Henrique Raimundo do. *Desafios da Inteligência Artificial para a profissão jurídica*. 107 p. Dissertação (Mestrado em Direito). Pontifícia Universidade Católica de São Paulo (PUC-SP). 2018.
43. ALETRAS, Nikolaos; TSARAPATSANIS, Dimitrios; PREOTIUC-PIETRO, Daniel & LAMPOS, Vasileios. *Predicting judicial decisions of the European Court of Human Rights: a Natural Language Processing perspective*. PeerJ Computer Science, 2:397. Disponível em: <https://peerj.com/articles/cs-93/>, último acesso em: 23.01.2020.
44. *Ibid.*, p. 15.

da CEDH, o algoritmo previu corretamente quase 80% (oitenta por cento) de suas decisões.

Já através de um outro sistema desenvolvido na Universidade de Washington por Theodore Ruger, Pauline Kim, Andrew Martin e Kevin Quinn[45], a análise preditiva dos casos da Suprema Corte dos Estados Unidos resultou em um modelo com 75% de acertos. Os autores demonstraram que a precisão do resultado alcançado pelo sistema superou a análise feita por um painel de *experts*, que, chamados a dar os seus prognósticos quanto aos julgamentos, obtiveram uma porcentagem de acertos de apenas 59,1%.

Nesse caso, o sistema utilizou como o *input* os dados dos últimos dez anos do Tribunal (um total de 628 casos), tempo no qual a composição dos juízes era a mesma. A previsão também era um binômio: a Corte confirmaria ou reformaria o julgamento da instância inferior.

Para isso, utilizaram seis variáveis: (i) o tribunal de origem; (ii) o tema do caso; (iii) o tipo de requerente (e.g., os Estados Unidos, um empregador, um empregado, etc.); (iv) o tipo de requerido; (v) a posição ideológica da decisão do tribunal inferior; e (vi) se o requerente arguiu que a lei ou prática era inconstitucional. Em seguida, o modelo respondia uma série de perguntas para determinar os votos de cada *Justice*, em uma ordem predeterminada e sempre sequencial: Scalia, Thomas, Rehnquist, Stevens, O'Connor, Ginsburg, Breyer, Souter e Kennedy. "*Thus, Justice Scalia's predicted vote on a case is generated before Justice Thomas', whose predicted vote might vary based on the Scalia prediction*"[46].

Mais recentemente, um novo sistema foi elaborado por Daniel Martin Katz, Michael J. Bommarito II and Josh Blackman[47] para analisar os julgamentos da Suprema Corte dos Estados Unidos. O referido modelo, que considerou tanto os votos individuais dos *Justices* quanto o resultado final do litígio, logrou antecipar, com precisão de 71,9% os votos individuais e, com acerto de 70,2%, os resultados finais dos julgamentos.

---

45. RUGER, Theodore; KIM, Pauline; MARTIN; Andrew; QUINN, Kevin. *The Supreme Court Forecasting Project*: Legal and Political Science Approaches to Predicting Supreme Court Decisionmaking. Columbia Law Review, v. 104, 2004, pp. 1150-1210.
46. *Ibid.*, p. 1166.
47. KATZ, Daniel; BOMMARITO II, Michael; BLACKMAN, Josh. *A general approach for predicting the behavior of the Supreme Court of the United States.* PLoS ONE 12(4): e0174698. Disponível em: <https://journals.plos.org/plosone/article?id=10.1371/journal.pone.0174698>. Acesso em: 23.01.2020.

Para tanto, houve um *input* dos dados históricos das decisões da Corte dos anos de 1816 a 2015, e a previsão foi feita apenas com base nos dados que já estariam disponíveis à data do julgamento. O objeto do estudo foi composto por duas questões: (i) se a Corte iria confirmar ou reverter o julgamento do tribunal inferior; e (ii) como cada *Justice* votaria – para reverter ou confirmar.

Mencione-se, ainda, modelos preditivos elaborados por Blakeley B. McShane; Oliver P. Watson, Tom Baker e Sean J. Griffith[48] que estimam (i) a chance de ações coletivas sobre fraudes securitárias (*class action securities fraud lawsuits*) serem julgadas improcedentes; (ii) a probabilidade de celebração de acordo nessas ações; e (iii) o valor pelo qual esses acordos serão firmados. A base de dados dos modelos foi composta por cerca de 1.200 processos coletivos e alimentada exclusivamente de informações disponíveis *online* antes da propositura das ações.

Os modelos criados se mostraram bastante acurados, de modo que foi possível identificar em quais cortes federais há mais chance de se firmar acordos ou de serem julgadas improcedentes as ações, bem como a relação entre os setores econômicos envolvidos no litígio e a taxa de autocomposição.

Como se vê, o alto índice de acertos alcançados por modelos preditivos baseados em algoritmos podem constituir uma interessante ferramenta no âmbito de operações de financiamento de processos judiciais e arbitrais, na medida em que poderão auxiliar a entidade disposta a investir em uma disputa a provisionar, de modo mais adequado, o seu resultado.

6. Dificuldades de implementação dos sistemas preditivos baseados em algoritmos em operações de *third-party funding*

Conquanto seja inegável que ferramentas preditivas baseadas em algoritmos possam oferecer provisões quanto ao resultado de processos com maiores perspectivas de acerto, não se pode deixar de reconhecer que algumas circunstâncias podem dificultar sua implementação no âmbito do mercado de financiamento de litígios judiciais e arbitrais por terceiros.

É que a eficácia da realização de prognósticos por meio de sistemas preditivos depende da alimentação do sistema com dados e informações prévias,

---

48. MCSHANE, Blakeley B; WATSON, Oliver P; BAKER, Tom; GRIFFITH, Sean J. *Predicting Securities Fraud Settlements and Amounts*: A Hierarchical Bayesian Model of Federal Securities Class Action Lawsuits. In: Journal of Empirical Legal Studies, v. 9, 2012, p. 482-510.

notadamente relacionadas a decisões judiciais proferidas pelos profissionais responsáveis para decidir a controvérsia (árbitros e juízes). Modelos baseados em algoritmos somente conseguem provisionar o provável resultado de uma determinada causa, caso disponham dados que lhe permitam identificar padrões decisórios.

Esse é exatamente o ponto que pode compreender uma das maiores dificuldades na utilização de algoritmos para o provisionamento do resultado dos processos objeto de financiamento por terceiros. Isso porque, como mencionado anteriormente, as operações de *third-party funding* têm por escopo demandas cujo valor econômico envolvido é relevante, as quais cada vez mais são atraídas para o ambiente da arbitragem.

E, dado o caráter de confidencialidade que marca o processo arbitral no Brasil[49], não se tem notícia, ao menos nos dias atuais, da existência de um banco de dados com decisões suficientes que possam identificar padrões decisórios de árbitros a orientar o sistema preditivo a alcançar uma provisão quanto ao resultado dos casos com maior grau de confiança.

É verdade que algumas instituições vêm buscando iniciativas no sentido de conferir maior publicidade às decisões arbitrais, o que, em tese, poderia mitigar a dificuldade ora aventada. Nesse sentido, por exemplo, a Corte Internacional de Arbitragem da Câmara de Comercio Internacional estabeleceu que, a

---

49. Lembra-se que o caráter confidencial da arbitragem é algo institucional e não inerente ao procedimento em si. Como bem lembra Carlos Alberto Carmona, "*a arbitragem no Brasil não é obrigatoriamente sigilosa. Os regulamentos arbitrais é que tendem a determinar que o procedimento seja recoberto pelo segredo*" (CARMONA, Carlos Alberto. *Arbitragem e Processo*, São Paulo: Editora Atlas, 2009, p. 246). Neste sentido, também vale mencionar a lição de Paulo Osternack Amaral, "*que essa restrição à publicidade não é algo obrigatório no procedimento arbitral, mas uma faculdade colocada à disposição das partes*" (AMARAL, Paulo Osternack. *Arbitragem e Administração Pública*, Belo Horizonte: Editora Fórum, 2012, p. 49). Por outro lado, José Emílio Nunes Pinto sustenta que "*no direito brasileiro a confidencialidade é inerente ao procedimento arbitral, derivando da aplicação do art. 422 do CC que consagra o princípio da boa fé objetiva. (...) em razão dos deveres de boa fé, impostos a ambas as partes contratantes, entendemos existir, no direito brasileiro, um dever de sigilo, sendo este da essência da própria arbitragem e em relação a dados, informações e documentos trazidos ao procedimento arbitral por qualquer das partes. Corolário desse standard de comportamento exigido das partes é o dever de manter confidencial a respectiva sentença arbitral proferida*" (PINTO, José Emílio Nunes. *A Confidencialidade na Arbitragem*. Revista de Arbitragem e Mediação, São Paulo, no. 6, julho/setembro 2005, pp. 33-34).

partir do ano de 2019, passaria a publicar sentenças proferidas em arbitragens administradas pela instituição, não havendo objeções das partes[50].

Não obstante, iniciativas como esta ainda não se mostram suficientes para superar o obstáculo da falta de dados no presente, tendo em vista que, dado seu caráter recente, se fará necessário maior tempo para a reunião de informações aptas a orientar padrões decisórios.

Outro elemento dificultador da implementação dos sistemas preditivos em operações de *third-party funding* reside no fato de que tais sistemas têm como pressuposto sua utilização em Cortes estáticas, com composição relativamente perene, como é o caso dos Tribunais Superiores. Os próprios exemplos apresentados no capítulo anterior estão a comprovar essa circunstância.

Como no processo arbitral os árbitros são em regra nomeados pelas próprias partes, as causas nem sempre são julgadas pelos mesmos profissionais. Tal circunstância, evidentemente, acaba por dificultar a implementação de sistemas preditivos baseados em algoritmos em arbitragens, tendo em vista a dificuldade de identificação de padrões decisórios em causas julgadas por profissionais distintos.

Sob esse enforque, assim, a utilização de sistemas preditivos seria mais consentânea com operações de *third-party funding* que envolvam processos judiciais. Por mais que se verifiquem distintos órgãos jurisdicionais para os quais a causa possa ser distribuída, todos eles devem observar a jurisprudência dos Tribunais Superiores[51], cuja composição é relativamente estática e cujas decisões e dados processuais são disponibilizados em seus respectivos *websites*.

De qualquer forma, ainda que superadas as dificuldades aventadas acima, o desenvolvimento de sistemas preditivos também depende da inexistência de impedimentos legais à sua utilização. Com efeito, é possível que ordenamentos

---

50. Confia-se, a respeito, o teor da "nota às partes e aos Tribunais Arbitrais sobre a condução da arbitragem conforme o regulamento da CCI", disponível em: <https://cms.iccwbo.org/content/uploads/sites/3/2017/03/icc-note-to-parties-and-arbitral-tribunals-on-the-conduct-of-arbitration-portuguese.pdf>. Acesso: 05.01.2019.
51. Nesse sentido, confira-se os incisos do art. 927 do Código de Processo Civil: "Art. 927. Os juízes e os tribunais observarão: I – as decisões do Supremo Tribunal Federal em controle concentrado de constitucionalidade; II – os enunciados de súmula vinculante; III – os acórdãos em incidente de assunção de competência ou de resolução de demandas repetitivas e em julgamento de recursos extraordinário e especial repetitivos; IV – os enunciados das súmulas do Supremo Tribunal Federal em matéria constitucional e do Superior Tribunal de Justiça em matéria infraconstitucional; V – a orientação do plenário ou do órgão especial aos quais estiverem vinculados".

jurídicos nacionais vedem o emprego de dados de magistrados e membros do Judiciário com o propósito de prever suas práticas profissionais reais ou potenciais, como é o caso do ordenamento francês[52].

7. Conclusão

O mercado de financiamento de litígios judiciais e arbitrais por terceiros vem crescendo, de forma exponencial, nos últimos anos. Desponta, nesse contexto, a necessidade de se desenvolverem ferramentas que possam oferecer ao financiador provisões mais precisas quanto ao resultado dos processos objeto dos investimentos, não só para que aquele possa dispor de maiores informações para a tomada de sua decisão, como também para melhor precificação do negócio. Uma dessas ferramentas pode consistir nos sistemas preditivos baseados em algoritmos. Conquanto algumas dificuldades possam ser identificadas na sua utilização em operações de *third-party funding* que envolvam arbitragens no presente, é possível cogitar de sua implementação em financiamentos aplicados a processos judiciais.

Referências bibliográficas

ALETRAS, Nikolaos; TSARAPATSANIS, Dimitrios; PREOTIUC-PIETRO, Daniel & LAMPOS, Vasileios. *Predicting judicial decisions of the European Court of Human Rights: a Natural Language Processing perspective*. PeerJ Computer Science, 2:397. Disponível em: <https://peerj.com/articles/cs-93/>, último acesso em: 23.01.2020.

ALMEIDA, Fabiana Mendonça Martins de. *Third Party Litigation Funding*: análise à luz do direito brasileiro. 154 p. Monografia [Graduação em Direito]. Faculdade de Direito da Pontifícia Universidade Católica do Rio de Janeiro, 2012.

AMARAL, Paulo Osternack. *Arbitragem e Administração Pública*, Belo Horizonte: Editora Fórum, 2012.

ARAÚJO, Fabiana Azevedo. *A remuneração do advogado*: investigações acerca da natureza jurídica dos honorários de sucumbência. Disponível em: <http://www.agu.gov.br/page/download/index/id/521907>. Acesso: 23.08.2018.

ALVES, Rafael Francisco; VERONESE, Lígia Espolaor. *Arbitragem e empresas em crise*: o novo mercado de financiamento por terceiros. Disponível em: <https://www.jota.

---

52. Recentemente, foi editada na França a Lei nº 2019-222, que alterou o artigo 33 da Lei de Reforma da Justiça francesa, impedindo a divulgação pública de padrões de comportamentos de juízes (o texto da Lei pode ser acessado em:<https://www.legifrance.gouv.fr/eli/loi/2019/3/23/2019-222/jo/article_33>). Acesso: 05.01.2019.

info/opiniao-e-analise/artigos/arbitragem-e-empresas-em-crise-o-novo-mercado--de-financiamento-por-terceiros-05082016>. Acesso: 02.08.2018.

BARBI, Celso Agrícola. *Da condenação em honorários de advogado na ação declaratória*. Disponível em: <https://www.direito.ufmg.br/revista/index.php/revista/article/download/565/532>. Acesso: 23.08.2018.

BERALDO, Leonardo de Faria. *Curso de Arbitragem*: nos termos da Lei n° 9.307/96. São Paulo: Atlas, 2014.

BREKOULAKIS, Stavros; PARK, William W. (Rusty) Park; ROGERS, Catherine A. (Coord.). *Report of the ICCA-Queen Mary Task Force on Third-Party Funding in International Arbitration*. Disponível em: <https://www.arbitration-icca.org/media/10/40280243154551/icca_reports_4_tpf_final_for_print_5_april.pdf>. Acesso: 05.12.2018.

BUCKER, Cristina Bonassa. *Demandas financiadas*: Third Party Funding. In: Revista do Advogado, n. 131. Associação dos Advogados de São Paulo, outubro/2016, p. 72-82.

CABRAL, Antonio do Passo. *Convenções sobre os custos da litigância (II)*: introdução ao seguro e ao financiamento processuais. In: Revista de Processo, v. 277, 2017.p. 47-78.

CARDOSO, Marcel Carvalho Engholm. *Financiamento de Litígios por terceiros (third--party litigation funding) em processos cíveis (judiciais e arbitrais)*. 255 p. Dissertação (Mestrado em Direito). Faculdade de Direito da Universidade do Estado de São Paulo. 2017.

CARMONA, Carlos Alberto. *Arbitragem e Processo*, São Paulo: Editora Atlas, 2009.

CASADO FILHO, Napoleão. *Arbitragem comercial internacional:* o novo paradigma do third party funding. 218 p. Tese (Doutorado em Direito). Faculdade de Direito da Pontifícia Universidade Católica de São Paulo, 2014.

CRUZ, Elisa Shmidlin. *Arbitragem comercial financiada por terceiros*: um estudo da perspectiva regulatória a partir da nova economia institucional. 170 p. Dissertação (Mestrado em Direito). Faculdade de Direito da Pontifícia Universidade Católica do Paraná. 2017.

DERANIS, Yves. In: CREMADES, Bernardo; DIMOLITSA, Antonias. *Third-party funding in International Arbitration*. Dossiers – ICC. Paris, 2013.

DIEGUEZ, Consuelo. *Esperando o João*. Revista Piauí, jan. 2016. Disponível em: <https://piaui.folha.uol.com.br/materia/esperando-joao/>. Acesso: 07.01.2019.

FRISCHKNECHT, Andreas; SCHMIDT, Vera. *Privilege and Confidentiality in Third Party Funder Due Diligence*: The Positions in the United States and Switzerland and the Resulting Expectations Gap in International Arbitration. Transnacional Dispute Manageent, v. 8, 2011.

HENRIQUES, Duarte Gorjão. Arbitrating disputes in Third-Party Funding: a parallel with arbitration in the financing sector. Disponível em: <https://papers.ssrn.com/sol3/papers.cfm?abstract_id=3285723>. Acesso: 03.01.2019.

KATZ, Daniel; BOMMARITO II, Michael; BLACKMAN, Josh. *A general approach for predicting the behavior of the Supreme Court of the United States.* PLoS ONE 12(4): e0174698. Disponível em: <https://journals.plos.org/plosone/article?id=10.1371/journal.pone.0174698>, último acesso em: 23.01.2020.

LATGÉ, Bernardo da Silveira. *Aspectos processuais do third party funding.* 189 p. Dissertação (Mestrado em Direito Processual) – Universidade do Estado do Rio de Janeiro (UERJ), Rio de Janeiro, 2019.

LEGG, Michael; TRAVERS, Louisa. *Necessity is the Mother of Invention:* The Adoption of Third-Party Litigation Funding and the Closed Class in Australian Class Actions. University of New South Wales Faculty of Law Research Series, v. 12, 2010.

MCSHANE, Blakeley B; WATSON, Oliver P; BAKER, Tom; GRIFFITH, Sean J. *Predicting Securities Fraud Settlements and Amounts*: A Hierarchical Bayesian Model of Federal Securities Class Action Lawsuits. In: Journal of Empirical Legal Studies, v. 9, 2012, p. 482-510.

NEVES, Flávia Bittar. *Financiamento de arbitragem por terceiros – Uma alternativa apenas em tempos de crise?.* In: NASCIMBENDI, Asdrubal Franco; BERTASI, Maria Odete Duque; RANZOLIN, Ricardo Borges (coord.). Temas de Mediação e Arbitragem. São Paulo: Lex Produtos Jurídicos, 2017. p. 179-182.

LANDI, Nicolò. *The Arbitrator and the Arbitration Procedure:* Third Part Funding in International Comercial Arbitration – An Overview. Disponível em: <www.kluwerarbitration.com>. Acesso: 20.11.2018.

PINTO, José Emílio Nunes. *A Confidencialidade na Arbitragem.* Revista de Arbitragem e Mediação, São Paulo, no. 6, julho/setembro 2005.

RADEK, Goral. *Justice Dealers*: The Ecosystem of American Litigation Finance. Disponível em: <https://papers.ssrn.com/sol3/papers.cfm?abstract_id=2530798>. Acesso: 06.12.2018.

ROWLES-DAVIES, Nick. *Third Party Litigation Funding.* Estados Unidos: Oxford University Press, 2014. E-book.

RUGER, Theodore; KIM, Pauline; MARTIN; Andrew; QUINN, Kevin. *The Supreme Court Forecasting Project*: Legal and Political Science Approaches to Predicting Supreme Court Decisionmaking. Columbia Law Review, v. 104, 2004, pp. 1150-1210.

SAHANI, Victoria Shannon. *Judging Third-Party Funding.* In: UCLA Law Review, v. 63, 2016. p. 348-448.

SCHANER, Lawrence S.; APPLEMAN, Tomas G. *Third-party litigation funding in the United States.* In: Revista de Arbitragem e Mediação, v. 32, 2012. p. 175-187.

SCHERER, Maxi; GOLDSMITH, Aren; FLECHET, Camille. *Third party funding in international arbitration in Europe*: Part 1: funders' perspective. In: International Business Law Journal, vol. 2, 2012.

SILVA, Ticiano Alves e. *Os entendimentos divergentes do STJ e do STF acerca do procedimento para a concessão do benefício da justiça gratuita às pessoas jurídicas com e sem fins lucrativos*. In: Revista de Processo, v. 151, 2007. p. 195-204.

SPERANDIO, Henrique Raimundo do. *Desafios da Inteligência Artificial para a profissão jurídica*. 107 p. Dissertação (Mestrado em Direito). Pontifícia Universidade Católica de São Paulo (PUC-SP). 2018.

STEINITZ, Maya. *Whose Claim is This Anyway?* In: Minesota Law Review, v. 95, 2011. p. 1268-1338.

TEIXEIRA, Bruno Barreto de Azevedo. *O Financiamento da Arbitragem por Terceiros e o Dever de Revelação*. Disponível em: <http://www.cbar.org.br/blog/artigos/o-financiamento-da-arbitragem-por-terceiros-e-o-dever-de-revelacao>. Acesso: 15.10.2018.

VELJANOVSKI, Cento. *Third-Party Litigation Funding in Europe*. Journal of Law, Economics & Policy. vol. 8, 2012. p. 405-449.

WALD, Arnoldo. *A arbitragem, os grupos societários e os conjuntos de contratos conexos*. Revista de Arbitragem e Mediação, v. 2, 2004, p. 31-59.

Financiamento de litígios, um oceano a ser explorado pelas novas tecnologias

PEDRO CAVALCANTI ROCHA

Mestre em direito processual pela Universidade do Estado do Rio de Janeiro (UERJ), pós-graduado em direito processual civil pela Pontifícia Universidade Católica do Rio de Janeiro (PUC-Rio), onde também se graduou em direito e jornalismo. Membro do corpo docente da especialização em direito processual civil e da graduação em direito da PUC-Rio. Advogado especializado em processo civil e arbitragem.

Sumário: 1. Surgimento e evolução do financiamento de litígios. 2. Financiamento de litígios e o uso da tecnologia. 3. Conclusão.

1. SURGIMENTO E EVOLUÇÃO DO FINANCIAMENTO DE LITÍGIOS

Em resumida explicação, o financiamento de litígios ocorre quando um terceiro financia alguma das partes em uma demanda judicial ou arbitral e/ou seus advogados. O financiamento pode ocorrer de diversas maneiras, porém, a mais conhecida é quando o terceiro arca com todos os custos do processo (contratação de advogados e assistentes técnicos, custeio de deslocamento e custas judiciais, entre outros) em troca de parte do ganho obtido pelo financiado com aquele litígio.

O que diferencia a atividade do financiador da realizada por um banco comercial, por exemplo, é o risco que ele corre, pois, na grande maioria das vezes, a vitória na demanda é a única garantia de retorno do financiador. Caso a parte opte por um empréstimo bancário, ela ganhando ou perdendo o litígio terá que devolver a quantia ao banco, corrigida pelas altas taxas normalmente aplicadas por essas instituições.

O financiamento de litígios estruturado é uma atividade ainda nova não apenas no Brasil, mas em todo o mundo, e, por esse motivo, a doutrina sobre o tema é embrionária. Como a grande maioria dos novos institutos jurídicos, principalmente os que causam disrupção no mercado, gastou-se grande energia discutindo a legalidade do financiamento de litígios ao invés dos impactos e benefícios que o seu bom uso poderia trazer para a sociedade, e, principalmente, para o fortalecimento do acesso à justiça.

Hoje, muito embora algumas pessoas ainda possuam ideias retrógradas sobre a legalidade do financiamento de litígios – comparáveis às de quem defenda os taxistas na argumentação de ilegalidade dos aplicativos de transporte privado –, ele já é uma realidade em todo o mundo.

A discussão é mais antiga do que se possa imaginar, iniciando ainda na época medieval, onde ocorreram as primeiras vedações ao que a doutrina mais tarde chamou de "maintenance". Definiu-se a expressão como a prática de uma pessoa que não é parte em um litígio judicial disponibilizar fundos para uma das partes daquele procedimento.[1]

Fabiana Almeida, em um dos primeiros trabalhos acadêmicos que tratou do assunto no Brasil, traz um curioso exemplo de "maintenance" utilizado em épocas passadas:

> No Reino Unido, tais vedações fundavam-se também em preocupações políticas. Naquela época, diversos litígios eram instaurados sob o subsídio de senhores feudais para enfraquecer os cofres dos inimigos destes, tendo por objeto propriedades rurais. Em caso de êxito, o autor oferecia uma parcela de terra ao senhor feudal em retribuição. Visto pelos senhores feudais como uma forma de, ao mesmo tempo,

---

1. Nesse sentido, constatou a Suprema Corte americana: "Put simply, maintenance is helping another prosecute a suit; champerty is maintaining a suit in return for a financial interest in the outcome". Em tradução livre: "Colocando de forma simples, o 'maintenance' é ajudar uma das partes do processo; o 'champerty' é a 'maintenance' com o interesse no retorno financeiro que está por vir". Suprema Corte dos EUA, 436 US 412, In re Primus, Washington, D.C., 1978.

expandir seus domínios e enfraquecer seus inimigos, esta prática passou a ser considerada uma ameaça ao domínio da Coroa inglesa e à integridade do sistema judiciário, tendo sido subsequentemente vedada.[2]

Percebe-se, portanto, que a prática do "maintenance" é utilizada há bastante tempo. "Champerty", por sua vez, é uma espécie do gênero do "maintenance", sendo a realização daquela prática quando o terceiro financiador visa o lucro, ou seja, podemos dizer que hoje, esta é a espécie da qual se utilizam os fundos de financiamento de litígios.[3]

O início da mudança de paradigma se deu quando os estudiosos do direito processual voltaram as suas pesquisas para o acesso à justiça que, mais tarde, culminou com a reconhecida obra de Mauro Cappelletti e Bryant Garth, "Acesso à Justiça".[4] Com o foco voltado para garantir o efetivo acesso à justiça, a figura do financiador de litígios passou de vilão para mocinho, pois é ele quem, muitas vezes, consegue equilibrar a balança em litígios envolvendo partes financeiramente desiguais.

Superado o breve resumo sobre o contexto histórico, avançamos no tempo para analisar o momento em que, de fato, os financiadores de litígio se institucionalizaram. O surgimento dos "players" focados no tipo de financiamento ora estudado é considerado uma segunda onda do financiamento de litígios, pois, a primeira teria sido realizada pelos próprios escritórios de advocacia que financiavam seus clientes, seja por meio de antecipação de recursos, seja pela definição de honorários exclusivamente de êxito.[5]

De fato, se realizarmos um simples raciocínio lógico, veremos que não há diferenças no racional entre o que é feito pelos fundos e bancos com equipes que estão estruturados como financiadores de litígios e os advogados que antecipam custas e trabalham com honorários exclusivamente no êxito nas causas.

---

2. ALMEIDA, Fabiana Mendonça Martins de. Third-Party Litigation Funding: Análise à luz do direito brasileiro. Monografia (Graduação em Direito) – Faculdade de Direito, Pontifícia Universidade Católica do Rio de Janeiro, 2012.
3. A Brief History of Litigation Finance – The Cases of Australia and the United Kingdom. The Practice Review. Ed: Harvard. Vol. 5. Issue 6. Sep./Oct. 2019.
4. CAPPELLETTI, Mauro; GARTH, Brian. Acesso à Justiça. Porto Alegre: Sérgio Antonio Fabris Editor, 1988.
5. A Brief History of Litigation Finance – The Cases of Australia and the United Kingdom. The Practice Review. Ed: Harvard. Vol. 5. Issue 6. Sep./Oct. 2019.

Essa segunda onda foi, portanto, a institucionalização dos "players" focados exclusivamente no financiamento de litígios. Embora haja divergência na doutrina sobre se essa institucionalização tenha se iniciado na Alemanha ou na Austrália,[6] filiamo-nos à corrente de que o desenvolvimento inicial foi mais perceptível no país da Oceania.

O embrião australiano se deu com foco nas "class actions", ou seja, ações que envolviam uma grande quantidade de afetados no polo ativo, cujo objeto trata de direito coletivo e/ou individual homogêneo. Esse tipo de ação normalmente possui um valor elevado e um alto custo de manutenção, fatos que, por si, já são passíveis de atrair eventuais financiadores.

Porém, o grande chamariz australiano foi o fato de que as "class actions" possuem o sistema "opt-in", ou seja, por mais que o direito seja coletivo, a pessoa só será beneficiada por uma eventual decisão se tiver expressamente manifestado o seu interesse na participação do litígio. Essa opção ajuda o financiador a encontrar e se aproximar de quem sofreu o dano.

Países como Estados Unidos e Brasil, por exemplo, possuem o sistema "opt-out", ou seja, as pessoas supostamente lesadas são afetadas pela decisão da eventual ação coletiva, a não ser que ela expressamente realize o pedido para que fique fora do procedimento coletivo.[7] Em países onde se é difícil localizar as pessoas afetadas, normalmente os financiadores optam em investir nos escritórios de advocacia que representam os requerentes, antecipando-lhes honorários e eventuais custas.[8]

---

6. Interessante a dissertação do Dr. António Pedro Pinto Monteiro que trata de Third Party Funding na Arbitragem comercial, com uma visão focada para países europeus. Disponível em: https://run.unl.pt/bitstream/10362/56910/1/MendesGon%C3%A7alves_2018.pdf (Acesso em 8/2/2020).

7. Para melhor entendimento, Aluisio Mendes afirma que "a proteção dos interesses pluriindividuais encontra-se dividida em dois sistemas de vinculação. O de inclusão, no qual a pessoa interessada precisa manifestar expressamente a sua vontade de ser atingida pelos efeitos do pronunciamento judicial coletivo, é também conhecido pela expressão inglesa opt-in, diante da necessidade de opção pelo ingresso no grupo atrelado à decisão. (...) O sistema de exclusão, por sua, está baseado na exigência da representação adequada e da comunicação prévia aos interessados, que, em geral, dentro do prazo fixado pelo órgão judicial, deverão requerer a sua exclusão (opt-out) em relação à eficácia dos provimentos proferidos no processo metaindividual" MENDES, Aluisio Gonçalves de Castro. Ações coletivas e meios de resolução coletiva de conflitos no direito comparado e nacional. 3. Ed. São Paulo. Ed. RT, 2012, p. 186/187.

8. Investing in Legal Futures – the rise of the litigation finance firm. The Practice Review. Ed: Harvard. Vol. 5. Issue 6. Sep/Oct 2019.

Na Austrália, após a descriminalização do "maintenance", em 1993[9], foi aprovada uma lei permitindo que empresas em estado pré-falimentar buscassem financiadores para ajudar no ajuizamento de eventuais ações. Ocorre, porém, que durante mais que uma década, quem realizava o financiamento de litígios naquele país tinha que conviver com uma grande insegurança jurídica, tendo em vista que apenas casos envolvendo empresas que beiravam a insolvência eram tidos como confiáveis ao financiamento, sendo todos os outros constantemente judicializados para a discussão sobre a legalidade da operação financeira.[10]

Assim se seguiu até o ano de 2006, quando o caso Campbells Cash and Carry Pty Limited v. Fostif Pty Ltd. foi julgado pela "High Court of Australia", ficando decidido naquela ocasião que: "If that conclusion is thought by those who have power to enact parliamentary or delegated legislation to be unsatisfactory on the ground that the type of litigation funding involved in these appeals is beneficial, then it is open to them to exercise that power by establishing a regime permitting it".[11]

A decisão proferida pela "High Court of Australia" trouxe a segurança jurídica necessária para o desenvolvimento do setor. Hoje, mais da metade das "class actions" em trâmite na Austrália possuem financiamento e, segundo pesquisa realizada sobre o setor, 83% das pessoas ouvidas concordam que o financiamento de litígios está crescendo e tomando uma importância relevante para a economia do país.[12]

No Reino Unido, o "maintenance" também era proibida e criminalizada até 1967, quando o Criminal Law Act[13] descriminalizou a prática. Posterior-

---

9. O texto da "Maintenance, Champerty and Barratry Abolition Act 1993 No. 88" está disponível em: https://www.legislation.nsw.gov.au/view/pdf/asmade/act-1993-88 (Acesso em 24/12/2020).
10. Litigation funding in Australia. Discussion Paper Standing Committee of Attorneys--General, May 2006.
11. Em livre tradução: "Se as conclusões são consideradas insatisfatórias pelos que têm o poder de aprovar a legislação, com argumentação de que o tipo de financiamento de litígio discutido neste recurso é benéfico, então, está aberto a eles exercitar o poder de estabelecer um regime que permita isso". A decisão completa está disponível em: http://eresources.hcourt.gov.au/downloadPdf/2006/HCA/41. (Acesso em 9/2/2020).
12. Dados retirados da pesquisa "Litigation Finance Survey", elaborada pela Burford e disponível em: https://perma.cc/33HY-GM6E. (Acesso em 9/2/2020).
13. Segundo a Sessão 14 da parte III do "Criminal Law Act 1967": "No person shall, under the law of England and Wales, be liable in tort for any conduct on account of its being

mente, na década de 90, a legislação do Reino Unido sofreu uma relevante modernização e foi nesse momento que o "maintenance" passou a ser atrelado à ideia de acesso à justiça, trazendo paridade de armas às partes que, antes, não possuíam condições de realizar um litígio justo.

Foi também nessa década em que houve a liberação da prática da cobrança de honorários advocatícios de "êxito", chamados de "sucess fee". Segundo Victoria Sahani, professora da Universidade do Arizona e pesquisadora de arbitragem internacional e financiamento de litígios: "when you start to have these conditional fee agreements, you get to questions like, OK, can only lawyers foot the bill or can others come in with that funding?".[14]

No início dos anos 2000, as cortes do Reino Unido se depararam com questionamentos sobre a validade de contratos de financiamento de litígios, validando a prática e definindo limitações à atuação dos financiadores.[15] Com a segurança jurídica necessária, o mercado cresceu vertiginosamente, surgindo diversos "players" especializados no financiamento de litígios como, por exemplo, a Woodsford Litigation Funding, criada em 2010 e que hoje é referência mundial no assunto.[16]

Nos Estados Unidos, o desafio legislativo foi – e ainda é – uma barreira considerável, principalmente ante o fato de o país possuir cinquenta estados

---

maintenance or champerty as known to the common law, except in the case of a cause of action accruing before this section has effect". Em livre tradução: "De acordo com as leis da Inglaterra e do País de Gales, nenhuma pessoa será responsabilizada por qualquer conduta de 'maintenance' ou 'champerty', reconhecidos em direito, exceto para casos ocorridos anteriormente aos efeitos dessa sessão".

14. Em livre tradução: "Quando começamos a ter esses acordos de honorários condicionais, você começa a pensar em questões como, ok, apenas os advogados podem pagar essas contas ou outros podem realizar esse financiamento?". Trecho retirado de A Brief History of Litigation Finance – The Cases of Australia and the United Kingdom. The Practice Review. Ed: Harvard. Vol. 5. Issue 6. Sep./Oct. 2019.

15. No julgado Arkin v Borchard Lines Ltd & Ors, entendeu a England and Wales Court of Appeal: "[s]uch funding will leave the claimant as the party primarily interested in the result of the litigation and the party in control of the conduct of the litigation. In other words, the funder is not allowed to commandeer the case—the client must retain control". Em livre tradução: "esse financiamento deixará o reclamante como a parte interessada principalmente no resultado do litígio. Em outras palavras, o financiador não tem permissão para comandar o caso – o cliente deve manter o controle".

16. Houve um considerável crescimento do mercado no Reino Unido naquela década, sendo hoje ele um dos mais desenvolvidos do mundo. Para mais informações: tps://thepractice.law.harvard.edu/article/investing-in-legal-futures/. (Acesso em 9/2/2020).

com grande independência legislativa. Mesmo assim, em 2006 o Credit Suisse foi, segundo um dos seus fundadores, Ralph Sutton, uma das primeiras empresas a estruturar um fundo de financiamento de litígio nos EUA.[17]

No Brasil, embora a "primeira onda" do financiamento de litígios esteja em vigor há bastante tempo – pois os escritórios de advocacia muitas vezes cobram seus clientes exclusivamente no êxito e ante a existência de investidores comprando precatórios com deságio –, a segunda onda é recente. Apenas em 2016 o país teve o a primeira consultoria com foco exclusivo no financiamento de litígios, a Leste Litigation Finance.

Posteriormente, outras empresas estruturaram consultorias e fundos com o mesmo objetivo, possuindo hoje o mercado brasileiro alguns players conhecidos. Apesar de prematuro, o mercado de financiamento de litígios no país vem sendo bem recebido pelas cortes e pelos litigantes, trazendo resultados satisfatórios aos investidores.

Não apenas partes com dificuldades financeiras têm procurado os financiadores, mas, também, companhias que buscam um equilíbrio no fluxo de caixa. O financiamento é uma ótima saída para aqueles que evitam surpresas com gastos extras em litígios que não estavam sendo considerados nos balanços financeiros e/ou que pretendem desonerar o índice de provisionamento.

Como visto, o financiamento de litígio é uma realidade hoje nas grandes potências econômicas mundiais. Ao nosso ver, o que veremos nos próximos anos – ao menos em países desenvolvidos – não mais serão disputas legislativas sobre a legalidade do tema, mas sim um amadurecimento da prática e dos reflexos que ela traz, como, por exemplo, a necessidade e a extensão do dever de revelação do financiador.

2. Financiamento de litígios e o uso da tecnologia

O financiamento de litígios é um mercado novo, sendo certo que os investidores ainda estão reconhecendo o terreno para entender quais são as melhores estratégias de gestão nessa atividade. Hoje, uma das complicações sofridas pelo financiador é, certamente, a prospecção.

Exatamente por ser uma nova atividade, poucas pessoas têm o conhecimento de que, em eventual litígio, podem contar com parceiros para bancar os

---

17. Informação disponível em: https://thehedgefundjournal.com/the-emerging-market-for-litigation-funding/ (Acesso em 9/2/2020).

seus custos, sem a necessidade de endividamento e/ou de comprometer o fluxo de caixa da companhia. Devido ao desconhecimento dessas pessoas, que nem sempre estão ligadas ao mercado jurídico, os advogados acabam sendo a principal ponte entre os financiadores e seus clientes.

Essa parece ser a primeira brecha aberta para quem tiver o apetite de desenvolver tecnologias voltadas à auxiliar esse mercado. Uma espécie de robô que consiga realizar a prospecção seria de grande valia para financiadores e bancos, trazendo uma maior independência destes ante advogados e/ou corretores.[18]

As atenções se voltam então para o desenvolvimento de inteligência artificial com foco na análise de dados, capaz de avaliar chances de êxito de determinados casos. Essa ferramenta, se bem desenvolvida, será crucial para que os financiadores optem pelos casos vencedores, ganhando tempo na realização da "due diligence" de uma nova oportunidade.[19]

Um dos grandes problemas para o desenvolvimento de um produto como esse seria o elevado nível de sofisticação que essa AI deverá possuir, sabendo reconhecer não apenas as chances de êxito na aplicação do direito, como, também, a duração que o caso poderá ter, bem como as chances de um efetivo recebimento do valor da condenação via análise de crédito.

Atualmente, já existem ferramentas que realizam a análise de dados das cortes e/ou a saúde financeira das partes, porém, elas ainda não estão conectadas entre si.

Não obstante, há outros dados de interesse do financiador de litígio, como, por exemplo, a quantidade de ações em trâmite envolvendo as partes, bem como se essas ações são frívolas e/ou possuem consistência jurídica (os resultados positivos podem ajudar nessa amostragem).

---

18. O que é visto hoje na prática é que os advogados possuem melhores oportunidades de investimento do que os corretores, pois eles têm um melhor conhecimento da causa que, normalmente, acompanham. Além disso, muitas vezes os corretores recebem casos que já foram oferecidos ao mercado anteriormente por meio da parte e/ou de seu advogado, o que torna o contato corretor/financiador muitas vezes ineficaz.

19. Richard Tromans, economista londrino especializado em analisar o mercado jurídico aponta que "AI systems are beautiful at spotting patterns (...). They can see a pattern in a very big complex set of data that a human can probably never see or it could take days or weeks for a human to find". Em livre tradução: "Os sistemas de AI são bons para detectar padrões (...). Eles podem ver um padrão em número grande de dados, algo que um humano provavelmente nunca poderia fazer ou, ao menos, levaria dias ou semanas para encontrar". Disponível em: https://www.nationalmagazine.ca/en-ca/articles/legal-market/legal-tech/2019/intelligent-funding. (Acesso em 09/02/2020).

Ainda assim, a análise dos advogados que representam as partes no litígio a ser investido também é algo a ser levado em consideração. Dados como: (i) Qual o aproveitamento de êxito do advogado? Quantas vezes ele esteve envolvido em ações que tratam daquele tema jurídico? Quantas ações ao todo ele possui em trâmite? Em quanto tempo as ações dele transitam em julgado? Há um índice relevante em realização de acordos?

Aparentemente, fica evidenciado que o uso de dados já ajudaria muito os financiadores, sendo certo que, se eles conseguirem ser atrelados ao uso da inteligência artificial, o ganho pode ser ainda maior na procura contínua de reduzir os riscos e aumentar o retorno.

Outra grande questão é se essa automação no uso dos dados serviria para o financiamento de ações envolvendo grandes montas, ou se seria mais aplicável aos casos de volume e com menores valores envolvidos. Sobre o assunto, Nicolas Vermeys, professor da Universidade de Montreal e possuidor de pesquisas no ramo da tecnologia na justiça, entende que: "AI is good when there's volume. If there are only a few cases, you're probably better dealing with them manually".[20]

Existem exemplos de empresas no ramo do financiamento de litígio que possuem o uso da análise de dados e a inteligência artificial como grande aliado. A Legalist é uma "start-up" formada em 2016 por alunos dissidentes de Harvard, com sede na cidade de São Francisco.

Um de seus conselheiros é o famoso ex-magistrado norte-americano aposentado Richard Posner, que se notabilizou por seus livros e estudos sobre a análise econômica do processo. A empresa, que inicialmente seria uma espécie de banco de dados e "feedbacks" sobre advogados, pivotou e se tornou uma "start-up" focada em financiamento de litígios.

A mudança de rumo veio após o projeto ter recebido uma bolsa de cerca de USD 100.000,00 (cem mil dólares) da Fundação Thiel, do americano Peter Thiel, conhecido investidor de "Venture Capital" e um dos criadores do Pay-Pal. Posteriormente, o projeto foi aprovado pela aceleradora Y Combinator, que oferece financiamento e consultoria de negócios para empresas em estágio embrionário.

---

20. Em livre tradução: "AI é bom quando há volume. Se existem apenas poucos casos, você provavelmente vai lidar melhor com eles de forma manual". Disponível em: https://www.nationalmagazine.ca/en-ca/articles/legal-market/legaltech/2019/intelligent-funding. (Acesso em 09/02/2020).

O primeiro fundo da Legalist captou USD 10.250.000,00 (dez milhões duzentos e cinquenta mil dólares americanos) e financiou 38 casos. Recentemente, a companhia abriu o seu segundo fundo, captando USD 100.000.000,00 (cem milhões de dólares) para investir em cerca de cem a duzentos casos nos próximos dois anos.

A Legalist vai investir em demandas estaduais e federais, fazendo uso de algoritmos que ajudam na realização da "due dilligence" que analisa se o caso é bom ou não para investir. A CEO da "start-up", Eva Shang, afirma que: "Technology allows Legalist to fund 'David versus Goliath' cases brought by small businesses, by identifying cases that are likely to be successful, our algorithms allow us to deliver consistent performance to our clients and investors".[21]

Após a sua aposentadoria, em 2017, Posner informou que um dos principais motivos que lhe motivaram a abandonar a toga antes do previsto foi a falha do Poder Judiciário em tratar litigantes de igual para igual, sem vantagens aos mais ricos. Segundo o ex-magistrado, o financiamento de litígios preenche essa lacuna, trazendo a verdadeira paridade de armas às partes, elemento essencial do acesso à justiça.[22]

3. Conclusão

Observamos que tanto o financiamento de litígios quanto o desenvolvimento de tecnologias que facilitem o dia a dia dos operadores do direito são mercados em crescimento e que possuem muito espaço para inovação.

Analisando esse panorama, buscamos trazer o entendimento das bases históricas do surgimento do financiamento de litígio e a sua evolução e profissionalização ao longo do tempo. Posteriormente, apontamos dificuldades rotineiras que profissionais que atuam na área possuem e que, com a ajuda da tecnologia, poderiam ser enfrentadas e melhoradas.

---

21. Em livre tradução: "[A] Tecnologia permite a Legalist a encontrar os casos `Davi versus Golias´ trazidos por pequenos negócios, identificando casos que possuem tendência para serem bem-sucedidos, o nosso algoritmo nos permite entregar uma performance consistente para os nossos clientes e investidores". Disponível em: https://www.lawsitesblog.com/2019/09/litigation-finance-startup-legalist-raises-100-million-to-fund-lawsuits.html. (Acesso em 13/02/2020).

22. "Litigation Finance Startup Legalist Raises $100 Million to Fund Lawsuits. Disponível em: https://www.lawsitesblog.com/2019/09/litigation-finance-startup-legalist-raises--100-million-to-fund-lawsuits.html. (Acesso em 13/02/2020).

Cabe agora aos empreendedores do ramo da tecnologia desenvolverem produtos pensados com o objetivo de dinamizar ainda mais a procura e a análise de ações judiciais e arbitrais que tenham capacidade de extração de valor por parte dos financiadores. Esse é, certamente, o grande desafio que poderá fazer surgir a terceira onda do financiamento de litígios.

Execução fiscal e tecnologia

DENIZE GALVÃO MENEZES SAMPAIO DE ALMEIDA

Graduada em Direito pela Universidade Federal do Rio de Janeiro. Pós-graduada em Litigation pela FGV. Procuradora do Município de Niterói. Foi Superintendente da Secretaria Municipal de Fazenda de Niterói. Professora de Processo Tributário.

Sumário: 1. O procedimento de execução fiscal. 2. Cenário atual de ineficiência da cobrança da dívida ativa através da execução fiscal. 3. Usando a tecnologia a favor de uma cobrança inteligente. 4. Impactos na atuação da Fisco: como se preparar para o novo cenário? 5. Conclusão.

1. O PROCEDIMENTO DE EXECUÇÃO FISCAL

A cobrança da dívida ativa da União, dos Estados, do Distrito Federal, dos Municípios e das respectivas autarquias é disciplinada pela Lei 6.830/1980 e, subsidiariamente, pelo Código de Processo Civil – Lei 13.105/2015, conforme disposto no artigo 1º do mencionado diploma.

A dívida ativa, por sua vez, divide-se em tributária e não tributária, conforme previsto na Lei 4.320/1964[1], sendo certo que todo e qualquer valor cuja cobrança seja atribuída por lei à Fazenda Pública é considerado dívida ativa[2].

Analisando-se as características do procedimento, é possível afirmar que a execução fiscal se trata de espécie de execução por título extrajudicial[3], sendo a Certidão de Dívida Ativa o respectivo título. É ela quem espelha a respectiva inscrição, que também é um procedimento, realizada pela autoridade competente, dotada de liquidez e certeza e precedida de processo administrativo em que é garantido ao devedor o devido processo legal em suas diversas vertentes[4].

Inscrito o débito em dívida ativa, ajuíza-se a respectiva execução fiscal, sendo importante ressalvar que a interrupção do prazo prescricional dos créditos de natureza tributária não é regida pela Lei de Execução Fiscal[5], mas pelo próprio Código Tributário Nacional, que detém natureza de lei complementar, a fim de satisfazer a previsão do artigo 146, III, b, da Constituição Federal.

---

1. Art. 39. § 1º – Os créditos de que trata este artigo, exigíveis pelo transcurso do prazo para pagamento, serão inscritos, na forma da legislação própria, como Dívida Ativa, em registro próprio, após apurada a sua liquidez e certeza, e a respectiva receita será escriturada a esse título. (Incluído pelo Decreto Lei nº 1.735, de 1979)

    § 2º – Dívida Ativa Tributária é o crédito da Fazenda Pública dessa natureza, proveniente de obrigação legal relativa a tributos e respectivos adicionais e multas, e Dívida Ativa não Tributária são os demais créditos da Fazenda Pública, tais como os provenientes de empréstimos compulsórios, contribuições estabelecidas em lei, multa de qualquer origem ou natureza, exceto as tributárias, foros, laudêmios, alugueis ou taxas de ocupação, custas processuais, preços de serviços prestados por estabelecimentos públicos, indenizações, reposições, restituições, alcances dos responsáveis definitivamente julgados, bem assim os créditos decorrentes de obrigações em moeda estrangeira, de subrogação de hipoteca, fiança, aval ou outra garantia, de contratos em geral ou de outras obrigações legais. (Incluído pelo Decreto-Lei nº 1.735, de 1979).

2. Art. 2º – Constitui Dívida Ativa da Fazenda Pública aquela definida como tributária ou não tributária na Lei nº 4.320, de 17 de março de 1964, com as alterações posteriores, que estatui normas gerais de direito financeiro para elaboração e controle dos orçamentos e balanços da União, dos Estados, dos Municípios e do Distrito Federal.

    § 1º – Qualquer valor, cuja cobrança seja atribuída por lei às entidades de que trata o artigo 1º, será considerado Dívida Ativa da Fazenda Pública.

3. Art. 784. São títulos executivos extrajudiciais:

    IX – a certidão de dívida ativa da Fazenda Pública da União, dos Estados, do Distrito Federal e dos Municípios, correspondente aos créditos inscritos na forma da lei;

4. Artigos 202 e 204, CTN.

5. Art. 8º, § 2º, LEF.

Segundo o artigo 174 do CTN, o prazo prescricional é de cinco anos, tendo sua contagem início com a constituição definitiva do crédito tributário, nos termos da Súmula 622 do Superior Tribunal de Justiça[6], que recentemente pacificou divergências sobre o tema e afastou, ainda que indiretamente, a ideia de prescrição intercorrente administrativa.

A interrupção do prazo prescricional retroage à data da propositura da ação – a teor do art. 240 § 1º, do CPC –, desde que ocorrida em condições regulares, ou que, havendo mora, seja esta imputável exclusivamente aos mecanismos do Poder Judiciário, conforme enunciado contido na Súmula 106 do Superior Tribunal de Justiça.

Em seguida, é o executado citado para, no prazo de 5 (cinco) dias, pagar a dívida e seus acessórios ou garantir o juízo, apresentando bem à penhora[7]. Ultrapassado o prazo *in albis*, a Fazenda Pública poderá indicar o bem a ser penhorado, preferencialmente na ordem disposta no artigo 11 do referido diploma.

Após a garantia do juízo, o devedor poderá opor Embargos à Execução, cuja natureza é de ação impugnativa autônoma, no prazo de 30 (trinta) dias, momento no qual, de acordo com o artigo 16 e parágrafos da Lei de Execução Fiscal, deverá apresentar toda e qualquer matéria útil à sua defesa, requerer a produção de provas e juntar a documentação que entender pertinente.

Após o contraditório da Fazenda Pública, que disporá de 30 dias para apresentar Impugnação aos Embargos à Execução, será iniciada a instrução probatória e analisada a argumentação apresentada por ambas as partes. Caso se mostre necessário, é possível que haja ainda produção de prova pericial.

Julgados improcedentes ou inexistentes os Embargos à Execução, adentra-se a fase expropriatória, em que, especialmente na segunda hipótese (ante a provável inexistência de garantia ao Juízo) são encontradas as maiores dificuldades pelo exequente, especialmente no que tange à localização de bens, avaliação e todo o procedimento, de alienação dos mesmos, tratado no Código de Processo Civil.

---

6. Súmula 622, STJ: "A notificação do auto de infração faz cessar a contagem da decadência para a constituição do crédito tributário; exaurida a instância administrativa com o decurso do prazo para a impugnação ou com a notificação de seu julgamento definitivo e esgotado o prazo concedido pela Administração para o pagamento voluntário, inicia-se o prazo prescricional para a cobrança judicial."
7. Art. 9º, LEF.

As formalidades características ao procedimento expropriatório atuam, muitas vezes, contrariamente ao interesse do exequente, que aguarda, por exemplo, o registro de uma penhora pelo Oficial de Justiça no órgão competente[8], a avaliação do bem, na hipótese de divergência existente entre as partes[9] ou ainda a marcação de data para realização de leilão. Os longos intervalos entre a prática dos atos fazem com que o índice de recuperabilidade da dívida ativa diminuam, uma vez que a tendência natural é que o decurso do tempo contribua para dilapidação patrimonial do devedor.

Feitas as considerações iniciais acima, conclui-se, à primeira vista, que o procedimento previsto na Lei de Execução Fiscal, afora a necessidade de garantia prévia do juízo para apresentação de defesa, através de Embargos à Execução, que é mitigada na apresentação de exceção de pré-executividade, não difere em grande escala de um execução ordinária de título executivo extrajudicial. E é justamente sob esse aspecto que se constata um cenário generalizado de ineficiência, sob o prisma de baixa recuperabilidade dos ativos, o que será explorado no tópico a seguir.

2. Cenário atual de ineficiência da cobrança da dívida ativa através da execução fiscal

Anualmente, milhões de execuções fiscais são ajuizadas pela Fazenda Pública visando à cobrança da Dívida Ativa tributária e não tributária da União, dos Estados, do Distrito Federal, dos Municípios e suas autarquias.

Ajuizamentos em massa, trânsito lento e crises no procedimento tornaram os processos de execução fiscais os responsáveis pela alta taxa de congestionamento do Poder Judiciário.

De acordo com o Relatório Justiça em Números de 2018, elaborado pelo Conselho Nacional de Justiça[10]:

> "*A maior parte dos processos de execução é composta pelas execuções fiscais, que representam 73% do estoque em execução. Esses processos são os principais responsáveis pela alta taxa de congestionamento do Poder Judiciário, representando aproximadamente 39% do total de casos pendentes*

---

8. Art. 14, LEF.
9. Art. 871, I, CPC.
10. Disponível em https://www.cnj.jus.br/wp-content/uploads/conteudo/arquivo/2019/08/justica_em_numeros20190919.pdf, acessado em 22/12/2020.

> e congestionamento de 90% em 2018 – a maior taxa entre os tipos de processos constantes desse Relatório. Há de se destacar, no entanto, que há casos em que o Judiciário esgotou os meios previstos em lei e ainda assim não houve localização de patrimônio capaz de satisfazer o crédito, permanecendo o processo pendente. Ademais, as dívidas chegam ao judiciário após esgotados os meios de cobrança administrativos – daí a difícil recuperação."

Diante desse cenário, o movimento atual é justamente no sentido de atribuir caráter residual à execução fiscal. A implementação de políticas como previsão legal de valor mínimo para ajuizamento e incentivo ao uso do protesto extrajudicial bem como a possibilidade de aumento dos poderes administrativos da Fazenda Pública na cobrança da dívida ativa são indicadores do movimento pendular atual.

Nesse aspecto, muitos entes têm editado, inclusive com incentivo dos respetivos Tribunais de Contas, legislações prevendo um valor mínimo (piso) para ajuizamento de Execuções Fiscais. A ideia é evitar que o custo da cobrança do crédito seja superior ao crédito em si.

Essa conclusão teve origem no fato de que, a exemplo dos dados da Procuradoria Geral da Fazenda Nacional, responsável pela cobrança da dívida ativa da União, o executivo fiscal dura em média 9 anos, 9 meses e 16 dias. Esse longo processo custa nada menos que uma média de R$ 5.606,67 (cinco mil, seiscentos e seis reais, sessenta e sete centavos), com a probabilidade de recuperação integral do crédito apenas em 25% (vinte e cinco por cento) dos casos[11].

Tendo em vista os dados anteriormente citados, que reforçaram a ideia de que é essencial o estabelecimento de valores para ajuizamento mínimo, a busca por outras formas de cobrança também se faz latente. Neste giro, o protesto tem sido utilizado em larga escala, especialmente em razão da ausência de custos relevantes para a Fazenda Pública e os diagnósticos de recuperabilidade alcançarem resultados muito mais expressivos em relação à execução fiscal.

Uma das características do protesto que faz com ele seja tão eficiente é a inserção do protestado nas listas dos serviços de proteção ao crédito, o que apresenta um efeito coercitivo muito maior quando comparado com a emissão de certidão positiva de débitos que é realizada pelo ente.

---

11. Disponível em http://repositorio.ipea.gov.br/bitstream/11058/5751/1/NT_n01_Custo--tempo-processo-execucao_Diest_2011-nov.pdf, acessado em 22/12/2020.

O rápido crescimento da prática do protesto assustou muitos devedores, que passaram a impugnar a constitucionalidade do procedimento. Apenas em 2013 começou a surgir jurisprudência mais firme sobre o tema, como foi o caso do Recurso Especial 1126515-PR. Nesse acórdão, de relatoria do Ministro Herman Benjamin, entendeu-se pela constitucionalidade em razão de três argumentos em especial:

(i) Cabe ao administrador e não ao Poder Judiciário fazer juízo de valor acerca da necessidade e pertinência do protesto, sob pena de violação à separação de poderes;

(ii) A Lei de Execução Fiscal disciplina a cobrança da Dívida Ativa, mas não exclui a utilização de outras formas de cobrança;

(iii) A Certidão de Dívida Ativa, título que embasa o protesto, só é lavrada depois de uma instância administrativa em que houve participação ou ao menos possibilidade de participação da parte interessada;

(iv) Caso a Fazenda Pública cometa algum abuso ou ilegalidade, ainda há possibilidade de controle jurisdicional.

Em 2016, o STF deu a palavra final sobre o tema ao julgar a Ação Direta de Insconstitucionalidade 5135, de autoria da Confederação Nacional do Comércio (CNI), acrescendo aos argumentos acima expostos, carreados pelo Superior Tribunal de Justiça, profunda análise da temática de sanções políticas, realizando ponderação entre os princípios envolvidos e concluindo pela proporcionalidade da medida.

Um dos pontos que faz com que o protesto seja tão eficiente é o fato de que sua realização independe de uma tutela jurisdicional, que possui alto nível de morosidade, como exposto acima. Tal constatação é despida de qualquer crítica ao Poder Judiciário, tendo em vista que o número exacerbado de execuções fiscais realmente faz com que a celeridade seja, de fato, inatingível.

Pensando nisso, a doutrina tem apontado que uma das soluções para melhora da performance da Fazenda Pública na cobrança da Dívida Ativa seria justamente o aumento de seus poderes a fim de que a constrição de bens não dependa exclusivamente de intervenção do Poder Judiciário.

Nesse sentido, a Lei 13.606/2018 passou a prever a possibilidade de a Fazenda Pública, administrativamente, tornar indisponíveis os bens dos devedores e contribuintes pela averbação da Certidão de Dívida Ativa nos órgãos de registro de bens e direitos sujeitos a arresto e penhora.

A novidade legislativa, contudo, foi objeto de Ação Direta de Inconstitucionalidade[12] perante o Supremo Tribunal Federal. Em 09/12/2020, foram julgados parcialmente procedentes os pedidos formulados na ação direta, considerando-se inconstitucional a parte final do inciso II do § 3º do art. 20-B da novel legislação. Nos termos do voto médio, do Ministro Luis Roberto Barroso, vedou-se a possibilidade de a Fazenda Nacional tornar indisponíveis administrativamente os bens de devedores a fim de garantir o pagamento de **débitos fiscais a serem executados**. Por outro lado, também por maioria dos votos, admitiu-se a averbação da Certidão de Dívida Ativa nos órgãos de registro de bens e direitos sujeitos a arresto e penhora.

Conforme é possível concluir através dos dados apresentados anteriormente, a morosidade, alto custo e baixa recuperabilidade do processo executivo regido pela Lei de Execução Fiscal faz com que novas formas de cobrança da Dívida Ativa urjam. É justamente nesse ponto que a tecnologia se mostra uma grande aliada.

3. Usando a tecnologia a favor de uma cobrança inteligente

Como demonstramos anteriormente (e diferentemente do que habita no senso comum) a execução fiscal, nos moldes atuais, não é instrumento de maior eficácia para cobrança da dívida ativa, e muito menos dota a Fazenda Pública de superpoderes capazes de constranger o devedor à satisfação de seu débito.

Essa antiga concepção foi, por exemplo, apresentada em recente julgado do Superior Tribunal de Justiça a fim de afastar a possibilidade de adoção de medidas cautelares atípicas no curso da execução fiscal, conforme se verifica dos trechos selecionados do Habeas Corpus 453.870/PR:

> *"12. Tratando-se de Execução Fiscal, o raciocínio toma outros rumos quando medidas aflitivas pessoais atípicas são colocadas em vigência nesse procedimento de satisfação de créditos fiscais. Inegavelmente, o Executivo Fiscal é destinado a saldar créditos que são titularizados pela coletividade, mas que contam com a representação da autoridade do Estado, a quem incumbe a promoção das ações conducentes à obtenção do crédito.*
>
> *13. Para tanto, o Poder Público se reveste da Execução Fiscal, de modo que já se tornou lugar comum afirmar que o Estado é superprivilegiado*

---

12. STF, Tribunal Pleno, ADI 5881, Rel. Roberto Barroso j. 09/12/2020.

em sua condição de credor. Dispõe de varas comumente especializadas para condução de seus feitos, um corpo de Procuradores altamente devotado a essas causas, e possui lei própria regedora do procedimento (Lei 6.830/1980), com privilégios processuais irredarguíveis. Para se ter uma ideia do que o Poder Público já possui privilégios ex ante, a execução só é embargável mediante a plena garantia do juízo (art. 16, § 1º. da LEF), o que não encontra correspondente na execução que se pode dizer comum. Como se percebe, o crédito fiscal é altamente blindado dos riscos de inadimplemento, por sua própria conformação jusprocedimental."

Contudo, diferentemente do que infirma tais razões de decidir, a necessidade de garantia do juízo para apresentação da defesa é largamente mitigada através do uso indistinto e injustificado de exceções de pré-executividade, em contrariedade ao que aprega a Súmula 393 do Superior Tribunal de Justiça[13] e da constatação empírica de que o percentual de execuções fiscais efetivamente garantidas é baixíssimo.

As principais dificuldades encontradas no curso da execução fiscal são (i) a impossibilidade de localização do devedor; e a (ii) ausência de bens penhoráveis, que, conforme o §4º do artigo 40 da Lei 6830/80 ocasionarão a declaração da extinção do crédito em razão da prescrição intercorrente, após o transcurso do prazo de cinco anos, iniciados ao final do prazo de um ano do arquivamento dos autos, após a decretação do juiz de alguma das hipóteses acima mencionadas.

O artigo 40 da Lei de Execuções Fiscais (Lei 6830/80) regulamenta o procedimento de prescrição intercorrente, a qual representa uma crise ao procedimento ordinário. A presença de algum dos dois fatores ali contidos é obstáculo à satisfação da obrigação tributária ou não tributária e, caso não haja mudança desse curso, haverá a extinção da mesma pela prescrição.

As discussões acerca da constitucionalidade do artigo continuam a desenrolar-se tanto, aguardando-se a manifestação expressa do Supremo Tribunal Federal acerca da suposta violação ao artigo 146, III, b, da Constituição Federal, já tendo sido reconhecida a repercussão geral da discussão[14] no Tema 390.

---

13. Súmula 393, STJ: A exceção de pré-executividade é admissível na execução fiscal relativamente às matérias conhecíveis de ofício que não demandem dilação probatória.
14. Trata-se do Recurso Extraordinário 636.562, *leading case*, de relatoria do Ministro Roberto Barroso.

Ao longo dos últimos anos, avanços tecnológicos de pequena magnitude proporcionaram um grande impacto no curso das execuções fiscais especialmente em relação às hipóteses de crise de procedimento.

Isto porque, a celebração de convênios, nos termos do art. 199 do CTN, permitiram aos entes a obtenção de dados atualizados dos devedores, através de buscas pelo nome e/ou CPF. Assim, muitos casos cujo inexorável destino seria a aplicação do artigo 40, da LEF, e a consequente extinção do crédito, após a declaração de prescrição, foram recuperados através de pesquisas simples, que podem ser realizadas em poucos minutos, em sistemas públicos de gestão de dados.

No que tange às trabalhosas tentativas de localização de patrimônio, o avanço do *big data* dificultou a ocultação de bens pelo devedor e permitiu com que a Fazenda Pública tivesse, através de dados públicos, acessos mais detalhados acerca do comportamento patrimonial do executado.

Atualmente, através de buscas pelo nome do devedor, por meio de sistemas de acesso à informação de médio custo, é possível obter uma gama de informações como (i) vínculo empregatício atual do devedor; (ii) estimativa de renda com base nas informações gerais sobre o cargo que ocupa; (iii) se o devedor possui empregados próprios; (iv) participação do devedor em sociedades; e, especialmente (v) a ligação entre tais sociedades, o que, pode comprovar a existência de fato a ensejar a aplicação do artigo 50 do Código Civil e autorizar a desconsideração indireta da personalidade jurídica.

Em outro giro, outros avanços tecnológicos simples como a possibilidade de extração de dados do devedor e sua posterior inserção em petições de impulso como pedido de citação, penhora de numerário, de avaliação ou apenas atualização do valor do débito, em que não se faz necessária nenhuma produção de prova adicional permitiu com que a demora na resposta da Fazenda Pública fosse mitigada, potencializando sua eficiência.

Essa mesma automação também permitiu a extração de relatórios que permitiram o acompanhamento de processos que estavam sem andamento por determinado período, a fim de que uma reanálise com informações atualizadas pudesse trazer novos rumos à respectiva execução.

O ajuizamento de execuções fiscais em massa, através de simples comandos, tornou o trabalho hercúleo das Procuradorias exequível, permitindo a interrupção da prescrição dentro prazo legal[15].

Assim, conclui-se que, ainda que timidamente, os avanços tecnológicos dos últimos anos produziram um verdadeiro impacto na cobrança da dívida ativa. De um lado, a automação permitiu uma produção em maior escala das chamadas "execuções de massa", quais sejam, aquelas de menor monta e complexidade.

Por outro lado, a obtenção de informações mais detalhadas a respeito de grandes devedores, muniu a Procuradoria de ferramentas que pudessem identificar mais facilmente hipóteses de fraude à execução e abuso da personalidade jurídica, bem como o monitoramento patrimonial do devedor e, a depender do caso concreto, demais responsáveis.

Nesse aspecto, foi importante concluir que uma atuação direcionada e calcada em informações precisas, especialmente em relação a grandes devedores, possui efeitos muito mais benéficos, em termos de arrecadação, do que a atuação desinformada em um número maior de processos. A tecnologia ensinou que existe sim uma maneira inteligente de cobrança da dívida ativa e ela envolve mais informações e menos agentes atuando.

Nesse ponto, não se pode negar: em termos de execução fiscal de baixo valor, especialmente nas de baixa complexidade, um clique pode fazer o trabalho de todo o dia de uma equipe. É inquestionável o quanto a tecnologia pode agregar nesse aspecto. Extrair informações do sistema de dívida ativa e adaptar para centenas de processos alcançou incríveis resultados.

Tais avanços, ainda que tímidos, mudaram os ânimos daqueles que atuam na cobrança da dívida ativa, e fizeram florescer a ideia de que é possível cumprir

---

15. Art. 174 do Código Tributário Nacional.
    "A ação para a cobrança do crédito tributário prescreve em cinco anos, contados da data da sua constituição definitiva.
    Parágrafo único. A prescrição se interrompe:
    I – pelo despacho do juiz que ordenar a citação em execução fiscal;"
    Art. 240 do Código de Processo Civil.
    "A citação válida, ainda quando ordenada por juízo incompetente, induz litispendência, torna litigiosa a coisa e constitui em mora o devedor, ressalvado o disposto nos arts. 397 e 398 da Lei nº 10.406, de 10 de janeiro de 2002 (Código Civil).
    § 1º A interrupção da prescrição, operada pelo despacho que ordena a citação, ainda que proferido por juízo incompetente, retroagirá à data de propositura da ação."

a ideia do legislador originário e utilizar a execução fiscal como uma forma célere e prática de cobrança da dívida ativa.

4. IMPACTOS NA ATUAÇÃO DA FISCO: COMO SE PREPARAR PARA O NOVO CENÁRIO?

Os avanços tecnológicos certamente provocarão uma revolução na cobrança de Dívida Ativa. Nos dias de hoje, já não há mais espaço e nem tolerância para se aguardar quase uma década pelo desfecho processual de uma Execução Fiscal. O contribuinte demanda uma solução. E a Administração Pública também.

Estudo recente[16] realizado especificamente para interpretar e prever os efeitos do avanço da tecnologia em relação aos profissionais que trabalham na área tributária esperam que o desenvolvimento da inteligência artificial afete principalmente cinco áreas.

As mencionadas áreas são: informação, automação processual, formas de tomada de decisão, democratização do conhecimento e relacionamentos pessoais sob o aspecto de recrutamento de talentos e esforços conjuntos para resolução de problemas. Todos esses avanços influenciarão o rumo das execuções fiscais no Brasil.

Sob o aspecto da informação, a maior facilidade na obtenção de dados poderá atuar como facilitador na localização do devedor e de seus bens, afastando o fantasma da prescrição intercorrente e abrindo caminhos para que a Fazenda Pública consiga efetivamente satisfazer seu crédito.

A automação processual, hoje ainda em tímidos (em relação ao potencial futuro da tecnologia) mas importantíssimos passos[17], certamente será a maior ou uma das maiores responsáveis pelas mudanças na execução fiscal. A efetividade da cobrança com uma atuação em grande escala e capaz de absorver as centenas de milhares de demandas que estão nas mãos da Fazenda Pública colocarão por terra a cultura de inadimplemento que se construiu ao longo das últimas décadas. A ideia de que o inadimplemento pode ser estratégico ante a inércia fazendária será aos poucos enterrada.

---

16. Disponível em https://www2.deloitte.com/content/dam/Deloitte/global/Documents/Tax/dttl-tax-deloitte-our-digital-future.pdf, acessado em 22/12/2020.
17. Disponível em https://canaltech.com.br/robotica/dra-luzia-primeira-robo-advogada-do-brasil-ja-tem-sua-primeira-missao-96658/, acessado em 22/12/2020.

Acerca das novas formas de tomada de decisão, recentemente nos deparamos com debate sobre o tema, após o Tribunal de Justiça do Estado do Rio de Janeiro, através de inteligência artificial, ter substituído decisões individuais proferidas pelo próprio magistrado condutor do feito por uma ordem geral de bloqueio de bens de devedores em 6.619 mil execuções fiscais[18].

Por um lado, advogados questionaram[19] a medida, sob o argumento de que teria havido violação à ampla defesa, contraditório e, consequentemente, ao devido processo legal. O Juízo, por sua vez, justificou a medida no fato de que apenas estava dando cumprimento ao pedido de penhora realizado pela Fazenda Pública, através da Procuradoria Geral do Município do Rio de Janeiro, na própria petição inicial, o que, em nosso entendimento, encontra pleno respaldo no artigo 7º, II, da Lei de Execução Fiscal[20].

A democratização do conhecimento exercerá a função de verdadeira política de educação fiscal.

Caso você esteja se perguntando o que é educação fiscal, trata-se de política pública que deve ser desenvolvida com o intuito de integrar o cidadão e a Administração Pública Fazendária, trazendo para o espaço coletivo informações e conceitos sobre gestão fiscal e os processos de geração, aplicação e fiscalização dos recursos públicos. Busca-se a sensibilização do cidadão para adoção de um olhar sistêmico acerca da função socioeconômica do tributo, diminuindo a distância e a verticalidade entre Fisco e sociedade.

Por fim, sob o aspecto da possibilidade de junção de esforços, ou *networking*, também encontra a Fazenda Pública benefícios com o incremento da tecnologia. Na linha do que já dispõe o artigo 199 do Código Tributário Nacional, a Fazenda Pública da União e as dos Estados, do Distrito Federal e dos Municípios deverão unir esforços na fiscalização dos tributos respectivos e permuta de informações, seja através de lei ou convênio.

A mudança no perfil de atuação do próprio procurador também se fará necessária. Desenvolvimento de aptidões de gestão de dados e pessoas, análises

---

18. Disponível em http://www.tjrj.jus.br/noticias/noticia/-/visualizar-conteudo/5111210/5771753, acessado em 22/12/2020.
19. Disponível em https://www.conjur.com.br/2018-jul-20/oab-rj-suspensao-penhora-mil-execucoes-fiscais, acessado em 22/12/2020.
20. "Art. 7º – O despacho do Juiz que deferir a inicial importa em ordem para:
    I – citação, pelas sucessivas modalidades previstas no artigo 8º;
    II – penhora, se não for paga a dívida, nem garantida a execução, por meio de depósito, fiança ou seguro garantia (...)"

estatísticas, elaboração de estratégias de atuação massificada e direcionamento de esforços serão essenciais para que as novas tecnologias possam ser não apenas disponibilizadas, mas também absorvidas pela Fazenda Pública em seu proveito.

Assim, é preciso investir em algo, muitas vezes, subvalorizado pela Administração Pública: planejamento. Mais tempo preparando do que efetivamente executando.

É inegável que muito tempo e custo ainda se perde corrigindo falhas na execução – e aqui falo não apenas da execução em sentido estrito, de procedimento, mas de realização de projetos – que poderiam ter sido evitadas com melhor planejamento. Sobre o ponto, vale a nota de que parte dessa cultura é reflexo da atuação de órgãos de controle que por vezes se preocupam mais com números do que com a análise da atuação dos agentes em si.

É por isso, que o agora é decisivo para que os avanços de médio e longo prazo tecnológicos sejam transformadores para a cobrança da dívida ativa. Mais do que reconhecer a atual crise decorrente da baixa recuperabilidade dos créditos, deve-se aproveitar o momento para se preparar para o porvir.

5. Conclusão

A execução fiscal é o procedimento através do qual a Fazenda Pública realiza a cobrança de seus créditos tributários e não tributários inscritos em dívida ativa, utilizando-se da certidão de dívida ativa, título executivo extrajudicial dotado de presunção de liquidez e certeza para, através do Poder Judiciário, satisfazer sua pretensão.

Contudo, apesar de, em sua criação original, ter sido pensada como forma célere e eficiente para a recuperação de seus créditos, o cenário das últimas décadas, alimentado pela falta de políticas públicas voltadas para a educação fiscal, demonstra que seu objetivo não foi integralmente ou satisfatoriamente atendido.

As execuções fiscais são morosas, freadas por uma série de dificuldades especialmente relacionadas à falta de informações sobre o devedor e o engarrafamento dentro do próprio Poder Judiciário. Demora na citação, na realização da penhora, na avaliação do bem. Muitos mecanismos contidos na Lei de Execução Fiscal como aliados apenas tornaram o procedimento mais lento.

Nos últimos anos, os avanços tecnológicos trouxeram uma série de melhorias à cobrança da dívida ativa, como (i) a possibilidade de protesto de certidões de dívida ativa, (ii) a digitalização dos processos, (iii) a possibilidade de citação mais rápida com a expedição da citação através de aviso de recebimento digital, (iv) o ajuizamento de execuções em massa e (v) a ligação entre sistemas de gerenciamento da dívida ativa e o processo eletrônico, permitindo rápida extração de dados. Esses são apenas alguns dos exemplos mais comuns às procuradorias em geral. É certo que, associados a maiores investimentos, o auxílio da tecnologia tem sido ainda maior, especialmente através da ação de *big data*.

É certo que esse é só o início de uma nova era que já se avizinha e para a qual precisamos estar preparados. Digo isso não apenas em relação aos que compõem a Administração Tributária, mas também aos que atuam em defesa dos interesses dos contribuintes. Isso porque será essencial encontrar o equilíbrio perfeito entre o aumento das armas de atuação do Fisco e a garantia do devido processo legal ao contribuinte, especialmente valorizando-se a proteção à legítima confiança.

Não se pode olvidar que os avanços tecnológicos impactaram o cenário processual como um todo, especialmente no que tange à valorização de métodos alternativos de resolução de conflitos, o que remonta ao que abordamos nos tópicos iniciais acerca da importância de serem fortalecidos os poderes executórios administrativos da Administração Pública na cobrança de seus créditos.

É inegável que tais poderes não devem ser concedidos de maneira isolada, sendo essencial que sejam também delineados seus contornos e a responsabilização do agente em caso de abuso, especialmente dolosamente.

Para quem questiona como se preparar para as mudanças que se anunciam, conclui-se relembrando da importância do planejamento. É imperativo conhecer o novo cenário, identificar os benefícios e os pontos sensíveis que se apresentam e adaptar a atuação, em especial da Fazenda Pública, para explorar da maneira mais adequada os avanços que a tecnologia é capaz de oferecer em termos de eficiência na cobrança da dívida ativa, seja através da execução fiscal ou de novos meios, estes também decorrentes das respostas que a tecnologia é capaz de adicionar ao procedimento processual.

O papel do *in house counsel* na gestão do contencioso

LEONARDO COSTA DA FONSECA

Bacharel em Direito pela Universidade Candido Mendes, Campus Centro, Pós-Graduado em Direito Processual Civil pela Pontifícia Universidade Católica do Estado do Rio de Janeiro, Pós-Graduando em Administração de Negócios do Setor Elétrico pela Fundação Getulio Vargas, Campus Sede Rio de Janeiro, Concluiu o curso de Gestão de Departamentos Jurídicos do Insper, Campus São Paulo, é advogado e atualmente é Gerente Jurídico de Contencioso e Jurídico Regulatório da Eneva S/A.

O relatório do fórum econômico mundial aponta para a modificação das profissões e o fim de algumas carreiras em todos os segmentos da economia. Entre outras questões, o relatório aponta que a tecnologia trará mudanças significativas na forma como trabalhamos e como diferentes habilidades serão exigidas para os profissionais do futuro.[1]

No universo jurídico parte dessas transformações já foram e são identificadas, e isso independentemente da prática ou nível de organização. Como exemplo mais singelo, podemos citar a revolução já experimentada por diferentes gerações de advogados com a implementação do processo judicial eletrônico nas Cortes Brasileiras a partir do advento da Lei nº 11.419/06.

---
1. The Future of Jobs, World Economic Forum, Social Skills: Coordinating with others, Emotional Intelligence, Negotiation, Persuasion, Service Orientation, Training and Teaching.

Durante esse período de transição um elevado número de profissionais, ainda não familiarizados com o uso de computadores, tokens e programas computacionais, precisou se adaptar a essa nova realidade realizando cursos de capacitação[2].

Da mesma forma, departamentos jurídicos e escritórios de advocacia precisaram remodelar sua estrutura de informática para permitir o manuseio de documentos digitalizados com a aquisição de telas de computadores ou melhorando seus sistemas para permitir o upload de arquivos e realização de protocolos eletronicamente.

Apesar do desconforto e despesas adicionais experimentados durante o período de transição, o processo eletrônico judicial atualmente é uma realidade em todos os Tribunais Estaduais e Federais da nossa Federação[3], e, sem dúvida, agrega bastante benefícios para a advocacia pública e privada e, consequente, para todos os usuários da Justiça Brasileira.

Naturalmente, o exemplo mencionado acima não se compara as relevantes transformações experimentadas pela advocacia e tribunais nos últimos anos com o desenvolvimento de programas computacionais próprios para elaboração de peças e decisões de forma mais massificada, organização de arquivos virtuais, sistematização de precedentes e doutrinas sobre diferentes disciplinas do direito, distribuição de recursos, separação de recursos por temas, utilização de dados e estatísticas para traçar perfis de decisão etc.

Aliás, como já muito bem explorado pelos diferentes autores dos artigos da presente coletânea, são inúmeras as ferramentas inseridas na rotina do advogado que viabilizam a gestão mais eficiente do seu tempo para realizar menos tarefas repetitivas e, com isso, executar atividades mais analíticas e estratégicas proporcionando maior geração de valor.

O presente artigo discorre sobre a atuação do advogado corporativo com ênfase em contencioso nos tempos atuais e procura evidenciar como sua conduta pode proporcionar ganhos diversos para a corporação que ele integra,

---

2. Existe notícia de que durante o período de migração do processo físico para o digital a OAB-RJ precisou manter máquinas de escrever nas suas dependências para garantir que os advogados mais antigos conseguissem continuar a exercer a advocacia: https://www.oabrj.org.br/noticias/oabrj-inaugura-centro-apoio-ao-advogado-barra-pirai, acessado em 10.05.2020.

3. https://www.cnj.jus.br/wp-content/uploads/conteudo/arquivo/2019/08/justica_em_numeros20190919.pdf, pag. 100, acessado em 10.05.2020.

especialmente se sua atuação for orientada para o uso das corretas ferramentas, e ainda se a visão jurídica estiver voltada também para dentro do negócio.

É de conhecimento da população em geral que o Brasil possui um grau de litigiosidade demasiadamente elevado, senão um dos maiores de todo o mundo, tendo finalizado o ano de 2018 com quase 80 milhões de processos em tramitação, consoante dados divulgados pelo Conselho Nacional de Justiça no estudo denominado "Relatório Justiça em Números".[4]

Não se pode desconsiderar ainda que a relação entre o particular e o público nas diferentes esferas de poder gera também inúmeros impasses e na grande parte das vezes essas disputas são resolvidas no Judiciário e não de forma alternativa, como há algum tempo é estimulado pela comunidade jurídica e hoje encontra-se positivado em diferentes leis e, sobretudo, no Código de Processo Civil[5].

Sendo assim, é natural que, quando da execução de suas atividades, os diferentes segmentos da economia estejam em algum momento envolvidos em disputas judiciais ou administrativas. Essas discussões, por sua vez, não serão acompanhadas pelos executivos das corporações que devem continuar dedicando sua atenção para as atividades fim da empresa. Os advogados serão então incumbidos da função de lidar com essas pendências permitindo a continuidade dos negócios.

No passado, tais profissionais estavam longe das operações e dos negócios dos seus clientes. Na verdade, esses profissionais viviam entrincheirados nos seus escritórios atuando de forma autônoma ou organizados em bancas que reuniam especialistas de diferentes áreas do direito.

Ocorre que, com o tempo, foram criados os departamentos jurídicos das corporações e as vagas disponíveis passaram a oferecer oportunidades de remuneração atrativas, como planos de remuneração variável e benefícios, e ainda

---

4. https://www.cnj.jus.br/wp-content/uploads/conteudo/arquivo/2019/08/justica_em_numeros20190919.pdf, p. 79, acessado em 10.05.2020
5. Lei nº 13.105/15:
   "Art. 3º Não se excluirá da apreciação jurisdicional ameaça ou lesão a direito.
   § 1º É permitida a arbitragem, na forma da lei.
   § 2º O Estado promoverá, sempre que possível, a solução consensual dos conflitos.
   § 3º A conciliação, a mediação e outros métodos de solução consensual de conflitos deverão ser estimulados por juízes, advogados, defensores públicos e membros do Ministério Público, inclusive no curso do processo judicial."

um plano de carreira mais consistente para aqueles advogados que anteriormente atuavam em escritórios de advocacia.

Além disso, devido a intensidade das transações e peculiaridade dos negócios e consequentemente diferentes tipos de problemas, foi verificada a necessidade da defesa dos interesses da empresa ser realizado ou coordenada por uma advogado corporativo contratado com dedicação exclusiva.

Independentemente da trajetória profissional do advogado corporativo, seja iniciando sua carreira já dentro da empresa, ou migrando do escritório de advocacia para o departamento jurídico, foi identificado, desde logo, um verdadeiro dilema no exercício de suas funções dentro da corporação.

Segundo o professor Ben W. Heineman Junior, o advogado corporativo, como empregado da companhia, tinha a necessidade de perseguir os resultados financeiros e, com isso, atender as expectativas de seus acionistas e investidores. Por outro lado, esse mesmo advogado tinha a obrigação de ser um verdadeiro guardião/curador da companhia e, portanto, zelar para que suas atividades estejam aderentes as regras legais do local onde operavam e que as práticas adotadas por seus executivos e colaboradores fossem integras[6].

Além do dilema mencionado, pode-se dizer que o advogado corporativo de contencioso enfrenta outro no desempenho de suas funções dentro da corporação. Isso porque, a área contenciosa do departamento jurídico lida na sua maioria das vezes com um portifólio de casos envolvendo transações desastradas ou malsucedidas, assim como disputas com diferentes stakeholders sejam eles públicos ou privados. O advogado de contencioso, portanto, está inserido num contexto muito diferente do advogado integrante do departamento jurídico que conduz fusões e aquisições voltadas para expansão de novos negócios ou o advogado que apoia a celebração de contratos importantes para a condução dos negócios da companhia.

Não significa dizer que o trabalho desempenhado pelo advogado de contencioso é menos importante de que dos seus pares. Pelo contrário, a realidade vivida pelo advogado de contencioso não é de apenas garantir que seja empenhado os melhores esforços e técnica para defesa dos interesses da Companhia no âmbito judicial ou administrativo.

Na verdade a concepção atual exige que o in house counsel com ênfase em contencioso deixe de lado a visão exclusivamente voltada ao litígio e adote

---

6. Heineman, Ben W. The inside counsel revolution: resolving the partner – guardian tension, Chicago: American Bar Association, 2016, p. 55.

uma conduta proativa e, com isso, exerça uma advocacia preventiva e orientada para o negócio, até porque as contingências ativas e passivas de uma companhia representam um conteúdo extremamente educativo e revelador.

Ora, a partir de uma análise das demandas envolvendo a companhia, ou os formulários de referência no caso das empresas abertas, é possível traçar o "perfil do contencioso". Dessa forma, é possível mapear as áreas de negócios mais envolvidas em disputas e cujos processos internos são mais suscetíveis a falhas e impasses comerciais, verificar quais as teses mais ofensoras, diagnosticar quais os foros são mais inclinados a julgar contra ou a favor da companhia, entre outros.

Enfim, as contingências da companhia devem ser utilizadas como insumos para exercício de reflexões críticas sobre o negócio. Nesse processo de sistematização e identificação das "lições aprendidas" o advogado corporativo tem um papel importante de diagnosticar a causa raiz dos problemas e tentar difundir no ambiente corporativo formas de combatê-lo ou mitigá-lo.

Para atingir esses objetivos com eficiência, é fundamental que na gestão do contencioso o in house counsel deixe para os corredores dos fóruns e tribunais as vestimentas e o linguajar jurídico. Isso porque, para ajudar na aproximação com o cliente interno e atender o plano de negócio da empresa, o advogado precisa estar programado para interagir e se comunicar de uma forma objetiva e, ainda, ter conhecimento básico sobre as diferentes áreas de negócios e as atividades técnicas desenvolvidas pela Companhia. Nesse sentido, não é aconselhável que o advogado fique elucubrando sobre teorias jurídicas ou utilizando retórica rebuscada num mundo extremamente dinâmico, como já bem destacado por Bruno Feigelson, cofundador do Future Law[7].

Eventual falha em construir essas pontes e estreitar a relação interpessoal com profissionais não advogados importará numa natural dificuldade de avaliar riscos e antecipar ações, assim como produzir boas teses que serão levadas para discussão perante diferentes autores (magistrados, procuradores, promotores, conselheiros etc). E, pior, considerando a dinâmica acelerada do ambiente corporativo, será rapidamente criada uma percepção negativa de que os advogados

---

7. *"Embora demorada, já conseguimos perceber que o universo da advocacia tem sido alterado em busca de se tornar mais célere e se alinhar com o mundo lá fora. Não podemos usar abotoaduras e falar latim quando todos usam emoji"*, afirma Bruno Feigelson, cofundador do Future Law, centro de inovação voltado para o direito". Disponível em https://vocesa. abril.com.br/geral/veja-como-a-tecnologia-esta-mudando-o-trabalho-dos-advogados/, acessado em 10.05.2020.

corporativos não possuem uma visão voltada ao negócio ou que representam na verdade um obstáculo para o atingimento das metas e plano de negócios da empresa, o que acaba afetando a credibilidade do departamento jurídico.

Outro aspecto importante a ser considerado pelo in house counsel que atua no contencioso é prezar por uma adequada gestão da informação dentro da companhia e a existência de controles internos. Por uma série de razões, considerando algumas exceções, as grandes empresas brasileiras cresceram de uma forma acelerada e, com isso, sem o cuidado de guardar informações, documentos e dados de maneira adequada.

A ausência parcial ou total desses registros dificultam de sobremaneira o levantamento de subsídios para elaboração de teses e construção de defesas da companhia, especialmente quando se está diante de uma disputa de contratos celebradas há muito tempo. A situação se agrava quando a corporação atravessou mudanças de acionistas e composição da diretoria devido a fusões ou aquisições.

É improvável que o advogado interno, por mais proativo que seja, consiga reparar todas as lacunas de informação deixadas durante um crescimento desordenado ou de mudanças societárias. Contudo, existem boas práticas de gestão de informação já disseminadas no mercado e uma cultura corporativa minimamente preocupada com controles internos, sobretudo após a implementação de políticas de integridade e Compliance.

Assim, se o advogado adotar um diálogo com as áreas internas, inclusive com a criação de diretrizes e promoção de treinamentos, chamando atenção para a necessidade de guarda e controle das informações, e muito provável que esteja ao seu alcance o histórico de e-mails sobre determinada contratação e não perdido na caixa de e-mail de ex-colaborador. Adicionalmente, pode ser mais fácil acessar atas e notificações de determinados contratos, e ainda seja possível identificar possíveis testemunhas que possam ajudar em instrução processual a ser realizada numa arbitragem.

Como se vê, o advogado de contencioso deve resistir e (ao menos tentar) evitar ser sequestrado pela rotina intensa de prazos, relatórios, análise de decisões judiciais e seus precedentes. Trata-se de tarefa fundamental para o bom exercício da advocacia, mas não é suficiente para o atingimento da sua melhor performance dentro da companhia. O departamento jurídico é uma área estratégica e deve participar do negócio de maneira direta e não lateral, ou seja, é necessária uma pauta com iniciativas e atitudes propositivas. Nesse sentido, seguindo os melhores conselhos de William Ury[8], para uma adequada gestão de contencioso, propormos que o advogado use as técnicas de negociação adotadas pelo conhecido professor e suba na "varanda" para olhar além das fronteiras do departamento jurídico e, assim, ter uma melhor visão do que lhe espera tentando estar, no possível, um passo a frente dos acontecimentos.

Um ponto crucial para uma boa gestão das contingências da Companhia é a capacidade que o in house counsel possui de delegar as demandas para os advogados externos e geri-las adequadamente. Cada empresa e seu departamento jurídico vivem realidades diferentes. De um lado o desafio do contencioso pode ser o controle de um milhão de processos cujo valor envolvido de cada demanda é de mil reais, e do outro o desafio pode estar concentrado num único processo cujo valor envolvido seja de alguns milhões de reais.

A companhia, por estar listada em bolsa de valores, pode exigir um nível de transparência mais elevado e, por conseguinte, precisará de relatórios mais precisos com a indicação de valores envolvidos atualizados. Considerado cada cenário e especificidade, a forma de escolher o perfil de escritório e advogados envolvidos na prestação de serviço naturalmente será diferente.

No entanto, independente das particularidades, uma gestão adequada do contencioso exige que o in house counsel exerça o papel de aproximar esse escritório parceiro da realidade dos negócios da empresa e, sobretudo, garantir que exista uma sinergia entre o trabalho desenvolvido pelo advogado interno e o externo. Para que isso aconteça, é necessário que os dois lados trabalhem juntos na aproximação do escritório de advocacia e departamento jurídico. Iniciativas como promoção de palestras e treinamentos ministrados por advogados de cada um dos times, inclusive para profissionais não advogados, desenvolvimento de intercâmbio de profissionais, visitas guiadas ao local das operações, são exemplos de boas práticas que podem ser realizadas sem maiores custos.

Dado a imprevisibilidade de determinados eventos, o advogado interno de contencioso deve estar sempre atento as oportunidades de desenvolver novas parcerias com advogados e escritórios de advocacia que ainda não prestam serviço para a Companhia. Nunca se sabe o rumo de alguns eventos e, repentinamente, pode ser necessário ingressar em juízo para obtenção de tutela de urgência para discutir determinada matéria envolvendo direito ambiental ou administrativo, bem como pode ser necessário responder a auto de infração

---

8. Getting Past No: Negotiating With Difficult People (English Edition) por Roger Fisher e William Ury.

lavrado por agência reguladora ou obter parecer sobre questão sensível para a continuidade do negócio.

Em qualquer um dos exemplos, considerando as peculiaridades das operações, é importante que já exista um entendimento preliminar entre a companhia e o escritório para que se tenha informações mínimas de como os negócios são conduzidos, inclusive para ajudar na alocação de custos e organizar equipe que estaria envolvida no desempenho das atividades. Adicionalmente, o advogado corporativo de prática contenciosa, deve estar sempre vigilante e preparado para lidar com crises corporativas decorrentes dos mais variados eventos.

A antecipação é importante para que a resposta no momento de crise seja assertiva e na velocidade adequada, consoantes as melhores práticas adotadas[9]. Nesse sentido, é necessário já deixar preparado, na medida do possível, um levantamento preliminar dos potenciais riscos, forma de alocação de responsabilidades previstas nos contratos, coberturas de seguros já existentes, fluxograma de decisões, formulário de perguntas e respostas, entre outros. Esses preparativos são fundamentais para ditar o rumo que a corporação irá seguir em eventual crise experimentada.

Por último, mas não menos importante, é fundamental que o departamento jurídico realize um mapeamento sistemático de discussões jurídicas que são relevantes para o negócio. Atualmente, o modelo adotado pelo novo Código de Processo Civil aprimorou a sistemática de recursos repetitivos no âmbito do STJ, criou o incidente de resolução de demandas repetitivas, assim como instituiu o incidente de assunção de competência. As teses jurídicas decididas nesse âmbito podem, portanto, impactar os negócios da companhia. Isso porque, além de vincular magistrados em âmbito nacional, servem de orientação para intepretação de dispositivos legais em disputas que envolvam a companhia.

Sem pretensão de exaurir o tema, é possível concluir ao final do presente artigo que o advogado corporativo com ênfase em contencioso deve adotar uma visão sistemática do direito, e ainda sem perder a atenção para o negócio da companhia. É fundamental que esteja preparado para atuar alinhado com o plano de negócios, tendo o cuidado de adotar condutas de prevenção e mitigação de riscos. Na verdade, a antecipação aos problemas e obstáculos enfrentados pela companhia é uma máxima que deve ser cultivada pelo advogado corporativo, até porque, como dizem os mais precavidos, esperança não pode ser estratégia.

---

9. Crisis Management Life-cycle: https://www2.deloitte.com/content/dam/Deloitte/be/Documents/risk/be-risk-overview-sales.pdf, acessado em 10.05.2020.

A contribuição da inteligência artificial para a materialização do conceito de "jurisprudência dominante". Considerações sobre o uso de QR Code em processos judiciais e o juízo 100% digital

MARCELO MAZZOLA

Doutorando e Mestre em Direito Processual pela UERJ. Professor de Processo Civil da Escola de Magistratura do Estado do Rio de Janeiro (EMERJ). Coordenador de Processo Civil da Escola Superior de Advocacia (ESA). Membro do Instituto Brasileiro de Direito Processual (IBDP), da Academia Brasileira de Direito Processual (ABDPro) e do Instituto Carioca de Processo Civil (ICPC). Advogado.

NATHALIA RIBEIRO

Mestranda em Direito Processual pela UERJ. Coordenadora Adjunta de Processo Civil da Escola Superior de Advocacia (ESA). Advogada.

Sumário: Introdução. 1. Contribuição da inteligência artificial no desenvolvimento do "sistema" de precedentes do CPC. 2. Uso do QR Code na atividade jurisdicional. 3. Benefícios do Juízo 100% Digital. 4. Conclusão. 5. Referências bibliográficas.

Introdução

A tecnologia transforma e ressignifica os padrões. Rompe barreiras, encurta distâncias e promove mudanças sociais. Atualmente é impossível imaginar a sociedade contemporânea sem algumas ferramentas tecnológicas[1] (smartphone, internet, banco online, redes sociais, compras online etc.).

Vivemos a era da "modernidade líquida"[2].

No plano jurisdicional, os tribunais do país vêm explorando cada vez mais o uso de ferramentas tecnológicas, prestigiando princípios constitucionais e normas fundamentais do processo civil, como o acesso à justiça[3], a eficiência[4], a duração razoável do processo[5], entre outras.

---

1. De acordo com a 31ª Pesquisa Anual do Uso de TI da FGV EAE/SP, são 424 milhões de dispositivos digitais (computador, notebook, tablet e smartphone) em uso no Brasil, o que representa aproximadamente 2 dispositivos digitais por habitante. Disponível em: Pesquisa Anual do Uso de TI | FGV EAESP. Acesso em 01.12.2020.
2. BAUMAN, Zygmunt. *Modernidade Líquida*. Trad. Plínio Dentzien. Rio de Janeiro: Zahar, 2001.
3. LIMA, Alexandre Bannwart de Machado; OLIVEIRA, Gustavo Henrique de. Acesso à justiça e o impacto de novas tecnologias na sua efetivação. *Revista de Cidadania e Acesso à Justiça*, v. 5, n. 1, Jan/Jun. 2019. p. 69-87.
4. Para Barbosa Moreira, deve ser assegurado "à parte vitoriosa, o gozo da específica utilidade a que faz jus segundo o ordenamento, com o mínimo dispêndio de energia", respeitando-se as garantias constitucionais. BARBOSA MOREIRA, José Carlos. Efetividade e técnica processual. In: BARBORA MOREIRA, José Carlos. *Temas de direito processual*: sexta série. São Paulo: Saraiva, 1997. p. 17-29. p. 18.
5. Nesse particular, os "robôs" ELIS do TJPE e PoC do TJRJ estão otimizando as execuções fiscais. Sobre o tema, ver NUNES, Dierle. Virada tecnológica no direito processual (da automação à transformação): seria possível adaptar o procedimento pela tecnologia?. In: NUNES, Dierle; LUCON, Paulo Henrique dos Santos; WOLKART, Erik Navarro (Coords). *Inteligência artificial e direito processual: os impactos da virada tecnológica no direito processual*. Salvador: Juspodivm, 2020. p. 23-25.

Não é exagero comparar essa virada tecnológica a uma revolução[6]. O processo, que era físico, virou eletrônico[7]; as publicações no D.O., em sua grande maioria, foram substituídas pelas intimações eletrônicas[8]; as citações passaram a ser feitas por meio eletrônico, mediante o cadastro das empresas nos sites dos Tribunais[9]; os oficiais de justiça foram autorizados a usar meios eletrônicos (e-mail e WhatsApp, por exemplo) para cumprir os mandados de citação e intimação[10], entre tantas outras inovações.

Nada obstante, a integração das plataformas online de solução de conflitos com os sistemas dos tribunais, a criação de softwares jurídicos para predição de resultados (jurimetria[11]), a utilização de robôs, as decisões por algoritmo[12], e a dinâmica do plenário virtual[13] são apenas questões instigantes[14] que desafiam (e continuarão a desafiar) os operadores do direito.

---

6. Para um apanhado histórico da revolução tecnológica no judiciário, ver COELHO, Fabio Ulhoa. O Judiciário e a tecnologia. Disponível em https://www.migalhas.com.br/dePeso/16,MI298546,91041-O+Judiciario+e+a+tecnologia. Acesso em 01.12.2020.
7. Lei nº 11.419/2006 – "Dispõe sobre a informatização do processo judicial; altera a Lei nº 5.869, de 11 de janeiro de 1973 – Código de Processo Civil; e dá outras providências".
8. Art. 5º da Lei nº 11.419/2006: "As intimações serão feitas por meio eletrônico em portal próprio aos que se cadastrarem na forma do art. 2º desta Lei, dispensando-se a publicação no órgão oficial, inclusive eletrônico. (...). § 6º As intimações feitas na forma deste artigo, inclusive da Fazenda Pública, serão consideradas pessoais para todos os efeitos legais".
9. Art. 6º da Lei nº 11.419/2006: "Observadas as formas e as cautelas do art. 5º desta Lei, as citações, inclusive da Fazenda Pública, excetuadas as dos Direitos Processuais Criminal e Infracional, poderão ser feitas por meio eletrônico, desde que a íntegra dos autos seja acessível ao citando".
10. PROVIMENTO 38/2020 CJG TJRJ: "Art. 13. As citações, intimações e notificações para todos os atos do processo, que não forem definidos como de urgência, serão realizadas, preferencialmente, por meio eletrônico, na forma prevista nos artigos 246, 270 e 272 do CPC c/c Lei nº 11.419, podendo, ainda, ser realizadas por meio de aplicativos de mensagens ou outro meio eletrônico disponível". Disponível em: SophiA Biblioteca - Terminal Web: (tjrj.jus.br). Acesso em 01.12.2020.
11. NUNES, Dierle; DUARTE, Fernanda Amaral. Jurimetria e tecnologia: diálogos essenciais com o direito processual. *Revista de Processo*, nº 299, jan./2020, p. 407/450.
12. Para uma análise mais detalhada, ver FERRARI, Isabela; BECKER, Daniel; WOLKART, Erik Navarro. *Arbitrium ex machina*: panorama, riscos e a necessidade de regulação das decisões informadas por algoritmos. *Revista dos Tribunais online*, nº 995, set./2018.
13. Com destaque para a ampliação dos julgamentos virtuais no STJ e no STF.
14. NUNES, Dierle; VIANA, Aurélio. Deslocar função estritamente decisória para máquinas é muito perigoso. Disponível em https://www.conjur.com.br/2018-jan-22/opiniao-deslocar-funcao-decisoria-maquinas-perigoso. Acesso em 25.10.2020.

Neste artigo, será feito um recorte, pinçando-se três temas específicos: a contribuição da inteligência artificial no desenvolvimento do "sistema" de precedentes delineado pelo CPC/15, o uso de QR Code nos processos judiciais, e os benefícios do Juízo 100% Digital.

1. Contribuição da inteligência artificial no desenvolvimento do "sistema" de precedentes do CPC

Como explica Jordi Nieva Fenoll[15], embora não haja um consenso sobre a definição de inteligência artificial, essa pressupõe a atuação da máquina imitando o pensamento humano, especialmente na tomada de decisões.

Para Fabiano Hartmann Peixoto e Roberta Zumblick Martins da Silva, "a IA é uma subárea da computação e busca fazer simulações de processos específicos da inteligência humana por intermédio de recursos computacionais"[16].

Assim, a máquina é capaz de processar a linguagem, compreender o que se expressa e repetir as premissas de uma decisão humana. Essa operação "lógica" é viabilizada pelos chamados algoritmos, que são uma combinação, uma sequência de instruções memorizadas pela máquina em decorrência das próprias escolhas humanas.

Não vamos analisar aqui questões relacionadas ao *machine learning*, às redes plurais, aos vieses cognitivos, entre outros, que podem eventualmente distorcer a aplicação do algoritmo. A ideia é apenas abordar a interface entre a inteligência artificial e seu uso para nortear a implementação do sistema de precedentes.

Como se sabe, uma das mais profundas e significativas inovações introduzidas pelo CPC/15 foi justamente a adoção de um microssistema de precedentes obrigatórios (art. 927), a fim de garantir integridade, estabilidade e coerência à jurisprudência dos tribunais (art. 926).

---

15. FENOLL, Jordi Nieva. *Inteligencia artificial y proceso judicial*. Madrid: Marcial Pons, 2018, p. 20-23.
16. PEIXOTO, Fabiano Hartmann; SILVA, Roberta Zumblick Martins da. *Inteligência artificial e direito*. Curitiba: Alteridade editora, 2019. p. 20.

Com efeito, essa tentativa de harmonização jurisprudencial[17] vem evoluindo e se fortalecendo há algumas décadas[18], o que é fundamental para garantir isonomia e segurança jurídica.

Aliás, a própria exposição de motivos do CPC/15[19] revela a preocupação do legislador com a uniformidade e a estabilidade da jurisprudência, além da necessidade de redução do número de recursos perante os tribunais.

---

17. "O legislador brasileiro inequivocamente já havia importado, portanto, mesmo antes da promulgação do novo CPC, a técnica do precedente vinculante ou obrigatório. Não trouxe com isso, porém, o mais importante, que é a técnica cuidadosa de se tomar em conta todas as circunstâncias do caso, ouvir atentamente os argumentos por analogia e diferenciação, justificar sua decisão em argumentos de princípio e argumentos consequencialistas e assegurar a igualdade das partes e a integridade de suas decisões". ZANETI JR., Hermes. *O valor vinculante dos precedentes*. Salvador: JusPodivm, 2015.

18. "Constata-se, por outro lado, uma nítida tendência evolutiva no sentido de se emprestar cada vez mais importância à jurisprudência e aos precedentes judiciais, na esteira do que já ocorre em muitos ordenamentos filiados ao sistema continental europeu. O fenômeno da concessão de maior eficácia às decisões judiciais pode ser identificado nas numerosas reformas havidas na legislação processual brasileira nas últimas décadas. Em decorrência dessas consecutivas modificações, encontram-se, em nosso sistema atual, precedentes com eficácia de níveis distintos, quais seja, persuasivos, impeditivos de recursos e, em grau máximo, vinculantes. A atribuição de força vinculante aos precedentes judiciais é sobremaneira conveniente para a racionalidade da jurisdição em um país de dimensões continentais como o nosso, no qual o grande número de tribunais estaduais e federais inspira, necessariamente, uma superior preocupação com a uniformidade do direito". PINHO, Humberto Dalla Bernardina de; RODRIGUES, Roberto de Aragão Ribeiro. O microssistema de formação de precedentes judiciais vinculantes previsto no novo CPC. In: DIDIER JUNIOR, Fredie; CUNHA, Leonardo Carneiro da (Org.). *Julgamento de Casos Repetitivos*. Salvador: Juspodivm, 2017. p. 281-310.

19. "O novo Código prestigia o princípio da segurança jurídica, obviamente de índole constitucional, pois que se hospeda nas dobras do Estado Democrático de Direito e visa a proteger e a preservar as justas expectativas das pessoas. Todas as normas jurídicas devem tender a dar efetividade às garantias constitucionais, tornando 'segura' a vida dos jurisdicionados, de modo a que estes sejam poupados de 'surpresas', podendo sempre prever, em alto grau, as consequências jurídicas de sua conduta. Se, por um lado, o princípio do livre convencimento motivado é garantia de julgamentos independentes e justos, e neste sentido mereceu ser prestigiado pelo novo Código, por outro, compreendido em seu mais estendido alcance, acaba por conduzir a distorções do princípio da legalidade e à própria ideia, antes mencionada, de Estado Democrático de Direito. A dispersão excessiva da jurisprudência produz intranquilidade social e descrédito do Poder Judiciário. Se todos têm que agir em conformidade com a lei, ter-se-ia, *ipso facto*, respeitada a isonomia. Essa relação de causalidade, todavia, fica comprometida como decorrência do desvirtuamento da liberdade que tem o juiz de decidir com base em seu entendimento sobre o sentido real da norma. A tendência à diminuição do número

Foi justamente nesse contexto de valorização dos precedentes e de busca pela segurança jurídica que o CPC ratificou dispositivos constitucionais que conferem efeito vinculativo às decisões de mérito proferidas pelo STF em controle concentrado de constitucionalidade e às súmulas vinculantes, bem como atribuiu o mesmo efeito às súmulas do STF e do STJ (dentro de suas respectivas competências), às decisões proferidas nos incidentes de assunção de competência e de resolução de demandas repetitivas, aos julgamentos de recursos especiais e extraordinários repetitivos e à orientação do órgão mais qualificado de cada tribunal (artigo 927).

Nesse cenário, indaga-se: como a inteligência artificial pode potencializar a segurança jurídica e a isonomia, evitando a chamada dispersão jurisprudencial? E mais, pode a inteligência artificial ajudar na materialização de conceitos jurídicos indeterminados? Entendemos que sim, por intermédio da coleta de dados, de seu tratamento e de uma gestão eficiente do material pelos tribunais.

Por exemplo, os algoritmos podem por ajudar na identificação das questões repetitivas em ações envolvendo os *repeat players*, facilitando o mapeamento dos temas que podem ser objeto de Incidentes de Resolução de Demandas Repetitivas e de recursos repetitivos. Com o resultado consolidado, os núcleos de inteligência dos tribunais podem subsidiar os julgadores (arts. 69, III, e 139, X, do CPC), bem como compartilhar as informações com os legitimados extraordinários (MP, Defensoria etc.), para que estes órgãos tomem as medidas pertinentes.

Da mesma forma, os Tribunais Superiores podem se valer dos dados colhidos dos recursos especiais e extraordinários distribuídos para identificar temas repetitivos, permitindo a afetação dos recursos para julgamento sob a sistemática própria (arts. 1.036 e seguintes do CPC).

Já se antecipando à essa possibilidade – e a tantas outras facilidades que a inteligência artificial traz para a gestão processual –, o Superior Tribunal de Justiça vem desenvolvendo algumas ferramentas de inteligência artificial para

---

de recursos que devem ser apreciados pelos Tribunais de segundo grau e superiores é resultado inexorável da jurisprudência mais uniforme e estável. Proporcionar legislativamente melhores condições para operacionalizar formas de uniformização do entendimento dos Tribunais brasileiros acerca de teses jurídicas é concretizar, na vida da sociedade brasileira, o princípio constitucional da isonomia. Criaram-se figuras, no novo CPC, para evitar a dispersão excessiva da jurisprudência. Com isso, haverá condições de se atenuar o assoberbamento de trabalho no Poder Judiciário, sem comprometer a qualidade da prestação jurisdicional". Disponível em https://www2.senado.leg.br/bdsf/bitstream/handle/id/512422/001041135.pdf. Acesso em 24.10.2020.

alinhar tecnologia e prestação jurisdicional[20], com destaque para o Projeto Sócrates.

A perspectiva é que o Sócrates utilize técnicas de inteligência artificial para fazer o primeiro exame automatizado do recurso e do acórdão recorrido, fornecendo informações importantes aos Ministros, como se o tema se encaixa em alguma categoria de demandas repetitivas, o fornecimento das referências legislativas, a classificação de processos semelhantes e até minutas de decisão, dependendo do caso.[21]

Além desse projeto em desenvolvimento, o STJ já colocou em prática um sistema para identificar grupos de processos com acórdãos semelhantes, que permite a análise das controvérsias que se repetem, otimizando a aplicação do mecanismo de julgamento dos recursos repetitivos.

No âmbito dos Tribunais de Justiça, o Tribunal de Justiça do Estado de Minas Gerais, por exemplo, possui a ferramenta chamada "Ágil", que consiste em mecanismo de monitoramento das distribuições de ações judiciais em todo o Estado, com o objetivo de identificar precocemente as demandas repetitivas, o que, com a adequada gestão, permitirá a redução do acervo processual e da quantidade de recursos, além de promover a celeridade na tramitação processual e a uniformização das decisões (segurança jurídica).

Outra possível contribuição da inteligência artificial é permitir a materialização do conceito de "jurisprudência dominante", expressão que se repete em pelo menos três passagens do CPC/15, com inequívocas repercussões práticas.

Com efeito, o CPC/15 faz referência à "jurisprudência dominante", estabelecendo a) que os enunciados de súmulas editados pelos tribunais devem corresponder à sua jurisprudência dominante; b) que, na hipótese de alteração de jurisprudência dominante do STF e dos tribunais superiores ou de casos repetitivos, pode haver modulação dos efeitos da alteração para preservar a segurança jurídica; e c) haverá repercussão geral sempre que o recurso extraordinário impugnar acordão que contrarie súmula ou jurisprudência dominante do STF (arts. 926, § 1º, 927, § 3º, e 1.035, § 3º, I).

Vale lembrar ainda que, à luz do Regimento Interno do STJ, o relator pode negar ou dar provimento monocrático a recursos, decidir mandado de

---

20. Disponível em: https://www.conjur.com.br/2019-ago-29/primeiro-ano-gestao-noronha-stj-marcada-inovacao Acesso em: 22.10.20.
21. Disponível em: http://www.stj.jus.br/sites/portalp/SiteAssets/documentos/noticias/Relat%C3%B3rio%20de%20gest%C3%A3o.pdf Acesso em 22.10.10.

segurança, habeas corpus e conflito de competência, se a decisão impugnada for contrária à jurisprudência dominante acerca do tema (vide, por exemplo, art. 34 do Regimento Interno do STJ).

Na mesma linha, o Regimento Interno do STF permite ao relator negar seguimento a pedido ou recurso contrário à jurisprudência dominante do tribunal (art. 21, § 1º), bem como liberar para julgamento, em ambiente presencial ou eletrônicos, recursos extraordinários, agravos e demais classes processuais cuja matéria discutida tenha jurisprudência dominante no âmbito do tribunal (art. 21-B,§1º).

Portanto, a obtenção de dados concretos (matemáticos e estatísticos) para saber se há realmente uma jurisprudência dominante é fundamental para permitir o julgamento monocrático dos feitos nas cortes superiores (não há mais espaço para alegações genéricas calcadas em conceitos jurídicos indeterminados – art. 489, II, do CPC/15), bem como para a edição de enunciados de súmulas e/ou modulação dos efeitos das decisões.

Sob outro prisma, os algoritmos também podem permitir a melhor aplicação do Enunciado nº 83 da Súmula do STJ: *"Não se conhece do recurso especial pela divergência, quando a orientação do Tribunal se firmou no mesmo sentido da decisão recorrida"*. Isso porque será possível apurar, de forma precisa e matemática, quantas vezes aquele tribunal analisou o tema, estabelecendo o percentual de acórdãos no mesmo sentido da decisão recorrida, inclusive fornecendo a evolução do entendimento, em casos que houver mudança de posicionamento.[22]

Registre-se, por fim, que, apesar dos inegáveis avanços, os desafios ainda são muitos, pois se não sabe ao certo como as máquinas são (e serão) alimentadas, se os algoritmos serão revelados ao público, se haverá algum tipo de participação dos operadores do direito na construção de tais ordens sequenciais e, principalmente, se os robôs conviverão em harmonia entre si e com os homens. São questões relevantes que serão sedimentadas com o tempo.

---

22. MAZZOLA, Marcelo. Processo e novas tecnologias: utilização de QR CODE em petições judiciais, atuação dos robôs e as contribuições da inteligência artificial para o sistema de precedentes. Inteligência artificial e direito processual: os impactos da virada tecnológica no direito processual. In: NUNES, Dierle; LUCON, Paulo Henrique dos Santos; WOLKART, Erik Navarro (Coords). *Inteligência artificial e direito processual: os impactos da virada tecnológica no direito processual*. Salvador: Juspodivm, 2020, p. 699-714.

2. Uso do QR Code na atividade jurisdicional

Nem todas as aplicações tecnológicas são complexas como a inteligência artificial. Existem ferramentas muito mais simples capazes de incrementar a prestação jurisdicional, como é o caso do QR Code.

Como se sabe, QR Code é a abreviação de *quick response code* (código de resposta rápida). Trata-se de um código de barras bidimensional[23] que pode ser escaneado por alguns aparelhos celulares equipados com câmera[24], com capacidade de codificar atalhos para endereços eletrônicos (URL e e-mails, textos, PDF, arquivos de imagens e vídeos em geral etc.).

Como explicam Antônio Carvalho Filho, Luciana Benassi Gomes Carvalho e Ana Beatriz Ferreira Rebello Pesgrave, "o QR code não é a tecnologia de inovação em si, mas apenas o caminho, o atalho, para acesso a determinadas informações paratextuais em ambiente extra-autos"[25].

Em nosso sentir, não há qualquer vedação para o uso judicial dos QR Codes. Até porque o artigo 188 do CPC/15 estabelece que "os atos e os termos processuais independem de forma determinada, salvo quando a lei expressamente a exigir, considerando-se válidos os que, realizados de outro modo, lhe preencham a finalidade essencial"[26].

Por sua vez, o artigo 369 do diploma processual prevê que "as partes têm o direito de empregar todos os meios legais, bem como os moralmente legítimos, ainda que não especificados neste Código, para provar a verdade dos fatos em que se funda o pedido ou a defesa e influir eficazmente na convicção do juiz".

Embora ainda não haja qualquer regulamentação específica pelo Conselho Nacional de Justiça, na prática forense já há advogados que começaram a utilizar

---

23. Código QR. Disponível em https://pt.wikipedia.org/wiki/C%C3%B3digo_QR. Acesso em: 25.10.2020.
24. Alguns modelos de telefone podem exigir o download de aplicativos para fazer a leitura.
25. CARVALHO FILHO, Antônio; CARVALHO, Luciana Benassi Gomes; PESGRAVE, Ana Beatriz Ferreira Rebello. O uso do QR Code nos processos judiciais. Por que não? *Revista Brasileira de Direito Processual* – RBDPro, Belo Horizonte, nº 102, abr./jun./2019, p. 106.
26. Assim, não é possível, por exemplo, apresentar uma petição inicial, uma apelação ou um agravo em formato de QR Code, diante da exigência do texto legal de haver uma "petição", inclusive para que a pretensão esteja bem delimitada.

essa ferramenta[27] e, inclusive, alguns juízes já proferiram decisões prestigiando o QR Code[28].

Vale lembrar que o QR Code permite trazer para o processo judicial – que, em regra, é composto por centenas ou milhares e páginas escritas, petições longas (e muitas vezes prolixas), atos cartorários, despachos e decisões – o dinamismo de vídeos, apresentações em Power Point, esclarecimentos técnicos sobre o bem em discussão, inclusive com o uso de ferramentas de realidade aumentada etc., o que pode ser um diferencial, especialmente em demandas que versem sobre questões técnicas.

Por intermédio dessa ferramenta, i) os advogados podem gravar vídeos tecendo esclarecimentos objetivos e pontuais para os magistrados examinarem pedidos de tutela (uma espécie de "sustentação virtual"), cujos conteúdos poderão ser acessados pelos ex adversos se o QR Code estiver estampado em petição; ii) os advogados podem preparar apresentações de slides para auxiliar no convencimento do juiz; ii) os magistrados podem fazer inspeções pessoais de dentro de seus gabinetes (pressupondo-se que houve a filmagem do local ou do objeto litigioso pelo oficial de justiça – arts. 381 c/c 188, do CPC); iii) partes e terceiros podem gravar depoimentos/declarações sobre a questão controvertida, sem a necessidade de redigir um documento ou se dirigir a algum cartório local para fazer eventual declaração.

Tudo isso de forma prática e objetiva, bastando a inserção do QR Code no corpo da petição ou do memorial.

Tal ferramenta não demanda a formalidade do acautelamento de uma mídia em cartório, que, a rigor, envolve o deslocamento do advogado para entrega da mídia; a emissão de certidão cartorária confirmando o recebimento; o arquivamento seguro no cartório – que, na realidade atual do processo eletrônico, não pode ser grudado na capa dos autos, o que era muito comum com

---

27. ROVER, Tadeu. Advogado usa QR Code em petição para facilitar comunicação com juiz. Disponível em https://www.conjur.com.br/2017-set-25/advogado-usa-qr-code-peticao-facilitar-comunicacao-juiz. A Defensoria Pública também já utiliza a ferramenta. Informação disponível em https://www.anadep.org.br/wtk/pagina/materia?id=35742. Acesso em: 25.10.2020.

28. "Colacionou, ainda, interessante ferramenta para demonstrar sua alegação, consistente em um vídeo que pode ser acessado pelo link https://goo.gl/9iGZoT ou com QR Code, no qual tenta fazer ligação para o número (84 XXXXX 4170) e se ouve a gravação com a informação de que 'este número que você ligou não recebe chamada ou não existe'" (Processo 0818389-98.2017.8.20.5004, 13º Juizado Especial Cível da Comarca de Natal (RN), decisão proferida em 2/10/2017).

as mídias em CD, por exemplo –; a necessidade de o magistrado solicitar o "desarquivamento" da mídia no momento em que estiver examinando o processo, entre outros encargos e burocracias.

Todavia, também é preciso refletir sobre os riscos da tecnologia. De plano, antever três problemas.

O primeiro é a preocupação com a autenticidade, integridade e temporalidade[29], já que, tecnicamente, o conteúdo acessado não está armazenado nos autos do processo (nem fisicamente nem em mídia digital), tratando-se, na verdade, de elemento "externo".

Além disso, a ausência de controle efetivo sobre o conteúdo objeto do QR Code. Ainda que existam mecanismos para checar eventual adulteração (como controle de data e horário da criação), isso pode gerar insegurança jurídica. Enquanto os códigos estáticos são mais difíceis de serem manipulados, os códigos dinâmicos permitem a alteração do conteúdo a qualquer tempo.

Ou seja, existe, ao menos em tese, o risco de as partes e o juiz verem coisas totalmente diferentes em momentos distintos. Pode ocorrer, ainda, de o conteúdo ser suprimido do local em que estava hospedado (por exemplo, um vídeo que estava no YouTube ser deletado).

Por fim, não se pode deixar de mencionar o risco de falta ou déficit de isonomia entre os litigantes. Não é crível obrigar os advogados e as partes a adquirirem celulares modernos capazes de fazer a leitura do QR Code. Ainda que boa parte da população disponha de celulares, nem sempre os aparelhos possuem a tecnologia e as ferramentas necessárias.

A questão se agrava quando o QR Code envolve uma prova[30] e não há como assegurar que ambas as partes terão acesso a ela, o que fere o contraditório e a paridade de armas (artigo 7º do CPC).

Nesse particular, é importante que a OAB acompanhe a evolução do assunto, fornecendo aos advogados toda a estrutura necessária para a fruição da tecnologia (assim como aconteceu quando da implantação do processo

---

29. Atributos que estão intimamente ligados ao processo eletrônico (artigos 2º, parágrafo 2º, e 12, parágrafos 1º e 3º, da Lei 11.419/06). Sobre o tema, vale conferir CARVALHO FILHO, Antônio; CARVALHO, Luciana Benassi Gomes; PESGRAVE, Ana Beatriz Ferreira Rebello. O uso do QR code nos processos judiciais. Por que não? *Revista Brasileira de Direito Processual* – RBDPro, Belo Horizonte, nº 102, abr./jun./2019, p. 109.

30. Como se sabe, a prova não é para o juiz, mas sim para o processo e sobre ela os sujeitos processuais devem ter ampla possibilidade de se manifestarem e influírem eficazmente na convicção do julgador (artigo 369 do CPC).

eletrônico, em que o órgão disponibilizou salas e instrutores para atender os causídicos).

Sob outro prisma, diante da falta de regulamentação, não há como obrigar os julgadores a acessarem o conteúdo do QR Code.

Primeiro, porque as partes, a rigor, não podem transferir externalidades para o Judiciário (custos com a aquisição de aparelhos modernos, onerando-se o aparato judicial).

Segundo, porque, especialmente em matéria probatória, ainda há grande insegurança quanto à integridade e autenticidade do conteúdo, o que pode gerar nulidades no futuro. Talvez uma medida interessante seja a assinatura de protocolos institucionais entre OAB, Defensoria Pública, Ministério Público e o próprio Judiciário, com a previsão de se registrar em *blockchain* os conteúdos vinculados ao QR Code no momento de sua apresentação aos autos.

E terceiro, porque cabe ao juiz garantir a isonomia e a paridade de armas (artigo 139, I, do CPC), o que, sem uma regulação específica e a cooperação dos operadores do Direito, ainda não é possível assegurar.

Em suma, é inegável a utilidade e a potencialidade da ferramenta, bem como a necessidade de sedimentação do uso judicial do QR Code.

3. BENEFÍCIOS DO JUÍZO 100% DIGITAL

A pandemia da Covid-19 trouxe consigo grandes mudanças e importantes reflexões para a população mundial. Apesar de todas as perdas (perda de vidas, recessão econômica, afastamento social, entre tantas outras), não se pode negar os benefícios e os avanços experimentados durante esse período pandêmico. Entre os principais benefícios, destaca-se a atividade remota.

Não apenas as empresas tiveram a oportunidade de desmistificar o *home office* – o que modificará as relações trabalhistas daqui por diante –, como também a comunidade jurídica descobriu que não precisa do espaço físico do tribunal para viabilizar o fornecimento da prestação jurisdicional.

Os tribunais brasileiros tiveram a oportunidade de comprovar, na prática, a aplicabilidade da tese do professor britânico Richard Susskind, que, há muito, vem defendendo que a justiça é um serviço e não um espaço físico, sendo perfeitamente possível a implementação de cortes online[31].

---

31. SUSSKIND, Richard. Online Courts and the Future of Justice. Oxford: Oxford University Press, 2019.

O avanço da primeira onda do coronavírus no país fechou os tribunais literalmente "do dia para noite" e obrigou advogados (públicos e privados), magistrados, promotores/procuradores de justiça e serventuários a trabalharem remotamente. Por se tratar de uma situação emergencial, não houve tempo de organizar previamente os protocolos institucionais, que foram sendo implementados na prática[32].

Os prazos, inicialmente suspensos, foram retomados; as audiências migraram do meio físico para o formato digital (videoconferência) – e toda essa atmosfera ainda conspirou para a aprovação do projeto de lei que autoriza audiências virtuais no âmbito do Juizado Especial Cível (Lei nº 13.994/20) –; o Supremo Tribunal Federal e o Conselho Nacional de Justiça publicaram muitas resoluções aprimorando o ambiente virtual para os julgamentos (sustentação oral e esclarecimento de fato, por exemplo[33]) e destacando alguns *guidelines* para a utilização da inteligência artificial[34].

Apesar de os tribunais terem ficado a maior parte do ano de portas fechadas, migrando recentemente para atividades parciais/híbridas, a prestação jurisdicional foi satisfatoriamente prestada no ambiente virtual, inclusive com aumento expressivo na produtividade em alguns tribunais no último ano[35].

Foi justamente nesse cenário que o Ministro Luiz Fux assumiu a presidência do Supremo Tribunal Federal e do Conselho Nacional de Justiça, deixando claro em seu discurso de posse que uma das prioridades de sua atuação seria incentivar o uso da tecnologia aplicada ao processo judicial.

Uma de suas primeiras medidas foi a criação do Juízo 100% Digital, por intermédio da Resolução nº 345 do Conselho Nacional de Justiça.

---

32. Resoluções CNJ nºs 313/2020, 314/2020 e 329/2020.
33. Resoluções STF nºs 642, 669, 684, 690. Disponíveis em http://www.stf.jus.br/portal/atoNormativo/verAtoNormativo.asp?documento=2761. Acesso 07.12.2020.
34. Resolução CNJ nº 332 de 21/08/2020. Disponível em https://atos.cnj.jus.br/atos/detalhar/3429. Acesso em 07.12.2020.
35. "E os resultados do trabalho remoto e por teleconferência ao longo de 2020 foram impressionantes, com um total de movimentos processuais realizados superior a 691,1 milhões, incluindo 15,5 milhões de sentenças e acórdãos, 23,9 milhões de decisões e 41,3 milhões de despachos, o que consubstanciou aumento de produtividade quando comparado aos anos anteriores". ARAUJO, Valter Shuenquener de; GABRIEL, Anderson de Paiva; PORTO, Fábio Ribeiro. "Juízo 100% digital" e transformação tecnológica da Justiça no século XXI: Novo modelo de trabalho utiliza todo o potencial que a tecnologia pode fornecer ao Poder Judiciário. Disponível em: "Juízo 100% digital" e transformação tecnológica da Justiça no século XXI | JOTA Info. Acesso em 01.12.2020.

Em termos práticos, o Juízo 100% Digital representa uma alternativa (ambas as partes devem concordar com esse formato de tramitação) para maximizar o acesso à justiça, na medida em que as partes poderão litigar remotamente, evitando-se os atrasos decorrentes da prática de atos físicos ou que exijam a presença das partes nos Fóruns.

No âmbito do Juízo 100% Digital, as audiências serão realizadas exclusivamente por videoconferência[36] – ressalvando a possibilidade de a parte optar por participar da audiência de uma sala do Poder Judiciário, caso não tenha meios tecnológicos disponíveis. Da mesma forma, não haverá atendimento presencial nas serventias ou nos gabinetes. Todo o atendimento será prestado de forma virtual[37].

Além disso, as citações e intimações observarão os meios virtuais, devendo as partes e advogados informar seus contatos telefônicos e e-mail para permitir a dinamização do procedimento.

Sem dúvida que a implementação do Juízo 100% Digital é fruto da ousadia do Ministro Luiz Fux e ressignifica a atuação jurisdicional, garantindo, ao mesmo tempo, maior acesso à justiça e eficiência.

Tal formato vem sendo prestigiado por inúmeros tribunais do país (estaduais, federais e trabalhistas), ainda em fase de testes, e pode resultar na redução exponencial da estrutura física dos tribunais nos próximos anos.

---

36. "Na audiência virtual, todos os interessados recebem um link, seja por e-mail ou mesmo Whatsapp, bastando acessar a reunião virtual 5 (cinco) minutos antes do horário marcado por meio de um celular ou computador. Não é necessário qualquer gasto com transporte e há apenas o sacrifício do tempo necessário para a efetiva realização da audiência. Essa vantagem, por si só, já demonstraria o enorme benefício trazido pelas audiências virtuais". ARAUJO, Valter Shuenquener de; GABRIEL, Anderson de Paiva; PORTO, Fábio Ribeiro. "Juízo 100% digital" e transformação tecnológica da Justiça no século XXI: Novo modelo de trabalho utiliza todo o potencial que a tecnologia pode fornecer ao Poder Judiciário. Disponível em: "Juízo 100% digital" e transformação tecnológica da Justiça no século XXI | JOTA Info. Acesso em 01.12.2020.

37. Sobre a prestação jurisdicional virtual e a fluidez dos limites territoriais no meio digital, ver RODRIGUES, Marco Antonio. Tecnologia, resolução de conflitos e o futuro da competência territorial. Disponível em: https://www.jota.info/paywall?redirect_to=//www.jota.info/opiniao-e-analise/colunas/tribuna-da-advocacia-publica/tecnologia-resolucao-de-conflitos-e-o-futuro-da-competencia-territorial-25072020. Acesso em 07.12.2020.

4. CONCLUSÃO

As ferramentas tecnológicas estão cada vez mais inseridas no contexto do Poder Judiciário, trazendo múltiplos benefícios e despertando algumas inquietudes.

De qualquer modo, não se pode negar que os incrementos tecnológicos prestigiam o acesso à justiça, a eficiência, a duração razoável do processo, tentando evitar, ainda, a chamada dispersão jurisprudencial.

Nesse particular, é grande o potencial da inteligência artificial como ferramenta para o desenvolvimento do "sistema" de precedentes do CPC, dando concretude ao conceito de "jurisprudência dominante", racionalizando a edição de enunciados de súmulas e oxigenando o julgamento de recursos repetitivos.

Sob outro prisma, o uso do QR Code nos processos judiciais já impacta o dia a dia forense, ressignificando a maneira de advogar e interagir com magistrados. As inúmeras vantagens também trazem a reboque alguns questionamentos, que certamente serão sedimentados com o tempo.

Por fim, o Juízo 100% Digital consagra definitivamente uma nova compreensão da justiça como um serviço (e não mais como um local), trazendo múltiplas repercussões para o jurisdicionado e para os operadores do direito.

5. REFERÊNCIAS BIBLIOGRÁFICAS

ARAUJO, Valter Shuenquener de; GABRIEL, Anderson de Paiva; PORTO, Fábio Ribeiro. Juízo 100% digital e transformação tecnológica da Justiça no século XXI: Novo modelo de trabalho utiliza todo o potencial que a tecnologia pode fornecer ao Poder Judiciário. Disponível em: Juízo 100% digital e transformação tecnológica da Justiça no século XXI | JOTA Info. Acesso em 01.12.2020.

BARBORA MOREIRA, José Carlos. *Temas de direito processual*: sexta série. São Paulo: Saraiva, 1997.

BAUMAN, Zygmunt. *Modernidade Líquida*. Trad. Plínio Dentzien. Rio de Janeiro: Zahar, 2001.

CARVALHO FILHO, Antônio; CARVALHO, Luciana Benassi Gomes; PESGRAVE, Ana Beatriz Ferreira Rebello. O uso do QR Code nos processos judiciais. Por que não? *Revista Brasileira de Direito Processual* – RBDPro, Belo Horizonte, nº 102, abr./jun./2019.

COELHO, Fabio Ulhoa. O Judiciário e a tecnologia. Disponível em https://www.migalhas.com.br/dePeso/16,MI298546,91041-O+Judiciario+e+a+tecnologia. Acesso em 01.12.2020.

FENOLL, Jordi Nieva. Inteligencia artificial y proceso judicial. Madrid: Marcial Pons, 2018.

FERRARI, Isabela; BECKER, Daniel; WOLKART, Erik Navarro. Arbitrium ex machina: panorama, riscos e a necessidade de regulação das decisões informadas por algoritmos. *Revista dos Tribunais online*, vol. 995, set./2018.

LIMA, Alexandre Bannwart de Machado; OLIVEIRA, Gustavo Henrique de. Acesso à justiça e o impacto de novas tecnologias na sua efetivação. *Revista de Cidadania e Acesso à Justiça*, v. 5, n. 1, Jan/Jun. 2019.

MAZZOLA, Marcelo. Processo e novas tecnologias: utilização de QR CODE em petições judiciais, atuação dos robôs e as contribuições da inteligência artificial para o sistema de precedentes. In: NUNES, Dierle; LUCON, Paulo Henrique dos Santos; WOLKART, Erik Navarro (Coords). *Inteligência artificial e direito processual: os impactos da virada tecnológica no direito processual*. Salvador: Juspodivm, 2020.

NUNES, Dierle; VIANA, Aurélio. Deslocar função estritamente decisória para máquinas é muito perigoso. Disponível em https://www.conjur.com.br/2018-jan-22/opiniao-deslocar-funcao-decisoria-maquinas-perigoso. Acesso em 25.10.2020.

NUNES, Dierle; DUARTE, Fernanda Amaral. Jurimetria e tecnologia: diálogos essenciais com o direito processual. *Revista de Processo*, vol. 299, jan./2020.

PEIXOTO, Fabiano Hartmann; SILVA, Roberta Zumblick Martins da. *Inteligência artificial e direito*. Curitiba: Alteridade editora, 2019.

PINHO, Humberto Dalla Bernardina de; RODRIGUES, Roberto de Aragão Ribeiro. O microssistema de formação de precedentes judiciais vinculantes previsto no novo CPC. In: DIDIER JUNIOR, Fredie; CUNHA, Leonardo Carneiro da (Org.). *Julgamento de Casos Repetitivos*. Salvador: Juspodivm, 2017.

RODRIGUES, Marco Antonio. Tecnologia, resolução de conflitos e o futuro da competência territorial. Disponível em: https://www.jota.info/paywall?redirect_to=//www.jota.info/opiniao-e-analise/colunas/tribuna-da-advocacia-publica/tecnologia--resolucao-de-conflitos-e-o-futuro-da-competencia-territorial-25072020. Acesso em 07.12.2020.

ROVER, Tadeu. Advogado usa QR Code em petição para facilitar comunicação com juiz. Disponível em https://www.conjur.com.br/2017-set-25/advogado-usa-qr-code-peticao-facilitar-comunicacao-juiz.

SUSSKIND, Richard. *Online Courts and the Future of Justice*. Oxford: Oxford University Press, 2019.

ZANETI JR., Hermes. *O valor vinculante dos precedentes*. Salvador: JusPodivm, 2015.

Posfácio: O futuro do processo é agora

BRUNO FEIGELSON

Doutor e mestre em Direito pela UERJ. Sócio do Lima Feigelson Advogados. CEO do Sem Processo. Fundador e Membro do Conselho de Administração da AB2L (Associação Brasileira de Lawtechs e Legaltechs). CEO da Future Law. Fundador da Life Aceleradora. Chairman da Dados Legais e da Lawgile. Professor universitário, palestrante e autor de diversos livros e artigos especializados na temática Direito, Inovação e Tecnologia.

Ainda no início da década passada, mais especificamente no ano de 2013, Domenico de Masi, publicava uma obra de título bastante entusiasmante: "O futuro chegou"[1]. Ainda na ressaca da crise de 2008, – com exceção de poucas figuras, como é o caso de Bill Gates[2], quase nenhum de nós poderia supor que a até então maior crise do século seria observada como um evento menor, diante do gigantismo da pandemia de 2020 –, o autor acreditava que o Brasil estava sozinho para estabelecer um novo modelo para a sociedade humana do Século XXI.

Pessoalmente fui muito contagiado pelo clima de otimismo que se estabelecia no Brasil. Como integrante da geração Y, acompanhava o que se supunha ser a década dourada, e, em 2016, publicava "Brazil: The Promised Land"[3]. O livro, – que somente foi ao mercado em sua versão na língua inglesa –, trata-se

---

1. MASI, Domenico de. *O futuro chegou*. São Paulo: Casa da palavra, 2013.
2. "O próximo surto? Não estamos preparados". Ted Talk, 2015.
3. FEIGELSON, Bruno. *Brazil the Promised Land*. Rio de Janeiro: Inspira, 2016.

de um ensaio fora do universo jurídico, em que analiso as raízes judaicas desconhecidas de grande parte da população brasileira. Até então, eu era apenas mais um advogado, como mais de 1 milhão de colegas que militam todos os dias pelos mais de cinco mil municípios brasileiros. E como muitos dos colegas operadores do Direito, em janeiro de 2016, em um encontro familiar e casual, – onde tudo que eu queria era voltar para casa e retomar a continuidade do meu ensaio acima citado –, fui desafiado a ajudar um consumidor, que estava angustiado na busca pela satisfação dos interesses.

Foi a partir dessa situação trivial, uma das mais corriqueira para qualquer advogado, que minha vida seria alterada por completo, meu *tipping point*[4]. Ao invés de propor mais uma ação judicial[5], e assim contribuir com o cenário de maior litigiosidade do mundo, busquei contato com a empresa envolvida no caso e a partir daí fundei, com o consumidor insatisfeito, Cadu Lacerda, uma *startup* denominada de Sem Processo[6].

Desde então, passei a me aprofundar nos estudos tratando de Direito e novas tecnologias. Minha percepção de advogado que militava no segmento de tecnologia[7], se ampliou para empreendedor e evangelizador do ecossistema. Como um Ulisses[8] moderno, parti para uma odisseia particular pelos desafiadores oceanos jurídicos. Com uma missão digna da criatividade de J. R. R. Tolkien[9], assumi o compromisso de contribuir para a inovação do mercado jurídico. Minha missão de vida profissional passou a ser inovar o mercado o jurídico. Em 2017, fundei a AB2L, cujo PTM (propósito transformador massivo)[10] é conectar o mercado jurídico com a realidade 4.0, e, em 2018, a Future Law[11], que tem o PTM de preparar os profissionais do Direito para a realidade exponencial. Além disso, fundei a Lawgile, Dados Legais e muitas outras empresas

---

4. Vale referenciar aqui a obra de mesmo nome, que de maneira brilhante analisa como ocorrem as grandes mudanças na sociedade e porque acontecem de forma repentina, sem que ninguém as espere. GLADWELL, Malcolm. *O ponto da virada*. Rio de Janeiro: Sextante, 2011.
5. Conselho Nacional de Justiça. *Justiça em Números*, 2018.
6. Sem Processo. Disponível em: https://www.semprocesso.com.br.
7. Lima Feigelson Advogados. Disponível em: http://limafeigelson.com.br.
8. JOYCE, James. *Ulisses*. São Paulo: Alfaguara, 2008.
9. TOLKIEN, J. R. R. *O senhor dos anéis*. São Paulo: Editora Martins Fontes, 2001.
10. PTM é um conceito da obra. GEEST, Yuri Van; MALONE, Michael S.; ISMAIL, Salim. *Organizações exponenciais*. Rio de Janeiro: Alta Books, 2020.
11. Sem Processo. Disponível em: https://www.semprocesso.com.br.

focadas na inovação do mercado jurídico. Criei e desenvolvi o conceito de Advocacia 4.0, Lawtech e Direito Exponencial. Participei de centenas de eventos em todas as partes do Brasil[12]. Tive o prazer e a oportunidade de dialogar com as maiores lideranças do Judiciário, dos departamentos jurídicos das maiores empresas e sócios dos escritórios mais admirados do país.

Dentre muitas incertezas, típicas do empreendedorismo em ambientes de inovação, uma certeza eu mantinha: o mercado jurídico seria alterado por completo ao longo de alguns anos. A certeza inclusive estava em consonância com os ensinamentos de Richard Susskind[13], fundamento teórico para muitos de nós e uma das maiores referências e figura de inspiração. Foi incrível observar como o mercado se alterou entre 2016 e 2020, a curva de desejo por inovação foi exponencial. No entanto, a neofobia[14], típica dos profissionais do Direito, ainda criava fricções, que não oportunizavam que a Advocacia 4.0 ascendesse na sua máxima potencialidade. Até março de 2020, acreditava que alguns anos de jornada ainda seriam necessários para concretização do sonho de inovar o mercado jurídico –, acreditava ainda estar no primeiro tomo da trilogia.

No entanto, apesar de muitos futuristas suporem que já tínhamos vencido as grandes epidemias humanas[15], e que os grandes desafios estariam apenas em regular algoritmos e a aplicação de novas tecnologias, a natureza mostrou toda sua força e desafiou a sociedade humana como uma nova pandemia, com reflexo em todas as áreas da vida humana. Vivemos um momento delicado da história, e esperamos que os impactos negativos sejam os menores. Contudo, na medida em que vivemos um episódio humano que nos faz lembrar concomitantemente da gripe espanhola e da crise de 29, observamos também um ambiente de ampla experimentação e utilização plena dos recursos tecnológicos disponíveis em decorrência da quarta revolução industrial.

A quarentena desafia mentes e corações, e referenciar mais uma vez Domenico de Masi parece fazer todo sentido. Todavia, desta vez, citamos a obra "Ócio Criativo"[16]. O equilíbrio dos tempos da vida passa a ser desafiador. A própria noção de tempo passa por uma nova reflexão. Chronos e Kairós, o tempo

---

12. Disponível em: https://www.youtube.com/watch?v=By6vAAxears.
13. SUSSKIND, Richard. *Tomorrow's Lawyers: An Introduction to Your Future*. 2. ed. Oxford University Press, 2017.
14. Aversão às novidades, a tudo que é novo ou moderno.
15. HARIRI, Yuval Noah. *Homo D´us*. São Paulo: Companhia das Letras, 2016.
16. MAIS, Domenico de. *Ócio criativo*. Rio de Janeiro: Sextante, 2012.

subjetivo e o tempo objetivo, nunca estiveram tão misturados. Fato é também que a transição entre a dimensão física e a digital se acelerou, o que já enseja inclusive reflexões como a já denominada de "Zoom Fatigue Syndrome".[17]

E neste contexto, apesar de ser difícil supor neste ponto da história que o Brasil irá estabelecer um novo modelo social para o mundo, fato é que muito factível supor que o Brasil vai influenciar muito o novo modelo de advocacia. Ser o país que lidera os *rankings* de proporção de advogados por cidadão; número de faculdades de Direito; número de processo; e gasto do PIB com Judiciário, oportuniza as condições antropológicas para a maior transformação digital.

Além disso, os impactos sociais e econômicos da pandemia global que se vivencia coloca em xeque a estrutura do Judiciário brasileiro. Há sim grande risco de colapso das estruturas dos Tribunais brasileiros. Não é só o SUS que está sendo desafiado. No entanto, parece muito claro que o caminho para a saída da crise do Judiciário é sim o uso da tecnologia e uma mudança de *mindset*.

Sendo assim, os artigos dispostos na presente obra Litigation 4.0 nunca foram tão urgentes. Junto com os coorganizadores Daniel Becker e Marco Antonio Rodrigues, buscamos reunir juristas brilhantes que refletem as grandes questões relacionadas aos conflitos no Brasil. Não poderíamos supor que quando a obra estivesse seguindo para a editora, o material em questão ganharia ainda mais relevância.

Assim, após quatro anos de militância intensa em prol da advocacia 4.0, após gastar muito as solas dos meus *siders* pelos mais diferentes cantos do país e, após observar que as transformações no universo jurídico foram aceleradas diante das crises de saúde e econômica vivenciadas, afirmo com convicção: O futuro chegou!

Na nuvem, junho de 2020.

---

17. National Geographic. *'Zoom fatigue' is taxing the brain. Here's why that happens*. Disponível em: https://www.nationalgeographic.com/science/2020/04/coronavirus-zoom-fatigue-is-taxing-the-brain-here-is-why-that-happens/.

Diagramação eletrônica:
Thomson Reuters
Impressão e encadernação:
Paym Gráfica e Editora Ltda., CNPJ 02.514.013/0001-04

A.S.L. 10285